AF749811

En defensa de la renta básica

En defensa de la renta básica

Por qué es justa y cómo se financia

JORDI ARCARONS, JULEN BOLLAIN, DANIEL RAVENTÓS Y LLUÍS TORRENS

EDICIONES DEUSTO

© Jordi Arcarons, Julen Bollain, Daniel Raventós y Lluís Torrens, 2023

© Centro de Libros PAPF, SLU., 2023
Deusto es un sello editorial de Centro de Libros PAPF, SLU.
Av. Diagonal, 662-664
08034 Barcelona
www.planetadelibros.com

Primera edición: septiembre de 2023
Depósito legal: B. 12.278-2023
ISBN: 978-84-234-3552-4
Preimpresión: Realización Planeta
Impreso por Huertas Industrias Gráficas, S. A.

Impreso en España - *Printed in Spain*

La lectura abre horizontes, iguala oportunidades y construye una sociedad mejor. La propiedad intelectual es clave en la creación de contenidos culturales porque sostiene el ecosistema de quienes escriben y de nuestras librerías. Al comprar este libro estarás contribuyendo a mantener dicho ecosistema vivo y en crecimiento. En **Grupo Planeta** agradecemos que nos ayudes a apoyar así la autonomía creativa de autoras y autores para que puedan seguir desempeñando su labor.
Dirígete a CEDRO (Centro Español de Derechos Reprográficos) si necesitas fotocopiar o escanear algún fragmento de esta obra. Puedes contactar con CEDRO a través de la web www.conlicencia.com o por teléfono en el 91 702 19 70 / 93 272 04 47.

Certificado PEFC
Este libro procede de bosques gestionados de forma sostenible y fuentes controladas
PEFC
PEFC/14-38-00305
www.pefc.es

El papel utilizado para la impresión de este libro está calificado como **papel ecológico** y procede de bosques gestionados de manera **sostenible**.

Es interesante que la crítica dominante a la renta básica se base en dos enfoques: uno es «¡La gente necesita trabajar! Somos trabajadores», si les quitas el trabajo, les estarías privando de algo esencialmente humano. Por el otro lado, está el miedo de que «¡Nadie trabajará nunca más!», que supone reconocer que la única razón por la que uno trabaja es porque hay un incentivo monetario, que la necesidad es lo único que empuja a la gente a trabajar. Resulta gracioso que convivan estas dos críticas, completamente divergentes, y ninguna de las dos lo suficientemente persuasiva.

KATHI WEEKS (2011)

La idea de la moralidad del trabajo es una de las herramientas más insidiosas en manos del poder, y aumenta el fenómeno de los trabajos de mierda.

DAVID GRAEBER (2018)

La renta básica no es caridad institucional, y la caridad institucional no es bondad igualitaria y fraterna, a pesar de los múltiples intentos por disfrazarla. La renta básica universal e incondicional es una forma de lograr un efectivo reconocimiento del derecho a la existencia que, por ser un derecho, es universal e incondicionado.

María Julia Bertomeu (2018)

Una cierta renta pequeña, suficiente para las necesidades, debería estar asegurada para todos, trabajen o no.

Bertrand Russell (1918)

Con demasiada frecuencia, los observadores y comentaristas suponen que los pobres son «estúpidos», irracionales o incapaces de tomar decisiones racionales. Algunos experimentos ilustrados han demostrado que simplemente tienen menos recursos. Sin duda, la confianza a veces decepciona. Pero es un buen principio para guiar la política social [...]. Sin la libertad de cometer «errores», la gente no puede aprender a tomar las riendas de su vida con éxito.

Guy Standing (2017)

Para probar que ya no vivimos en un modo de producción capitalista en el sentido en que lo entendía Marx, para apoyar el cuento de una economía mixta, habría que demostrar que las y los asalariados ya no se ven obligados a vender continuamente su fuerza de trabajo (por ejemplo, porque el Estado podría garantizar a toda la ciudadanía una renta de existencia, o porque los medios de producción serían tan baratos que sería posible para cada trabajador o trabajadora ahorrar lo suficiente con su salario medio para establecerse independientemente) y que el desarrollo de la economía ya no estaría dominado por la obligación, dictada por la competencia, de maximizar el beneficio y el crecimiento de cada empresa.

ERNEST MANDEL (1978)

La verdadera libertad individual no puede existir sin seguridad e independencia económica. Los hombres necesitados no son hombres libres.

FRANKLIN D. ROOSEVELT (1944)

Ampliar la libertad real de las personas y erosionar la condición de fondo de la dependencia del mercado son características centrales de la renta básica y, en el mejor de los casos, objetivos secundarios de la estrategia basada en la creación de empleos y servicios. El objetivo es liberar a los trabajadores no sólo de un capitalista particular, sino también de la clase capitalista. Ésta es la razón por la que una renta básica generosa y verdaderamente universal debería ser un pilar de cualquier programa socialista amplio.

DAVID CALNITSKY (2023)

Sin una base material para la vida y la libertad, todas aquellas personas que no disponen de patrimonio o capital están destinadas a aceptar cualquier condición para «ganarse la vida». Y la necesidad no es libertad. La libertad debe poder ser un anhelo colectivo, concreto, universalizable, porque la alternativa es mantener un país roto por la crisis, con sueños que valen mucho y pesadillas que nunca se marchan.

Manifiesto «Renta básica universal: un derecho, no una caridad» (2023)

Cuando se trata de contrarrestar la explotación y el riesgo en la industria del sexo, una renta básica sería mucho más eficaz que cualquier propuesta de criminalización.

MARIN SCARLETT (2021)

— Críticos de la renta básica: si damos dinero sin condiciones, la gente dejará de trabajar.
— Plan piloto de la renta básica: Resulta que el grupo «renta básica» trabajó más que el grupo de control.
— Críticos de la renta básica: por supuesto que dar más dinero a la gente funciona. Pero cuesta demasiado.
— Plan piloto de la renta básica: resulta que el dinero gastado en la renta básica redujo otros costes mayores que la renta básica.
— Críticos de la renta básica: sí, pero la gente dejará de trabajar.

SCOTT SANTENS (2023)

Sumario

Introducción

Que la pobreza ha ido en aumento a lo largo de las últimas décadas es una evidencia. Y que las desigualdades están incrementándose es algo que también se viene documentando repetidamente. Por citar solamente dos textos muy recientes: «La evolución de este coeficiente [Gini][1] muestra un aumento de la desigualdad de ingresos en casi todos los países desarrollados a lo largo de los últimos treinta años» (Chancel, 2022); «Los caminos que han seguido los países desde la pandemia han exacerbado la desigualdad mundial» (Banco Mundial, 2022). Sin embargo, no es tan habitual que se relacionen pobreza y desigualdad. Los autores estamos convencidos de que reducir la pobreza o, mejor, acabar con ella significa atacar también las grandes desigualdades.

Mucho menos habitual aún es relacionar ambos conceptos, desigualdades y pobreza, con la libertad. Aquí lo hacemos. Y los relacionamos desde perspectivas académicas que pueden ser

1. El coeficiente de Gini es una medida que se utiliza para mesurar las desigualdades de ingresos de una determinada área geográfica. Si es igual a 1 significa que todos los ingresos están en manos de una sola persona —perfecta desigualdad— y si es igual a 0 significa que todos tienen los mismos ingresos —perfecta igualdad.

enmarcadas en la filosofía política y la economía. Habrá quien considere que este libro aporta muchos —puede que incluso demasiados— datos. Queremos dejarlo claro: aportamos bases de datos diferentes, y explicamos las virtudes y defectos de cada una de ellas para apuntalar las tesis principales del libro. Algunas de estas tesis son las siguientes:

1. Las grandes fortunas y las inmensas desigualdades son un problema para la libertad de la mayoría no rica.
2. La pobreza es, además de la obvia carencia material, un estado de falta de libertad.
3. La renta básica es una propuesta que permitiría garantizar la existencia material de toda la población.
4. La renta básica se puede financiar, tal y como mostramos, a través de distintos modelos.
5. La implantación de una renta básica mediante la financiación propuesta reduciría mucho las desigualdades, tanto en el conjunto de la Unión Europea como en el reino de España.
6. Un impuesto a la riqueza no sólo es posible, sino también necesario.

En el primer capítulo definimos lo que es la renta básica. No cualquier cosa lo es. Hay mucha confusión al respecto, lo que nosotros pretendemos es aclararla. Se abordan conceptos que se relacionan con la renta básica, como la libertad, la igualdad, la democracia, la justicia y la felicidad. También se apuntan las distintas motivaciones técnicas o normativas (no personales) que existen para la defensa de la renta básica y explicamos cuál es la nuestra: la renta básica es un componente para posibilitar una sociedad más justa. Ello comporta explicar lo que se entiende por sociedad justa y, con ese objetivo, se desarrolla la concepción republicana-socialista de la libertad.

Este primer capítulo también desarrolla un concepto importantísimo para entender cualquier realidad social: la propiedad. Asimismo, se abordan algunas concepciones muy distintas de los impuestos. Y, como no podía ser de otra manera, aportamos la nuestra propia, tanto para la propiedad como para los impuestos, ya que el tratamiento de la propiedad y de los impuestos es imprescindible para entender la fundamentación republicano-socialista de la renta básica y la financiación que se propone en capítulos posteriores.

Una vez definido lo que es la renta básica, en el segundo capítulo realizamos un seguimiento de la evolución que esta propuesta ha tenido durante las dos últimas décadas. Al igual que la sociedad ha cambiado sustancialmente desde las primeras concepciones de renta básica a finales del siglo XVIII y principios del XIX, también lo ha hecho el propio debate sobre la medida. Por ello, si bien en ocasiones nos enfrascamos en sesudas elucubraciones académicas sobre los orígenes de la renta básica, queremos centrar el debate en lo ocurrido durante el siglo XXI porque nos sonará más cercano, más familiar. Y, qué duda cabe, este debate nos permitirá entender más específicamente por qué la renta básica abrió portadas en multitud de periódicos internacionales en 2016, cómo se produjo su expansión a nivel mundial a raíz del experimento de renta básica en Finlandia o por qué durante la pandemia la medida volvió una vez más a estar en boca de conocidos y extraños.

La Asamblea Parlamentaria del Consejo de Europa, el Fondo Monetario Internacional, el secretario general de la ONU, la Organización Internacional del Trabajo, el papa Francisco, colectivos feministas, colectivos LGBTI, trabajadores sociales o profesionales de la cultura son sólo algunas de las voces que se han alzado en los últimos tiempos a favor de la renta básica o, como mínimo, en defensa de la necesidad de debatir seriamente su implantación.

Es innegable que las perspectivas de futuro de la renta básica, en parte gracias a la expansión del debate en ámbitos como el social, el político o el académico, son actualmente mucho más prometedoras de lo que eran hace unas pocas décadas, o tan sólo siete u ocho años atrás. Las últimas encuestas realizadas, algunas de las cuales detallamos en este capítulo, muestran que el apoyo a la renta básica por parte de la ciudadanía cada vez es mayor. Sin embargo, y aunque es importante saber de dónde venimos, queremos mirar sobre todo hacia dónde vamos, hacia ese futuro donde la renta básica se perfila como una herramienta fundamental para dar respuesta a algunos de los retos que como sociedad tenemos que afrontar en el siglo XXI.

En el capítulo 3 abordamos los subsidios condicionados. Si la renta básica no está implantada aún en el reino de España, ¿qué son esas ayudas que se pueden percibir en todas las comunidades autónomas (CC. AA.)? ¿Y el Ingreso Mínimo Vital? Éstas son preguntas que se hace mucha gente y que son tratadas en este capítulo. Sin embargo, las prestaciones condicionadas existentes en la actualidad son programas de rentas mínimas dirigidos a personas —hogares, o unidades de convivencia para ser más exactos— en situación de necesidad y tienen una concepción expresada en términos de libertad muy diferente a la de la renta básica. Mientras los programas de rentas mínimas ayudan a las personas una vez que han «fracasado», ofreciendo una ayuda *ex post* a cambio de alguna forma de contraprestación, la renta básica, al ser una prestación monetaria que recibiría toda la población como un derecho de ciudadanía, conseguiría garantizar la existencia material de entrada, evitando que un gran número de personas tengan que verse obligadas a comportarse como «sumisas suplicantes».

Analizamos, por tanto, cuál es el origen de dichas rentas mínimas y realizamos un exhaustivo análisis de los sistemas de rentas mínimas establecidos en las distintas comunidades autónomas, además de examinar los pobres resultados que ha obtenido el Ingreso Mínimo Vital desde su aprobación en mayo de 2020. Estas observaciones nos permitirán dar respuesta a por qué los sistemas de rentas mínimas no han conseguido erradicar la pobreza en sus más de tres décadas de vida, por muchos retoques estéticos que se les hayan hecho.

En el capítulo 4 hablamos de bases de datos. Para financiar la renta básica es imprescindible disponer de datos estadísticos de calidad. La Encuesta de Condiciones de Vida (ECV) es una de las principales herramientas estadísticas que aporta anualmente el Instituto Nacional de Estadística (INE) y pertenece al conjunto de estadísticas armonizadas para los países de la Unión Europea bajo el control de Eurostat. El INE proporciona anualmente los microdatos generados por la ECV desde el año 2004. Se trata de dos tipos de información: transversal y longitudinal. En este capítulo se realiza una descripción y un análisis de esta fuente de datos que nos permite establecer una radiografía de la pobreza, la exclusión social, la desigualdad y la distribución de la renta. Se especifican conceptos como el umbral de la pobreza, el de la pobreza severa, la escala de equivalencia de la OCDE modificada, la desigualdad, el empleo de baja intensidad o la tasa AROPE (At Risk of Poverty or Social Exclusion), entre otros, y se cuantifican por comunidad autónoma. Todos estos conceptos son importantes para establecer una radiografía de la situación a partir de la cual se propondrá, en capítulos posteriores, una financiación de la renta básica. Ante la reincidente pregunta de «¿cuánto cuesta financiar la renta básica?», algo que nos ocupará en el capítulo 8, aquí se intenta explicar una situación que plantea otra pregunta: «¿cuál es el coste de no disponer de una renta básica?». Es una pregunta menos habitual, de la que trataremos a lo largo de este capítulo, pero cuya respuesta es meridiana: supone un precio muy elevado para toda la sociedad.

En el capítulo 5 ofrecemos un análisis detallado de otra información estadística muy útil, la que elabora la Agencia Estatal de la Administración Tributaria, el INE y el Instituto de Estudios Fiscales: el Panel de Hogares (PH). Se trata de un tipo de microdatos que tienen unas diferencias importantes con los analizados en el capítulo anterior, los de la ECV. El PH nos facilita cierta información subjetiva, pero como contrapartida, al no existir ningún proceso de imputación como el que se lleva a cabo en la ECV, aporta mucha mayor precisión en las variables que permiten construir la renta bruta, la renta neta y su distribución. Son datos que se cuantifican por comunidad autónoma y permiten realizar una fotografía precisa de la situación social de la que se parte para financiar una renta básica. A lo aportado por el capítulo anterior, la abundante información que provee el PH permite corroborar aún más, si cabe, la idea de que la situación de distribución de la renta y la riqueza, de la pobreza, de la exclusión y de la desigualdad imperante en el reino de España es preocupante y alcanza algunas cifras verdaderamente alarmantes. Los datos de este capítulo, por tanto, permiten dibujar más nítidamente la realidad que enmarca la última pregunta con la que cerrábamos el resumen del capítulo anterior.

El breve capítulo 6 está dedicado a precisar cuáles son las principales diferencias entre la ECV y el PH. Se trata de señalar en qué parcelas del desarrollo de nuestro modelo de financiación de la renta básica se adapta más una información u otra.

En el capítulo 7 se analiza con mucho detalle el estado de la riqueza oficial (la sumergida y la que reside en los paraísos fiscales no está contabilizada) en el reino de España. Se utilizan los datos del PH y de la Encuesta Financiera de las Familias (EFF). Se aportan las razones para inclinarse por una base de datos de las dos mencionadas. Cuando hablamos de riqueza debe especificarse a qué nos referimos y qué porcentaje de la población incluimos en esta afortunada posición económica. Se concluye, entre otros muchos datos también diferenciados por comunidad autónoma, que el 5 % con mayor patrimonio y renta, en el total del territorio fiscal común, concentra el 77 % del patrimonio neto y el 42 % de la renta bruta. Una concentración que coincide muy ajustadamente con los niveles de concentración de la riqueza que vienen observándose desde las décadas de 1970 y 1980 según las investigaciones de Piketty, Saez y Zucman para Europa y Estados Unidos. Asimismo, en este capítulo se especifica que no se ha aplicado hasta ahora un mecanismo fiscal eficaz para impedir que la riqueza se acumule en las clases altas y de mayor edad, que se convierten en extractoras de rentas (inmobiliarias y financieras) de las clases medias y bajas, y sobre todo de las personas jóvenes (inquilinos y precarizados laboralmente). Por ello proponemos unos tipos impositivos a la riqueza y realizamos una comparación con la propuesta impositiva de Piketty a las grandes fortunas. Este capítulo también dedica un espacio importante a analizar la propuesta conocida como «renta máxima», cada vez más extendida y con mayor respaldo.

El capítulo 8 es muy importante dado el objetivo de este libro. En él se aborda directamente cómo se podría financiar una renta básica, y se proponen cuatro escenarios de cantidades diferentes. Cada uno de estos escenarios se confecciona con una reforma del impuesto de la renta de las personas físicas y con el complemento de un impuesto sobre la riqueza y otro ambiental. Debe recordarse que el nivel de concentración de la riqueza en el reino de España es muy superior, al igual que en las economías del entorno, a la concentración de la renta. Y también que se trata de un Estado miembro que se sitúa en el tercio inferior de la imposición medioambiental. Asimismo, se apuntan algunas otras medidas que ayudarían a la financiación de los cuatro escenarios propuestos. Entre las distintas conclusiones que se obtienen destacan que en todos estos escenarios desaparecen los hogares en riesgo de pobreza, y todos los hogares que están por debajo del 80 percentil de renta bruta equivalente mantienen o mejoran su posición respecto a la situación de partida. Asimismo, en este capítulo se realiza una breve consideración sobre la propuesta conocida como «decrecimiento».

El capítulo 9 es un nuevo campo de investigación. No tenemos noticia de que se haya realizado con anterioridad un plan detallado de financiación de una renta básica para el conjunto de la Unión Europea. Nosotros lo abordamos aquí. Este capítulo está dedicado a la investigación de cómo financiar una renta básica en la Unión Europea a partir de tres impuestos: sobre la renta, la riqueza y el CO_2. La elección de estos tres impuestos se debe a dos razones principales. La primera es que los tres son una fuente de mucho potencial recaudatorio. La segunda es que se trata de impuestos con fines de progresividad fiscal, aunque en determinados aspectos a menudo se quedan muy lejos de este objetivo, pero pueden ser muy mejorados mediante las oportunas reformas. Si bien es cierto que los impuestos ambientales son del tipo pigouviano, es decir, impuestos que buscan corregir las externalidades negativas de la generación de emisiones ambientales, ello no desdice la afirmación anterior acerca de que se trata de unos impuestos que pueden ser reformados y, si se nos permite, mejorados de forma notable. En este capítulo se ofrecen dos escenarios, de los que en este resumen exponemos solamente unas pocas conclusiones obtenidas en uno de ellos: desaparecen los hogares en riesgo de pobreza; todos los hogares por debajo del 80 percentil de renta bruta equivalente (de cada Estado miembro) mejoran su posición respecto a la situación de partida; el coste final supone el 2,7 % del PIB de la UE-26.

Dedicamos un epílogo a alguna de las objeciones más frecuentes que se han realizado contra la renta básica en estos últimos años cuando el debate académico, político y social sobre esta propuesta se ha incrementado de forma exponencial. También queremos dejar claras algunas de las investigaciones que ha abordado este libro, y algunas que no ha abordado y por qué. Y realizamos algunas reflexiones sobre la recurrente pregunta: ¿cómo se llega a la renta básica?

Por último, debemos señalar que junto a las páginas impresas hemos elaborado un anexo estadístico que incluye todas las figuras que aparecen en ellas (78) y, además, todas aquellas (más de 1.200) a las que en algún momento se hace referencia, pero no han sido incluidas en el texto. Se trata, obviamente, de resultados agregados correspondientes a las bases de datos utilizadas: ECV, PH, EFF y EU-SILC. Este anexo estadístico puede consultarse/descargarse desde la página web del libro siempre teniendo en cuenta que para la identificación de su contenido se ha seguido la misma numeración establecida en los distintos capítulos.

1

Impuestos, riqueza, libertad y la justicia (o no) de la renta básica

> La mayoría de las cosas que merecen la pena en el mundo han sido declaradas imposibles antes de hacerlas.
>
> LOUIS BRANDEIS

Este libro trata sobre la renta básica, una asignación pública monetaria e individual cuyas características distintivas son las siguientes: incondicional y universal. La renta básica para nosotros tiene que ver con la libertad, la igualdad, la democracia y la felicidad, entre otras cosas que se irán explicando, y también con la justicia.

La defensa de la propuesta de la renta básica se puede argumentar desde motivaciones muy diferentes. Nos referimos a motivaciones de carácter técnico, político o normativo (o, en ocasiones, una combinación de los tres aspectos), que a continuación especificaremos, no a las personales. Hay quien defiende (o discute, o investiga) la renta básica para realizar una tesis doctoral o un trabajo de fin de grado, o escribir un libro sin mayores motivaciones que las puramente personales, como labrarse una carrera académica en ambientes favorables a la propuesta, o simplemente seguir la corriente de lo que está bien visto en determinados círculos en un momento dado. Algunas son loables, otras no tanto, pero son motivaciones que no nos ocuparán aquí. Nos referiremos únicamente a las motivaciones que podemos agrupar en sus aspectos técnicos, políticos o normativos. Una de estas motivaciones es la que podríamos calificar de instrumental. Se trataría de la defensa de la renta básica como un mal menor, ya que, de no establecerse esta medida, se podrían dar situaciones sociales peores o más indeseables que las actuales. Considérese, por ejemplo, la defensa de la renta básica porque esta medida podría evitar que las personas pobres exigieran con el tiempo unos cambios que pusieran en peligro el actual orden social. Otra motivación en la defensa de la propuesta puede ser simplemente técnica. Dado el evidente fracaso de los subsidios condicionados, la propuesta de la renta básica ofrece razones técnicas que la califican como alternativa. También pueden incluirse aquí a las personas que consideran que la robotización de muchos trabajos, con la más que probable pérdida de millones de puestos de trabajo no compensada por los de nueva creación, invita a pensar en una medida «inevitable» como la renta básica (Niño-Becerra, 2019). La motivación normativa y política para defender la renta básica más descollante es la que la contempla como una forma de alcanzar una sociedad más justa. En esta última motivación nos situamos los autores de este libro.

«La injusticia es humana, pero más humana es la lucha contra la injusticia», dejó dicho Bertolt Brecht. Retrocedamos un siglo, cuatro, siete, diez y nos encontraremos siempre con sociedades en las que sería muy fácil confeccionar una larga lista de situaciones que calificaríamos de injustas una buena parte de las personas vivas en la actualidad. Desgraciadamente, no se trata de una historia superada: ya cerca de acabar el año 2023, en todos los lugares del mundo las listas de situaciones socialmente injustas también serían muy fáciles de confeccionar.

No obstante, ni cuando Brecht se refería a injusticia (y podríamos añadir su contrapartida, la justicia), ni cuando lo hacemos en la actualidad, existe una evaluación del concepto unánime. Ocurre con otros conceptos de uso cotidiano, político y académico. Por poner tres ejemplos evidentes: democracia, igualdad o libertad. Concepciones muy diferentes pueden encontrarse, tanto entre las poblaciones de cualquier zona geográfica, como entre los partidos políticos y el personal académico que recibe un salario estudiando e investigando estas materias o parecidas. No es menester tener mucha imaginación para adivinar que políticos, pongamos por caso y por citar solamente a personajes aún vivos, como Donald Trump, Felipe VI, Imelda Marcos, Marine Le Pen o Mohamed VI tienen concepciones de la democracia, la igualdad y la libertad harto diferentes de, también pongamos por caso, Bernie Sanders, Noam Chomsky, Alexandria Ocasio-Cortez, Julian Assange o Anna Gabriel. Y si nos situamos en momentos históricos anteriores, poca gente, especialistas o no en estos temas, dudaría de que las concepciones de la democracia, la igualdad y la libertad de Adolf Hitler eran muy diferentes de las que tenía Rosa Luxemburgo, o las de Benito Mussolini distaban mucho de las que tenía su prisionero Antonio Gramsci, o las de Francisco Franco o Queipo de Llano o Primo de Rivera respecto a las de Lluís Companys, Andreu Nin o Antonio Machado.

Si democracia, libertad e igualdad son temas tratados en filosofía y política desde tiempos muy remotos, también lo es el de la felicidad, cuestión compleja donde las haya. La felicidad parece, y en buena parte es, un tema abstracto, muy abstracto. Pero lo que ahora queremos destacar es que abordar la igualdad, la libertad, la democracia y la felicidad, dejando al margen las condiciones materiales de existencia, como en algunos enfoques así se hace, nos parece algo destinado al error, al fracaso o a la inanidad. Es frecuente escuchar a padres y a madres referirse al deseo de que sus hijos o hijas sean felices. No se trata de tener un conocimiento sofisticado de lo que pueda ser la felicidad para entender la idea general de ese deseo. Pero pocos dudarían de que esta felicidad deseada incluye recursos materiales que puedan coadyuvar a hacerla posible. Una persona sin hogar, un sujeto considerado sumamente pobre, otro que busca continuamente trabajo asalariado porque se ha quedado en paro y cuya salud mental se está deteriorando... son ejemplos que a buen seguro no serían modelos de vida de lo que aquellos padres y madres puedan entender por el deseo de felicidad de sus vástagos. Podría encontrarse, apurando mucho la situación, quien imaginara la felicidad de su hijo o hija como una especie de *bhikkhu* budista al que solamente le importara la remodelación del conjunto de oportunidades interior. El conjunto exterior de oportunidades, que ha interesado especialmente a la filosofía occidental, puede ser cambiado por la técnica, el conocimiento, los recursos materiales disponibles: no tengo el mismo conjunto exterior de oportunidades si dispongo de un salario en el año 2023 de 3.500 euros mensuales que si, en las mismas circunstancias, es de 250 euros; no tengo el mismo conjunto exterior de oportunidades si mis padres me han dejado en herencia un piso en condiciones de habitabilidad que si, en las mismas circunstancias, no dispongo de ninguno. A diferencia del exterior, el conjunto interior de oportunidades solamente será modificado o será posible hacerlo cuanto mayor conocimiento se tenga de sí mismo.[2] Pero como creemos que no es necesario insistir, el ideal de felicidad *bhikkhu* es algo más propio de la anécdota que de la realidad cotidiana en nuestras sociedades. Por lo que insistimos: la felicidad deseada a sus descendientes por muchos padres y madres es indisociable de los recursos materiales que puedan llegar a hacerla realidad.

Las teorías académicas de la justicia se dedican precisamente a establecer principios y criterios para decidir si una sociedad es más o menos justa, o lo que se apartan las sociedades reales de este ideal de sociedad propuesto por la respectiva teoría de la

2. No es necesario desarrollar el complejo tema de lo que constituye el conjunto interior de oportunidades. Valga para nuestros propósitos apuntar lo que al respecto escribió Antoni Domènech. Hay cosas que queriendo o deseando hacerlas, no podemos conseguirlas no porque estén fuera de nuestro conjunto exterior de oportunidades, no porque sea debido a constricciones exteriores del medio, no porque poderes humanos o naturales lo impidan, sino «porque hay algo en nuestro yo, algo que seguramente desconocemos, que nos impide ejecutar nuestra voluntad. [...] Si me conozco muy bien, si mi capacidad introspectiva es robusta [...] entonces podré modificar, ampliándolo, mi actual conjunto interior de oportunidad (liberándome de constricciones informativas, mejorando las técnicas de introspección, acumulando recursos psicosomáticos)» (Domènech, 1989, p. 109).

justicia. A una persona partidaria de alguna variante del liberalismo realmente existente le importará un bledo la desproporción de fuerzas entre las partes contratantes si el contrato se ha realizado de forma voluntaria entre las partes (dejamos aparcado lo que quiere decir sin violar el significado de la palabra *voluntaria*). Contrato «voluntario» y simetría serían para los liberales casi equivalentes y, para ser exactos, quizá sin el casi. A su vez, una persona partidaria de alguna doctrina religiosa quizá vea justa una sociedad cuyo Estado impone o favorece la forma de concebir el mundo de esa religión. Y, por poner otro caso de particular interés para nosotros, una persona partidaria de la libertad republicana, concepción que tendremos ocasión de exponer con algún detalle, no concibe una sociedad justa si las personas, o una buena parte de las que la componen, no tienen una base mínima garantizada, es decir, los medios materiales de existencia asegurados.

La renta básica es una medida que, como cualquier propuesta social, debe pasar un filtro importante: mostrar que se trata de algo justo. Imaginar propuestas que no son justas por una u otra razón es fácil:

1. Tendrán prioridad sobre el resto de la población para ocupar un puesto de trabajo público aquellas personas que acrediten que asisten al rito de la misa católica al menos cuarenta y cinco domingos al año.
2. Recibirán un subsidio público de 300 euros mensuales aquellas personas que puedan demostrar que no han defendido nunca el racionalismo y el ateísmo.
3. La atención médica pública no debe incluir a las personas que hayan contraído matrimonio homosexual y se declaren partidarias de la libertad sexual.

Difícil sería encontrar alguna razón de peso para apoyar estas propuestas, aunque sin ninguna duda podrían encontrarse partidarios de ellas. Se dispone, en cambio, de una buena batería de razones en su contra.

La aportación socialista a la libertad republicana y la propiedad

Teorías de la justicia hay un buen puñado. Las más extendidas son las calificadas como liberales. Dentro de éstas, las hay muy diversas, que podrían situarse desde la extrema derecha libertariana[3] a las izquierdas igualitaristas. Nosotros queremos presentar nuestra justificación de la justicia de la renta básica a partir de lo que se ha venido a llamar republicanismo o, para ser más precisos, republicanismo socialista. Si le llamamos republicanismo socialista es porque consideramos que el socialismo, que cobra fuerza teórica y política a partir de mediados del siglo XIX, debe entenderse como una legítima continuación del republicanismo democrático de siglos anteriores adaptada a la nueva realidad social.

Pero qué es el «republicanismo socialista». En primer lugar, deberemos exponer qué se entiende por la primera palabra y luego añadir el complemento de la segunda. La concepción de la libertad republicana es antigua y muy diversa. Podemos retrotraernos a la gran democracia ática del año 508 al 322 antes de nuestra era para ver en acción un ejemplo magnífico de republicanismo, tanto por parte de algunos dirigentes políticos como de algunos críticos de esta democracia, como es el señalado caso de Aristóteles. Han defendido la libertad republicana autores muy posteriores, como John Locke, Adam Smith, Immanuel Kant, Maximilien Robespierre, Thomas Paine, Maquiavelo y muchos otros autores y autoras, como Mary Wollstonecraft y Claire Lacombe, y activistas de importantes movimientos de «humana lucha contra la injusticia», para volver a utilizar la ex-

3. *Libertariana, libertariano* no son palabras admitidas en castellano. *Libertarian* en inglés suele traducirse por «libertario», pero creemos que lleva a confusión incluir con la misma palabra a partidarios del más puro neoliberalismo —que no es sinónimo de libertarianismo estrictamente; este último es un término filosófico-político y el primero es básicamente económico, pero son primos hermanos doctrinariamente— y anarquistas libertarios. De ahí nuestra opción de traducción de lo que en inglés se llama *libertarian.*

presión de Brecht, pasando por los *diggers* ingleses y los republicanos irlandeses en los inicios del capitalismo.

Personas que vivieron épocas muy diferentes, que tuvieron sensibilidades sociales y políticas harto distintas, ¿qué tuvieron en común para que puedan ser incluidos dentro del mismo saco republicano? Lo que tuvieron en común todo este gran conjunto de activistas, políticos y pensadores era una concepción de la vida política según la cual la sociedad estaba dividida entre pobres y ricos,[4] y que la libertad no debe disociarse de las condiciones materiales de existencia y, en consecuencia, no se pueden abordar de manera independiente. «[T]odos los republicanos, de derecha o de izquierda, desde Aristóteles o Pericles y Cicerón o Catilina hasta los conventuales franceses y los *founders* norteamericanos, pasando por Maquiavelo, Montesquieu, Harrington, Adam Smith y Rousseau, han partido siempre de la *descripción* de una sociedad pugnazmente escindida en clases o grupos de intereses materialmente arraigados e históricamente cristalizados» (Domènech, 2004, p. 53). Desde el punto de vista republicano, la libertad y la igualdad no solamente no son contradictorias, sino que no pueden entenderse de forma separada.[5] Grandes desigualdades hacen imposible la libertad. Libertad y condiciones materiales de existencia van indisociablemente unidas. Y en íntima relación de la concepción de la libertad republicana con las condiciones materiales de existencia está su corolario: nadie debe poder interferir en la vida de otros de forma arbitraria, ni de hecho ni como posibilidad.

Imaginemos un propietario de una empresa, para no poner

4. Ricos no porque naden en una generosa abundancia necesariamente, sino porque tienen la existencia material garantizada debido a la propiedad o a las propiedades de que puedan disponer; y pobres no porque necesariamente sean indigentes, sino porque justamente dependen de los anteriores, de los ricos, para vivir socialmente, ya que no disponen de la existencia material garantizada y deben alquilarse a cambio de un salario, una manutención o una protección, dependiendo de las épocas.

5. Precisamente ésta es otra de las grandes diferencias con la concepción liberal estándar: «Libertad e igualdad son contradictorios en su misma esencia» (Rallo, 2019).

el habitual y consabido ejemplo del propietario de esclavos, completamente libre de cualquier legislación laboral y, por lo tanto, sin la menor restricción para contratar a cualquier trabajadora o trabajador en las condiciones que le plazca. Éstos pueden negarse a aceptar el contrato, pero hay miles esperando mendigar un puesto de trabajo, así que las condiciones las pone a voluntad este empresario. Sigamos imaginando que este empresario, por vaya usted a saber qué suerte de la casualidad, es un tipo con un gran corazón y no tiene ninguna inclinación especial para la acumulación de beneficios (hemos sugerido que «imaginemos», no hemos afirmado que sea un ejemplo real dada la experiencia y los datos a nuestra disposición). En consecuencia, en este cuento de hadas, el empresario trata exquisitamente a su plantilla y les da un salario por encima de la supervivencia y además le regala a cada uno de los miembros de la plantilla un bonito presente cada 28 de febrero y por su aniversario. ¿Bonito? Quizá para algunos. En términos republicanos, en cambio, esta plantilla no es libre. Y no lo es porque, aunque ahora gocen de unas condiciones envidiables en comparación con las otras plantillas vecinas de la zona libre de legislación laboral con propietarios mucho menos benévolos, estos trabajadores dependen de la voluntad arbitraria de un cambio de humor de este generoso empresario debido quizá a un fracaso amoroso o a una derrota de su equipo preferido de polo o a una mala digestión.[6] Este cambio de humor puede propiciar un cambio de voluntad hacia la forma de dirigir la plantilla y la empresa, y la única limitación es la voluntad del propietario. Estos trabajadores y trabajadoras viven a merced de la voluntad de su propietario. Aristóteles ya describía de forma insuperable el trabajo asalariado como «una suerte de esclavitud limitada» (*Política*, 1990 [s. IV a.n.e.]: 1260b). Para Aristóteles los pobres eran parcialmente esclavos, lo que formaba parte del

6. No son ejemplos arbitrarios. Cuando el equipo de fútbol local pierde un partido el fin de semana, algunos estudios han mostrado que los jueces de tribunales de menores toman decisiones los lunes que son más severas. Otros jueces concedían mayor número de libertades condicionales después de comer que poco antes de hacerlo (Kahneman, Sibony y Sunstein, 2021).

conocimiento común de la época. Efectivamente, «depender económica y, en consecuencia, socialmente de un poderoso era sufrir "necesidad" o estar esclavizado. Cobrar un sueldo hacía del pobre un ser próximo al esclavo» (Sancho, 2021, p. 38). El estoico Crisipo aún lo expresaba de forma más contundente al asegurar de forma contraria a Aristóteles que «ningún hombre es esclavo "por naturaleza"», para añadir en cambio de forma similar al Estagirita que «un esclavo debe ser tratado como un "trabajador contratado de por vida"».[7]

Observemos que esta arbitrariedad de este buen propietario imaginado no afecta a la vida de sus asalariados únicamente mientras están en el horario laboral. El resto de la vida extralaboral como las vacaciones y la situación en caso de enfermedad, etcétera, queda fuertemente condicionada por el importe del salario y las condiciones laborales. Republicanamente, quien depende de la voluntad de otro en sus condiciones materiales de existencia no es libre. «Los ciudadanos sometidos a un poder arbitrario en el lugar de trabajo y privados del control de las principales instituciones económicas de la sociedad son ciudadanos no libres» (Leipold, Nabulsi y White, 2020). A nadie puede extrañarle que quien vive bajo unas condiciones como las representadas en este ejemplo puede modificar su conducta para resultar agradable, servil, sumiso, obediente a su empleador para que siga siendo benevolente al menos con él. Comportarse sumisamente con la esperanza de renovar el contrato no es una decisión libre, ofrecerse a trabajar más horas sin remuneración con la esperanza de ser bien visto y merecedor de continuar en la empresa no es una decisión libre.[8] Y la lista sería larga.

7. Sabine (1980, p. 119).

8. Para un liberal, si estos trabajadores están satisfechos, son libres. Como los esclavos que «estaban satisfechos». Uno de los padres del liberalismo y de la escuela austríaca de economía, Ludwig von Mises, afirmaba tan pimpante: «Existen, quizá, individuos, grupos de individuos y hasta pueblos y razas enteras que gozan de la seguridad y de la protección brindadas por la servidumbre; que, sin sentirse ni humillados ni ofendidos, se conforman contentos pagando con una cantidad moderada de trabajo el privilegio que supone compartir las comodidades de una casa acomodada y para los cuales la sumisión a los capri-

Abandonemos el ejemplo imaginado y volvamos a lo que unía a autores tan diversos en el saco republicano. Todos ellos defendieron la ineludible necesidad de disponer de recursos materiales como condición de actores libres e iguales, la necesidad de vincular la libertad con las condiciones de existencia. Y, claro está, lo dijeron de formas muy diversas.

Obsérvese la gran diferencia entre esta concepción republicana de la libertad y la liberal. El liberalismo realmente existente, que a diferencia del republicanismo tiene poco más de dos siglos,[9] logró lo que hasta entonces parecía imposible: desligar la libertad de las condiciones materiales con las que la gente vive en sociedad. Los códigos napoleónicos se cuentan entre los monumentos legales donde este divorcio se sistematiza. Antoni Domènech escribió a menudo sobre el hecho importantísimo para la configuración del mundo moderno según el cual «los *codes* napoleónicos diluyeron la diferencia, crucial para la tradición *ius civil* republicana histórica, entre el sospechoso contrato de servicios y el mero contrato de obra (*locatio conducta operis*) entre ciudadanos plenamente libres». La ficción jurídica de los *codes* era que los varones sin ninguna propiedad lo eran al menos de una: de su fuerza de trabajo.[10] Así quedaban habilitados para «realizar actos y negocios jurídicos (contratos civiles) a partir de su "propiedad"» (2004, § 12). Domènech, con el «sospechoso

chos y cambios de humor del amo es sólo un mal menor» (Mises, 2007, p. 629). Pocas veces puede ofrecerse una muestra más clara de la concepción liberal de la libertad. David Casassas (2018, p. 64) comenta muy oportunamente después de esta misma cita: «Hay esclavos, pues, que lo son porque así lo *prefieren*, porque así lo aconseja su particular *psicología*» (las cursivas son de Casassas).

9. «Liberalismo es palabra inventada en España en las Cortes de Cádiz de 1812. El liberalismo es un fenómeno histórico del siglo XIX, y es un anacronismo —nada inocente, por cierto, y preñado de consecuencias político-ideológicas— calificar de liberales a autores del XVII o del XVIII» (Domènech, 2009). El *Oxford English Dictionary* registra entradas de *liberalism* sólo a partir de comienzos del siglo XIX —la primera en 1819.

10. En el Código Civil napoleónico de 1804, «El artesano deja de ser un arrendatario para convertirse en un arrendador de su propio trabajo, igual que el criado» (Scotto, 2020).

contrato de servicios» y la *locatio conducta operis* se refiere a la distinción que los juristas romanos establecían entre la mencionada *locatio conductio operis* (*faciendi*) y la *locatio conductio operarum*.[11] El primero era un contrato de obras por el que un particular contrataba a otro (por ejemplo, un curtidor) para que hiciera una obra que especificaba el contrato. El segundo era un contrato de servicios por el que un particular contrataba a otro para que, durante un determinado tiempo, le hiciera los trabajos que quisiera encomendarle. Este segundo tipo de contrato era considerado republicanamente indigno porque pone en cuestión la propia libertad, mientras que al primero se le otorga toda la dignidad, puesto que a través de él un hombre libre ofrece a otro hombre libre el servicio que proporciona una calificación determinada (la propia de un orfebre, de un tintorero o de un curtidor). Si la *locatio conductio operarum* es considerada indigna de hombres libres es porque un particular se hace dependiente de otro particular, con lo que es la propia libertad la que pasa a estar en juego. Poner a disposición de otro particular la fuerza de trabajo para lo que el segundo quisiera disponer significaba incurrir en una situación de dependencia arbitraria. Al margen de tecnicismos jurídicos, debe quedar clara la distinción entre el «hombre relativamente respetable que permitía que se adquiriera (en un determinado empleo) su cualificación, del *mercennarius*, que, al vender la disponibilidad general de su fuerza de trabajo, recibía por jornal "el pago de la esclavitud"» (Ste. Croix, 1988, p. 236). Este «pago de la esclavitud» al que se refiere el historiador de la Antigüedad clásica está tomado de Cicerón en *De officiis*.[12] Pero, como queda dicho, los *codes* crearon una *fictio*

11. Una explicación más desarrollada se encuentra en distintos pasajes de la magistral y monumental obra de Geoffrey Ernest Maurice de Ste. Croix (1988).

12. Cicerón, un ejemplo claro de la variante republicana oligárquica de la que después especificaremos su característica distintiva, escribió párrafos con los que a buen seguro se podrían sentir identificados muchos liberales a la Von Mises y Hayek y los muchos discípulos que vinieron después. Escribía: «También es bajo y servil [el oficio] de los jornaleros, y de todos aquellos a quienes se compra, no sus artes, sino su trabajo». Y añade un poco después: «Tampoco

iuris fabulosa: «La ilusión de igualdad civil entre propietarios y no propietarios ("propietarios" de fuerza de trabajo)» (Domènech, 2004, p. 71).

Para la tradición republicana, la sociedad, cualquier sociedad, está llena de amenazas a la libertad. Amenazas a la libertad las hay de tipos muy diferentes (por opciones sexuales, por género, por color de la piel...), pero existe una especialmente importante en la configuración de nuestras sociedades por más lejos en el tiempo que vayamos: la propiedad. Y si tan importante es la propiedad para la concepción republicana de la libertad y por su amenaza, debemos dedicarle una breve atención, pero con una cautela evidente: la propiedad es un concepto complicado. Y muy político. Por decirlo de forma muy prudente: «Definir este concepto [la propiedad] en términos apolíticos y libres de controversia es prácticamente imposible» (Lamb, 2021, p. 23).

La concepción de la propiedad que ha triunfado a medida que la forma de producir capitalista fue conquistando primero Europa y luego el resto del mundo es la que definió claramente el jurista William Blackstone (1723-1780) con las conocidas palabras: «El exclusivo y despótico dominio que un hombre exige sobre las cosas externas del mundo, con total exclusión del derecho de cualquier otro individuo».[13] Más recientemente hay liberales que afirman «libertad es igual a propiedad».[14] Para el repu-

---

son de nuestra aprobación aquellos oficios que suministran los deleites, *los pescadores, carniceros, cocineros, mondongueros*, como dice Terencio» (énfasis en el original). Y para el remate final: «En primer lugar ha de cuidar el que gobierna un Estado de que cada ciudadano posea lo suyo, y que no padezcan detrimento los bienes de los particulares bajo el pretexto de utilidad pública» (lib. II, cap. XXI). Este cuidado que ha de tener el estadista para preservar la propiedad debe ir bien acompañado con la abstención de cualquier impulso para redistribuirla: «igualar las haciendas [...] el más grave perjuicio que podía introducirse, porque las ciudades y repúblicas fueron fundadas por causa de conservar la propiedad». Sin fisuras.

13. Si bien el propio Blackstone se protegía afirmando sobre los orígenes poco edificantes de muchas propiedades: «La investigación de esos asuntos [el origen de muchas propiedades], podría argüirse, sería improductiva e incluso podría resultar problemática para la vida en común».

14. Jan Narveson, citado por Rallo (2019). Una pregunta razonable es: ¿y

blicanismo histórico,[15] la propiedad se entiende como el control sobre los recursos que permite conferir independencia política y personalidad jurídica propia, condiciones de la libertad. «Es distintivo de la tradición republicana democrática que la propiedad sea comprendida como la garantía de la independencia material efectiva frente al poder absoluto, despótico y arbitrario de un tercero», como lo resume Mundó (2018, p. 39). La concepción republicana de la propiedad no es ningún derecho del que naturalmente disponen determinados individuos sobre los demás, sino un derecho reconocido socialmente que se otorga a personas o entidades, es decir, debe estar regulado por el derecho público. Históricamente, la propiedad ha tenido muchas variantes y formas: común con uso privado, privada con uso común, común con uso común y privada con uso privado, entre otras subvariantes. La privada con uso privado es la que se ha convertido en la principal y dominante, pero en ningún caso es la única, desde el siglo XVIII hasta la actualidad en la mayoría de los países si dejamos al margen los experimentos de propiedad colectiva y burocráticamente centralizada que hemos conocido en algunos países a lo largo del siglo XX y XXI.

La propiedad se configura históricamente en función de las luchas, los compromisos y las treguas temporales entre los diferentes grupos y clases sociales. Suscribimos la forma en la que lo

---

la inmensa mayoría de la población de cualquier lugar del mundo que no tiene propiedad alguna? No es libre, siguiendo el razonamiento.

15. Uno de los que se considera habitualmente como un fundador del liberalismo, John Locke, un hombre que murió en 1704, un siglo antes de que se inventara el término, tenía una concepción de la propiedad muy republicana, por cierto. Por ejemplo, para este autor «Los humanos sólo tienen un derecho (de propiedad) natural sobre aquello que garantiza su supervivencia, pero en modo alguno pueden poseer en sentido absoluto lo que va más allá, que pasa a ser considerado una propiedad inherentemente pública. La propiedad privada de todo lo necesario para la vida y la libertad (inalienables) estaría, pues, concebida como un fideicomiso que, como tal, no es absoluto, exclusivo y excluyente, sino que es revocable, puesto que en último término debe servir al bien común» (Mundó, 2017, p. 451). La confusión de presentar a Adam Smith y a John Locke como padres del liberalismo está muy extendida. Para un tratamiento de esta confusión véase Casassas (2010) y Mundó (2006), respectivamente.

dice Piketty (2019): «La propiedad es una noción situada en su contexto histórico: depende de cómo cada sociedad define las formas legítimas de posesión (tierras, casas, fábricas, máquinas, mares, montes, monumentos, títulos financieros, conocimientos, esclavos, etcétera), así como los procedimientos jurídicos y las prácticas que estructuran y enmarcan las relaciones de propiedad y los equilibrios de poder entre los distintos grupos sociales». Y el corolario es inmediato: las instituciones siempre deben ser obligadas a cambiar para que se produzcan beneficios para la población no rica. Para volver a decirlo con palabras del autor francés: «Si en los últimos dos siglos se ha producido en el mundo una tendencia histórica hacia una mayor igualdad social, económica y política, ha sido gracias a una serie de revueltas, revoluciones y movilizaciones políticas a gran escala. Lo mismo ocurrirá en el futuro». Volvemos a la «humana lucha contra la injusticia» brechtiana.

Recuérdese que nos hemos referido a «republicanismo socialista» y hasta ahora solamente hemos explicado la primera palabra de las dos. Bien, es el momento de introducir la segunda. El nacimiento del capitalismo[16] es el factor histórico que permite ayudarnos a comprender lo que el socialismo aporta al republicanismo. Para ello debemos referirnos, aunque sea brevemente, al nacimiento del capitalismo. Éste es un concepto que tiene una variedad muy diversa de aproximaciones académicas. Historia, política, economía, sociología, filosofía política, demografía son algunas de las disciplinas académicas que han estudiado el capitalismo de forma general o prestando atención a aspectos parciales de él. Apuntar un número de propiedades necesarias y suficientes de «qué es» el capitalismo puede ser una primera aproximación. Las distintas maneras, históricamente indexadas, que ha tomado el capitalismo tienen características comunes como: propiedad privada de los medios de producción; la consideración de la tierra, la fuerza del trabajo y el dinero como mercancías; la explotación sistemática de la clase trabajadora y la gene-

16. Se atribuye a Louis Blanc a mediados del siglo XIX la primera utilización del término *capitalismo*.

ralización del trabajo asalariado; una sociedad *de* mercado y no una sociedad *con* mercados como siempre ha habido. Estas características, entre otras, no son las únicas que pueden apuntarse, pero sí son de las más importantes. Ahora bien, esta enumeración de características no aporta una buena comprensión de todos y cada uno de los momentos históricos concretos del capitalismo. El capitalismo anterior a la Primera Guerra Mundial tenía esas características, como también las tenía el posterior a la Segunda Guerra Mundial. A su vez, éste compartió dichas características con el capitalismo surgido de la llamada contrarreforma neoliberal iniciada en la década de 1970. Si capitalismos históricamente indexados como los pocos ejemplos mencionados son tan distintos, entonces la utilidad de englobarlos por el factor o factores comunes que puedan tener, si bien pueden servir como una cierta aproximación, es algo que resulta insuficiente para su comprensión. La contextualización histórica es lo que nos ayuda a esta comprensión.

El capitalismo no es un tipo de sociedad, como a menudo se acostumbra a leer en determinados manuales políticos y económicos, que sea producto de una lucha contra la barbarie feudal de la cual surgió ganador. Como tampoco la burguesía fue la campeona de la lucha contra los privilegios feudales y por las libertades. Más acorde empíricamente es el hecho de que el capitalismo se desarrolló a partir de la desposesión violenta de la tierra y los recursos naturales de las poblaciones que las utilizaban comunalmente, así como también la supresión de las reglamentaciones de los trabajadores gremiales de manera que pudiera extraérseles una mayor parte del producto de su trabajo. No fue una evolución económica de un sistema feudal a uno capitalista de forma espontánea, fue una opción impuesta desde los gobiernos, mediante la actuación de los ejércitos y las legislaciones, es decir, mediante violencia y apoyo legal.[17] «El capitalismo fue la contrarrevolución que destruyó las posibilidades que habían emergido

17. Como el libro póstumo del maestro de historiadores Josep Fontana (2019) está dedicado a analizar. Y el famoso capítulo 24 del primer tomo de *El capital* es otra descripción soberbia de parte de este proceso.

de la lucha antifeudal —unas posibilidades que, de haberse realizado, nos habrían evitado la inmensa destrucción de vidas y de espacio natural que ha marcado el avance de las relaciones capitalistas en el mundo. Se debe poner énfasis en este aspecto, pues la creencia de que el capitalismo "evolucionó" a partir del feudalismo y de que representa una forma más elevada de vida social aún no se ha desvanecido» (Federici, 2010, p. 34). Para ello se tuvo que destruir lo que se conoce como la «economía moral de la multitud», es decir, «qué prácticas eran legítimas y cuáles ilegítimas en la comercialización, en la elaboración del pan, etcétera» (Thompson, 1995, p. 216). Esta economía moral de la multitud era similar a la «economía política popular» que concebía Rousseau y que fue popularizada por Robespierre a finales del siglo XVIII. Estas relaciones sociales fueron el objetivo a destruir por lo que luego sería conocido por capitalismo. No eran «fuerzas ciegas» económicas, sino unas clases sociales con hombres y mujeres que se imponían, y otras clases con hombres y mujeres que eran derrotados. No fue la defensa de la libertad y la democracia la que resultó vencedora contra la opresión y la tiranía, sino la lucha de los propietarios de la «fábrica» la que se impuso contra otras formas de organizar la producción. En los siglos XVIII y XIX se arrebataron por la fuerza y la violencia los bienes comunales para su privatización.

Pues bien, lo que hemos llamado republicanismo socialista tiene aquí su explicación de la mano de la concreción histórica de la propiedad con el nacimiento y consolidación del capitalismo. *Socialismo* también es una palabra que no es completamente inequívoca. Aquí nos interesa exclusivamente su vinculación con el republicanismo. Y más concretamente con el republicanismo democrático. «Democrático» quiere decir que existe o existió un republicanismo que no lo fue. Efectivamente, el republicanismo histórico puede subdividirse entre el democrático y el oligárquico (o antidemocrático). El republicanismo democrático y el antidemocrático comparten la misma idea de libertad: sin la existencia material garantizada no puede existir la libertad. Quien no la tiene garantizada depende de otro para vivir socialmente. Lo que diferencia a uno y a otro es que para el republicanismo oligárquico solamente los propietarios o los que disponen de un nivel de propiedad determinado son ciudadanos de pleno derecho, son sujetos de derechos, *sui iuris*, mientras que el republicanismo democrático, por el contrario, defiende que toda la población debe ser materialmente independiente, lo que significa asegurar los medios de subsistencia sin excepciones. Aristóteles, Adam Smith o John Locke, con todas las distancias históricas que deben mantenerse, serían ejemplos de republicanismo oligárquico o antidemocrático. Ephialtes, Aspasia o Robespierre serían ejemplos, también con gran diferencia histórica, de republicanismo democrático.

¿Qué aportó el socialismo al republicanismo democrático? ¿Qué sentido tiene hablar de republicanismo socialista?[18] Con el nacimiento y consolidación del capitalismo, la estructura de la propiedad sufrió unos cambios que, por decirlo muy escuetamente, hicieron desaparecer entre los grandes teóricos del socialismo, notablemente Marx y Engels, cualquier esperanza en la universalización de la propiedad. Si el republicanismo democrático tenía como proyecto normativo universalizar la propiedad, fuente de la garantía de las condiciones materiales que habilitaban para poder ser ciudadanos libres e iguales, es decir, igualmente libres, el desarrollo del capitalismo, especialmente a partir del siglo XIX, convierte esta realidad hipotética en algo irrealizable. Por tanto, lo que el socialismo aporta en primer lugar al republicanismo democrático es una actualización «a las condiciones de un mundo en el que la estructura de la propiedad había sido profundamente transformada» (Casassas, Martínez-Cava y Raventós, 2021). El socialismo también aporta al republicanismo democrático un análisis actualizado de la nueva estructura social que causa las dominaciones que impiden la libertad repu-

18. «[A] finales de los años sesenta del siglo XIX, no sólo el socialismo político se presentaba doctrinalmente como el heredero del republicanismo democrático, sino que la tradición republicana, más o menos conscientemente asumida, era el suelo compartido, el denominador común de las más diversas tendencias del movimiento obrero real en Europa y América» (Domènech, 2004, p. 160).

blicana de la ciudadanía, dominaciones que podríamos calificar de impersonales y estructurales.[19] «[L]a dominación de los trabajadores no consiste simplemente en la dominación personal de su empleador individual, sino en el hecho de estar sometidos a la dominación *estructural* de los empleadores, cuyo control sobre los bienes de producción hace que, aunque los trabajadores no tengan que trabajar para un empleador en *particular*, sí tienen que trabajar para *un* empleador» (Leipold, Nabulsi y White, 2020).[20]

La aportación de la renta básica a la libertad

La renta básica es una propuesta parcial de política económica (parcial quiere decir que no se trata de una política económica completa y que, por esta razón, no es la solución a los problemas políticos y sociales para los cuales no está diseñada) que permitiría acercarse a los objetivos republicano-socialistas en un sentido preciso. Aumentaría el poder de negociación de trabajadores y trabajadoras, incrementaría el poder de negociación de las mujeres, desmercantilizaría parcialmente el mercado laboral y aumentaría la libertad de muchas personas que están en ocupaciones no deseadas.

Una renta básica, por su carácter incondicional, y siempre que su cantidad fuera al menos igual que el umbral de la pobreza, aumentaría el poder de negociación de las partes del «contrato» más débiles.[21] El poder de negociación de los trabajadores y de las mujeres se vería reforzado. Más concretamente, en el trabajo asalariado, la posibilidad sería mucho mayor que en la actualidad para salir de aquellos puestos de trabajo en los que

19. Para una mayor especificación de la dominación «impersonal» o «estructural», véase Casassas, Martínez-Cava y Raventós (2021), Leipold, Nabulsi y White (2020), y Gourevitch (2013).

20. Énfasis en el original.

21. Lo que a continuación se desarrolla acerca del poder de negociación de personas asalariadas y de mujeres está más detallado en Raventós (2021).

muchos trabajadores simplemente no se considerasen satisfechos por el tipo de razones que fuera. En caso de que optasen por permanecer en ellos, los trabajadores dispondrían de una amenaza creíble para decidir la posibilidad del rompimiento de relaciones y, a partir de ahí, negociar mejores condiciones de trabajo y de vida. La parte débil del contrato laboral tendría la posibilidad de no realizar trabajo asalariado para otros o, en otras palabras, de desmercantilizar la fuerza de trabajo para emprender otros caminos.[22] Evidentemente, esto incluye crear sus cooperativas o pequeñas empresas. Son varios los autores (Howard, 2000; Wright, 2006) que han argumentado acerca de esta posibilidad: la incondicionalidad de la renta básica aumentaría la capacidad para «otros emprendimientos». Adicionalmente, una renta básica también constituiría, durante las huelgas, una garantía a modo de fondo o caja de resistencia que proporcionaría a los trabajadores una posición de fortaleza mayor que la actual, cuando pueden verse obligados a hacer frente a reducciones de salario muy difíciles de soportar porque la mayoría no dispone de otros recursos para aguantar muchos días de huelga legal (Raventós y Casassas, 2003).

Se ha sugerido en más de una ocasión que la renta básica y el empleo no son compatibles. Se ha dicho de muchas formas, pero la habitual es que «la renta básica desincentivaría el empleo». Sin entrar en esta habitual objeción a la renta básica que ha sido contestada tanto teórica como empíricamente en multitud de ocasiones, y que nosotros abordamos en el capítulo segundo, es preciso dejar claro que la renta básica no es en absoluto incompatible con cualquier tipo de empleo. Quizá sea necesario, aunque muy brevemente, hacer referencia a algo que hemos escuchado y leído repetidamente en nuestra vida académica y en otros ámbitos de nuestra actividad: «el trabajo dignifica». No somos de esta opinión: el trabajo remunerado no dignifica por

22. «[E]n las cuestiones humanas, las razones de derecho intervienen cuando se parte de una igualdad de fuerzas, mientras que, en caso contrario, los más fuertes determinan lo posible y los débiles lo aceptan», escribía Tucídides ya cuatro siglos antes de nuestra era (citado por Sancho, 2021, p. 154).

ser remunerado. Hay algunos empleos que pueden resultar dignos y muchos otros, quizá la mayoría, que no dignifican. Simplemente, existen porque muchas personas no tienen otra opción que aceptarlos o, en caso de no hacerlo, vivir en peores condiciones ante la falta de ingresos. Son trabajos instrumentales realizados única y exclusivamente a cambio de un salario que permite sobrevivir. Todo lo contrario a una actividad autotélica, es decir, «una actividad que compensa por sí misma a quien la realiza y que, por eso mismo, proporciona inestimables retribuciones internas» (Domènech, 1989, p. 332). La mayor parte de los empleos, lejos de ser autotélicos, son instrumentales. Y un buen porcentaje, inútiles. Un buen muestrario de ello son los llamados «trabajos de mierda» (que es como se ha traducido de forma más o menos afortunada *bullshit jobs*) sobre los que el antropólogo David Graeber escribió pasajes memorables, que no deben confundirse con los trabajos basura: se trata de dos conjuntos diferentes, aunque existe una intersección entre ellos nada despreciable. Trabajo de mierda es un concepto preciso: se trata de «un empleo que es tan innecesario, incluso perjudicial, que hasta la persona que lo está haciendo cree íntimamente que este empleo no debería existir. [...] Ésa es la parte estúpida, que de algún modo tienes que fingir que hay alguna razón para que este empleo exista. Pero, por dentro, crees que si este trabajo no existiera o bien nada cambiaría en absoluto, o bien el mundo de hecho sería un lugar un poco mejor»[23] (Graeber, 2018). Para Graeber,

23. No necesariamente se trata de trabajos en malas condiciones o mal pagados, como se ha apuntado. «Cuando hablas sobre trabajos de mierda, ellos piensan justo en trabajos que son malos, que son degradantes, que tienen condiciones terribles, sin seguros, etcétera. Pero lo irónico es que esos trabajos de facto incluso no son de mierda. Si tienes un mal empleo, es posible que estés en realidad haciendo algo bueno en el mundo. De hecho, cuanto más beneficioso sea tu trabajo para los demás, probablemente menos te paguen, y posiblemente sea en ese sentido un trabajo malo [en el sentido de explotador]. Así, puede verse casi como una contradicción. Por un lado, tienes empleos que son trabajos explotadores, pero que son realmente útiles. Si estás limpiando baños o algo así, los baños necesitan ser limpiados, así que al menos tienes la dignidad de saber que estás haciendo algo beneficioso para los demás, incluso si no obtienes

el trabajo de mierda es «una ocupación de tan poco sentido, tan innecesaria o tan perniciosa que ni siquiera el propio trabajador es capaz de justificar su existencia, a pesar de que, como parte de las condiciones de trabajo, este trabajador se siente obligado a fingir que la situación no es así» (2018). Según distintas encuestas citadas en ese mismo libro de Graeber, un 37 % de los trabajadores y trabajadoras del Reino Unido declararon que su trabajo no aportaba nada significativo en el mundo, y la misma respuesta fue del 40 % en los Países Bajos. El trabajo de mierda es todo menos un trabajo «digno».

Por supuesto, existen trabajos (o más exactamente, tipos de empleo) gratificantes, pero no son la norma. Según *Forbes* (31 de marzo de 2016), el 70 % de las personas detesta su trabajo o se siente completamente alienada en él.[24] Quien posee sólo la «libertad» de vender su fuerza de trabajo está sometido a una forma de servidumbre y, por tanto, no es libre.

Lo que proporciona la dignidad es tener la existencia material garantizada.[25] Dicho lo cual, no objeta lo ya afirmado: respaldar la renta básica es perfectamente compatible con la defensa del acceso al empleo de cualquiera que opte por ello, con un margen de libertad muy superior del que tendría si no dispusiera de la renta básica.

También las mujeres, muchas mujeres, verían reforzado su poder de negociación, puesto que la renta básica entrañaría, a todas luces, una mayor libertad para ellas. Ya hemos mencionado a una de las grandes precursoras del feminismo que señaló

---

mucho más. Y, por otro lado, tienes empleos donde eres tratado con dignidad y respeto, te pagan bien, tienes buenas prestaciones, pero sin decirlo, trabajas sabiendo que tu empleo, tu trabajo, es completamente inútil» (Graeber, 2018).

24. Véase también <https://yougov.co.uk/news/2015/08/12/british-jobs-meaningless/>.

25. No pretendemos poner en duda que una persona pobre es tan «digna» como cualquier otra. Abordamos la forma de existir socialmente, forma que tiene condicionantes históricos, culturales y económicos. En el texto se quiere afirmar la necesidad de tener la existencia material garantizada para poder vivir en sociedad de forma digna sin depender de la arbitrariedad de otros. Una existencia republicanamente libre.

hace más de dos siglos que la conquista de derechos, ciudadanía y un mejor estatus para las mujeres, tanto casadas como solteras, exigía su independencia económica (Wollstonecraft, 1977). En segundo lugar, muchas mujeres atrapadas hoy en la trampa de la pobreza bajo el sistema de subsidios condicionados podrían escapar de ella con una renta básica. La independencia económica que permitiría una renta básica daría la opción, mucho más que sin renta básica, a muchas mujeres de huir con más facilidad de relaciones de pareja en las que hay violencia y abusos, como también para salir de trabajos remunerados en los que se producen acosos o abusos sexuales. Ante las evidentes dificultades para que una persona adulta sola pueda mantener un hogar con hijos a cargo, muchas personas, mayoritariamente mujeres, van a seguir soportando relaciones de pareja que no son necesariamente violentas, pero sí que están acabadas y generan sufrimiento, porque no tienen otra opción de supervivencia. Como la renta básica tiene carácter universal e incondicional, y se paga, por ello, tanto a hombres como a mujeres, se resolverían al menos algunos de los problemas derivados de las asignaciones destinadas a los cabezas de familia (son los hombres los que deciden mayormente el destino o el reparto de estos recursos).

El establecimiento de una renta básica podría ayudar a la distribución de las tareas domésticas entre hombres y mujeres en algunos hogares. Esta modificación no tendría, por lo general, consecuencias en el sentido señalado sobre las parejas homosexuales, los amigos que comparten casa y las personas que viven solas (una realidad creciente en las sociedades ricas), y tampoco en conventos y monasterios, en los que las mujeres y los hombres no viven juntos (de forma admitida por sus religiones). Pero cualquiera que fuera el caso, el poder de negociación de la mujer que recibiera una renta básica sería mayor que si no la percibiera.

Adicionalmente, como explicamos más adelante, con una financiación que favorezca a la mayoría de la población no rica, se produce un trasvase de dinero de los hombres a las mujeres, como resulta coherente ante las conocidas peores condiciones sociales, laborales y económicas que de media tienen las mujeres respecto a la media de los hombres. *In nuce,* las mujeres ganarían mucho, no sólo económicamente, sino también en términos de libertad republicana.

En definitiva, éstas son algunas de las aportaciones de la renta básica a la libertad en el sentido preciso que se ha especificado.

Los impuestos

Investigar y escribir sobre la financiación de la renta básica, como se hará copiosamente en capítulos posteriores de este libro, significa tratar de impuestos.[26] Éstos, como tantas otras cuestiones, aunque con una mayor virulencia, son valorados de forma muy diferente según se pertenezca a un pensamiento próximo al liberalismo ortodoxo (no exactamente neoliberalismo)[27] o a uno cercano al republicanismo socialista. Para los pri-

26. «Una de las principales controversias que siempre ha existido sobre la conveniencia de implantar una renta básica universal [...] es la relativa a su coste financiero» (Torres, 2019, p. 152).

27. La palabra *neoliberalismo*, que ya hemos empleado con anterioridad, es muchas veces utilizada y pocas veces definida con cierta precisión. Entendemos por este concepto el tipo de capitalismo histórico que empezó a desarrollarse a partir de mediados de la década de 1970. Sus características básicas y distintivas serían: regulación de los mercados en beneficio de los más ricos con una política fiscal de reducción de impuestos a los percentiles de renta y riqueza más opulentos, desmantelamiento parcial de algunas de las conquistas del estado de bienestar que habían prevalecido hasta entonces, ofensiva contra los sindicatos, financiarización de las economías e incremento de las desigualdades de una forma nunca antes vista en el interior de los países ricos. El capitalismo siempre ha estado regulado, aunque de forma muy distinta según el momento histórico. Desde la Segunda Guerra Mundial hasta la década de 1970 lo estuvo de forma diferente a como lo ha estado posteriormente a dicha fecha, que es el período al que nos referimos, el que abarca el término *neoliberalismo*. No se trata de algo tan repetido como que el capitalismo se ha desregulado desde entonces. Por resumirlo con palabras del economista Dean Baker: «[La] derecha tiene tanto interés como los progresistas en que el sector público se implique en la economía. La diferencia radica en que los conservadores quieren que el sector público intervenga de un modo que redistribuya la renta en provecho de los más pudientes. La otra diferencia está en que la derecha es lo suficientemente lista como para ocultar estas intervenciones, tratando de que pa-

meros sería algo así como un robo hacia los más ricos,[28] por ejemplo, Rallo (2019) o Machan (2002), y para los segundos, una condición de la libertad. En medio podemos encontrar todo tipo de gradaciones.

Es difícil imaginar, según nuestro entender, una sociedad sin impuestos. Evidentemente, la concreción de cómo deben ser también es un tema de primera magnitud. Los impuestos pueden favorecer a los más ricos o a las partes de la población con menos renta y riqueza. Depende de los objetivos de los gobiernos. Todo ello es evidente. Pero antes de especificar a quién perjudica y a quién favorece un diseño concreto de impuestos, la afirmación de que es difícil imaginar una sociedad sin impuestos prevalece. Por decirlo con las palabras de Saez y Zucman (2021): «Sin impuestos no hay cooperación, ni prosperidad ni destino común; no hay ni tan siquiera una nación que necesite un presidente».

Recordemos el título y subtítulo de un libro clásico de Holmes y Sunstein (2000): *El costo de los derechos. Por qué la libertad depende de los impuestos.* A un liberal más o menos al uso, que la libertad dependa de los impuestos le puede resultar difícil de admitir. Pero sería difícil rebatir este hecho que dispone de mucha evidencia empírica: las riquezas privadas existen porque las hacen posibles las instituciones públicas. Para estos dos autores: «La definición, asignación, interpretación y protección del derecho de propiedad es un servicio que el gobierno presta a los que tienen propiedades, pero es financiado por los ingresos generales obtenidos de los contribuyentes». Los derechos privados son bienes públicos. Y la propiedad, los derechos de propiedad no serían nada si no hubiera, en el ordenamiento legal, la coer-

rezca que las estructuras que redistribuyen la renta hacia los de arriba no son más que el resultado del funcionamiento natural del mercado» (Baker, 2010).

28. «El Estado sólo está legitimado a regular las libertades personales y a establecer los impuestos mínimamente necesarios para asegurar el orden público» o «Los impuestos [no] respetan el derecho de las personas a disponer libremente de su propiedad y, en consecuencia, son contrarios a un orden político liberal» (Rallo, 2019) son una muestra clara de la opinión liberal, o de una variante liberal con cierto predicamento, sobre los impuestos.

ción para excluir a los no propietarios. De ahí que Holmes y Sunstein concluyan: «Asociar los derechos de propiedad con "verse libre del gobierno" tiene tan poco sentido como asociar el derecho a jugar al ajedrez con la vana ilusión de eludir las reglas. Los derechos de propiedad existen porque el derecho crea y regula la posesión y el uso de ésta» (Holmes y Sunstein, 2000, p. 82). Que el derecho crea la propiedad, formas cada vez más sofisticadas de propiedad, es algo que la gran jurista Katharina Pistor ha investigado muy pormenorizadamente desde hace años y en uno de sus últimos trabajos documenta cómo el «capital está codificado en la ley», y que la ley crea riqueza y desigualdad. Y una de sus conclusiones merece ser meditada: «Los subsidios y otros derechos similares son normalmente vistos con reticencia, al considerar que distorsionan el mercado y llevan a la ineficiencia o incluso a la corrupción. Sin embargo, se puede argumentar que la protección legal de la que goza el capital es la madre de todos los subsidios» (Pistor, 2022).

Sistema judicial, policía, ejército forman parte de la protección de la propiedad privada. Y esto cuesta dinero a toda la población contribuyente. De la misma manera que no existen los mercados sin los gobiernos (todo mercado está regulado políticamente), no existe propiedad sin instituciones públicas. De ahí una de las importantes conclusiones que extraen Holmes y Sunstein: «El derecho de propiedad es un servicio público que se disfruta de forma privada». Evidentemente, los derechos, tal como están legislados, pueden merecer distintas valoraciones según la convicción política de quien los juzgue. El Estado, el Parlamento que legisla, puede ser más o menos proclive a la igualdad o a la más absoluta desigualdad. Depende de los objetivos de quien legisla. Pero lo que aquí se está defendiendo es que, independientemente de lo justa o no que pueda parecer una legislación determinada, los derechos tienen costes económicos cuantificables. Y el derecho a la propiedad privada tiene muchos costes. El derecho a enriquecerse y a tener una gran fortuna tiene costes para toda la población que paga impuestos. No se trata solamente de que la persona que recibe un subsidio tiene un coste, que lo tiene, sino que disponer de una gran riqueza resulta que es mucho más costoso para la misma población contribuyente. De ahí que algunos liberales hayan propuesto la creación de ejércitos privados y de policía privada que defiendan las grandes fortunas, y que los pague quien quiera hacerlo. No presagia una sociedad muy agradable, en realidad se trataría de una distopía terrorífica, pero no hay duda de que su propuesta evitaría que todos pagáramos para proteger, entre otros derechos, el de la riqueza privada. En una entrevista a Cass Sunstein en la revista de la Universidad de Chicago, insistió: «El argumento de que la libertad depende de los impuestos es tan elemental que uno puede abrigar cierta esperanza de que al menos alguna versión del mismo sea aceptada. No es que el punto sea sorprendente; lo verdaderamente sorprendente es que existan argumentos en contra» (Sunstein, 1999). Y deberíamos añadir que «la libertad depende de los impuestos», también depende de quién gobierne y en beneficio de quién lo haga.

Al respecto, vale la pena reseñar un importante caso para ejemplificar lo que un gobierno puede llegar a hacer si actúa en beneficio de una minoría social privilegiada. Es un ejemplo plagado de lecciones morales y... fiscales. Conocido es que el 23 de agosto de 1833 se aprobó la *Slavery Abolition Act* en el Reino Unido y a partir del 1 de agosto del año siguiente los esclavos de las colonias del imperio quedaban libres. Pero lo que no es tan conocido es que esta ley establecía unas generosas indemnizaciones para los esclavistas. Alguien podría pensar, de forma justificada, que quienes debían ser indemnizadas eran las personas que habían sido esclavizadas, pero no fue así. La ley establecía que quienes debían ser indemnizados eran los esclavistas para ser compensados por la pérdida de... esclavos. Estas indemnizaciones supusieron aproximadamente unos 20 millones de libras esterlinas, un 5 % de la renta nacional del Reino Unido de aquel entonces, para los 4.000 propietarios de esclavos que se habían quedado sin su «materia prima». «Si un gobierno decidiera hoy dedicar la misma proporción de la renta nacional del Reino Unido a esa política, tendría que desembolsar unos 120.000 millones de euros, lo que equivale a unos 30 millones de euros de media a cada uno de los 4.000 propietarios» (Piketty, 2021). Estamos hablando de propietarios de centenares y, en algunos casos, de miles de esclavos cuyas generosas indemnizaciones fueron pagadas por los modestos contribuyentes, dada la enorme regresividad del sistema impositivo de la época basado en impuestos indirectos. Todo un ejemplo de lo que pueden hacer los impuestos dirigidos en favor de los ricos.

No hace falta retroceder dos siglos atrás. Veamos el increíble caso de la institución conocida, no por muchos, como *family office*. Se trata de una organización dedicada a «preservar y gestionar el patrimonio de una sola familia» (Collins, 2022). Parece algo inocuo y razonable. En realidad, son organizaciones que mediante la planificación del pago (o impago) de impuestos, obras de caridad —las donaciones de caridad dan múltiples bonificaciones o beneficios fiscales (Raventós y Wark, 2019)— y actividades similares, gastan millones de euros o dólares para evitar pagar miles de millones.[29] Hace pocos años había pocos centenares de *family office*, actualmente se contabilizaban del orden de 10.000 en todo el mundo, según el Credit Suisse. Se trata de bancos, asociaciones de inversión privada, abogados, economistas, asesores financieros que son propiedad de una familia muy rica y cuya finalidad es preservar las fortunas que ahora existen y seguir acumulando más, para transmitirla a las generaciones futuras de la familia. Estamos hablando de un pequeño ejército de gente muy bien pagada, extremadamente bien pagada, al servicio de una familia muy rica. «Conforme aumenta la desigualdad en todo el planeta, las *family office* se ocupan de preservar la riqueza dinástica ocultando activos para siglos venideros. Como consecuencia, se han convertido en enormes concentraciones de capital privado anónimo no regulado [...] administran el equivalente al 7 % de las bolsas de valores de todo el mundo», como explica uno de sus buenos conocedores (Collins, 2022). Uno de los principales objetivos de las *family office* es pagar el mínimo de impuestos utilizando todas las grietas lega-

29. Jack London lo decía con su habitual agudeza: «Dar un hueso a un perro no es caridad. Caridad es compartir el hueso con el perro cuando estás tan hambriento como él».

les y las ilegales. Los que trabajan muy bien recompensados en las *family office* al servicio más fiel de las familias muy ricas forman parte de la industria de la defensa de la riqueza, a la que no le falta cobertura académica. Conocida y muy influyente es la llamada curva de Laffer como ejemplo de la cobertura académica. En realidad, ha servido durante muchos años para que muchos gobiernos tuvieran la cobertura académica necesaria, si falta les hacía, para rebajar los impuestos especialmente a los ricos. No hay mejor forma de resumir lo que es y representa dicha curva como la que esbozó Paul Waldman (2019):

> Laffer esbozó su curva en una servilleta durante una cena en Washington en 1974, entre cuyos asistentes se encontraba el influyente director de *The Wall Street Journal*, Jude Wanniski (que seguiría difundiendo este evangelio), y dos funcionarios de la administración Ford, Donald Rumsfeld y Dick Cheney. La curva tenía como objetivo mostrar que, si teniendo un tipo fiscal del cien por cien nadie se molestaría en trabajar y los ingresos fiscales se reducirían a cero, entonces rebajar el tipo fiscal a casi cualquier punto debe producir inevitablemente un incremento en los ingresos fiscales. Era una idea que, pese a ser idiota en su núcleo, mostraba un potente atractivo. ¿Podemos recortar impuestos *y* elevar la recaudación? ¿Reducir el déficit sin tener que tomar opciones difíciles? ¡Qué forma tan espectacular de que ganen todos!

Además, no existe, simplemente, evidencia empírica que corrobore la «teoría del goteo o la curva de Laffer». El análisis publicado en 2012 por el Congressional Research Service encontró que las reducciones en las tasas impositivas máximas no estaban correlacionadas con el crecimiento económico. En cambio, estaban mucho más asociadas con el aumento de la desigualdad de ingresos (Roberts, 2022a).

La *Slavery Abolition Act* y la industria de la defensa de la riqueza son dos formas, una directa y la otra indirecta, de utilizar (o de evadir) los impuestos en beneficio de las grandes fortunas. Pero hay otras formas de utilizar los impuestos que no sean para beneficio de la mayor parte de la población extremadamente rica. Este libro es un ejemplo de cómo se pueden utilizar determinados impuestos para financiar una renta básica para toda la población que garantice la existencia material. «Los impuestos normalizan la reasignación de la propiedad privada al Estado y, por tanto, ejercen el poder cotidiano de la política sobre la economía», es la manera de expresarlo de Williamson (2022). Garantizar la existencia material de toda la ciudadanía por medio de una renta básica, financiada de determinada forma mediante los impuestos, es una elección política sobre la sociedad que se quiere y muy especialmente de las que no se quieren.

Acostumbra a atacarse cualquier política de impuestos dirigida a los ricos que proviene de un conjunto que incluye economistas liberales, representantes de las patronales y directamente por parte de los ricos y sus representantes, como las ya mencionadas *family office*, por ejemplo. «A los ricos [...] no les gusta pagar impuestos cuando las tasas impositivas son elevadas. Tampoco les gusta pagar impuestos cuando las tasas son bajas» (Pizzigati, 2015, p. 473). Directamente o indirectamente los ricos aducen argumentos del tipo: los impuestos limitan la actividad, lo que provoca que haya menos puestos de trabajo; no es justo gravar el dinero, por elevado que sea, que se ha ganado como recompensa de una actividad legal; el dinero ganado legalmente (o incluso un poco ilegalmente) solamente pertenece a su propietario y a aquel con quien éste decida compartirlo, y similares. Quizá quien lo resumió de forma muy clara fue John D. Rockefeller: «Cuando un hombre ha acumulado una suma de dinero siguiendo la ley, es decir, de la forma legalmente correcta, el resto de las personas ya no tienen derecho a participar en las ganancias resultantes de esta acumulación» (Pizzigati, 2015, p. 99). Que empíricamente pueda demostrarse que estos argumentos y otros similares no van de la mano, no importa. Se repiten en épocas distintas y de formas parecidas. Como es conocido, aunque no tanto como debería serlo, durante las décadas de 1940, 1950 y 1960, tanto en Estados Unidos como en el Reino Unido las rentas más ricas estaban gravadas entre el 90 y el 98 %. Fueron décadas en las que la economía de estos dos Estados no estuvo precisamente mal. De hecho, para algunos economistas fueron las décadas más prósperas del siglo XX.

Una persona muy rica prefiere pensar que se lo ha ganado más o menos duramente, ya sea por su gran capacidad y originalidad innovadora, o por su inteligente capacidad de ver nuevas oportunidades de negocio allá donde otros no son capaces de hacerlo, porque su capacidad de trabajo es muy elevada, porque es muy listo (y a más riqueza, más listo o más capaz),[30] porque estaba en el lugar adecuado en el momento oportuno y supo evaluarlo, o ya sea porque ha aportado beneficios a la sociedad gracias a sus inversiones,[31] o por otras más o menos parecidas. Prefiere alguno de estos motivos como explicación de su riqueza que la mucho más prosaica razón de que es rico porque ha heredado, en no pocos casos, la riqueza. «Podríamos denominarlo *romnesia*:[32] la capacidad de los muy ricos para olvidarse del contexto en el que hicieron su dinero. De olvidar su educación, herencia, redes familiares, contactos y presentaciones. De olvidar a los trabajadores cuya labor les enriqueció. Olvidarse de las infraestructuras y la sociedad, la mano de obra preparada, los contratos, subsidios y rescates suministrados por el Estado» (Monbiot, 2012). Y la ley: «El capital manda, y manda a través de la ley», como dice Pistor. Y añade: «La acumulación de riqueza a lo largo del tiempo requiere una fortaleza que sólo un código respaldado por los poderes coercitivos del Estado puede ofrecer» (Pistor, 2022). La justificación de las grandes riquezas forma un grupo al que Sam Pizzigati califica de *cheerleaders*, académicos y publicistas

30. El biólogo evolutivo Theodosius Dobzhansky (1962) ya escribió hace sesenta años que «El argumento favorito de los conservadores siempre ha sido que el estatus social y económico sólo refleja la capacidad intrínseca de las personas» (Dobzhansky, 1962, p. 112).

31. Dos ejemplos de los muchos justificadores de la riqueza: «[E]l grupo más rico ha hecho una contribución significativa a la economía y en consecuencia se ha llevado una parte importante de las ganancias» (Mankiw, 2013, p. 22); y otro ejemplo en *The Economist*, en un reportaje del año 2011: «Para llegar a ser ricos, por regla general han tenido que hacer algo extraordinario».

32. Monbiot se refiere a Mitt Romney, que «personifica el parasitismo económico».

que consideran que las grandes riquezas privadas son una bendición para el resto de la sociedad. Uno de los maestros del liberalismo desde la segunda mitad del siglo pasado hasta la actualidad, Friedrich Hayek, justificaba incluso a los ricos más parásitos, vagos y dilapidadores que podamos imaginar porque nos gratificaban con nuevos gustos y creencias, con «nuevos estilos de vida», vaya.[33]

Son muchos los informes que proliferan sobre qué porcentaje de las fortunas son heredadas y qué otra parte obtenidas desde cero. Como los resultados varían en función de los años estudiados, la metodología empleada y la muestra del estudio, no vale la pena aportar una relación de estos informes, pero si algo queda claro es que un porcentaje nada despreciable, que en algunos casos supera el 70 %, son fortunas heredadas. Claro que son fortunas que se han incrementado en muchos casos, pero no se partía de cero. Las fortunas acostumbran a crecer porque un ejército de la mencionada industria de la defensa de la riqueza está al servicio de la elusión de impuestos, la compra de favores, la planificación bursátil, etcétera. Tres familias de Estados Unidos (Mars, Walton y Koch) tienen (o tenían hace tres años, ahora deben tener mucho más) una fortuna de 348.700 millones de dólares, nada menos que cuatro millones de veces el patrimonio medio de una familia estadounidense. Y «desde 1982, estas tres familias han visto crecer su fortuna casi un 6.000 % (incluida la inflación)» (Collins, 2022). Lo que cuesta más de entender es que haya quien siga justificando las grandes fortunas «porque se lo merecen» sin matices, así como las remuneraciones descabelladas de los grandes ejecutivos. Al respecto, hay un caso, entre otros, que es chocante. En 1975 el legendario director de la General Electric, Reginald Jones, quizá el ejecutivo más prestigioso del momento, ganó por su cargo medio millón de dólares, 36 veces los ingresos de la familia media estadounidense. Su sucesor en General Electric, Jack Welsh, ganó en el año 2000 1.445 millones de dólares por el cargo, unas 3.500 veces los ingresos de la familia media estadounidense. Había pasado un cuarto de siglo. ¿Se debe esta desproporción a

33. Citado por Pizzigati, 2018.

una valoración objetiva del mercado o a una política económica y a una ley que permiten y posibilitan que esto ocurra? ¿Hay realmente razones económicas que merezcan el nombre de razones y no pura apologética que justifique esta realidad entre dos directores de la misma empresa en un margen de pocos años? ¿Existen datos que muestren que esto beneficia a la sociedad de Estados Unidos o, más modestamente, a los consumidores y trabajadores de General Electric? Los beneficios privados no conllevan automáticamente beneficios sociales, más bien al contrario (Pistor, 2022).

Hay ricos que dan consejos morales y prácticos a los que no lo son. Gina Rinehart es una rica minera de Australia, con un patrimonio neto en 2022 de 29.000 millones de dólares según *Forbes*. En su opinión, toda su fortuna es merecida, y quien no lo vea así es un envidioso. Y da consejos: si tienes envidia de quienes tienen más dinero, no te quedes sentado quejándote; haz algo para ganar más dinero: gasta menos dinero en beber, fumar o alternar y pasa más tiempo trabajando, crea tu propio éxito. George Monbiot (2012) escribía: «Recordar sus raíces es lo que Rinehart no sabe hacer. Se le olvidó añadir que si quieres convertirte en millonario, en su caso milmillonaria, ayuda heredar una mina de mineral de hierro y una fortuna de tu padre, y cabalgar sobre un auge espectacular de las materias primas. Si se hubiera pasado la vida metida en la cama tirando dardos a la pared, seguiría siendo estupendamente rica». Y más adelante: «Las listas de gente rica están repletas de personas que o bien heredaron su fortuna o la hicieron gracias a actividades rentistas: por otros medios que no fueron innovación y esfuerzo productivo. Son un catálogo de especuladores, barones inmobiliarios, duques, monopolistas de tecnología de la información, usureros, jefes de la banca, jeques del petróleo, magnates mineros, oligarcas y ejecutivos remunerados de forma absolutamente desproporcionada respecto a cualquier valor que generen». Y concluye: «Hace un siglo, los emprendedores trataban de pasar ellos mismos por parásitos: adoptaban el estilo y las formas de la clase rentista con título. Hoy los parásitos pretenden que son emprendedores».

Derechas e izquierdas en la defensa de la renta básica

Tratemos, aunque sea brevemente, un tema que ha resultado controvertido y que ha dejado a más de una persona algo perpleja. Se trata de lo siguiente: se ha defendido la propuesta de la renta básica desde posiciones políticas de derechas y de izquierdas. Esta realidad ha motivado cierta confusión. Nos hemos encontrado en muchas ocasiones y en ámbitos académicos, políticos, sindicales, de movimientos sociales diferentes haciendo la misma pregunta, aunque con formulaciones no necesariamente idénticas: ¿cómo es que las izquierdas y las derechas que defienden la renta básica, que tan distintas son en otros terrenos, coinciden en esta propuesta? Es tan recurrente esta pregunta en los últimos años que creemos que debemos dedicarle una breve aclaración.

Puede constatarse que de ámbitos de derecha y de izquierda se ha defendido la renta básica. Van Parijs y Vanderborght (2017, cap. 7) ofrecen una detallada descripción de ejemplos a lo largo del mundo.

Ahora bien, precisemos un poco más. Hablar de propuestas de izquierdas y de derechas de la renta básica es ser muy general e inconcreto. Algunas de las defensas de izquierdas muestran diferencias pequeñas con las de las derechas. A su vez, entre las propuestas de izquierdas, las diferencias en la defensa de la renta básica pueden ser grandes. Puede haber defensores de la renta básica de izquierdas que estén más alejados políticamente entre ellos que entre algunas personas favorables y otras contrarias a la renta básica. Es decir, que al estipular «derechas e izquierdas» defensoras de la renta básica hay que hilar muy fino y ver en cada caso concreto a lo que nos queremos referir. Aun así, las distinciones que ofrecemos entre algunas propuestas claramente de derechas y otras claramente de izquierdas pueden ser útiles.

Algunas de las diferencias más importantes son las que intentamos resumir a continuación. Se trata de distintos aspectos en los que las diferencias entre los defensores de derechas y de izquierdas son abismales: la financiación, la defensa o no del estado de bienestar, la posición sobre el poder de negociación de la clase trabajadora y de las mujeres, la cantidad de renta básica, la neutralidad del Estado y las medidas adicionales de política económica. Veámoslo más en detalle.

Respecto a la financiación: qué parte de la población gana y qué parte pierde. La financiación de la renta básica significa una redistribución de la renta que es equivalente a mostrar qué parte de la población se beneficia de la propuesta y qué parte debe contribuir más. Para las propuestas claras de izquierda, como los ejemplos que se muestran en este libro, la financiación de la renta básica supone una reforma fiscal que implica una redistribución de parte de la renta de las personas más ricas al resto de la población. Ello comporta que la igualdad en la distribución de la renta se incremente, aunque más ajustado a la realidad es decir que la desigualdad se reduzca. Las propuestas de financiación de la derecha no pretenden este objetivo de ninguna de las maneras. Es más, consideran este objetivo no deseable. Hasta nefasto.

Otra de las grandes diferencias se encuentra en las medidas de política económica que adicionalmente se proponen junto a la renta básica. La izquierda asume la defensa de la sanidad y la educación públicas, y, en general, del llamado estado de bienestar. La derecha no. Los defensores de derechas pretenden desmantelar el estado de bienestar o seguir desmantelándolo, como ya se empezó a hacer a partir de la década de 1970. Uno de los ejemplos más claros que podemos aportar es el del economista Charles Murray, que defiende desde hace décadas la renta básica en medios como *The Wall Street Journal*. El título y subtítulo de uno de sus libros, de 2006, es suficientemente explícito: *In our hands: A plan to replace welfare state*. En él defiende los consabidos objetivos liberales de «adelgazamiento» del Estado —excepto la policía, el ejército y los tribunales de justicia, significativamente— y de reducción de la presión fiscal a los ricos. Otro ejemplo de defensor de derechas de la renta básica con el que uno de los autores de este libro, Daniel Raventós, tuvo la ocasión de debatir cuatro o cinco veces en Bogotá, es Michael Tanner, miembro del prestigioso Cato Institute, un *think tank* liberal.[34] La izquierda republicano-socialista no concibe la libertad de forma independiente de las condiciones materiales de existencia, como se ha explicado en este mismo capítulo. Para esta izquierda, una renta básica podría, y debería, ir acompañada de más y mejores servicios públicos.

La Red Mundial de Renta Básica (BIEN, por sus siglas en inglés), que fue fundada en 1986 y dispone ahora de secciones en todos los continentes, cuenta entre sus miembros con personas de distintas sensibilidades políticas. Las ambigüedades de derechas y de izquierdas, según la persona que defendía la propuesta de la renta básica, también podían encontrarse en la misma BIEN. Para evitar estas ambigüedades, en una resolución aprobada en la Asamblea General de la BIEN en Seúl en 2016, se votó que la renta básica que defiende esta organización es la siguiente:

> Estable en cantidad y frecuencia, y lo suficientemente alta como para ser, en combinación con otros servicios sociales, parte de una estrategia política para eliminar la pobreza material y posibilitar la participación social y cultural de cada individuo. Nos oponemos a la sustitución de derechos o servicios sociales si esa sustitución empeora la situación de personas relativamente desfavorecidas, vulnerables o de ingresos bajos.

Podría haberse planteado con mayor claridad, pero creemos que tampoco deja lugar a dudas.

Otra diferencia, como se ha anunciado, entre las propuestas de defensa de la renta de derecha y de izquierda es que los defensores de la renta básica de izquierdas también entienden que aumentaría el poder de negociación de los trabajadores y de las mujeres. Cuando la relación laboral es tan institucionalmente asimétrica, aunque los contratos entre una multinacional o gran empresa y cualquier trabajador toman legalmente a ambas partes como «iguales» (el «contrato libre» que tanto gusta a los libe-

34. Raventós (2018). En este encuentro quedó claro que el desacuerdo era sistemático en absolutamente todos los puntos tratados y que se especifican en este mismo apartado del texto principal.

rales), resulta evidente ver cómo una renta básica mejoraría la posición de la parte más vulnerable del citado contrato. La parte débil del contrato tendría un ingreso por encima o al menos igual al umbral de la pobreza sobre el que apoyarse. El aumento del poder de negociación de los trabajadores y de las mujeres que supondría la renta básica, según argumenta la izquierda que defiende la propuesta, no es admitido como bueno o deseable por la derecha. Adicionalmente, la derecha prefiere cantidades reducidas de renta básica, por debajo del umbral de la pobreza, para «incentivar» el trabajo remunerado. Sobre el cada vez más desarrollado porcentaje de trabajos con pocos incentivos, desagradables, peligrosos... la derecha argumenta que siempre se han tenido que desarrollar este tipo de trabajos para hacer posible el crecimiento.

Existe otra gran diferencia de muchísima importancia entre los defensores de la renta básica de derecha y de izquierda. Podemos resumirlo en su respectiva concepción de la llamada neutralidad del Estado. Para la derecha, la neutralidad significa que el Estado no intervenga en las negociaciones y disputas de los distintos agentes y sectores sociales, que no tome partido por ninguna concepción de la vida buena que pueda tener la muy diversa ciudadanía de un lugar determinado. Obvio es que una persona fundamentalista cristiana y una atea tienen concepciones muy distintas de lo que es una vida buena. Para la izquierda partidaria de la libertad republicana esto es obvio. El problema realmente importante para la izquierda republicano-socialista es si la existencia material de una persona o de un buen grupo de ellas debe depender, dada la actual configuración institucional de los derechos de propiedad y la posibilidad legal de su inmensa acumulabilidad, de los planes de inversión de una transnacional; o si los recursos energéticos de países enteros deben estar a disposición de los consejos de administración de algunas grandes empresas; o si los dogmas de algunas iglesias pueden llevar a la expropiación de la existencia material de determinadas personas. En estos casos, nos hallamos ante planes de vida, ante nociones de la vida buena que quedan erosionadas, cuando no completamente mutiladas, para muchas personas por la destrucción de la base material que las hubiera hecho posibles. De manera que para la izquierda republicano-socialista, la neutralidad del Estado significa que éste debe intervenir activamente para impedir que los grandes poderes privados, como las multinacionales gigantes, impongan su voluntad privada a los Estados, con el ataque a la libertad de la mayoría no rica que eso supone. Un Estado republicano debe intervenir activamente para que la neutralidad sea un hecho, y no una superficial consigna de «equidistancia entre los distintos proyectos de buena vida». Desde el punto de vista republicano, se presupone que el Estado deba ser equidistante entre las distintas concepciones de la buena vida, pero cuando grandes poderes privados disponen de la capacidad de imponer a la ciudadanía su concepción privada del bien, cuando la constitución oligopólica de los mercados permite el secuestro del Estado por parte de los inmensos imperios privados, la neutralidad republicana significa intervención activa, no tolerancia pasiva y que gane el más fuerte. La renta básica para la izquierda es una forma, junto a otras que deben complementarse, de posibilitar efectivamente la neutralidad del Estado.

Finalmente, las derechas y las izquierdas que defienden la renta básica se diferencian también en las medidas que deberían acompañarla. La renta básica sería una medida propia de la esfera de la política económica, pero no es una «política económica» completa y acabada por sí sola. La diferencia entre las propuestas de izquierdas y de derechas también se hace evidente por la cantidad de renta básica propuesta y por el tipo de medidas adicionales de política económica. Por ejemplo, gravar con impuestos significativos a las grandes fortunas, como se ha mencionado, es inadmisible para la derecha. Para la izquierda republicana, gravar de forma severa a las grandes fortunas sería una medida muy necesaria para la libertad del conjunto de la ciudadanía. Y así lo intentaremos mostrar en este mismo libro en los capítulos 8 y 9.

2

Una perspectiva histórica sobre los distintos avances del concepto de renta básica en las dos últimas décadas

¿De dónde venimos?

La alternativa que más interés y debate ha suscitado entre los distintos autores y autoras durante las últimas décadas en contraposición con los programas de rentas mínimas o de garantía de ingresos ha sido la renta básica. Sin embargo, existe una gran diferencia de concepción entre las rentas mínimas —o subsidios condicionados en general— y la renta básica que se expresa en términos de libertad. Los programas de renta mínima ayudan a las personas una vez que han «fracasado». Además, ofrecen una ayuda *ex post* a cambio de alguna forma de contraprestación por las prestaciones recibidas. Es precisamente esta mera asistencia *ex post* la que conduce irremediablemente a la pérdida de la libertad efectiva de quienes viven de un salario, obligándoles a aceptar el *statu quo* o a plegarse a formas especialmente perjudiciales para sus intereses en la configuración política de los mercados.

Con la renta básica, por el contrario, al ser una prestación monetaria que recibiría toda la población como un derecho de ciudadanía, se conseguiría garantizar la existencia material de entrada. De esta manera se abraza la lógica incondicional de las medidas que actúan *ex ante*, evitando que un gran número de personas tengan que verse obligadas a comportarse como «sumisas suplicantes». Quien suplica no es libre. Además, el hecho de garantizar la existencia material *ex ante* supone un incremento del poder de negociación de la mayoría no estrictamente rica de la población mediante el aumento de su libertad efectiva. Mientras la renta básica es el lenguaje de los derechos humanos,[35] los subsidios condicionados son el lenguaje de la «ayuda» y de la compensación al «fracasado». A tenor de la definición, la renta básica es una idea simple y sencilla: un ingreso pagado por el Estado, como derecho de ciudadanía, a cada miembro de pleno derecho o residente de la sociedad. Sin embargo, su concepción cuenta con un *background* muy diverso que puede rastrearse desde la Atenas clásica hasta la crisis de la COVID-19, pasando por el Renacimiento o la Ilustración. A lo largo de este capítulo, limitaremos al siglo XXI algunos de los hitos más importantes que ha tenido la renta básica, sin obviar que ha sido durante los dos últimos siglos cuando distintos economistas, sociólogos, filósofos o políticos la han ido refinando y estudiando detalladamente.

A finales del siglo XVIII y a principios del XIX, el debate teórico sobre la renta básica se basaba en la naturaleza «igualitaria» del concepto. Sus defensores entendían la necesidad de una herramienta que estableciese una recompensa justa por la apropiación de bienes comunes por parte de una minoría. Así, al calor de las revoluciones francesa y estadounidense, Thomas Paine (1737-

35. En la *Declaración universal de derechos humanos emergentes* compilada y publicada en el Fórum de las Culturas de Monterrey en el año 2007, puede leerse en el primer artículo: «El derecho a la renta básica o ingreso ciudadano universal, que asegura a toda persona, con independencia de su edad, sexo, orientación sexual, estado civil o condición laboral, el derecho a vivir en condiciones materiales de dignidad. A tal fin, se reconoce el derecho a un ingreso monetario periódico sufragado con reformas fiscales y a cargo de los presupuestos del Estado, como derecho de ciudadanía, a cada miembro residente de la sociedad, independientemente de sus otras fuentes de renta, que sea adecuado para permitirle cubrir sus necesidades básicas», <https://catedraunescodh.unam.mx/catedra/CONACYT/04_Docentes_UdeO_ubicar_el_de_alumnos/Contenidos/Lecturas%20obligatorias/M.5_cont_3_DUDHE.pdf>.

1809) discutiría los orígenes de la propiedad en *Justicia agraria* (Paine, 1797). Paine argumentaría que, al ser la tierra una propiedad común de toda la humanidad, una vez ésta se cultiva es solamente el valor añadido lo que debería convertirse en propiedad individual, no la tierra en sí, que «en su estado natural de baldías [...] fue la propiedad común de la raza humana». Es decir, que no tenía propietario alguno originariamente. Por eso el inglés escribió que «cada propietario, por tanto, de terrenos cultivados adeuda a la comunidad una renta del suelo por el terreno que ocupa». Paine abogaba por un pago a cada persona al alcanzar la edad de 21 años como compensación parcial por la «pérdida de su herencia natural causada por la introducción del sistema de propiedad territorial», más un pago regular anualmente a cada persona que llegase a los 50 años de edad. Al igual que Paine, también en marzo de 1797, publicaba Thomas Spence el panfleto *Los derechos de los infantes* (Spence, 1797). Éste ha sido, en ocasiones, considerado una réplica directa a Paine, pero como bien explica Tena (2021), no fue así, ya que el núcleo del panfleto fue escrito a finales de 1796. Posteriormente, el 19 de marzo de 1797, fecha de la publicación de *Justicia agraria*, Spence escribiría el prefacio y los apéndices donde compararía su propuesta con la de Paine, en directa alusión. En *Los derechos de los infantes*, el activista británico presenta un sistema organizado y gestionado por las mujeres porque «no se puede depender de los hombres», donde el excedente, «una vez que se hayan pagado todos los gastos públicos», sería repartido «de forma justa y equitativa entre todas las almas vivas de la parroquia [...], desde un día de edad hasta la edad extrema; sin hacer distinción alguna entre las familias de ricos campesinos y comerciantes [...] y las familias de pobres obreros y mecánicos». Spence ya se había pronunciado en este sentido anteriormente en *Propiedad de la tierra, derecho de todos* (Spence, 1795), pero en *Los derechos de los infantes* establece un nuevo matiz. Mientras en 1795 se pronunciaba acerca de «mantener a los pobres», en 1796 propone que «la mejor manera de repartir la propiedad común de la tierra sea propiamente a través de lo que hoy llamamos un ingreso monetario universal, incondicional e individual (Tena, 2021).

Con un razonamiento parecido al de Paine y Spence, el socialista belga Joseph Charlier (1816-1896) analizaría en el libro *Solution du problème social ou constitution humanitaire, basée sur la loi naturelle, et précédée de l'exposé de motifs* (Charlier, 1848) el derecho que toda persona tenía a lo que él denominó «dividendo territorial», que correspondería al valor per cápita del territorio nacional y sus recursos naturales. Esta formulación puede llegar a ser considerada la primera renta básica pura y genuina.

Poco a poco se iba creando el marco teórico para que, ya en el siglo XX, comenzaran a darse los primeros debates en torno a la renta básica, particularmente en Inglaterra y en Estados Unidos.

Dos figuras clave para entender el recorrido de la renta básica en Inglaterra y el debate que suscitó dentro del Partido Laborista en el escenario de entreguerras son Dennis y Mabel Milner. Tras la publicación del folleto *Scheme for a state bonus* (Milner y Milner, 1918), en agosto de 1918 crearon la State Bonus League, la primera organización creada con el objetivo específico de hacer campaña dentro del Partido Laborista a favor de la introducción de lo que denominaron dividendo estatal (*state bonus*).[36] Así fue como Dennis Milner consiguió, aupado por la State Bonus League, elevar el debate al Congreso Nacional del Partido Laborista de 1920 que, sin embargo, rechazaría la propuesta en el congreso nacional celebrado en 1921 en Brighton. Las críticas expresadas para su rechazo se basaron en tres puntos principales: 1) el *state bonus scheme* intenta hacer lo correcto de forma equivocada —todo lo que plantea se lograría mejor con la entrada en vigor del programa existente del Partido Laborista—;[37] 2) no tiene en cuenta el problema peculiar del Partido Laborista,

36. Una cantidad de dinero pagada por igual a toda persona con carácter universal e incondicional.

37. El Partido Laborista aceptó que el gobierno no podía garantizar el derecho al trabajo de todas las personas —o, dicho de otra manera, que toda persona tuviera un empleo—, pero entendía que, en ese caso, tenía la obligación de cubrir las necesidades básicas a las personas desempleadas. Tal y como apuntaría Skidelsky, «su fracaso en proporcionar trabajo sería excusable: no así su fracaso en proporcionar manutención» (Skidelsky, 1967, p. 36).

que tiene que ajustar su programa a tres períodos —a) el actual período capitalista, b) el período de transición y c) el período final—; y 3) básicamente propone recaudar dinero sin tener en cuenta la capacidad de pago y distribuirlo sin tener en cuenta la necesidad.[38]

La State Bonus League, que ya había empezado a estar de capa caída en 1920, recibió la estocada final a través de la negativa cosechada en el Congreso Nacional del Partido Laborista en 1921. No existe ningún rastro sobre la organización más allá de 1921 y, por lo tanto, es de suponer que debió de desaparecer poco después del congreso. No obstante, es innegable que es un hito importante a la hora de analizar la historia de la renta básica. Además, tal y como dejó escrito Pickard en *A reasonable revolution* (Pickard, 1919, p. 70), parece que la liga consiguió «dejar su huella en el pensamiento contemporáneo».

Son variadas las figuras relevantes de la época que realizaron diversas menciones tanto a los Milner como a la State Bonus League, desde el cuáquero J. W. Graham hasta la política Eleanor Rathbone. Años más tarde, el economista Paul Douglas[39] también mencionó el *Scheme for a state bonus* como uno de los pilares para el debate sobre las políticas de protección familiares. Sin embargo, sería George D. H. Cole quien, junto a un círculo de intelectuales cercanos al Partido Laborista, desempeñaría el papel más importante a largo plazo, haciendo que el *state bonus* se transmitiera a la siguiente generación a través de un nuevo nombre: *social dividend*.

En la década de 1960, el debate sobre propuestas parecidas a la renta básica llegaría a la política estadounidense a través de una petición impulsada en 1968 por más de cien economistas estadounidenses —entre ellos James Tobin, John Kenneth Galbraith y Paul Samuelson—. Esta petición daría lugar al plan de asistencia familiar (*Family Assistance Plan*) bajo la administración Nixon. La propuesta consistía en una abolición del programa de rentas mínimas dirigido a las personas en situación de pobreza y en el

38. Críticas que, más de un siglo después, se mantienen casi intactas.
39. Uno de los padres de la «función de producción Cobb-Douglas».

establecimiento de una renta garantizada con suplementos económicos que tenía cierta similitud con el impuesto negativo sobre la renta. El plan pasó el trámite de la Cámara de Representantes. No obstante, fue rechazado en la comisión correspondiente del Senado.

Como resultado, durante los años que siguieron se dio un corto pero intenso debate que seguiría su cauce por la vía académica. Se realizaron cinco experimentos con sistemas de impuestos negativos sobre la renta, cuatro en Estados Unidos y uno en Canadá.

Mención especial merece el estado de Alaska, donde desde 1982 cada persona que cumpla los requisitos de residencia recibe una parte proporcional de los rendimientos adquiridos a través del Fondo Permanente de Alaska (*Alaska Permanent Fund*). Este fondo es una cartera de inversiones pública cuya financiación proviene de los ingresos petroleros del estado. En este sentido, cabe recalcar que Alaska es el único ejemplo a escala mundial en transformar un recurso natural agotable en un fondo de riqueza soberana que se distribuye de manera individual e incondicional a todas las personas residentes.[40]

En la década de 1980 la idea de la renta básica resurgió. Además, los debates en torno a ella no se ciñeron solamente a unos pocos países o regiones, sino que fueron surgiendo debates independientes en diversos países —mayoritariamente europeos y norteamericanos—. Dichos debates fueron gradualmente entrando en contacto entre sí hasta dar lugar, en 1986, a la creación de la Basic Income European Network (BIEN), una red de académicos y activistas en defensa de la renta básica que publicaba un boletín periódico y organizaba congresos bianuales —el primero tuvo lugar en ese mismo año en Louvain-la-Neuve, Bélgica—. Además, este movimiento permitiría unificar bajo el término *renta básica universal* (*universal basic income*) las distintas propuestas que, con diversas denominaciones, como dividendo

40. Nótese que, a diferencia de como explicaremos y analizaremos en capítulos posteriores, la forma de financiar dicho ingreso incondicional en Alaska no deriva de una reforma del sistema fiscal.

social, ingreso universal o subsidio universal garantizado, se habían formulado durante el último siglo.[41]

Principios del siglo XXI y crisis de 2008

La creación de la BIEN supuso un impulso determinante para que nuevas asociaciones sobre renta básica se constituyeran en diversas partes del mundo, de manera que el debate no se acotase únicamente al continente europeo. En este período de expansión, que durante los catorce años de la BIEN en el siglo XX fue muy lento, concretamente el 5 de febrero de 2001, se constituyó en España la Red Renta Básica, que sería reconocida el 14 de septiembre de 2002 en el congreso de la Basic Income European Network celebrado en Ginebra, Suiza, como sección oficial. En aquellos momentos sólo había cinco secciones. Desde entonces y hasta el día de hoy, la Red Renta Básica ha organizado por sí sola o en colaboración con otras organizaciones o entidades veintiún simposios, el último de ellos celebrado en A Coruña del 26 al 28 de octubre de 2022.

Como consecuencia de estos movimientos que fueron sucediéndose en un corto espacio temporal a principios de la década del 2000, en el congreso que la BIEN celebró en Barcelona en el año 2004, organizado por la Red Renta Básica, se decidió modificar las siglas de Basic Income European Network (Red Europea de Renta Básica) por Basic Income Earth Network (Red Global de Renta Básica). De esta forma se agruparían más adecuadamente las distintas asociaciones y organizaciones que se estaban constituyendo a lo largo y ancho del mundo.

Que este cambio se diera a principios del siglo XXI no es casual. Si bien no es en absoluto desdeñable todo el trabajo realizado y los pasos dados durante el siglo XX ante una realidad mucho

41. Posteriormente, y entendiendo que la más importante diferenciación entre la renta básica y los programas de rentas mínimas condicionados radicaba en la incondicionalidad, en el congreso de la BIEN celebrado en 2016 en Seúl, Corea del Sur, pasó a denominarse renta básica incondicional.

más adversa que la actual (por desconocimiento u hostilidad generalizada hacia la propuesta), es cierto que será ya durante las dos últimas décadas cuando los debates y estudios acerca de la renta básica proliferarán tanto en ámbitos académicos como en ámbitos políticos o sociales.

El congreso celebrado en Barcelona, un verdadero punto de inflexión, también tuvo como consecuencia la creación de la primera revista especializada y *peer-reviewed* (revisada por pares) sobre la renta básica: *Basic Income Studies* (BIS). Esta revista, que se publica semestralmente desde 2006, ha permitido concentrar gran parte de la actividad investigadora y ser la referencia principal en el mundo académico.

En el plano económico, esta primera década del siglo XXI se caracterizó por una cada vez mayor regulación de los mercados en beneficio de los más ricos, por continuar con la senda de las bajadas de impuestos que comenzó en la década de 1980 y por importantes reducciones de los tipos de interés con el objetivo de promover una gran expansión del crédito que permitiera satisfacer la oferta de un mercado inmobiliario que crecía sin parar.

«Ser dueño de una casa es parte integral del "sueño americano"» (George Bush). En Estados Unidos, tras esta declaración de Bush, la Reserva Federal bajó las tasas de interés de un 6 % a un 1 %, facilitando de esta manera que los ocho mil bancos y agentes hipotecarios estadounidenses iniciaran una agresiva expansión del crédito hipotecario. Es decir, que los bancos prestaran dinero a todo tipo de personas sin que muchas de ellas tuvieran las condiciones adecuadas para poder devolverlo —gente en situación de pobreza, personas en desempleo, personas sin ingresos, etcétera—. Estos créditos recibieron el nombre de hipotecas *subprime*, es decir, activos tóxicos que tenían una alta probabilidad de no ser pagados.

Dicha expansión de créditos tuvo dos consecuencias inmediatas. En primer lugar, que se especulase con el precio de las viviendas y se desarrollara una burbuja inmobiliaria que los infló considerablemente. En segundo lugar, que como los créditos eran respaldados por el valor de las viviendas, se tuvieran que aumentar el número de hipotecas en consonancia con el aumento del valor de las viviendas.

La burbuja inmobiliaria estalló en el momento en el que millones de familias con hipotecas *subprime* no tuvieron otra alternativa que incumplir los pagos. Este hecho, junto a la abrupta caída de los precios de las viviendas respecto a lo estipulado en plena burbuja, generó pérdidas millonarias a bancos que habían basado gran parte de su negocio en este tipo de hipotecas. Estas pérdidas harían que en septiembre de 2008 quebrara Lehman Brothers y como consecuencia se extendiera el pánico a nivel global al ser ésta considerada una institución financiera *too big to fail* [demasiado grande para caer].

La crisis financiera del año 2008 está íntimamente relacionada con el proceso de financiarización de la economía que la precedió desde el ascenso del neoliberalismo en la década de 1970, o sea, con la contrarreforma que sufrió el capitalismo en casi todo el mundo a partir de aquella década. Es decir, una economía en la que el sector financiero se impone como segmento de clase capitalista, aplicando su lógica de rentabilidad por encima de las actividades productivas, una dinámica promovida a través de cambios regulatorios que facilitaban la expansión de las finanzas, generando burbujas y disfunciones en los mercados.

En el caso de España, la crisis financiera internacional tuvo como consecuencia directa el freno de la financiación y el impago de las deudas que habían sido parte fundamental del crecimiento entre los años 1994 y 2007, que se sustentó en un desproporcionado sector de la construcción que servía, a su vez, para alimentar el desarrollo del turismo y los servicios. Durante estos años, el peso de los salarios sobre el total de la economía fue reduciéndose paulatinamente, lo que produjo una distribución de la renta hacia el capital y provocó que el consumo de mayor importancia cuantitativa para las familias —vivienda y automóviles— se sustentara en el crédito.

La tajante disminución en la oferta de créditos dirigidos a familias y a pequeñas y medianas empresas generó una situación de falta de capacidad adquisitiva que, junto al elevado déficit de las administraciones públicas y al deterioro de la productividad y la competitividad, entre otras cuestiones, tuvo como resultado una gran crisis económica que comenzaría en 2008 y concluiría, en términos macroeconómicos, en 2014. Sin embargo, aún hoy en día las condiciones materiales de gran parte de la población europea son peores que las que tenían en los años previos a dicha depresión económica.

El Movimiento 15-M

Durante los años posteriores a la crisis de 2008 surgieron diversos movimientos sociales con el objetivo de cambiar el modelo económico y productivo del país, que cuestionaron, mediante una exigencia de renovación democrática, el propio sistema político. Indudablemente el movimiento ciudadano principal y que mayor poso dejaría, tanto en lo político como en lo social, fue el Movimiento 15-M. Éste surge espontáneamente cuando, a raíz de la manifestación convocada por diversos colectivos para el 15 de mayo de 2011, multitud de gente decidió acampar en más de cincuenta ciudades del reino de España. Con lemas como «No nos representan», «Democracia real ¡YA!», «No somos mercancía en manos de políticos y banqueros» o «Lo llaman democracia y no lo es», una gran masa social se echó a las calles y, a través de protestas pacíficas, buscaron la promoción de una democracia participativa lejos del bipartidismo del PP y del PSOE.

Existía en 2011 una percepción generalizada de un creciente desprestigio del *establishment* político, alentado también por múltiples casos de corrupción política y de enchufismo que habían salido a la luz durante los últimos años, permitiendo conectar con fundamentaciones antipartidistas que fueron paulatinamente tomando forma a través de acampadas y asambleas horizontales.

Más de una década después del surgimiento del movimiento todavía gran parte de sus mayores reivindicaciones no han sido resueltas: cambio en la ley electoral, derecho a una vivienda digna, reforma fiscal en profundidad, eliminación de los privilegios de la clase política, desvinculación efectiva entre Iglesia y Estado (es decir, Estado laico), recuperación de empresas públicas privatizadas, recuperación del rescate bancario, reforma del sistema de pensiones o un futuro digno para la juventud. Tampoco la renta básica. Efectivamente, ésta era una de las demandas centrales del movimiento de los indignados. De hecho, «Renta básica ¡YA!» era uno de los eslóganes que regularmente se podía escuchar en dichas acampadas.

A las acampadas que comenzaron en 2011 y que también dieron pie al surgimiento del movimiento *Occuppy Wall Street* en septiembre del mismo año, las siguieron distintas manifestaciones, marchas y huelgas generales que culminaron con la mayor manifestación de la historia del reino de España. Las Marchas de la Dignidad fueron una manifestación en la que destacó el trabajo de personas individuales organizadas y la unión de distintos movimientos sociales, y consiguieron reunir entre un millón y medio y dos millones de personas tras desembocar en Madrid el 22 de marzo de 2014 las diversas columnas que provenían de todos los puntos de la península.

Muchas de las personas que participaron activamente en el Movimiento 15-M se unieron entre sí para crear distintas plataformas, asociaciones e, incluso, partidos políticos. El partido político con mayor proyección y que, de hecho, llegó al gobierno de España en menos de seis años desde su fundación fue Podemos, fundado el 11 de marzo de 2014, tan sólo once días antes de las Marchas de la Dignidad y a cuatro meses de las elecciones europeas del 25 de mayo de 2014. Fue la sorpresa en dichas elecciones. Más de 1.250.000 votos, el cuarto partido más votado, con casi el 8 % de los votos y cinco eurodiputados pertenecientes a una candidatura elaborada a través de elecciones primarias abiertas.

Sin ser nuestro objetivo la realización de un análisis del devenir político de Podemos, sí nos interesa recordar que en esas elecciones la renta básica consiguió un impulso político que no había tenido anteriormente. Con esto no queremos desmerecer la apuesta que otros partidos políticos realizaron previamente llevando la renta básica en sus programas —es el caso de Equo, ERC, ICV, Bildu, BNG o el Partido Pirata— o que, como ERC e

ICV, defendieron ya en 2002 una proposición de ley de creación de la renta básica universal en el Parlamento de Cataluña. Pero es innegable que Podemos fue el primer partido con posibilidades reales de gobernar a nivel estatal, incluso llegando a aparecer en 2014 como el primer partido en intención directa de voto según varias encuestas, que llevaba claramente una renta básica como derecho de ciudadanía en su programa político.[42]

Sin embargo, la defensa de la renta básica por parte del Podemos institucionalizado no tuvo un recorrido muy largo, porque por mucho que fuera la medida programática más votada en diversas asambleas internas del partido en las que tomaban parte todas las personas inscritas con el objetivo de definir el programa político, ésta no volvió a aparecer en ellos ni a ser parte discursiva importante por parte de las personas dirigentes. En otras palabras, la aventura de Podemos y la renta básica solamente duró unos meses. En el programa político de las elecciones generales de 2015, una de sus medidas estrella era un programa de renta garantizada por valor de 15.000 millones de euros. Ya sea por vértigo, por los posibles ataques de los grandes medios de comunicación, por asesores poco audaces o porque los creadores del programa político para las elecciones generales de 2015 y posteriores no estaban realmente convencidos de la medida, la renta básica no volvió a salir al terreno de juego electoral por parte del partido morado.

Una vez más se repite la máxima por la que la sensibilidad y el interés que profesan las personas y los partidos políticos por la renta básica es mayor cuanto más alejados están del poder, pero

42. La propuesta, recogida en el bloque de «Recuperar la economía, construir la democracia» del programa político presentado en 2014 para las elecciones europeas, es la siguiente: «Derecho a una renta básica para todos y cada uno de los ciudadanos por el mero hecho de serlo y, como mínimo, del valor correspondiente al umbral de la pobreza con el fin de posibilitar un nivel de vida digno. La renta básica no reemplaza al estado de bienestar, sino que trata de adaptarlo a la nueva realidad socioeconómica. Sustitución de las prestaciones sociales condicionadas menores a la cuantía de este ingreso básico. Financiación a través de una reforma progresiva del IRPF y de la lucha contra el fraude fiscal».

que se reduce progresivamente a medida que se van arañando posiciones más cercanas al poder, tal y como afirman Van Parijs y Vanderborght (2017, p. 206) cuando hablan del «apoyo barato» de algunos partidos a la renta básica. No obstante, últimamente se están observando casos que no confirman esta relación de «apoyo barato» cuanto más alejado se está del poder: el caso más destacado es el del gobierno catalán de ERC, que defiende un plan piloto de renta básica muy ambicioso al que luego nos referiremos.

Primeras portadas en periódicos internacionales

Los sistemas de rentas mínimas o de garantía de ingresos como el propuesto por Podemos, y cuya lógica la comparte todo grupo político con opciones reales de gobierno a nivel estatal, tal y como observaremos en profundidad en el capítulo 3, se han quedado lejos de lograr sus objetivos durante las más de tres décadas en funcionamiento. Por tanto, es ingenuo pensar que haciendo lo mismo que se ha hecho hasta el momento se obtendrán resultados diferentes.

Audacia se convierte en una palabra clave cuando toda política socioeconómica trata de negar la evidencia que ofrece la realidad. Fue la valentía de ciudadanas y ciudadanos organizados la que consiguió que en 2016 la renta básica abriera las portadas de los grandes medios de comunicación internacionales. ¿La razón? Algo bastante habitual por otras latitudes: un referéndum.

Suiza se convertía en el primer país a nivel mundial que votó en referéndum la implantación de una renta básica integral. El evento tuvo lugar el 5 de junio de 2016. Un país entero votando a favor o en contra de establecer una renta básica mensual de 2.500 francos suizos[43] que permitiera «a toda la población vivir

43. El 5 de junio de 2016 un euro equivalía a 1,1050 francos suizos. Es decir, la renta básica mensual propuesta en el referéndum ascendía, en el momento de la votación, a 2.262,44 euros mensuales.

una vida digna y participar en la vida pública»,[44] una renta básica con todas las características anteriormente analizadas: individual, universal e incondicional.

El resultado era bien previsible, pero no el porcentaje de votos a favor y en contra. La propuesta fue rechazada con el 76,9 % de los votantes en contra y el 23,1 % a favor. Sin embargo, y pese al claro rechazo, se entiende que éste fue un punto de inflexión que marca un antes y un después en cuanto al debate sobre la renta básica. Hay dos interesantes interrogantes que vale la pena analizar con el fin de comprender de forma más amplia el resultado obtenido: por qué era predecible el rechazo por parte del pueblo suizo y por qué, a pesar de este rechazo, este referéndum es considerado como un paso adelante tan importante.

En cuanto a la previsibilidad de que el «no» se impusiera al «sí», cabe decir que las direcciones nacionales de casi todos los partidos, incluido el Partido Socialista, recomendaron votar en contra de la implantación de la renta básica. El hecho de mencionar explícitamente a la dirección nacional del Partido Socialista se debe a que una serie de secciones cantonales de dicho partido, en las tres áreas lingüísticas, se decantaron por recomendar el voto a favor. Las únicas direcciones nacionales que mostraron su apoyo explícito a la implantación de una renta básica fueron las del Partido Verde y el Partido Pirata (políticamente insignificante). Los sindicatos y la patronal, por su parte, mostraron su hostilidad a la propuesta presentada para ser refrendada. Aparte de la existencia de diferentes motivos intrínsecos del país helvético —por ejemplo, el conservadurismo que lo caracteriza—, el casi inexistente apoyo de la clase política, de los sindicatos y de la patronal hacía perfectamente previsible el resultado final del referéndum. Además, también hay que tener en cuenta que una de las mayores debilidades de la propuesta es que no se especificaba cómo se iba a financiar la renta básica, lo que le restó credibilidad.

No obstante, cuando comenzó la campaña previa a la votación, las encuestas evidenciaban que solamente alrededor del

44. Véase: <https://www.admin.ch/gov/de/start/dokumentation/abstimmungen/20160605/fur-ein-bedingungsloses-Grundeinkommen.html>.

10 % de la ciudadanía suiza votaría a favor de la implantación de una renta básica. Finalmente, el resultado a favor fue muy superior a aquel pequeño 10 %. Conviene destacar también los resultados obtenidos en ciertas localidades: el 35 % votó a favor en el cantón de Ginebra, el 36 % en el cantón de Basilea-Ciudad, el 40 % en la ciudad de Berna y el 54 % en los distritos centrales de Zúrich.

Si bien estas cifras son alentadoras y dibujan un panorama interesante de cara al futuro, no es en ellas donde radica la importancia del referéndum suizo. Lo que realmente marcó un antes y un después es que mucha gente, por primera vez, escuchó el concepto de renta básica. *Financial Times, The Economist, The Wall Street Journal, The New York Times, The Guardian* y muchos otros periódicos internacionales abrían sus portadas hablando de la renta básica, con multitud de artículos que trataban de explicar en profundidad los pormenores de la medida —no siempre lo hacían de forma correcta, todo sea dicho—. Los beneficios de este *boom* pueden ser interpretados desde dos perspectivas. Por un lado, y aunque sea sencillo hacer demagogia sobre la renta básica —alimentaríamos a un ejército de personas vagas, habría un enorme efecto llamada, no se puede financiar, etcétera—, ésta es una medida que tiene la virtud de que cuanto más se conoce, más se entiende, y, como consecuencia, más de acuerdo se está con ella. Esta dinámica es perfectamente observable durante el transcurso de la propia campaña del referéndum, en la que el número de personas favorables a la renta básica dobló las estimaciones previstas al inicio de la campaña. Por otro lado, el hecho de que el concepto de renta básica se expandiese tan rápidamente a nivel mundial fue muy útil para contribuir a la propagación del debate y, sobre todo, a su maduración y enriquecimiento. Que cada vez más personas desde distintos ámbitos —político, social, académico o empresarial— y desde distintos sectores —ecologista, feminista, sanitario o sindical— quieran y estén dispuestas a discutir la renta básica con mirada abierta y sin restricciones ha permitido que los argumentos y los relatos abarquen cada vez más realidades y que un mayor número de personas se sientan identificadas con los beneficios que una renta básica pudiera ofrecer(les), tanto individual como colectivamente, al total de la sociedad.

Un ejemplo de la gran relevancia que ha adquirido la renta básica durante los últimos años se puede observar en el editorial que publicaba el *Financial Times* el 3 de abril de 2020, en pleno inicio de la pandemia mundial, en el que manifestaba que «la redistribución debe situarse de nuevo en la agenda; los privilegios de los mayores y los ricos deben ponerse en cuestión. Políticas hasta ahora consideradas excéntricas, como la renta básica o la imposición sobre la riqueza, deben empezar a considerarse».[45] El propio editor de innovación del *Financial Times*, John Thornhill, afirmaba ya en 2016 que la renta básica es una «vieja idea a la que por fin le ha llegado su hora».[46]

El referéndum suizo marcaría el inicio de siete trepidantes años en los que la renta básica pasaría de ser una medida perdida en el fondo del baúl de las utopías —menos para sus más firmes defensores, obviamente—, a ser un proyecto factible sobre el que se discute a lo largo y ancho del mundo, en economías diferentes y perfectamente implantable. A ello también contribuiría, claro está, Finlandia.

Expansión internacional

Suiza fue el catalizador, pero Finlandia fue el agente que le dio velocidad de crucero. Para ello debemos remontarnos hasta el 1 de enero de 2017, cuando se puso en marcha en el país nórdico el proyecto piloto de renta básica más cuidadosamente diseñado en una nación desarrollada hasta el plan piloto de Cataluña, del que luego hablaremos.

El proyecto piloto finés fue el primero a nivel mundial llevado a cabo de forma nacional, tipificado por ley y basado en una

45. «Redistribution will again be on the agenda; the privileges of the elderly and wealthy in question. Policies until recently considered eccentric, such as basic income and wealth taxes, will have to be in the mix.»

46. «It is an old idea whose time may finally have come.»

muestra aleatoria donde la participación era obligatoria y no voluntaria. El proyecto consistía en un pago mensual de 560 euros exentos de impuestos a dos mil personas desempleadas de larga duración e independientemente de otras posibles fuentes de renta que pudieran tener o de si buscaban empleo de manera activa. Los beneficiarios de esta prestación, es decir, las personas que formarían la parte activa del experimento, fueron seleccionados mediante un muestreo aleatorio entre quienes en noviembre de 2016 recibían alguna prestación por parte del Instituto de Seguridad Social finés (KELA, por sus siglas en finés). Asimismo, se creó un grupo de control con cinco mil personas que, percibiendo alguna prestación, no fueron seleccionadas para el proyecto (Kangas *et al.*, 2020).

Los resultados nos muestran, en primer lugar, que las personas que percibieron la renta básica consiguieron estar más satisfechas con sus vidas y experimentar menor tensión mental, depresión, tristeza y soledad. Es innegable que la inseguridad económica es a menudo la raíz de muchos de los problemas de salud mental. Además, las conclusiones también mostraron que las personas que percibían la renta básica tenían percepciones más positivas de las habilidades cognitivas, como la memoria, el aprendizaje o la capacidad de concentración.

En segundo lugar, el proyecto piloto demuestra que la renta básica no sólo ha conseguido aumentar la confianza que las personas perceptoras tienen sobre su propio futuro y su capacidad de influir en asuntos de diversos ámbitos, sino también la confianza que tienen hacia otras personas y hacia las propias instituciones. Una conclusión que, *a priori*, puede parecer lógica, ya que los sistemas universales, al no ser socialmente divisivos —no dividen a la sociedad entre aquellos que dan y aquellos que reciben—, permiten acrecentar el sentimiento de pertenencia.

En tercer lugar, los datos obtenidos corroboran que la renta básica otorgada ha conseguido mejorar la percepción sobre los ingresos y el bienestar económico de las personas. No resulta extraño, ya que el hecho de otorgar una renta sin condiciones ofrece tranquilidad, pues asegura a la persona que no le será arrebatada por la realización errónea de un trámite burocrático, por la no aceptación de un empleo o por no «tener un comportamiento adecuado» en las actividades de inserción obligatorias.

Es necesario apuntar que el 1 de enero del año 2018, en el ecuador del experimento, el gobierno de Finlandia introdujo un modelo de activación laboral en los sistemas de prestaciones condicionadas existentes aumentando el control en éstas y reduciendo la cuantía percibida si los beneficiarios no conseguían trabajar remuneradamente un número determinado de horas o no seguían los procesos de inserción. Esta reforma afectó durante el segundo año del proyecto piloto a aproximadamente dos tercios del grupo de control y a algo menos de la mitad de las personas que percibían la renta básica. El resultado que se obtuvo fue que con el nuevo proceso de activación laboral se amplió aún más la brecha entre el número de días que estuvieron empleadas las personas que percibían una renta básica respecto a las que estaban en el grupo de control, volviéndose, además, estadísticamente significativa. Es decir, el proyecto piloto también ha permitido observar que la incondicionalidad de la renta básica tuvo como resultado una mayor participación en el mercado laboral en comparación con los mayores controles que endurecieron la condicionalidad del grupo de control, de manera que las personas que percibían la renta básica estuvieron empleadas, de media, seis días más al año que las personas del grupo de control.

Finalmente, creemos que es necesario realizar una breve mención al tratamiento sesgado de los medios de comunicación. Si bien es cierto que hubo algunos que informaron sobre el proyecto piloto finés con rigor periodístico y objetividad, no fueron pocos los que lo hicieron de forma tergiversada y malintencionada. Es destacable que durante el año 2018, a un año de la puesta en marcha del proyecto, se publicaron varias noticias en periódicos, sobre todo del reino de España, que decían que Finlandia renunciaba al experimento de renta básica. De hecho, más allá de los economistas neoliberales *mainstream* españoles, hasta el expresidente del gobierno de México entre 2006 y

2012, Felipe Calderón, escribió en Twitter lo siguiente: «Finlandia [...] cancela el programa piloto de renta básica universal. Reconoce que es imposible de financiar. Sólo un demagogo o ignorante de la realidad económica, o las dos cosas, puede proponerlo».

El bulo se propagó tanto que tuvo que ser el propio Instituto de Seguridad Social finés el encargado de gestionar y evaluar el proyecto piloto, quien, ante tanta desinformación, ante tanta noticia *fake*, tuvo que emitir un comunicado oficial el 25 de abril de 2018. En él aseguraba que «ha habido informes incorrectos en los medios de comunicación sobre el proyecto finlandés de renta básica incondicional. El experimento se ejecutará hasta el final de 2018. Es decir, según lo planeado desde un principio».[47] Asimismo, también añadían, con el objetivo de evitar futuras desinformaciones, que no había «planes para continuar con el experimento más allá del año 2018» y que, por tanto, éste acabaría tras dos años de existencia —tal y como estaba previsto desde un inicio—. La embajada de Finlandia en Madrid también elaboró una nota de prensa aclaratoria y un tuit haciéndose eco del comunicado oficial publicado por el Instituto Nacional de Seguridad Social finlandés[48] y evidenciando la falta de seriedad y rigor de ciertos medios de comunicación.

Es innegable que la difusión que consiguió tener la renta básica entre 2016 y 2017 con el referéndum suizo y el experimento finlandés hizo que, más allá de que mucha gente tuviera un primer contacto con la medida, ésta se estableciera en la agenda política de diversos países. Como consecuencia hubo quienes vieron sus privilegios amenazados y no dudaron, tal y como hemos podido observar, en verter falsedades y tratar de ridiculizarla.

47. Véase: <https://www.businesswire.com/news/home/20180425005598/en/>.

48. Véase: <https://finlandabroad.fi/web/esp/actualidad/-/asset_publisher/TV8iYvdcF3tq/content/el-experimento-de-la-renta-basica-en-finlandia-sigue-hasta-finales-de-20-1/384951>.

Más allá de Finlandia

Pero no todos los países son tan sexis como Finlandia, que ocupa nada menos que el primer lugar en el índice mundial de la felicidad de la Organización de las Naciones Unidas (ONU), además de obtener unas puntuaciones elevadísimas en los índices educativos y de igualdad, gozando de una paridad salarial de género en un 83,2 % de su economía según el índice de brecha de género del Foro Económico Mundial, y que lo coloca en el tercer lugar en la clasificación a nivel mundial, sólo por detrás de Islandia y Noruega.

Sin embargo, Finlandia no ha sido ni el único ni el primer lugar donde se ha experimentado con la renta básica —de una u otra forma—. De hecho, en 2023 son ya más de doscientos los experimentos de renta básica que se han realizado a nivel mundial, en economías muy dispares entre sí, tanto en países ricos como en países pobres. Resulta interesante observar cómo intuitivamente pensamos que una renta básica es una medida que solamente se podría implantar en los países ricos. Contaba Philippe van Parijs una anécdota a este respecto, cuando en el primer congreso de la Basic Income Earth Network —tras el cambio de nombre— fuera de Europa, que tuvo lugar en Sudáfrica en 2006, un amigo sudafricano le dijo: «Philippe, eres tan arrogante como Karl Marx. Él pensaba que el socialismo sólo podía darse en los países industrializados, igual que tú piensas que la renta básica sólo puede establecerse en los países desarrollados. Pero así como fue en la Rusia agraria donde se produjo la revolución socialista, es en un país como Sudáfrica donde se introducirá por primera vez la renta básica».[49] Independientemente de la inexactitud grosera de los comentarios sobre Marx, que dedicó buena parte de sus últimos años de vida a estudiar precisamente la situación de propiedad de la agricultura rusa, el *mir*, la anécdota tiene su interés ilustrativo.

49. D. Zamora Vargas y P. van Parijs, «Philippe van Parijs on the history of basic income: An interview», en *Universal basic income in historical perspective*, pp. 285-298, Palgrave Macmillan, Cham, Suiza, 2021.

Además de en Finlandia, algunos de los proyectos piloto realizados hasta el momento o en proyecto han tenido lugar en Kenia, Namibia, India, Canadá, Estados Unidos, Países Bajos, Francia, Escocia o Cataluña. Proyectos piloto diversos, cada uno con sus especificidades y con resultados que no siempre son homologables entre sí. En Namibia, por ejemplo, uno de los resultados fue que en tan sólo un año desde la puesta en marcha del proyecto piloto (2007-2008) y utilizando la línea de pobreza alimentaria como criterio, la ciudadanía que se encontraba por debajo de dicha línea se redujo del 76 % al 37 %. También se pudo observar una gran disminución de la desnutrición infantil, ya que, según la técnica de medición de la OMS, el porcentaje de niños con bajo peso pasó de situarse en el 42 % en noviembre de 2007 al 17 % en junio de 2008 y al 10 % en noviembre de 2008 (Haarmann *et al.*, 2009). En el proyecto piloto realizado en la India, por su parte, el 45 % de las personas afirmaba que no tenían ingresos suficientes para abastecerse de los alimentos necesarios antes de implementar el proyecto, mientras que cuando éste finalizó, sólo el 19 % decía encontrarse en dicha situación. Sólo seis meses después de que comenzara la medida, la proporción de hogares que informaron ingresos suficientes para satisfacer las necesidades alimentarias aumentó del 52 al 78 %, mientras que en la aldea de control hubo un ligero descenso. Estos resultados de mejora en la seguridad alimentaria tuvieron un claro impacto en una menor desnutrición y una mejor salud de las personas beneficiarias. Al finalizar el proyecto, la proporción de menores con un peso normal para su edad había aumentado del 39 al 59 % —el doble del incremento observado en las aldeas de control—. Además, el efecto fue mayor en las niñas —aumento del 25 %— que en los niños —aumento del 14 %— (Davala *et al.*, 2015). En Kenia también se consiguió un resultado parecido, con un incremento en el consumo y una reducción del 30 % de la probabilidad de que la persona con la transferencia se hubiera acostado con hambre la semana anterior. Asimismo, también se pudo observar una gran mejora en el bienestar psicológico, lo que permitió incrementar los niveles de felicidad y de satisfacción con la vida, a la vez que se redujeron los niveles de estrés y las violencias machistas, aumentando el empoderamiento de las mujeres tanto en los hogares receptores como en otros hogares de la misma aldea (Haushofer y Saphiro, 2016).

Si bien las variables analizadas en los distintos proyectos piloto difieren entre sí considerablemente, la reducción de los niveles de estrés y satisfacción con la vida sí son unos resultados que comparten la gran mayoría de ellos. La tasa de hospitalización en Dauphin, Canadá, se redujo un 19,23 % por cada mil residentes entre 1973 y 1978, años en los que se llevó a cabo el proyecto piloto Mincome. También las hospitalizaciones por salud mental y la asistencia al psicólogo disminuyeron de manera similar. Según los estudios de Forget (2011), se cree que la participación directa de colegas y vecinos en el proyecto piloto puede conducir a cambios en las actitudes y comportamientos sociales, con efectos directos en las conductas individuales de algunos de los hogares que no participaron activamente. Así, la interacción social se entiende como un pilar clave a la hora de analizar la disminución de las hospitalizaciones. En la misma línea, el proyecto B-Mincome, llevado a cabo en Barcelona entre 2018 y 2019, también evidenció un aumento significativo en el grado de satisfacción con la vida y un incremento en el sentimiento de pertenencia al barrio —obteniendo una mayor probabilidad de participar en algún grupo, organización o iniciativa comunitaria— y una mayor generación de vínculos entre participantes y trabajadoras sociales basados en la horizontalidad y un menor asistencialismo (Blanco *et al.*, 2021). Resulta destacable este menor asistencialismo, ya que permite a las personas que perciben una renta básica huir de la domesticación y la pasividad hacia una nueva realidad donde decidir y participar responsablemente en la sociedad.

Son interesantes también algunos de los resultados obtenidos respecto a la escolarización de niños y niñas, y a la emancipación de las mujeres. En el programa llevado a cabo en Namibia, por ejemplo, se aprecia que aumentó un 90 % la asistencia de menores a la escuela como resultado de mayores recursos que permitieron sostener este coste. También se produjo un efecto positivo en cuanto a la tasa de abandono escolar, que se redujo desde el 40 % en 2007 a tan sólo el 5 % en 2009 (Haarmann *et al.*, 2009). Un resultado parecido se obtuvo en el proyecto piloto de la India, donde se aprecia un incremento del gasto de educación de las familias en las niñas, evitando parte del alto abandono escolar que se daba en secundaria por parte de las adolescentes. En este caso también se observa que el simple hecho de que las transferencias fueran individuales y no estuvieran dirigidas a las familias hizo que muchas mujeres pudieran administrar su propio dinero por primera vez. El simple hecho de abrir una cuenta bancaria individual para poder recibir el dinero fue un evento significativo para las mujeres. Además, se pudo apreciar que mientras solamente el 36 % de las familias de las aldeas de control compartían el presupuesto por igual entre marido y mujer al finalizar el proyecto, en las aldeas activas este porcentaje se elevó hasta el 55 %.

> Era la primera vez que venía a una reunión. Nos pidieron que nos presentáramos y me quedé muda, no podía decir mi propio nombre. Sabes, en nuestras familias nadie nos llama por nuestro nombre. Mi suegra me llama bahu, mis hijos me llaman madre y otros miembros de la familia me llaman bhabhi. ¡Casi había olvidado mi nombre! Y, en la casa de mi padre, mi nombre era Leela; después del matrimonio mi nombre fue cambiado a Ramabai. Ahora, cuando me levanto y digo mi nombre en las reuniones, siento que se ha producido un cambio (Davala *et al.*, 2015, p. 167).

En nuestras sociedades damos por hecho la existencia de una identidad con nombre, pero en un contexto rural ligado a la tradición, un relato propio es un gran paso hacia la identidad y la independencia de la mujer.

Estos resultados no son sino una pequeña muestra de, como decíamos, una parte de los más de doscientos experimentos realizados a nivel mundial. Cada vez es mayor la evidencia científica con la que contamos y nos permite analizar de manera más exacta algunas de las consecuencias que una renta básica pudiera tener una vez implantada. No obstante, no debemos pensar que las consecuencias observables en un proyecto piloto serían extrapolables a una implantación integral de una renta básica. Por el mismo motivo, también debemos tener claro que existen diversas variables sobre las que una renta básica integral tendría efectos directos que en un proyecto piloto no son apreciables.

Entre las limitaciones existentes, nos encontramos con que los proyectos piloto son limitados en el tiempo y, por lo tanto, no nos permiten observar el comportamiento real de las personas si tuvieran su existencia material garantizada de forma indefinida. Para llevarlos adelante, habitualmente se suele utilizar una muestra que no es significativa ni generalizable al total de la población debido a su sesgo y saturación, en la que tampoco se suele incluir a personas contribuyente netas al sistema y, por consiguiente, cuentan con efectos impositivos nulos; es decir, éstos se financian a través de donaciones o partidas presupuestarias, pero no mediante una reforma fiscal como es el caso de la propuesta explicada más adelante en este libro. Asimismo, uno de los efectos más interesantes que una renta básica tendría sobre el total de la población, y que en los proyectos piloto no podemos observar, es el incremento en el poder de negociación de la clase trabajadora y su efecto sobre la configuración actual del mercado laboral (Bollain, 2021a).

Aunque la implantación de una renta básica no dependa de justificaciones empíricas —sino de principios normativos o morales— y los resultados obtenidos a través de los proyectos piloto sean cuestionables desde el punto de vista epistémico, es innegable que éstos pueden ser provechosos debido a la utilidad científica de la evidencia empírica y a la utilidad política que tiene la experimentación (Laín, 2022). Y es, en parte, debido al debate que los proyectos piloto generan por lo que la renta básica ha logrado posicionarse en la agenda política de casi todas las economías ricas, pero también de las menos ricas o pobres. Tanto es así que hemos podido leer a diversas organizaciones económicas mundiales, como el Fondo Monetario Internacional (2017) o el Banco Mundial (2019), a un buen número de académicos o a personas del ámbito político debatir sobre la necesidad y las posibilidades de explorar la renta básica como parte del seguro colectivo de un nuevo contrato social en el que se asegure la protección universal de las personas independientemente de la posible inestabilidad macroeconómica o del mercado laboral.

Mercado laboral

La evolución que el mercado laboral ha tenido en estas dos últimas décadas, pero sobre todo la que tendrá en los próximos años, es un factor clave a la hora de analizar la perspectiva histórica del concepto de renta básica en el siglo XXI. Mucho ha cambiado a partir del surgimiento del capitalismo industrial y la producción en cadena como nuevo método de organización de la producción. Desde entonces, la producción en cadena ha ido sofisticándose progresivamente, integrando el software y los robots en la cadena de montaje y eliminando puestos de trabajo que anteriormente eran cubiertos por personas.

En todas las llamadas revoluciones industriales ha habido cambios tecnológicos y sustitución de mano de obra humana por máquinas. Pero también se creaban nuevos puestos de trabajo en los sectores emergentes. La diferencia más importante entre la transición hacia la denominada Industria 4.0 con respecto a las revoluciones industriales anteriores es la intensidad en la eliminación del factor humano de los procesos de producción y las dudas sobre la «compensación» por la creación de nuevos puestos de trabajo en los nuevos sectores. Se está produciendo una reconsideración del papel de los humanos, ya que cada vez es más habitual no producir simplemente asistidos por la tecnología, sino tras haber sido automatizado completamente el proceso de producción. Aunque durante más de dos décadas gran parte de las industrias contaban con procesos automatizados sobre los que los operadores eran responsables del control y el mantenimiento, la automatización total del sistema de producción permite que éste sea controlado por un software y aísla así al humano de la producción. Las capacidades de la IA están avanzando hacia una profunda transformación de la industria, que modernizará y optimizará todos los componentes de los sistemas y la distribución, incluidos la logística, la gestión o el marketing (Popkova, Ragulina y Bogoviz, 2018).

Según el World Economic Forum (2020), en 2018 una media del 71 % de las tareas eran realizadas por seres humanos, frente al 29 % que realizaban las máquinas. Sin embargo, en 2018 ya se esperaba que, para 2022, el porcentaje de tareas realizadas por humanos fuera del 58 %, mientras que el porcentaje de tareas realizadas por máquinas aumente hasta el 42 %. Los robots están impregnando todos los sectores de la economía y todo parece indicar que avanzamos hacia un mercado laboral en el que el capital humano se utilizará principalmente para la realización de trabajos muy cualificados. Los trabajos con una demanda creciente incluyen especialistas en transformación digital, diseñadores de interacción humano-computadora, ingenieros en robótica y especialistas en *blockchain*, científicos y analistas de datos, desarrolladores de software y aplicaciones o especialistas en comercio electrónico y redes sociales, unos trabajos basados principalmente en la tecnología y que se ven altamente potenciados por ella (ibídem).

Un estudio publicado por Oxford Economics en 2019, *How robots change the world,* concluía que el número de robots a nivel mundial se había triplicado en las dos últimas décadas, hasta alcanzar los 2,25 millones. Sin embargo, se espera que para 2030 este número se incremente hasta los 20 millones. Siguiendo la misma línea, Frey y Osborne (2017) calcularon que el 47 % de los empleos en Estados Unidos corren un alto riesgo de automatización en los próximos diez a quince años. El reino de España no es ajeno a esta dinámica. Un informe publicado por BBVA Research (Domènech *et al.*, 2018) estima que el 36 % de los empleos españoles tienen alto riesgo de ser computarizados. Y es que tal y como se muestra en el anteriormente mencionado informe *How robots change the world,* la instalación de cada robot supone la pérdida de 1,6 puestos de trabajo. Entre 2000 y 2016 esta tendencia ha destruido 400.000 puestos de trabajo en Europa, y se prevé que dicha cifra aumente hasta los dos millones entre 2016 y 2030.

Es innegable que calcular el número de puestos de trabajo

que están en riesgo de automatización es altamente complicado, más aún intentar predecir las consecuencias reales que la transición hacia la Industria 4.0 traerá en términos de empleo. No obstante, sabemos perfectamente que sus implicaciones y los desafíos derivados a los que nuestra sociedad se enfrenta son de incalculables dimensiones.

Un vistazo a lo ocurrido durante las últimas décadas nos permite observar que el avance y la difusión de las nuevas tecnologías no han sido aprovechados con el fin de obtener una mayor igualdad socioeconómica (Bauer, 2018). Por ello existe el riesgo de que, tal y como han argumentado Blasi, Freeman y Kruse (2013), la transición hacia la Industria 4.0 promueva, por un lado, una mayor polarización regional en gran parte de las economías ricas a través de una distribución desigual de los beneficios y los costes entre la población y, por otro lado, refuerce las desigualdades entre las diferentes economías mundiales. Además, cabe añadir también que las consecuencias de una posible destrucción neta de empleo afectan en mayor medida a las economías con mercados laborales más inestables y precarios, como es el caso español.

Decía el sociólogo y filósofo Zygmunt Bauman (1925-2017) en la película *En el mismo barco* (Gnutti, 2016) que en las sociedades actuales hemos pasado del pleno empleo al desempleo y, del desempleo, a la redundancia. Y la redundancia, implícitamente, trae consigo la imposibilidad de conseguir el pleno empleo. Por eso la redundancia implica que gran parte de las personas de nuestra sociedad no vayan a ser necesarias para que el mercado de trabajo siga su curso. Innecesarias en un mercado de trabajo cada vez más saturado y en el que las tecnologías poco a poco suprimen la necesidad de contar con mano de obra. Para buscar una solución a este reto que tenemos como sociedad, se han propuesto diversas medidas que no sólo tratan de mejorar las condiciones vitales de las personas trabajadoras —¿normativamente se puede justificar racionalmente que se vive para trabajar de forma remunerada o efectivamente existen más razones normativas para defender que se trabaja para vivir?—, sino que también tienen como objetivo tratar de repartir justamente un bien escaso como es el empleo. Algunas de las propuestas en este sentido transitan por reducir la jornada laboral a treinta y dos horas semanales, penalizar las jornadas más largas y horas extraordinarias, a la vez que se incentivan las reducciones de jornada que creen ocupación, destinar parte de la jornada laboral a un proyecto social o sostenible retribuido con un sueldo social o la introducción de una renta básica en combinación con la reducción del tiempo de trabajo.

La naturaleza transformadora del cambio tecnológico ha tenido como resultado que empresarios como Bill Gates, Mark Zuckerberg, Elon Musk, Richard Branson o Jack Dorsey —uno de los cofundadores de Twitter, que ha donado 15 millones de dólares a proyectos piloto de renta básica en Estados Unidos— hayan apostado por una renta básica como herramienta que permita hacer frente a una potencial pérdida de empleos a causa de la automatización en los próximos años. Aunque no han explicado en detalle algunos aspectos clave de esa renta básica que proponen —por ejemplo, cómo se financiaría—, a excepción quizá de Jack Dorsey, no podemos obviar que son personas cuyos mensajes son ampliamente difundidos. Por ello, en buena medida, el hecho de que cada vez una mayor parte de la población vea la renta básica como una posible solución al reto de la evolución del mercado laboral ha permitido incrementar su aparición en la agenda pública y política de diversos países. Eso sí, tengamos siempre en cuenta que, como ya se ha explicado en el capítulo anterior, la propuesta de la renta básica se ha defendido desde posiciones políticas muy dispares. Y el punto diferencial de las propuestas de renta básica de distinto signo político es precisamente cómo financiarla, que es decir quién gana y quién pierde, cuestión a la que está dedicada gran parte de este libro.

Actualidad

Durante el primer capítulo ofrecíamos una justificación filosófico-política de la renta básica, discutiendo acerca de la justicia de la medida. Sin embargo, existen muchas personas que se han acercado a la renta básica basándose en una evaluación instrumental. Lo mencionábamos en el primer capítulo también. Algunas personas, como son los propios Bill Gates, Mark Zuckerberg, Elon Musk o Jack Dorsey, defienden la renta básica como un instrumento que pudiera dar respuesta al nuevo modelo productivo en el que muchas personas no serán necesarias para su correcto funcionamiento y, a buen seguro, que permita mantener sus privilegios. Otras personas lo hacen porque entienden que la renta básica puede ayudar a mantener cierto orden social en una sociedad cada vez más desigual y polarizada. Muchas otras, por el potencial de la renta básica derivado de la simplicidad y de la eliminación del estigma social que acarrean los programas condicionados. También desde posiciones neoliberales ha sido defendida como una oportunidad que permitiría desmantelar el estado de bienestar. Milton Friedman, campeón del neoliberalismo, aunque realmente no defendiera una renta básica, sí concibió el impuesto negativo sobre la renta[50] como una

50. La primera mención al impuesto negativo sobre la renta (NIT, por sus siglas en inglés) se encuentra en el libro *Recherches sur les principes mathématiques de la théorie des richesses*, publicado en 1838 por el economista francés Augustin Cournot (1960). Sin embargo, adquirió gran relevancia más de un siglo después tras la propuesta de Milton Friedman (1962) y el posterior análisis en profundidad por parte de James Tobin (1965, 1966, 1967 y 1968). En su versión más popular, el NIT parte de un impuesto sobre la renta proporcional que se aplica a la diferencia existente entre un umbral de ingresos fijo establecido —que varía dependiendo de la composición del hogar— y los ingresos del hogar. Si la diferencia es positiva, el hogar recibirá la cuota del impuesto en efectivo y si, por el contrario, es negativa, el hogar deberá abonar la cuota del impuesto correspondiente.

Pongamos un ejemplo. El umbral de ingresos establecido para un hogar de dos personas adultas y una persona de nueve años es de 45.000 euros. El tipo proporcional existente en el impuesto sobre la renta, por su parte, es del 20 %. Supongamos que los ingresos en ese hogar alcanzan los 30.000 euros. La diferencia entre el umbral de ingresos establecido y los ingresos del hogar sería, entonces, de 15.000 euros. Al ser positivo, dicho hogar percibirá en efectivo el 20 % de 15.000 euros. Es decir, 3.000 euros. Si los ingresos del hogar ascendieran a 75.000 euros, la diferencia sería de −30.000 euros. Al ser el resultado negativo, el hogar abonaría el 25 % de 30.000 euros. Es decir, 6.000 euros.

Es cierto que los efectos redistributivos de una renta básica y un NIT pue-

medida transitoria en la eliminación del estado de bienestar. Sin embargo, sí es cierto que hay un buen puñado de economistas conservadores que, más de medio siglo después de Friedman (1968), siguen sosteniendo algunas de sus ideas. Sólo hay que ver lo sugerente que es el título del libro[51] publicado, tal y como comentábamos en el capítulo anterior, por el ya citado politólogo conservador estadounidense Charles Murray en el año 2006, donde hace una defensa de la renta básica como herramienta capaz de reemplazar el estado de bienestar.

La pandemia de la COVID-19 también ha tenido como consecuencia que diversas instituciones mundiales, nacionales, partidos políticos o personalidades varias hayan sostenido la necesidad de la implantación de una renta básica como herramienta imprescindible para reactivar una economía mundial en plena erosión. Sin embargo, ya antes de la pandemia se dieron algunos pronunciamientos muy relevantes acerca de la renta básica. A continuación, reproducimos algunos que consideramos más significativos y que han tenido lugar durante los últimos años:

1. En octubre de 2017, el Fondo Monetario Internacional (2017) publicaba un informe en el que analizaba cómo las políticas fiscales podrían ayudar a alcanzar los objetivos redistributivos, abordando tres debates políticos destacados: los tipos impositivos en la parte superior de la distribución de la renta, la introducción de una renta básica y el papel del gasto público en educación y sanidad.

---

den llegar a ser iguales y que, dependiendo de su diseño, pueden suponer el mismo coste neto. No obstante, las dos propuestas difieren desde un punto de vista económico (Harvey, 2006). A través de un NIT se redistribuyen recursos desde los deciles de ingresos medios y altos hacia la minoría más pobre de la sociedad. A través de una renta básica, por su parte, esta redistribución de recursos se da desde los deciles de ingresos más altos hacia personas de ingresos bajos y medios (Tondani, 2009). No obstante, incluso en la variante del NIT que más se pueda acercar a una renta básica existe una diferencia fundamental: mientras el NIT es un sistema que funciona, por defecto, *ex post*, la renta básica funciona, por defecto, *ex ante*.

51. Charles Murray, *In our hands: A plan to replace the welfare state*, 2006.

> En un entorno económico en el que aumenta la inseguridad laboral (por ejemplo, debido a las perturbaciones del mercado de trabajo asociadas al progreso tecnológico), la ampliación de los mecanismos de seguridad disponibles puede convertirse en un importante objetivo político. Una renta básica podría proporcionar una fuente de ingresos estable a los individuos y a los hogares y, por tanto, limitar el impacto de las crisis de ingresos y de empleo (Fondo Monetario Internacional, 2017, p. 21).

Asimismo, esta misma institución publicaba en plena pandemia de la COVID-19 una serie especial sobre políticas fiscales para responder a la situación pandémica en la que aseguraba que transferencias universales, aunque requerirían «recursos para financiar un programa relativamente caro» y supondrían «una inversión significativa en la mayoría de los países emergentes y en desarrollo», se redistribuirían uniformemente a toda la población, pudiendo mejorar la cobertura de los hogares que no son atendidos por los programas condicionados (Fondo Monetario Internacional, 2020).

2. En la votación que tuvo lugar el 23 de enero de 2018 en la Asamblea Parlamentaria del Consejo de Europa (APCE), se aprobó, con cuarenta y ocho votos a favor, treinta y tres en contra y doce abstenciones, una resolución sobre la necesidad de establecer un debate en profundidad en cada uno de los Estados miembros representados en el Consejo de Europa relativo a la renta básica como parte de un nuevo contrato social entre los ciudadanos y el Estado y sus diversas formas de financiación.[52]

3. El 25 de septiembre de 2018, el secretario general de la ONU, António Guterres, instó a los líderes mundiales, en su discurso ante la Asamblea General de la ONU, a considerar la renta básica incondicional. En sus propias palabras, «la propia naturaleza del trabajo está cambiando y los mercados laborales se verán

52. La aprobación de la resolución no es una decisión vinculante, sino un apoyo político a la renta básica, es decir, una opinión que la Asamblea Parlamentaria del Consejo de Europa traslada a los gobiernos miembros del Consejo de Europa como ejemplo de buena práctica.

perturbados debido a las nuevas tecnologías. Los gobiernos tendrán que considerar nuevas redes de seguridad social más fuertes y, eventualmente, una renta básica universal».

4. Asimismo, también resulta interesante observar cómo investigadores de la Organización Internacional del Trabajo propusieron a los gobiernos reflexionar detenidamente sobre una forma efectiva de integrar la renta básica en el sistema de protección social de los Estados (Ortiz *et al.*, 2018), siguiendo los estándares de la organización. Uno de los principios de la renta básica que irían en línea con dichos estándares sería la «adecuación y previsibilidad de las prestaciones» con el objetivo de «garantizar la seguridad de los ingresos, fijados como mínimo en el umbral nacional de pobreza».

5. La subdirectora regional del Programa de las Naciones Unidas para el Desarrollo de Asia y el Pacífico, Kanni Wignaraja, declaró en julio de 2020 que había una clara necesidad de poner en marcha la renta básica como sistema de seguridad social y advirtió que la alternativa a no implementarlo tendría como consecuencias un aumento de las desigualdades y las tensiones sociales.[53]

6. También en 2020 se declaró por primera vez a favor de la renta básica el jefe del Estado Vaticano, el papa Francisco (2020), en su libro *Soñemos juntos*, en el que demanda a los gobiernos el establecimiento de una renta básica y la reducción de la jornada laboral:

> Por eso creo que es hora de explorar conceptos como el ingreso básico universal (IBU)[54] [...]: un pago fijo incondicional a todos los ciudadanos, que podría distribuirse a través del sistema impositivo.
>
> El IBU puede redefinir las relaciones en el mercado laboral, garantizándoles a las personas la dignidad de rechazar condiciones

53. Véase: <https://news.un.org/es/story/2020/07/1477601>.

54. Por razones idiomáticas, es interesante hacer notar que el jefe del Estado Vaticano es argentino de origen, país en donde los partidarios de la renta básica la denominan «ingreso básico» o «ingreso ciudadano», como en México.

> de empleo que las encadenan a la pobreza. Le daría a la gente la seguridad básica que necesita, eliminando el estigma del asistencialismo, y le facilitaría el cambio de un trabajo a otro, como lo exigen cada vez más los imperativos tecnológicos en el mundo laboral. Políticas como el IBU también pueden ayudar a las personas a combinar tiempo dedicado a trabajo remunerado con tiempo para la comunidad.
>
> Con el mismo objetivo, probablemente sea también el momento para considerar una reducción en el horario de trabajo, con el ajuste salarial correspondiente, lo que paradójicamente puede aumentar la productividad. Trabajar menos para que más gente tenga acceso al mercado laboral es un aspecto que necesitamos explorar con cierta urgencia (papa Francisco, 2020, p. 137).

Un año después, el 16 de octubre de 2021, se reafirmó en dichos posicionamientos en el discurso que ofreció en el IV Encuentro con los Movimientos Populares.[55]

7. En el reino de España, en diciembre de 2019, más de un centenar de feministas firmaron el documento «Recursos y autonomía para todas: un manifiesto feminista por la renta básica», en el que se exponían diversas razones por las que consideran que la renta básica permitiría ampliar la autonomía de las

55. «Un ingreso básico o salario universal para que cada persona en este mundo pueda acceder a los más elementales bienes de la vida. Es justo luchar por una distribución humana de estos recursos. Y es tarea de los gobiernos establecer esquemas fiscales y redistributivos para que la riqueza de una parte sea compartida con la equidad, sin que esto suponga un peso insoportable, principalmente para la clase media —generalmente en estos conflictos es la que más sufre—. No olvidemos que las grandes fortunas de hoy son fruto del trabajo, la investigación científica y la innovación técnica de miles de hombres y mujeres a lo largo de generaciones. La reducción de la jornada laboral es otra posibilidad. [...] En el siglo XIX los obreros trabajaban doce, catorce, dieciséis horas por día. Cuando conquistaron la jornada de ocho horas no colapsó nada, como algunos sectores preveían. Entonces, insisto, trabajar menos para que más gente tenga acceso al mercado laboral, que es un aspecto que necesitamos explorar con cierta urgencia. No puede haber tantas personas agobiadas por el exceso de trabajo y tantas otras agobiadas por la falta de trabajo» (papa Francisco, 2020).

personas, y en particular de las mujeres, en un contexto de creciente desigualdad. En dicho manifiesto se apuesta por «poner en el centro de la agenda la renta básica desde una perspectiva feminista», siendo «inaplazable empujar con la fuerza del movimiento feminista apuestas que apunten a garantizar lo necesario para el sostenimiento de la vida».[56]

8. Más de un millar de profesionales de la cultura lanzaron en abril de 2020 un manifiesto reclamando la renta básica como la mejor política cultural posible. Según las personas que lo firmaban, un sistema cultural que está cada vez más dirigido al servicio de aquellas personas que tienen el tiempo y los recursos para «consumir cultura» está condenado a ser un modelo cultural inviable, insolidario y elitista. Por eso el manifiesto hace una apuesta por salir de esa rueda que se alimenta de la producción incesante de contenidos culturales, en perfecta sintonía con tantas otras dinámicas de sobreproducción, mediante una renta básica que garantice la existencia de todas y cada una de las personas.[57]

9. En mayo de 2020, el Consejo General del Trabajo Social (2020) publicaba el informe *Trabajo social ante la garantía de rentas*, en el que aseguraba que apuestan por «la implantación de un sistema de garantía de ingresos encaminado a la renta básica universal como la única forma de dar respuesta, rápida y digna, a la situación crítica y grave actual que está viviendo la ciudadanía como consecuencia de la pandemia». De esta manera, afirma el informe, se garantizarían «unos ingresos básicos de forma incondicional y universal a toda la ciudadanía en atención al cumplimiento de los Objetivos de Desarrollo Sostenible (ODS)».

10. Apenas un mes después, en junio de 2020, se publicaba el Manifiesto LGBTI por una renta básica universal, firmado por más de medio centenar de colectivos y casi trescientas personas

56. «Recursos y autonomía para todas: un manifiesto feminista por la renta básica», <https://rentabasicafeminista.home.blog/>.

57. «Gente que trabaja en cultura, por una renta básica universal e incondicional», <https://nativa.cat/2020/04/gent-que-treballa-en-cultura-per-una-renda-basica-universal-i-incondicional/>.

a título individual, en el que se reclamaba una renta básica como herramienta para la justicia social, la solidaridad, el derecho a la existencia y la lucha contra las discriminaciones:[58]

> Como movimiento LGBTI siempre hemos reivindicado nuestro derecho a ser y existir. Éste fue nuestro lema en la primera manifestación del Orgullo en Barcelona en el año 1977. Sin embargo, este sistema capitalista intrínsecamente ligado a la injusticia no garantiza nuestra existencia en condiciones de dignidad. En algunos países, de hecho, ni siquiera se garantizan nuestras vidas. [...] Por ello, creemos que es la hora de que, como movimiento LGBTI, reclamemos esta medida que garantice tener nuestras necesidades básicas cubiertas. No sólo las nuestras, sino las del conjunto de la población, haciéndola especialmente accesible para mujeres, menores y colectivos sociales. Una renta básica, también con una nítida perspectiva de género como han reivindicado compañeras del movimiento feminista, que garantice lo necesario para el sostenimiento de la vida, que nos libere tiempo para poder seguir realizando nuestras vidas, y que sea individual, universal e incondicional (Manifiesto LGBTI por una renta básica universal, 2020).

Y éstos son sólo algunos de los pronunciamientos que se han ido sucediendo a lo largo de los últimos años. Ya hemos mencionado anteriormente el proyecto B-Mincome llevado a cabo en la ciudad de Barcelona entre 2018 y 2019, pero no podemos obviar el acontecimiento político con mayor relevancia actualmente dentro del reino de España: el Plan Piloto de Renta Básica en Cataluña. Para conocer su nacimiento tenemos que remontarnos a las elecciones al Parlamento de Cataluña del 14 de febrero de 2021, donde tres de los partidos que se presentaban llevaban, con mayor o menor intensidad, la renta básica en su programa político: Esquerra Republicana de Catalunya (ERC), En Comú Podem (ECP) y la Candidatura de Unidad Popular

58. «Manifiesto LGBTI por una renta básica universal», <https://lgbtixrbu.wordpress.com/>.

(CUP).[59] ERC y Junts per Catalunya no consiguieron la mayoría absoluta, pues obtuvieron, entre los dos, 65 de los 135 escaños. Así que para conformar gobierno, iniciaron conversaciones con la CUP, que consiguió que uno de los puntos del acuerdo de investidura fuera la puesta en marcha de un plan piloto de renta básica. De su diseño, seguimiento y evaluación se encargaría la Oficina del Plan Piloto para Implementar la Renta Básica Universal, que dirige Sergi Raventós, miembro de la Red Renta Básica. Dicha oficina se creó el 22 de junio de 2021 y se presentó oficialmente el 15 de diciembre en el Palau de la Generalitat. Posteriores votaciones en el Parlamento de Cataluña hicieron que el plan piloto quedara aparcado de momento. A iniciativa del PSC, votaron también a favor de aparcarlo: Junts, Vox, Ciudadanos y el PP. A favor de mantenerlo lo hicieron ERC, CUP y En Comú Podem. El rechazo de estos partidos al plan piloto ha motivado que muchos académicos de distintos lugares del mundo hayan manifestado su parecer y su indignación:

> El Proyecto Piloto de Renta Básica en Cataluña representa una oportunidad única para evaluar nuevas políticas innovadoras en línea con las últimas directrices científicas. Por ello, con sorpresa y consternación, hemos sabido que la próxima votación sobre los presupuestos anuales en el Parlamento catalán podría recortar drásticamente el presupuesto del Proyecto, cancelándolo así antes de que ni siquiera haya comenzado (De Wispelaere, 2023).

El presidente de la Basic Income Earth Network, Sarath Davala, escribió a su vez por las mismas fechas:

> Pido a los dirigentes de los partidos políticos en Cataluña que reconsideren su decisión de posponer el plan piloto. Los apresuro a continuar, tal y como estaba previsto. El espíritu de la investigación

59. Debe quedar claro que, aunque las candidaturas políticas mencionaran de una u otra manera la renta básica en sus respectivos programas electorales, no es ajustado poner en pie de igualdad su defensa de la renta básica. Quien lo establecía de forma meridianamente clara fue la CUP.

científica debería prevalecer y no debería sacrificarse en el altar de las batallas ideológicas. De hecho, la buena ciencia puede servir como un punto entre grupos que tienen formas de pensar diferentes (Davala, 2023).

No podemos negar que las perspectivas de futuro de la renta básica son ahora mismo mucho más prometedoras de lo que lo eran hace unas décadas, o tan sólo siete u ocho años. Las últimas encuestas realizadas muestran que el apoyo a la renta básica por parte de la ciudadanía cada vez es mayor. Una de las últimas, realizada entre el 27 y el 29 de noviembre de 2021 de forma independiente por WeMove y YouGov mostraba que alrededor de dos tercios de las personas encuestadas en seis países europeos —Portugal, España, Francia, Italia, Alemania y Polonia— estaban a favor de establecer una renta básica en sus respectivos Estados. La renta básica fue apoyada por el 65 % de las personas y, cuando se les pedía que pensaran en la situación pandémica antes de responder a la pregunta, el resultado ascendía hasta el 68 %. La encuesta también preguntaba acerca de los beneficios que una renta básica pudiera tener. Los principales beneficios que se mencionaron fueron la reducción de la ansiedad (42 %), poder hacer frente a las necesidades básicas (33 %) y una mayor independencia financiera y personal (29 %). Tan sólo el 15 % de las personas encuestadas dijo que ésta no les beneficiaría en absoluto.

Entre el 12 y el 13 de mayo de 2020 una empresa especializada realizaba otra encuesta a más de dos mil personas en España.[60] Según los resultados obtenidos, el 56 % de las personas se muestra a favor de una renta básica de 715 euros mensuales que recibirán todos los residentes adultos acreditados —143 euros los menores—, como derecho de ciudadanía y financiada mediante una reforma fiscal que supondría una redistribución de parte de la renta del 20 % de personas más ricas hacia el resto de la pobla-

60. Información detallada respecto a dicha encuesta se puede encontrar en: <https://www.redrentabasica.org/rb/wp-content/uploads/2020/05/omnibusRBIpsos.pdf>.

ción. Por el contrario, sólo el 30 % de las personas encuestadas se muestra más bien en desacuerdo. Es interesante apreciar que, aunque las personas con un nivel inferior de ingresos se encuentran más de acuerdo con la medida —67 % a favor con ingresos inferiores a los 1.000 euros mensuales—, también existe un acuerdo mayoritario entre las personas con un nivel de ingresos superior —55 % a favor con ingresos superiores a 5.000 euros mensuales—. Además, se observa que las personas jóvenes entre 18 y 24 años son quienes más favorables se muestran a la implantación de una renta básica (62 %, aunque en ninguna franja de edad este porcentaje cae por debajo del 53 %) y entre las mujeres el grado de desacuerdo es menor que el que se da entre los hombres (26 % de las mujeres en desacuerdo frente al 34 % de los hombres).

Una reciente y completa encuesta publicada a principios de 2023, realizada entre la población de Cataluña, aportaba datos muy interesantes entre los que destacaremos solamente dos:

1. El 85 % de las personas encuestadas está de acuerdo en tener una renta básica en Cataluña, y un 50 % dentro de este grupo está muy de acuerdo. Un 15 % no está de acuerdo, y dentro de este grupo, un 7 % está muy en desacuerdo.
2. El nivel de aceptación de la renta básica por grupos según la simpatía por partidos políticos, de menor a mayor: Vox (4,4), Partido Popular (4,9), Ciudadanos (5,3), PSC (6,7), Junts (6,7), ERC (7,1), ECP (7,8) y la CUP (8,2). Literalmente de extrema derecha a extrema izquierda de menor a mayor aceptación. Había otras opciones de contestación como «Ningún partido» (5,8) y «Otros partidos a especificar» (6,1).[61]

Viendo cuál es el apoyo social que una renta básica suscita, parece sensato pensar que el mayor reto que tenemos es político:

61. La encuesta puede consultarse en: <https://ceo.gencat.cat/ca/estudis/registre-estudis-dopinio/estudis-de-la-generalitat/detall/index.html?id=8688>.

movilizar el apoyo social suficiente para obligar a la clase política a actuar. Una de las condiciones necesarias para ello es que cuando se debata la renta básica, se haga desde un punto de vista multidisciplinar. Justicia social, crecientes desigualdades, feminismos, ecologismo, evolución del mercado laboral, juventud, cultura o salud mental son sólo algunos de esos ámbitos que permiten ampliar nuestra visión. Ensanchar las bases para contribuir, impulsar y avanzar hacia un futuro que consiga dar respuesta no sólo a los retos presentes, sino también a los futuros. No parecen ser útiles las miradas estrechas ni las políticas cortoplacistas que siguen parcheando el sistema. Es ingenuo pensar que haciendo lo de siempre se van a conseguir resultados diferentes. Parece razonable asegurar que ha llegado el momento de apostar por medidas que garanticen el derecho universal a la existencia frente a viejas políticas inspiradas en el asistencialismo.

3

Una perspectiva sobre los sistemas de rentas mínimas condicionadas en el reino de España

¿Qué son?

En el capítulo anterior mencionamos los proyectos piloto y la evolución del mercado laboral como dos de los factores decisivos que explicaban que la renta básica estuviera en el debate político, social, académico o empresarial de los últimos años. El reiterado fracaso de los programas de rentas mínimas, no obstante, es otra de las circunstancias determinantes que permiten explicar la hegemonía de la renta básica como alternativa al actual sistema de protección social.

Los programas de rentas mínimas o de garantía de ingresos focalizados en sujetos de derecho en situación de necesidad han proliferado en la Europa continental durante las últimas décadas. Son programas cuyo objetivo es actuar como la última red del estado de bienestar. Básicamente, son prestaciones económicas asistenciales y condicionadas a cierta situación de necesidad. En otras palabras, una vez que las personas «fracasan», los programas de rentas mínimas actúan *ex post*, de manera extraordinaria, ofreciendo unos ingresos habitualmente a cambio de una contraprestación.

El surgimiento de este tipo de programas se realiza en un contexto fuertemente influenciado por dos procesos (Nelson, 2010).

El primero está relacionado con los cambios que se dieron en cuanto a la distribución de los ingresos, cuya consecuencia directa es que cada vez más personas dependan de una renta mínima para poder cubrir sus necesidades básicas. Un ejemplo que muestra el crecimiento de esta dependencia en obtener ingresos extra por parte de quienes incluso tienen un empleo se puede observar mediante el informe realizado por el European Trade Union Institute (ETUI, 2020), donde se revela que, a pesar de una mejora de los indicadores macroeconómicos entre 2010 y 2019, en dieciséis países miembros de la Unión Europea se incrementó la tasa de trabajadores en riesgo de pobreza durante dicho período. En España, más concretamente, el número de trabajadores y trabajadoras en riesgo de pobreza aumentó del 10,9 % en 2010 al 12,7 % en 2019, lo que supone un aumento del 16 % —cuatro puntos porcentuales por encima de la media de la Unión Europea—. En 2022, por su parte, este porcentaje se incrementó hasta el 15,2 %, cuando la media comunitaria se situaba en un 11,3 %. El segundo de los procesos, estrechamente relacionado con un cambio gradual de las prioridades políticas, se fundamenta en la reorientación que los líderes políticos han realizado sobre los objetivos de los programas de rentas mínimas, convirtiéndolos en mecanismos capaces de redefinir las responsabilidades sociales de cada uno.

La finalidad de este tipo de políticas es que toda persona cuente con los recursos necesarios para poder cubrir sus necesidades básicas. Son prestaciones asistenciales y, por lo tanto, todas ellas tienen en común que son otorgadas al sujeto de derecho una vez que éste ha podido demostrar una insuficiencia de ingresos o de activos que le autoriza el acceso a dichos programas (Cohen y Friedman, 1972).

Es decir, son prestaciones económicas condicionadas a cierta situación de necesidad establecida (*means-tested*), y cuya lógica no es otra que ofrecer una ayuda *ex post* a las personas que se encuentren en dicha situación de necesidad y puedan demostrar a la Administración Pública que son «merecedoras» de percibirla.

Sin embargo, e independiente de la forzosa situación de necesidad que le permita a la persona acceder al programa de rentas mínimas, también se deben cumplir requisitos adicionales que condicionan todavía en mayor medida el ejercicio de dicho derecho (Euzeby, 1991). Los requisitos suelen variar dependiendo de la confección del programa de rentas mínimas —en España la protección social está altamente descentralizada, y todavía tras la aprobación del Ingreso Mínimo Vital[62] (IMV) en mayo de 2020, casi cada comunidad autónoma tiene su propio programa de rentas mínimas, con sus características particulares—, pero habitualmente se encuentran requisitos relativos a la edad del sujeto de derecho, a su lugar y tiempo de residencia o nacionalidad, o a ciertas condiciones de participación en programas de formación, orientación e intermediación laboral con un objetivo claro: «garantizar que la incorporación al mercado de trabajo sea una opción más atractiva y rentable que la simple percepción de prestaciones económicas de garantía de ingresos» (Ley 18/2008, de 23 de diciembre, para la garantía de ingresos y para la inclusión social).

Es decir, la finalidad de los programas de rentas mínimas, que poseen un carácter supuestamente extraordinario, es ofrecer unos medios temporales que permitan cubrir una carencia de ingresos transitoria. Se presupone que esta carencia de ingresos debe ser pasajera ya que se entiende que la subsistencia tiene que ser alcanzada mediante un trabajo asalariado, o más de uno.

Tras finalizar la Segunda Guerra Mundial, en la Europa de la posguerra, las condiciones socioeconómicas favorables permitían obtener una inclusión social satisfactoria mediante el pleno empleo. Durante esas décadas, al estar la gran mayoría de las personas adultas cubiertas por los sistemas de seguridad social, las políticas de asistencia social —entre las que se encuentran los programas de rentas mínimas— no se comprendían como un pilar fundamental de los estados de bienestar (Therborn, 1995; Crouch, 1999).

No obstante, en la década de 1970, cuando la lógica del pleno empleo masculino y la expansión de los sistemas de seguridad social empiezan a quebrarse (Blanchard y Wolfers, 2000), la asis-

62. El Ingreso Mínimo Vital fue aprobado mediante el Real Decreto-Ley 20/2020, de 29 de mayo.

tencia social vuelve a introducirse en la agenda política, a la par que se producían diversos debates sobre la conveniencia de ampliar su cobertura en los países donde ya se había establecido algún tipo de asistencia social y sobre la creación de sistemas de asistencia social en aquellos países del sur de Europa donde todavía no se habían instaurado (Aust y Arriba, 2005).

Esta realidad social y económica es el acicate para que en Francia se apruebe, en 1988, la ley que instauraría el *Revenu Minimum d'Insertion* (RMI), un sistema de garantía de ingresos con el objetivo de asegurar el «derecho a obtener un medio de existencia adecuado» para «cualquier persona que, debido a su edad, su estado físico o mental, el estado de la economía y el empleo» no pueda cubrir sus necesidades básicas a través de un trabajo remunerado (Ley n.º 88-1088). Este sistema es un punto de inflexión respecto a los escasos programas de asistencia social que perduraron durante las décadas de la edad de oro del capitalismo y establece dos pilares fundamentales: la dimensión monetaria y la dimensión de la inclusión laboral, que pronto se reproducirán en diversos países europeos a través de los programas de rentas mínimas, y que se establecerán primeramente en los Estados del sur de Europa. Es decir, con el objetivo de restaurar el vínculo social de la persona beneficiaria, quedará vinculada la garantía de ingresos a procesos de formación y de inclusión laboral.

El origen de las rentas mínimas en el reino de España

El sistema de rentas mínimas de España destaca por su alta fragmentación y la falta de equidad territorial. Esto se debe en gran parte a que, a diferencia de las políticas derivadas de la Seguridad Social, las políticas de inclusión social han estado desde sus inicios fuertemente descentralizadas. El primer sistema de rentas mínimas del país tuvo su origen en 1990[63] en Euskadi «por

63. No obstante, el discurso del 30 de septiembre de 1988 en el que el lehendakari José Antonio Ardanza anunció la decisión de poner en marcha un

una mezcla de casualidad, seguidismo de la moda europea y sensibilidad social de los sujetos que, en aquellos momentos, estaban al frente de los departamentos afectados» (Uribarri, 2012, p. 76).

Casualidad porque, al parecer, y aun sin haber conciencia o voluntad previa para llevar a cabo acciones políticas con el objetivo de paliar la pobreza, había un dinero sobrante en el gobierno vasco (2021) que se destinó a la realización de la primera Encuesta de Pobreza y Desigualdades Sociales (EPDS) en 1986. Seguidismo de la moda europea porque en diversos países europeos ya se habían empezado a fortalecer los sistemas de asistencia social para dar cobertura a las cada vez más grandes bolsas de personas en situación de pobreza que no eran cubiertas por los sistemas de seguridad social. Y, finalmente, sensibilidad porque sin voluntad política, no hubiera sido posible. Sin embargo, la voluntad política no es garante de éxito.

> Una creación en frío y desde arriba —desde las instituciones—, sin demanda social que la exigiese (algunos sindicatos y las potentes asambleas de parados y paradas de la década de 1980 defendían entonces la reivindicación del subsidio indefinido para la gente sin empleo), hizo que este nuevo artefacto prestacional tardase un tiempo en ser metabolizado. La gente pobre de nuestra tierra no era proclive a manifestar su pobreza acudiendo a los servicios sociales. La pobreza se expresaba clandestinamente y era socorrida entre redes familiares y de amistad, además de la participación de Cáritas (Uribarri, 2012, p. 77).

La primera renta mínima introducida en Euskadi se denominó Ingreso Mínimo de Inserción (IMI).[64] Pero incluso después de haber experimentado tres modificaciones legislativas de calado (Ley 12/1998, de 22 de mayo contra la exclusión social;

plan de lucha contra la pobreza podría considerarse como el inicio del proceso de aparición e implantación de los diversos sistemas de rentas mínimas autonómicos.

64. Ley 2/1990, de 3 de mayo, del ingreso mínimo de inserción.

Ley 10/2000, de 27 de diciembre de Carta de derechos sociales, y Ley 18/2008, para la garantía de ingresos y la inclusión social) y habérsele cambiado el nombre a renta básica[65] entre el año 2000 y el año 2008, y a renta de garantía de ingresos de 2008 en adelante, el IMI ha mantenido en todo momento la esencia de renta condicionada.

Como decíamos, la casualidad quiso que en el año 1986 se realizasen los primeros registros respecto al número de personas en situación de pobreza severa[66] en Euskadi: 69.578 personas, un 3,3 % de la población. Más de dos décadas después, en 2008, este número había disminuido hasta las 66.539 personas. Sin embargo, las políticas de austeridad y de control del gasto público implementadas por las instituciones públicas durante la última década no han contribuido a mitigar el impacto de la crisis financiera de 2008 en la gran mayoría de la ciudadanía vasca. Menos aún en las personas en riesgo de pobreza y exclusión social.

Actualmente, la EPDS es publicada bianualmente por el Órgano Estadístico del Departamento de Igualdad, Justicia y Políticas Sociales (nombre del departamento durante la XII legislatura) del gobierno vasco. Un análisis de estos informes nos permite comprobar que desde el año 2008 se ha producido un aumento sin precedentes en el número de personas en situación de pobreza severa. Desde el año 2008 hasta el 2014, en tan sólo seis años, el incremento fue de un 57,5 %, pasando de las 69.578 personas anteriormente mencionadas hasta las 104.943 personas. La última EPDS, publicada en 2021 con datos referentes al año 2020, confirma la tendencia alcista y en ella se aprecia un aumento del 26,87 % en el número de personas en situación de pobreza severa respecto al año 2014 —132.173 frente a 104.177— y un incremento del 98,64 % respecto a 2008 —132.173 frente a 66.539.

65. Independientemente del nombre, era una renta mínima tradicional condicionada a cierta situación de necesidad.

66. Según los indicadores generales del sistema Eurostat, se sitúan en riesgo de pobreza relativa aquellos hogares cuyos ingresos están por debajo del 60 % de la renta mediana equivalente y en riesgo de pobreza severa aquellos hogares cuyos ingresos están por debajo del 40 %.

Asimismo, la evolución económica de Euskadi nos muestra que, si bien tras la crisis financiera del año 2008 hubo algún ejercicio de crecimiento negativo, desde 2004 el producto interior bruto (PIB) ha crecido en general de forma significativa.[67] Entre el año 2008 y el 2018 este crecimiento ha resultado del 7,86 %. La tasa de desempleo, por su parte, muestra una correlación negativa con el crecimiento económico. En los años previos a la crisis de 2008, ésta se situaba en torno al 3 o 4 %. En 2009, no obstante, se dio el mayor incremento interanual de la tasa de desempleo, pasando del 3,8 al 8,1 %, una tendencia ascendente que continuaría hasta 2014, cuando se situó en el 16,1 %.

El año 2014 es, indudablemente, un punto de inflexión para la economía de Euskadi. Ésta empezó a despuntar y volvió a crecer a buen ritmo, haciendo descender la tasa de desempleo de manera constante hasta situarse en el 9,8 % en el año 2019. Sin embargo, los efectos económicos de la pandemia de la COVID-19 también serían palpables e incrementarían levemente la tasa de desempleo hasta el 11,6 % durante el año 2020, aunque volvió a descender hasta el 8,43 % a finales de 2021.

Estos datos confirman que, si bien se puede apreciar una clara mejoría tanto de la situación macroeconómica como de la tasa de desempleo de Euskadi entre 2014 y 2018, el número de personas en riesgo de pobreza y exclusión social no mantuvo una tendencia descendente, sino que se agravó significativamente.

Hemos dedicado un cierto espacio a explicar la situación laboral y de pobreza en Euskadi porque se trata del lugar con el sistema de garantía de ingresos mejor diseñado del reino de España (De la Cal, 2014) y de los mejores a nivel europeo. Pero aunque el sistema RGI/PCV/AES[68] ha sido una herramienta útil

67. El PIB tuvo un crecimiento negativo en los años 2009 (−3,3 %), 2012 (−2,0 %) y 2013 (−1,7 %). Sin embargo, tras el año 2014, en el que la economía creció un 1,6 %, el crecimiento ha sido positivo hasta el año 2018: 2,9 % en 2015, 3,1 % en 2016, 2,9 % en 2017 y 2,8 % en 2018.

68. Este sistema incluye la renta de garantía de ingresos (RGI), la presta-

para evitar cierta cronificación de la pobreza en Euskadi, no ha conseguido cumplimentar sus objetivos.

¿Por qué no ha conseguido erradicar la pobreza?

Según la Encuesta de Condiciones de Vida publicada en 2021, el sistema de RGI/PCV/AES no ha impedido, tras más de tres décadas de funcionamiento, que el 21,3 % de los hogares de Euskadi se encuentren en riesgo de pobreza y exclusión social. La última EPDS publicada hasta la fecha muestra que la población en hogares en los que alguna persona accedía al sistema RGI/PCV/AES ascendía hasta las 127.953 personas en 2020. Es decir, el 5,9 % de la población de Euskadi es beneficiaria,[69] directa o indirectamente, del sistema de RGI/PCV/AES.

Sin embargo, debemos tener en cuenta que el número de personas en riesgo de pobreza en Euskadi según la misma EPDS se situaba en 182.150. Por tanto, podemos apreciar que solamente el 70,2 % de las personas que en 2020 estaban en riesgo de pobreza estaba cubierto por el sistema RGI/PCV/AES. El 29,8 % restante, por su parte, no consiguió acceder por diversas razones. Los errores de cobertura, es decir, el número de personas que no perciben los subsidios condicionados a los cuales tienen derecho, es uno de los principales errores de los programas de rentas mínimas. Esta tasa de no-aceptación (*non take-up rate*), si bien ha ido generando mayor interés durante la última década, es uno de los temas más desatendidos de la literatura académica (Van Oorschot, 1991; Atkinson, 1996; Riphahn, 2001). Según Matsaganis, Levy y Flevotomou (2010), la posible falta de interés puede deberse a que, a diferencia de los «pagos en exceso», que son

ción complementaria de vivienda (PCV) y las ayudas de emergencia social (AES).

69. El hecho de que una persona sea beneficiaria del sistema no significa que sea titular de una prestación. Por ejemplo, en diciembre de 2020 había 54.747 expedientes abiertos, pero eran 127.953 las personas que vivían en hogares donde algún miembro percibía alguna prestación del sistema RGI/PCV/AES.

costosos para la administración al otorgar prestaciones a personas que no cumplen los requisitos para acceder a ellas, la tasa de no-aceptación ahorra dinero público.

En las sociedades occidentales tendemos a creer que éste no es un problema de primer nivel, ya que deducimos que muy poca gente que tenga acceso al derecho no hará uso de él. Es decir, que poca gente que cumpla los requisitos para percibir una renta mínima no hará uso de ella. Y si lo hace, será como resultado de un cálculo realizado deliberadamente a partir del cual no creen que les convenga hacer el esfuerzo que la renta mínima conlleva, o bien no quieren depender de lo que consideran caridad. No obstante, si observamos los datos relativos a la tasa de no-aceptación, podemos apreciar que ésta suele ser en general muy alta en los países de la OCDE, variando entre un 20 y un 60 % (Hernanz, Malherbet y Pellizzari, 2004).

Una horquilla del 20 al 60 % es muy amplia, pero nos permite comprobar que, si bien la tasa de no-aceptación en los programas de rentas mínimas varía sustancialmente entre los diversos países —indudablemente hay programas mejor diseñados que otros—, ésta siempre es significativamente elevada. Además, la realización de sucesivas campañas de publicidad, dotando de mayor información a la ciudadanía, ha demostrado que la tasa de no-aceptación no es consecuencia directa única de la falta de información, sino de la existencia en las sociedades actuales de numerosas objeciones para reclamar subsidios condicionados. Por eso el segundo problema con el que cuentan los programas de rentas mínimas, y que afecta negativamente a su cobertura, es la estigmatización que causan sobre las personas beneficiarias.

A los ojos de gran parte de la sociedad, ser pobre constituye una forma de desviación social (Rainwater, 1982), en parte porque en el imaginario colectivo se ha asentado la creencia de que salir de la pobreza no sólo es posible, sino que, además, es digno de elogio. Por eso durante años las personas pobres han sido etiquetadas como vagas, carentes de ambición o perezosas. En definitiva, perdedoras.

Los programas de rentas mínimas, además, contribuyen a estereotipar a quien lo recibe en la medida en que son socialmente divisivos. Es decir, dividen a la sociedad entre quienes reciben las prestaciones y quienes, contribuyendo a financiarlas, no lo hacen. A diferencia, por ejemplo, de la sanidad pública, donde acudes con la cabeza bien alta y orgullosa de tenerla —aunque cada vez más maltrecha y con trabajadores y trabajadoras en condiciones más precarias—, la gente acude con la cabeza gacha a servicios sociales cuando debe solicitar una prestación. Como inciso, resulta interesante observar la similitud teórica existente entre los derechos universales —aunque esto sea discutible—, como la sanidad pública y la renta básica, y, sin embargo, el enfoque tan distinto con el que mucha gente los aborda. Tanto la sanidad pública como la renta básica, financiadas mediante un sistema fiscal —supuestamente— progresivo, tienen el objetivo de ofrecernos servicios básicos de forma universal.

> Me parece curioso ver cómo el enfoque que se da al hecho de garantizar una renta de subsistencia conserva un sesgo de clase moral y social reminiscente de épocas pasadas, mientras que el hecho de suministrar servicios sociales de manera universal e incondicional no merece cuestionamientos. La clave reside en la palabra *renta*. La gente se preocupa con razón si tiene la sensación de que la idea es reemplazar el trabajo por una renta. Cuando algunos defensores de la renta básica afirman que lo que quieren es disociar la renta del trabajo, deberían añadir que lo que quieren es separar la renta del trabajo parcialmente (Haagh, 2017).

Esta disociación parcial posiblemente facilitaría la comprensión de la renta básica como cualquiera de los demás servicios públicos garantizados universalmente, que nos dotan de igualdad y de comunidad, desde la sanidad hasta la educación.

Las rentas mínimas, como decíamos anteriormente, están dirigidas a los sectores más vulnerables de la sociedad. Actúan como última red del estado de bienestar. Por eso están condicionadas al cumplimiento de diversos requisitos y, como consecuencia, llevan aparejados inevitables costes de administración derivados de la planificación, la gestión y la ejecución, unos costes que mitigan la cantidad de recursos dirigidos a paliar la pobreza y por los que incluso autores defensores de los programas de rentas mínimas en situaciones de presupuesto limitado, como Son (2008), acostumbran a defender la eficiencia económica de la renta básica frente a éstos.

No tenemos muchos estudios que hablen sobre este problema desde un punto de vista empírico. Según Grosh (1994), los costes administrativos de parte de los subsidios de América Latina se encuentran en torno al 9 %, cifra que se asemeja bastante a algunos de los estudios realizados a nivel global (véase Benfield, 2007; Devereux *et al.*, 2017; Van der Berg, Siebrits y Lekezwa, 2010). Uno de los autores del presente libro registró una iniciativa parlamentaria[70] en el Parlamento vasco con el objetivo de analizar el porcentaje de los costes administrativos del sistema de garantía de ingresos de Euskadi. La respuesta recibida por parte del gobierno vasco muestra que de los 524.534.702 euros presupuestados en el año 2018 para el sistema de garantía de ingresos, 33.234.702 euros estaban directamente destinados a cubrir gastos no pertenecientes al capítulo IV —transferencias corrientes—. Es decir, en el año 2018 más de treinta y tres millones de euros presupuestados en el sistema de garantía de ingresos de Euskadi no fueron a los bolsillos de personas en situación de pobreza y exclusión social. Exactamente un 6,34 % del total se destinó a los gastos derivados de personal, de trámites administrativos, de control, de mejora y de evaluación.

En la actualidad, como comentaba Van Parijs (2006) hace casi dos décadas, en la era de las transformaciones tecnológicas y con una agencia tributaria razonablemente bien gestionada, la mayoría de estos costes de administración son para informar a la ciudadanía de sus derechos y verificar que las personas —posiblemente— beneficiarias cumplen todos los requisitos.

70. La iniciativa parlamentaria fue registrada con número de expediente 11\10\07\02\00767 el 11 de mayo de 2018 por Julen Bollain, relativa al coste total del sistema de garantía de ingresos. Tanto ésta como la respuesta emitida por el Departamento de Empleo y Políticas Sociales del gobierno vasco está disponible para consulta en: <https://www.legebiltzarra.eus/ords/f?p=CTP:INICIATIVA_DETALLE:::::RESETBRCRMB,P18_ID:Y,62049&p_lang=es>.

Por último, existe otro problema estructural que contienen los programas de rentas mínimas: la trampa de la pobreza, que es «la penalización que comporta aceptar, por parte del beneficiario de un subsidio condicionado, un trabajo remunerado» (Raventós, 2000). Al ser las rentas mínimas prestaciones no acumulativas en su totalidad —es decir, que como mucho complementan otra posible renta—, su cuantía es reducida en consonancia con los otros posibles ingresos que pueda tener la unidad familiar. Así, se dejaría de percibir parte de cada unidad monetaria de la prestación por cada unidad monetaria de, digamos, ingreso salarial.

Dicha trampa de la pobreza, concebida a raíz de la condicionalidad en los subsidios, no sólo es un desincentivo a la búsqueda y la aceptación de posibles ofertas de empleo por parte de las personas beneficiarias por el simple análisis coste-beneficio monetario, sino que además:

> habría que añadir otras variables adicionales que también influirían de manera significativa en la ecuación para la aceptación del empleo o no. Entre otros factores, encontramos el esfuerzo que hay que realizar para desarrollar todo trabajo remunerado, la autoestima que puede ofrecer el desarrollo de un trabajo remunerado y el estigma social que puede acarrear no desarrollarlo, o las características del trabajo en cuestión (Bollain, 2021b).

Pero también debemos tener en cuenta que el hecho de aceptar un trabajo remunerado implica sacrificar la realización de otras actividades alternativas que lleva a cabo la persona beneficiaria de la prestación, ya sean de ocio, de voluntariado o de trabajo doméstico y de cuidados. De hecho, el sacrificio de algunas de ellas por la aceptación de un empleo, como claramente puede ser el caso del trabajo doméstico, pero sobre todo el de los cuidados, podría ocasionar gastos adicionales para el hogar.

Muy diferente es el comportamiento de la renta básica, que actúa como un suelo sobre el que edificar, un suelo que nunca será arrebatado por el Estado por no haber entregado un formulario, por hacer un «uso indebido» de la prestación o por aceptar un empleo y, por tanto, toda persona que trabaje de manera remunerada tendrá a final de mes un ingreso neto mayor que quien solamente perciba la renta básica.

En definitiva, éstos son errores estructurales que conlleva todo programa de rentas mínimas. No hay duda de que algunos están mejor diseñados que otros, como la RGI, y que pueden tratar de amortiguar en parte dichas limitaciones. Sin embargo, a tenor de los datos, observamos que siempre afectan negativamente. Porque en Euskadi no ha fallado la gestión de un sistema de garantía de ingresos, sino el sistema en su totalidad. No se trata tanto de un problema de gestión, en cuyo caso la solución parecería fácil mejorándola, sino de un problema de concepción, inherente a la condicionalidad de este tipo de subsidios. Si volvemos a los datos por última vez, podemos apreciar que, tras más de tres décadas con una de las mejores rentas mínimas diseñadas a nivel europeo, de las 182.150 personas en riesgo de pobreza y exclusión social que había en Euskadi en el año 2020, solamente el 70,2 % eran atendidas por el sistema RGI/PCV/AES, al cual no accedía el 29,8 % restante.

Sí se aprecia, por otra parte, que el sistema RGI/PCV/AES constituye una mayor aportación a los ingresos del colectivo de personas que consiguen superar la situación de pobreza. Según los propios datos facilitados por el gobierno vasco a través de la última EPDS, dicho sistema aporta el 20,6 % de los ingresos del colectivo, mientras que el sistema de protección por desempleo y otras ayudas generales estatales aportan el 9,3 %, y el sistema de pensiones el 15 %. Es decir, el sistema RGI/PCV/AES, aun dejando a muchas personas atrás, es un sistema de prestaciones que ejerce un papel significativo en el grupo de personas beneficiarias que consiguen superar la pobreza.

No obstante, no todas las personas pertenecientes al 70,2 % que se encuentran en situación de pobreza y acceden al sistema consiguen superarla. En el año 2020, el acceso al sistema RGI/PCV/AES se asocia a una superación de la pobreza real en el caso de 60.647 personas, un 2,8 % del total de la población de Euskadi y un 47,5 % de las personas beneficiarias del sistema. Por el contrario, el 52,5 % restante —67.306 personas, el 3,1 % de la población de Euskadi— no consiguieron superar la pobreza a pesar del sistema, es decir, el 66,7 % de la población en riesgo de pobreza, 121.503 personas.

La expansión

Un año después de que se diera inicio al proceso de aparición e implantación de los sistemas de rentas mínimas autonómicos a través del plan de lucha contra la pobreza de Euskadi en 1988, el debate ya había comenzado a darse en la mayoría de las comunidades autónomas. Tanto es así que para el tercer trimestre del año 1990 todas ellas, excepto Baleares, habían acordado poner en marcha un programa de rentas mínimas o se habían comprometido a hacerlo.

Al caso particular del establecimiento de la primera renta mínima autonómica en Euskadi lo siguieron, progresivamente, las demás comunidades autónomas de España: Andalucía, Cantabria, Cataluña, Castilla y León, Comunidad Valenciana, Madrid, Navarra, Extremadura y La Rioja en 1990; Asturias, Castilla-La Mancha, Galicia y Murcia en 1991; Canarias en 1992, y Aragón en 1994.

Sin embargo, a pesar del establecimiento de un fraccionado y desigual sistema de rentas mínimas autonómicas, éste no era inherente al marco constitucional ratificado en 1978. De hecho, si observamos detenidamente el origen del sistema de rentas mínimas originado a finales de la década de 1980 en Euskadi, podemos apreciar que encuentra amparo legal para su desarrollo, en virtud de las atribuciones a las comunidades autónomas que realiza la propia Constitución española, en el estatuto de autonomía[71] aprobado en 1979.

Cada autonomía tuvo su propio proceso de formulación y elaboración del programa. En algunas se establecieron comités de redacción y en otras fueron los propios personales técnico-ad-

71. Artículo 10.12 de la Ley orgánica 3/1979, de 18 de diciembre, de Estatuto de Autonomía para el País Vasco.

ministrativos quienes se encargaron de redactar los textos básicos que luego serían contrastados con sindicatos, partidos políticos u ONG. En algunas, el proceso fue totalmente cerrado (gente dependiente del gobierno autonómico) y en otras más abierto (tanto a responsables políticos e institucionales como a la sociedad civil). Y aunque para su elaboración se tenían en cuenta los contactos con otras comunidades autónomas, las normas ya establecidas en ellas o acuerdos que se habían alcanzado con los sindicatos, todas diferían entre sí considerablemente. Distintas normativas y regulaciones, alcances, cuantías, condicionalidades, contraprestaciones y duraciones que permitían resaltar aún más la fragmentación y la falta de equidad del sistema derivado de la desigualdad territorial.

Una vez terminados los distintos procesos, el debate público que tuvo lugar acerca de las distintas posibilidades sobre cómo combatir la pobreza fue apagándose lentamente. Si bien es cierto que todas las normativas aprobadas en primera instancia fueron experimentando múltiples modificaciones a lo largo de las próximas décadas, la esencia de las rentas mínimas y la diferencia entre comunidades se mantuvieron intactas.

En el año 2020, por ejemplo, para acceder a sus respectivos sistemas de renta mínima, la edad mínima ordinaria se establecía en 18 años en Aragón y Navarra,[72] en 23 años en Cantabria, Cataluña, País Vasco y la Rioja, y en 25 años en Andalucía, Asturias, Islas Baleares, Canarias, Castilla-La Mancha, Casti-

72. La renta garantizada de la Comunidad Foral de Navarra, por cierto, es considerada en ocasiones la mejor diseñada y más efectiva del reino de España, junto al sistema de renta de garantía de ingresos del País Vasco. Los datos, no obstante, demuestran que es insuficiente para hacer frente de manera óptima a la erradicación de la pobreza en Navarra. En el año 2020, el 9,9 % de la población de la Comunidad Foral de Navarra se encontraba en situación de pobreza, 64.000 personas. Sin embargo, solamente el 57,4 % de ellas eran beneficiarias del sistema (37.879), mientras que el 42,6 % restante no conseguía acceder a él por diversos motivos. Además, tal y como se afirma en el *V Informe sobre la pobreza y la desigualdad social en Navarra*, la renta garantizada de dicha comunidad «no consigue que se supere el umbral de la pobreza severa por la mayoría de los hogares».

lla y León, Madrid, Comunidad Valenciana, Extremadura, Galicia y Murcia.

En Aragón, Islas Baleares, Canarias, Castilla-La Mancha, Cataluña, Galicia y Navarra generalmente sólo se puede percibir una prestación por domicilio. En Andalucía, Castilla y León y País Vasco, el número de prestaciones por domicilio asciende a dos. En Asturias y Murcia a tres, mientras que en Cantabria no hay un máximo de prestaciones a percibir por domicilio. En la Comunidad Valenciana y en La Rioja se pueden percibir tantas prestaciones como unidades de convivencia independientes haya, y en Madrid y Extremadura, por su parte, no está establecido en la normativa.

Las decisiones en torno a los límites de edad, a las prestaciones que percibir por cada domicilio o unidad de convivencia, la duración de las prestaciones, los planes de inclusión sociolaboral, los límites de ingresos computables para poder solicitar la prestación o la cuantía de la prestación y otros complementos son decisiones políticas. Por eso, mientras que antes hemos analizado los errores estructurales que tienen los programas de rentas mínimas, nos gustaría ahora detenernos en la decisión política de establecer el grado de suficiencia de las cuantías de las prestaciones, medido a través de la tasa de adecuación.[73]

Sí, la cuantía de la prestación es una decisión política. Es la representación política quien decide si una prestación es de 400, 500 o 1.000 euros, una clase política que conoce *ex ante* la situación socioeconómica de su territorio y que, a partir de su criterio, decide establecer una cuantía u otra. La tasa de adecuación, por tanto, determina el nivel en el que la prestación proporciona a las personas recursos suficientes para garantizar un nivel de vida adecuado, que permita llevar una vida que sea compatible con la dignidad humana y tomar parte activa en la sociedad (Frazer y Marlier, 2016; Comisión Europea, 2010). En la tabla 3.1, realizada con datos de la propia ECV del año 2021, se muestra la tasa de

73. Según la OCDE, la tasa de adecuación es el porcentaje cubierto por las rentas mínimas respecto a la mediana de los ingresos.

adecuación en las distintas comunidades autónomas para una persona sola en el año 2020.[74]

Tabla 3.1. Rentas mínimas autonómicas (RMCA) e Ingreso Mínimo Vital (IMV) en 2020

COMUNIDAD AUTÓNOMA (CA)	MEDIANA INGRESOS	CUANTÍA ANUAL RMCA (1 persona)	TASA ADECUACIÓN RMCA (1 persona)	TASA ADECUACIÓN IMV (1 persona)
Andalucía	12.736,21	5.034,24	40	46
Aragón	18.121,30	5.892,00	33	33
Asturias	16.801,35	5.379,36	32	35
Islas Baleares	15.764,52	5.487,72	35	37
Canarias	13.763,05	5.872,20	43	43
Cantabria	16.363,50	5.163,24	32	36
Castilla y León	16.687,72	5.163,24	31	35
Castilla-La Mancha	14.054,44	6.300,00	45	42
Cataluña	18.828,27	7.968,00	42	31
Extremadura	12.095,67	6.778,80	56	49
Galicia	15.408,88	4.840,56	31	38
La Rioja	17.419,80	5.163,24	30	34
Madrid	19.206,17	4.800,00	25	31
Murcia	13.994,40	5.163,24	37	42
Navarra	20.954,81	7.640,76	36	28
País Vasco	21.113,60	8.324,76	39	28
Comunidad Valenciana	15.273,06	9.450,00	62	39
Ceuta	12.331,50	3.600,00	29	48
Melilla	15.604,12	5.503,68	35	38

Fuente: Elaboración propia a partir de datos de la ECV-2021.

74. El cálculo se realiza con el umbral de riesgo de pobreza de dicha comunidad autónoma y no del conjunto del reino de España.

En la tabla 3.1 podemos observar cuál era la tasa de adecuación de las rentas mínimas en el año 2020 respecto a la renta mediana equivalente de la propia comunidad autónoma. Cuando la tasa de adecuación es superior al 60 %, significa que la cuantía de la renta mínima para una sola persona logra que esa persona tenga unos ingresos superiores al umbral de la pobreza. Si la cuantía se encuentra entre el 40 y el 60 %, ésta se sitúa entre el umbral de la pobreza y el umbral de la pobreza severa. Sin embargo, si está por debajo del 40 %, la cuantía de la renta mínima para una sola persona estará por debajo del umbral de la pobreza severa de dicha comunidad.

En la tabla apreciamos cómo en 2020 tan sólo la renta mínima de la Comunidad Valenciana tenía una tasa de adecuación superior al 60 % para una sola persona, garantizando que los beneficiarios consiguieran superar la pobreza y un nivel de vida compatible con la dignidad humana. Andalucía, Canarias, Castilla-La Mancha, Cataluña y Extremadura, por su parte, permitían con su renta mínima que una persona sola superara el umbral de la pobreza severa y la cuantía de las rentas mínimas de Aragón, Asturias, Islas Baleares, Cantabria, Castilla y León, Galicia, La Rioja, Madrid, Murcia, Navarra, País Vasco, Ceuta y Melilla se encontraban por debajo del umbral de la pobreza severa de sus respectivas autonomías.

¿Y una renta mínima estatal?

En reiteradas ocasiones se analizan las competencias adquiridas por las comunidades autónomas en materia de asistencia e inclusión social, pero pocas veces se examinan los límites que existen en las políticas de rentas llevadas a cabo por la Administración General del Estado (AGE). El sistema de la AGE es un sistema de protección que protege de manera más o menos adecuada a la población mayor, a las personas pensionistas, pero que deja entrever las fracturas del sistema cuando se trata de proteger a la población desocupada (población activa parada) y, sobre todo, a los colectivos más vulnerables de la población inactiva.

Como decíamos, el sistema público de pensiones español cubre determinados aspectos. Un sistema que actualmente tiene un gasto de alrededor del 12 % del PIB anual y que, cuando se jubile la generación del *baby boom*, se incrementará hasta aproximadamente el 15 % (si las posibles reformas no lo cambian sustancialmente), un nivel que hoy en día ya soportan países como Francia o Italia. Este sistema necesita, para su sostenibilidad a largo plazo, la incorporación de nuevas fuentes de ingresos a la Seguridad Social —como puede ser el destope de las bases máximas de cotización—, pero actualmente tiene, según un informe de la OCDE (2015), unos resultados significativamente mejores que en la mayoría de los países. El porcentaje de personas mayores de 65 años en situación de pobreza en España es el 6,8 %, en el Reino Unido el 13,4 %, en Estados Unidos el 21,5 %, en Australia del 35,5 % y en Corea del Sur del 49,6 %.

Sin embargo, no sería hasta el año 2020 cuando el reino de España superaría un déficit estructural que tenía respecto a la mayoría de los países del continente europeo: una renta mínima estatal que actuase como última red de protección de la ciudadanía. Creo que pocas veces la creación de un nuevo derecho ha suscitado (o se ha provocado que suscite) expectativas tan grandes como la aprobación del IMV en España. Las expectativas que se crearon con el IMV durante los meses anteriores a su aprobación fueron enormes: «protegerá a millones de hogares», «permitirá no dejar a nadie atrás», «un día histórico», «sacará de la pobreza severa a más de un millón de personas»... La hemeroteca no tiene piedad. El problema surge, no obstante, cuando las infladas expectativas creadas artificialmente se dan de bruces con la realidad. Y esto es, en parte, lo que ocurrió con el IMV. Mucha comunicación política para un derecho que nació vacío.

El fracaso del IMV durante sus primeros meses de existencia fue absoluto, condenando a muchas familias a la más absoluta vulnerabilidad. De las más de 700.000 solicitudes realizadas tras su aprobación, solamente 80.000 fueron admitidas en agosto de 2020. Una cifra, además, engañosa, porque de las 80.000 solicitudes con el visto bueno, 74.000 fueron otorgadas de oficio a familias que recibían la prestación por hijo a cargo (la cual fue eliminada). Es decir, solamente alrededor de 6.000 solicitudes de las más de 700.000 presentadas fueron resueltas y aprobadas en los primeros dos meses por el Ministerio de Inclusión, Seguridad Social y Migraciones (menos del 1 % del total presentadas).

¿A qué se debió este primer descalabro? Está claro que la causa deriva de una inicial avalancha de solicitudes que tuvo como resultado el colapso de una administración que no cuenta con los recursos suficientes ni está técnicamente formada para afrontar la gestión del IMV. ¿Era previsible? Sin duda. Meses antes de la aprobación del IMV, varias personas ya habían alertado de este posible problema (véase, por ejemplo, Guanche y Bollain, 2020).

El IMV no sólo no logró cumplir las expectativas, sino que, además, con un presupuesto de 3.000 millones de euros, se quedó muy corto en comparación tanto con lo que el PSOE propuso en su último programa electoral[75] para las elecciones generales de 2019 (6.000 millones de euros), como con la propuesta de la Autoridad Independiente de Responsabilidad Fiscal (AIReF),[76] también de 2019 (5.500 millones de euros). Ni qué decir en comparación con lo que Podemos propuso en las elecciones europeas de 2014,[77] que, como hemos detallado en el capítulo 2, no era una renta mínima, sino una renta básica incondicional con la que se esperaba garantizar el «derecho a una renta para todos y cada uno de los ciudadanos por el mero hecho de serlo y, como mínimo, del valor correspondiente al umbral de la pobreza con el fin de posibilitar un nivel de vida digno».

Una de las principales consecuencias de la aprobación del IMV fue la necesidad de adaptar, por parte de las comunidades autónomas, sus rentas mínimas a la nueva situación.

75. Véase: <https://www.psoe.es/media-content/2019/04/PSOE-programa-electoral-elecciones-generales-28-de-abril-de-2019.pdf>.

76. Véase: <https://www.airef.es/wp-content/uploads/RENTA_MINIMA/20190626-ESTUDIO-Rentas-minimas.pdf>.

77. Véase: <https://blogs.elpais.com/files/programa-podemos.pdf>.

Gran parte de éstas, por ejemplo, Islas Baleares, Canarias, Castilla-La Mancha, Castilla y León, Cataluña o la Comunidad Valenciana, establecieron mediante normativa el carácter subsidiario de sus rentas mínimas frente al IMV. En las Islas Baleares, por ejemplo, se derogó el Decreto 117/2001, de 28 de septiembre, por el cual se regulaba la Renta Mínima de Inserción, y la Ley 5/2016, de 13 de abril, de la Renta Social Garantizada a través del Decreto-Ley 10/2020, de 12 de junio, de prestaciones sociales de carácter económico de las Islas Baleares. De esta forma, quedó redefinida la Renta Social Garantizada como subsidiaria del IMV. En Cataluña, por su parte, el Decreto-Ley 28/2020, de 21 de julio, por el que se modificaba la Ley 14/2017 de la Renta Garantizada de Ciudadanía, reguló el tránsito de la Renta Garantizada de Ciudadanía hacia el IMV, estableciendo la subsidiariedad de la renta mínima autonómica respecto al IMV.

No obstante, es llamativo el caso de Aragón, que, mediante el Decreto-Ley 5/2020, de 29 de junio, del Gobierno, por el que se regulaba la Prestación Aragonesa Complementaria del Ingreso Mínimo Vital y el Servicio Público Aragonés de Inclusión Social, derogó el Ingreso Aragonés de Inserción con el objetivo de garantizar simplemente prestaciones complementarias a las personas que no pudiesen acogerse al IMV.

Es innegable que aún no se ha conseguido la cohesión necesaria entre el sistema central de rentas mínimas y los autonómicos. Cierto es que los datos de los primeros años del IMV podrían no ser lo suficientemente significativos al no haberle otorgado un período mínimo de funcionamiento y de adaptabilidad. Sin embargo, si analizamos los datos disponibles de septiembre de 2021, quince meses después de su implantación, observamos que se habían recibido 1,45 millones de solicitudes, de las que el 91 % eran expedientes válidos, y mientras 1,24 millones habían sido tramitadas, todavía quedaban cerca de 100.000 sin resolver (97.513 exactamente). De las 1,24 millones de solicitudes resueltas, solamente el 27 % fueron aprobadas (337.000), mientras que el 73 % restante, 888.000 solicitudes, fueron denegadas. Estas denegaciones derivan, en su mayoría, de la complejidad del procedimiento y la elevada exigencia de los requisitos. Según el propio Ministerio de Inclusión, Seguridad Social y Migraciones, el 60 % de las denegaciones se produjeron por no cumplir el criterio de vulnerabilidad. Es decir, por superar los niveles de renta y patrimonio establecidos en la norma para poder acceder al IMV.

En octubre de 2021, 799.203 personas en situación de pobreza eran beneficiarias del IMV. Esta cifra supone tan sólo el 35 % de las 2.300.000 personas inicialmente previstas por el gobierno. La cuantía media de la prestación por persona beneficiaria se situaba en 172 euros mensuales (436 euros mensuales por hogar).

A finales de enero de 2023, en palabras del propio ministro Escrivá, el IMV había alcanzado 560.809 hogares, en los que viven más de un millón y medio de personas (1.579.949). Es decir, casi tres años después de su aprobación, el IMV sólo llegaba a dos de cada tres personas que se había establecido como objetivo en mayo de 2020, o lo que es lo mismo, tan sólo al 12 % de las personas que según la ECV se encontraban en riesgo de pobreza o exclusión social en el año 2020.

En 2022 la cuantía base de la renta garantizada para una sola persona se revalorizó hasta los 491,63 euros mensuales, cuantía única para todas las comunidades autónomas. Es decir, el IMV supone 5.899,56 euros anuales para una sola persona. En la tabla 3.1 podemos observar un análisis sobre cuál es la tasa de adecuación del IMV por comunidad autónoma (con los umbrales de riesgo de pobreza propios de cada comunidad), donde se aprecia que en ninguna de ellas se consigue superar el umbral de la pobreza (60 % de la renta mediana equivalente) y tan sólo en Extremadura (49 %), Ceuta (48 %), Andalucía (46 %), Canarias (43 %), Castilla-La Mancha (42 %) y Murcia (42 %) se consigue superar el umbral de la pobreza severa. La tasa de adecuación del IMV para el territorio fiscal común (donde no entran el País Vasco y Navarra), por su parte, se sitúa en el 38 %, con una mediana de ingresos de 15.671,95 euros.

A todas luces el IMV no ha conseguido cumplir con los objetivos iniciales que el gobierno le había asignado. De hecho, ha quedado muy lejos de alcanzarlos. Las rentas mínimas son herramientas que durante años han demostrado su fracaso a la hora de erradicar la pobreza de nuestras sociedades. Es imposible tratar de dar respuesta a los retos del siglo XXI con políticas del siglo XX que, además, han demostrado ampliamente su ineficacia.

Durante los años pandémicos nos preguntamos cómo hacer frente a una situación de excepcionalidad. Durante la guerra nos preguntamos cómo hacer frente a una situación de excepcionalidad. Pero ¿cómo hacemos frente a una situación de excepcionalidad crónica en la que más de diez millones de personas del reino de España viven en situación de pobreza? ¿Cómo conseguimos reforzar el sistema y sentar las bases para transformar nuestra sociedad en una donde la economía esté al servicio de las personas, traduciendo los retos que tenemos en oportunidades para el bien común? La respuesta no puede ser una mala réplica de las rentas mínimas ya existentes, como el IMV, sino la modernización de nuestro sistema de protección social a través de la garantía del derecho universal a la protección frente a las viejas políticas inspiradas en el asistencialismo y la condicionalidad. Porque el coste de la renta básica es lo que vamos a cuantificar a partir del próximo capítulo, pero el coste de no tener una renta básica es muy grande y quizá sea más difícil o especulativo hacerlo, aunque pueden hacerse aproximaciones. Empezamos el próximo capítulo con los datos que debemos tener en cuenta para abordarlo.

4

La Encuesta de Condiciones de Vida, una herramienta informativa para el análisis de la pobreza y la desigualdad en el reino de España (2016-2020)

Introducción

Para cualquier análisis que quiera efectuarse sobre las posibilidades de implementación de la renta básica es imprescindible disponer de una radiografía de la situación en cuanto a pobreza, exclusión social, desigualdad y distribución de la renta. Ello debe permitir un conocimiento exhaustivo de los problemas que debe resolver la renta básica. Es lo que en diversos apartados del libro denominaremos situación *ex ante* o lo que, en términos más pedagógicos, señalaremos como el coste de no disponer de una renta básica.

Una de las principales herramientas estadísticas para realizar esta radiografía a la que antes aludíamos es la Encuesta de Condiciones de Vida. Se trata de una operación estadística que realiza anualmente el INE y que pertenece al conjunto de estadísticas armonizadas para los países de la Unión Europea bajo el control de Eurostat siguiendo la metodología EU-SILC[78] (Statistics of Income and Living Conditions).

El INE proporciona anualmente los microdatos generados

78. Para una visión en profundidad de la metodología EU-SILC, puede consultarse Eurostat (2019).

por la ECV desde el año 2004 hasta el año 2021.[79,80] Se trata de dos tipos de información: transversal y longitudinal. En el primer caso, reúne la información recogida en el período en cuestión. En esta información transversal vamos a centrar especialmente nuestro interés.

En el segundo caso se recoge la información de los hogares y las personas encuestadas en períodos de cuatro años, en forma de panel —existen hasta diez paneles, desde los años 2008-2011 hasta 2017-2020—, lo que permite el seguimiento en esos períodos de las mismas personas y hogares, y analizar los posibles cambios que se hayan producido en sus condiciones de vida.

Del conjunto de información proporcionada, en la siguiente enumeración quedan reflejados los conceptos que vamos a emplear en el desarrollo de este capítulo:

- Ingresos de las personas: ingresos brutos y netos para los conceptos de renta de los asalariados, renta de los trabajadores por cuenta propia, planes de pensiones (no ESSPROS)[81] y prestaciones sociales (desempleo, jubilación, invalidez, enfermedad, supervivencia, ayudas para estudios).
- Ingresos de los hogares:[82] ingresos brutos y netos para los conceptos de alquiler de una propiedad, intereses, dividendos y ganancias por inversiones de capital, rentas de los

79. Para una visión en profundidad de la metodología de la ECV, debe consultarse INE (2019), donde se pasa revista a los antecedentes, objetivos, diseño muestral, definiciones de variables, representación territorial, recogida de información, imputaciones, definición de indicadores, etcétera.

80. Estos microdatos pueden obtenerse en la página web del INE: <https://www.ine.es/dyngs/INEbase/es/operacion.htm?c=Estadistica_C&cid=1254736176807&menu=resultados&secc=1254736195153&idp=1254735976608#!tabs-1254736195153>, donde también se puede acceder al documento aludido en la nota anterior.

81. Por sus siglas en inglés de European System of Integrated Social PROtection Statistics.

82. El término *hogar* queda explícitamente descrito en la ECV, aunque por su definición también podría utilizarse el término *unidad de convivencia*, que probablemente tiene una interpretación más general.

menores de 16 años, transferencias de otros hogares, ayudas por familia/hijo, ingresos por asistencia social y ayudas para vivienda.

- Datos demográficos de las personas del hogar:[83] edad, género, nacionalidad, estado civil, tipo de convivencia, actividad básica, nivel de educación, situación laboral y situación profesional.
- Datos característicos del hogar: comunidad autónoma de residencia, grado de urbanización del municipio de residencia y tipo de hogar.[84]
- Información sobre pobreza o exclusión social de hogares y personas:[85] indicador sobre personas sin empleo o de baja intensidad, indicador de hogares y personas en riesgo de pobreza, indicador de hogares en carencia material severa, tasa AROPE (estrategia UE 2020).

Una cuestión relevante son los datos de ingresos que se contabilizan en la ECV. Desde el inicio de su publicación en 2004 hasta 2013, la ECV obtiene la información de ingresos a través de una encuesta personal y/o imputaciones. Esto genera, como es conocido en la mayoría de las operaciones estadísticas que preguntan a los encuestados sobre sus ingresos, algunos problemas por la falta de respuesta, cuando no un sesgo a la baja en los importes declarados. Siguiendo las recomendaciones de Eurostat, sustentadas en gran parte por el esquema practicado en los países nórdicos europeos, en 2014 se empezaron a utilizar registros administrativos para completar los datos de ingresos de la ECV[86] (INE, 2014). Ello conlleva una descarga importante para los encuestados —con la consiguiente mejora en su predisposi-

83. Aunque puede haber algunas distinciones en función de la edad: menores de 13 años o adultos.

84. Hay diversas variables que permiten determinar la caracterización del hogar: según composición, número de personas, tamaño, nivel de propiedad.

85. Se trata en todos los casos de variables complementarias elaboradas por el propio INE a las que más adelante nos referiremos con todo detalle.

86. Fundamentalmente, estos registros administrativos provienen de la Agencia Estatal de la Administración Tributaria (AEAT), de la Seguridad So-

ción a la respuesta—, a la vez que un aumento en la eficiencia del proceso de imputación que, a pesar del aprovechamiento de los registros administrativos, deberá seguir existiendo.

Respecto a los ingresos, es importante tener en cuenta también que los datos de ingresos siempre se refieren al año anterior al que se realiza la encuesta. Puede resultar insólita la no inclusión del año 2021 de la ECV en este capítulo, puesto que sus microdatos son accesibles ya desde julio de 2022. Las razones son meramente coyunturales. La ECV de 2021, cuyos ingresos corresponden a 2020, es la referencia de un período muy convulso para la economía del reino de España, ya que se sitúa en el centro de la pandemia, y cualquier análisis sobre distribución de la renta o estado de la pobreza y de la exclusión social estará mediatizado por los efectos de aquélla: ERTE, medidas sobre el teletrabajo y bajas laborales de más larga duración, entre otras. No cabe duda de que el período propuesto 2016-2020 —2015-2019 en lo referente a los ingresos— sitúa la coyuntura económica en un proceso de expansión y sin demasiadas turbulencias, después de la crisis financiera de 2008 a 2014, lo que facilita el análisis aquí requerido.[87]

Los datos de la ECV

Las tablas 4.1.1 y 4.1.2 reproducen una información imprescindible como primer paso para la elaboración de una radiografía real de la pobreza en España: los importes de todas las variables recogidas en la ECV-2020 para determinar la renta bruta y la renta neta.

---

cial, de la Hacienda Foral de Navarra, de la Diputación Foral de Bizkaia y de la Diputación Foral de Gipuzkoa.

87. Sin embargo, no quedará más remedio que hacer algunas referencias a la ECV-2021, puesto que en ella —según directrices de Eurostat— se han introducido algunos cambios metodológicos de relevancia en aspectos de medición de la pobreza y de la exclusión social. Finalizada la redacción del libro, el INE ha publicado algunos primeros resultados relativos a la edición de 2022 que por supuesto no hemos podido ya tener en cuenta.

Tabla 4.1.1. Rentas, impuestos y cotizaciones a la SS (España)

CÓDIGO	CONCEPTO	IMPORTE (millones de euros)
HY010	**Renta bruta total del hogar**	**696.638,63**
PY010G	Renta bruta monetaria del asalariado	437.770,61
PY021G	Renta bruta no monetaria (coche empresa) del asalariado	751,28
PY050G	Beneficios o pérdidas brutas, trabajadores por cuenta propia	42.477,35
PY080G	Rentas brutas percibidas de planes de pensiones privados (no ESSPROS)	6.609,51
PY090G	Prestaciones brutas por desempleo	18.748,31
PY100G	Prestaciones brutas por jubilación	113.875,09
PY110G	Prestaciones brutas por supervivencia	25.955,47
PY120G	Prestaciones brutas por enfermedad	3.715,89
PY130G	Prestaciones brutas por invalidez	15.370,90
PY140G	Ayuda bruta para estudios	1.390,11
HY040G	Renta bruta del alquiler de una propiedad	11.045,74
HY050G	Ayuda bruta por familia/hijo	1.213,81
HY060G	Ingresos brutos por asistencia social	3.493,47
HY070G	Ayuda bruta para vivienda	823,86
HY080G	Transferencias brutas periódicas monetarias de otros hogares	3.248,48
HY090G	Intereses, dividendos, ganancias brutas por inversiones de capital	9.780,70
HY110G	Renta bruta de menores 16 años	368,06
HY020	**Renta disponible total hogar**	**576.173,03**
PY010N	Renta neta monetaria del asalariado	347.205,29
PY021N	Renta neta no monetaria (coche empresa) del asalariado	683,86
PY050N	Beneficios o pérdidas netas, trabajadores por cuenta propia	31.619,85
PY080N	Rentas netas percibidas de planes de pensiones privados (no ESSPROS)	5.900,89
PY090N	Prestaciones netas por desempleo	17.998,10
PY100N	Prestaciones netas por jubilación	102.900,22
PY110N	Prestaciones netas por supervivencia	24.876,51
PY120N	Prestaciones netas por enfermedad	3.547,27

.../...

…/…

CÓDIGO	CONCEPTO	IMPORTE (millones de euros)
PY130N	Prestaciones netas por invalidez	15.057,06
PY140N	Ayuda neta para estudios	1.385,44
HY040N	Renta neta del alquiler de una propiedad	10.128,52
HY050N	Ayuda neta por familia/hijos	1.196,74
HY060N	Ingresos netos por asistencia social	3.409,03
HY070N	Ayuda neta para vivienda	823,86
HY080N	Transferencias netas periódicas monetarias a otros hogares	3.248,48
HY090N	Intereses, dividendos, ganancias netas por inversiones de capital	7.916,82
HY110N	Renta neta de menores 16 años	367,81
HY145N	Devoluciones IRPF	3.878,08
HY120N	Impuesto del patrimonio	563,46
HY130N	Transferencias netas periódicas abonadas a otros hogares	5.407,37
HY140G	IRPF y cotizaciones sociales	114.494,77
CSSt	Cotización a la SS a cargo del trabajador por cuenta ajena	24.439,77
CSSd	Cotización a la SS de las prestaciones por desempleo	727,26
CSSa	Cotización a la SS a cargo del trabajador por cuenta propia	4.591,62
Muestra	**Hogares muestra**	**15.043**
Población	**Hogares población**	**18.773.903**

Fuente: Elaboración propia a partir de datos de la ECV-2020.

Tabla 4.1.2. Rentas, impuestos y cotizaciones a la SS (Territorio Fiscal Común)

CÓDIGO	CONCEPTO	IMPORTE (millones de euros)
HY010	**Renta bruta TFC del hogar**	**643.419,97**
PY010G	Renta bruta monetaria del asalariado	406.670,83
PY021G	Renta bruta no monetaria (coche empresa) del asalariado	723,97
PY050G	Beneficios o pérdidas brutas, trabajadores por cuenta propia	39.081,84
PY080G	Rentas brutas percibidas de planes de pensiones privados (no ESSPROS)	6.145,09
PY090G	Prestaciones brutas por desempleo	17.634,03

…/…

.../...

CÓDIGO	CONCEPTO	IMPORTE (millones de euros)
PY100G	Prestaciones brutas por jubilación	103.173,02
PY110G	Prestaciones brutas por supervivencia	24.078,17
PY120G	Prestaciones brutas por enfermedad	3.525,35
PY130G	Prestaciones brutas por invalidez	14.496,85
PY140G	Ayuda bruta para estudios	1.318,59
HY040G	Renta bruta del alquiler de una propiedad	9.972,62
HY050G	Ayuda bruta por familia/hijo	1.119,69
HY060G	Ingresos brutos por asistencia social	2.747,10
HY070G	Ayuda bruta para vivienda	785,51
HY080G	Transferencias brutas periódicas monetarias de otros hogares	3.057,59
HY090G	Intereses, dividendos, ganancias brutas por inversiones de capital	8.574,24
HY110G	Renta bruta de menores 16 años	315,47
HY020	**Renta disponible TFC del hogar**	**532.110,07**
PY010N	Renta neta monetaria del asalariado	322.730,60
PY021N	Renta neta no monetaria (coche empresa) del asalariado	658,94
PY050N	Beneficios o pérdidas netas, trabajadores por cuenta propia	28.954,24
PY080N	Rentas netas percibidas de planes de pensiones privados (no ESSPROS)	5.465,78
PY090N	Prestaciones netas por desempleo	16.936,44
PY100N	Prestaciones netas por jubilación	93.452,21
PY110N	Prestaciones netas por supervivencia	23.116,05
PY120N	Prestaciones netas por enfermedad	3.361,79
PY130N	Prestaciones netas por invalidez	14.193,02
PY140N	Ayuda neta para estudios	1.313,93
HY040N	Renta neta del alquiler de una propiedad	9.149,42
HY050N	Ayuda neta por familia/hijos	1.104,49
HY060N	Ingresos netos por asistencia social	2.700,24
HY070N	Ayuda neta para vivienda	785,51
HY080N	Transferencias netas periódicas monetarias de otros hogares	3.057,59
HY090N	Intereses, dividendos, ganancias netas por inversiones de capital	6.940,95
HY110N	Renta neta de menores 16 años	315,22

.../...

.../...

CÓDIGO	**CONCEPTO**	**IMPORTE (millones de euros)**
HY145N	Devoluciones IRPF	3.565,15
HY120N	Impuesto del patrimonio	544,55
HY130N	Transferencias netas periódicas abonadas a otros hogares	5.146,94
HY140G	IRPF y cotizaciones sociales	105.618,41
CSSt	Cotización a la SS a cargo del trabajador por cuenta ajena	22.911,50
CSSd	Cotización a la SS de las prestaciones por desempleo	677,94
CSSa	Cotización a la SS a cargo del trabajador por cuenta propia	4.291,89
Muestra	**Hogares muestra**	**14.006**
Población	**Hogares población**	**17.602.857**

Fuente: Elaboración propia a partir de datos de la ECV-2020.

La renta bruta es un elemento imprescindible, puesto que es el valor que indica la situación del hogar en la distribución de la renta. Por otro lado, la renta neta proporciona la referencia para determinar quién sale beneficiado o perjudicado con la implementación de la propuesta de renta básica que vamos a desarrollar.[88,89]

Los datos expuestos sirven para analizar las distintas fuentes de ingresos[90] que determinan la renta bruta y la renta neta y permitir alguna comparación con otras estadísticas con la finalidad de verificar el grado de adecuación de la ECV.

88. La tabla 4.1.2 es equivalente a la anterior salvo que no toma en consideración la parte encuestada en las comunidades forales de Navarra y el País Vasco. La razón de su exclusión quedará plenamente justificada en el capítulo 5, cuando se introduzca la otra base de información que vamos a utilizar: el Panel de Hogares elaborado por la AEAT en colaboración con el INE, en el que no se incluye la información correspondiente a esos territorios.

89. Tal como se ha señalado en la introducción, en el anexo estadístico pueden obtenerse, siguiendo la misma enumeración, todas las tablas que aparecen en este capítulo, que son los correspondientes al año 2020, y también las de los años 2016, 2017, 2018, 2019 y 2021.

90. Es conveniente señalar que la parte más numerosa de los ingresos proviene de variables personales (códigos PXXXX), pero que los rendimientos de capital mobiliario e inmobiliario y una parte de las prestaciones sociales están contabilizados de forma agregada para todo el hogar (códigos HXXXX).

Hemos efectuado un ejercicio de comparación de los datos agregados de rentas brutas, impuestos y cotizaciones sociales que aparecen en la ECV con los datos oficiales de la contabilidad nacional (CN) del INE.[91]

En la tabla 4.2 se muestran en doble columna los datos comparados según las diferentes partidas de la ECV (columnas de la izquierda) y de la CN de la estadística de flujos no financieros del sector de hogares[92] (columnas de la derecha). La clasificación de ambas operaciones estadísticas está normalizada por la Unión Europea (EU-SILC) y por el Sistema Europeo de Cuentas Nacionales y Regionales (SEC 2010).

Algunas partidas son muy similares, pero otras muestran diferencias apreciables. Parte de las diferencias se pueden achacar a que los sistemas de contabilización de los diferentes flujos son distintos, pese a los esfuerzos de ajuste de la ECV en el diseño muestral. Las diferencias por grandes partidas que podemos observar son las siguientes:

1. Los sueldos y salarios brutos (antes de deducciones por impuestos de la renta y cotizaciones sociales) son aproximadamente 1.200 millones de euros más elevados en la CN que en la ECV.
2. Las rentas del capital (empresariales, intereses, alquileres, etcétera) son más de 12.650 millones de euros menores en la CN que en la ECV.[93]
3. Las prestaciones sociales monetarias percibidas son casi 31.200 millones de euros más elevadas en la CN que en la ECV, aunque cabe indicar que las prestaciones en la CN

91. Los datos de la CN corresponden al año 2019 —ya hemos justificado que aun estando disponibles los datos de 2020, al ser éste un año excepcional, hemos optado por utilizar el año anterior— y, obviamente, las rentas declaradas en la ECV corresponden también a 2019.

92. Véase: <https://www.ine.es/daco/daco42/cne15/cecosec95_20.xlsx>.

93. Además, la ECV no incluye en sus mediciones las plusvalías de ganancias patrimoniales, por lo que las diferencias, como veremos en el próximo capítulo, al utilizar la información de la AEAT aún se incrementarían en más de 20.000 millones de euros adicionales.

Tabla 4.2. Comparativa ECV y Contabilidad Nacional

CONCEPTOS DE ECV-2020		DIFERENCIA	CONCEPTOS DE CONTABILIDAD NACIONAL-2019	
Renta bruta total del hogar	**696.638,63**	***-82.234,37***	**778.873,00**	**Renta bruta**
Sueldos y salarios	**445.499,46**	***-1.192,54***	**446.692,00**	**Sueldos y salarios**
Renta bruta monetaria del asalariado	*437.770,61*			
Renta bruta no monetaria (coche empresa) del asalariado	*751,28*			
Rentas brutas de planes de pensiones privados (no ESSPROS)	*6.609,51*			
Renta bruta de menores 16 años	*368,06*			
Otros rendimientos	**63.303,78**	***12.656,78***	**50.647,00**	**Otros rendimientos**
Beneficios o pérdidas brutas, trabajadores por cuenta propia	*42.477,35*		*8.002,00*	*Intereses*
Renta bruta del alquiler de una propiedad	*11.045,74*		*27.564,00*	*Rentas distribuidas de las sociedades*
Intereses, dividendos, ganancias brutas por inversiones de capital	*9.780,70*		14.146,00	Otras rentas de inversión
			6.301,00	*-Rentas de inversión atribuibles a los tomadores del seguro*
			695,00	*-Rentas de inversión a pagar sobre los derechos por pensiones*

... / ...

.../...

CONCEPTOS DE ECV-2020		DIFERENCIA	CONCEPTOS DE CONTABILIDAD NACIONAL-2019	
			7.150,00	*-Rentas de inversión atribuibles a partícipes en fondos de inversión*
			935,00	Rentas de la tierra
Prestaciones sociales	**184.586,90**	***-31.182,10***	**215.769,00**	Prestaciones sociales (no en especie)
Prestaciones brutas por desempleo	*18.748,31*		*170.828,00*	*Prestaciones de seguridad social en efectivo*
Prestaciones brutas por jubilación	*113.875,09*		*34.011,00*	*Prestaciones de otros sistemas de seguros sociales*
Prestaciones brutas por supervivencia	*25.955,47*		*10.930,00*	*Prestaciones de asistencia social en efectivo*
Prestaciones brutas por enfermedad	*3.715,89*			
Prestaciones brutas por invalidez	*15.370,90*			
Ayuda bruta para estudios	*1.390,11*			
Ayuda bruta por familia/hijo	1.213,81			
Ingresos brutos por asistencia social	3.493,47			
Ayuda bruta para vivienda	823,86			
Transferencias monetarias percibidas de otros hogares	**3.248,48**		**65.765,00**	**Otras transferencias corrientes**
			13.368,00	*Indemnizaciones de seguro no vida*
			52.397,00	*Transferencias corrientes diversas*

.../...

… / …

CONCEPTOS DE ECV-2020		DIFERENCIA	CONCEPTOS DE CONTABILIDAD NACIONAL-2019	
Transferencias monetarias abonadas a otros hogares	**5.407,37**		**76.643,00**	**Otras transferencias corrientes**
			13.860,00	*Primas netas de seguro no vida (empleo)*
			62.783,00	*Transferencias corrientes diversas (empleo)*
Saldo transferencias	*-2.158,89*	***8.719,11***	*-10.878,00*	*Saldo transferencias*
Impuestos directos	**85.299,58**	***-20.844,42***	**106.144,00**	**Impuestos directos**
IRPF	*84.736,12*		*101.774,00*	*Impuestos sobre la renta*
Impuesto del patrimonio	*563,46*		*4.370,00*	*Otros impuestos corrientes*
CC. SS. a cargo de empleados, desempleados y por cuenta propia	**29.758,64**	***-12.331,36***	**42.090,00**	**Cotizaciones sociales**
Cotización a la SS a cargo del trabajador por cuenta ajena	*24.439,77*		*41.900,00*	*Cotizaciones sociales efectivas*
Cotización a la SS de las prestaciones por desempleo	*727,26*		*695,00*	*Cotizaciones sociales suplementarias*
Cotización a la SS a cargo del trabajador por cuenta propia	*4.591,62*		*-505,00*	*Servicios de los sistemas de seguros*
Renta neta del hogar	**576.173,03**	**22.177,03**	**553.996,00**	**Renta neta del hogar**

Fuente: Elaboración propia a partir de datos de la ECV-2020 y la CN-2019.

incluyen una parte en especie —servicios médicos y residenciales por parte de entidades privadas.

4. La ECV estima unas transferencias netas negativas entre hogares cercanas a los 2.200 millones de euros —que corresponderían *grosso modo* al saldo neto de remesas de inmigrantes y emigrantes—, mientras que la CN presenta un saldo negativo de casi 10.900 millones de euros. Pero este saldo incluye también pagos de las administraciones por subvenciones o transferencias de los hogares a instituciones sin ánimo de lucro, por lo que también hace más difícil la comparación.
5. La CN contabiliza casi 21.000 millones de euros más de recaudación por IRPF, impuesto del patrimonio y otros impuestos corrientes sobre renta y riqueza que la ECV. La ECV estimó en más de 84.700 millones de euros la recaudación por IRPF —de los que hay que restar cerca de 3.900 millones de devoluciones—, mientras que el informe de recaudación y estadística del sistema tributario español de 2019 del Ministerio de Hacienda contabilizó 96.500 millones de euros en recaudación por IRPF e impuesto de la renta a no residentes. Además, según los ficheros de Eurostat de recaudación por impuestos por países y conceptos, la partida D.59 de la CN incluye otros impuestos a la propiedad, como el impuesto sobre vehículos de tracción mecánica (IVTM) o parte del impuesto sobre bienes inmuebles (IBI). Parte de esta explicación se debe a que la ECV no captura bien las colas de ingresos y, particularmente, a los hogares más ricos, cuya imposición es mayor.[94]
6. La CN contabiliza 12.300 millones de euros más de cotizaciones sociales a cargo de los hogares que la ECV. Los datos de la CN coinciden con los datos de Eurostat.
7. Globalmente, la renta bruta según la ECV infravalora en más de 82.000 millones de euros el cálculo de la CN (–10,0 %), mientras que la renta disponible neta de im-

94. Algo que veremos en detalle en el capítulo 6.

puestos y transferencias según la ECV es algo más de 22.100 millones de euros superior a la que estima la CN (4,7 %).

La medición de la pobreza en la ECV

El segundo tipo de información relevante es la que debe permitir calcular el umbral de riesgo de pobreza (URP). El concepto es importante, puesto que de él se desprende la determinación de hasta qué punto se encuentra en situación de pobreza un hogar, y para un modelo de renta básica esta identificación es crucial. El URP se define como el 60 % de la mediana de la renta equivalente,[95,96] entendida esta última como la renta neta del hogar repartida entre sus unidades de consumo. Estas unidades de consumo se asocian a una escala de equivalencia —con la que se trata de dar solución a la idea de que los costes fijos del hogar no aumentan en la misma proporción que su tamaño—. La escala de equivalencia que se utiliza en la metodología EU-SILC (y, por supuesto, en la ECV) es la de la OCDE modificada, que asigna 1 a la primera persona mayor de 14 años del hogar, 0,5 al resto de personas mayores de 14 años y 0,3 a las personas menores de 14 años.[97]

95. La mediana es el valor central que deja por encima y por debajo suyo el 50 % de la distribución.

96. También se acostumbra a definir el URP severa (URPs) que consiste en utilizar el 40 % en lugar del 60 % de la mediana de la renta equivalente.

97. Dos sencillos ejemplos permiten comprender la relación entre la escala de equivalencia y la renta equivalente del hogar:

a) En un hogar formado por dos personas adultas y dos menores de 14 años, que tendría una escala de equivalencia de 2,1 y una renta neta de 31.416,32 euros anuales, la renta equivalente de cada una de las cuatro personas del hogar sería de 14.960,15 euros anuales.

b) En un hogar unipersonal, puesto que su escala de equivalencia es 1, su renta neta equivalente sería de 15.708,16 euros anuales.

En ambos ejemplos se ha utilizado el salario neto más frecuente en el reino de España, que en 2022 fue de 15.708,16 euros anuales; en a) se supone que las dos personas adultas perciben este mismo salario neto.

Tabla 4.3. Umbrales de riesgo de pobreza (importes en euros)

COMUNIDAD AUTÓNOMA	OBS. EN LA MUESTRA	PERSONAS REPRE-SENTADAS	MEDIANA DE LA RENTA NETA EQUIVA-LENTE	UMBRAL DE RIESGO DE POBREZA	UMBRAL DE RIESGO DE POBREZA SEVERA
Andalucía	4.215	8.418.851	13.097,45	7.858,47	5.238,98
Aragón	1.631	1.308.104	18.041,62	10.824,97	7.216,65
Asturias	1.130	1.006.515	15.929,95	9.557,97	6.371,98
Canarias	1.158	2.226.764	13.587,60	8.152,56	5.435,04
Cantabria	1.260	576.239	16.083,40	9.650,04	6.433,36
Castilla y León	2.421	2.347.362	16.640,40	9.984,24	6.656,16
Castilla-La Mancha	1.856	2.017.205	14.445,90	8.667,54	5.778,36
Cataluña	6.769	7.564.354	18.942,68	11.365,61	7.577,07
Extremadura	1.678	1.047.695	12.005,90	7.203,54	4.802,36
Galicia	2.362	2.678.064	15.410,93	9.246,56	6.164,37
Islas Baleares	1.068	1.208.880	18.363,30	11.017,98	7.345,32
Madrid	3.805	6.683.619	18.154,42	10.892,65	7.261,77
Murcia	1.472	1.498.200	13.045,80	7.827,48	5.218,32
Navarra	908	648.897	21.173,65	12.704,19	8.469,46
País Vasco	1.654	2.167.131	21.700,80	13.020,48	8.680,32
La Rioja	1.140	313.013	17.588,69	10.553,22	7.035,48
Comunidad Valenciana	2.571	4.995.750	15.179,89	9.107,93	6.071,96
Ceuta	579	102.112	12.455,24	7.473,14	4.982,10
Melilla	334	65.675	14.922,43	8.953,46	5.968,97
Reino de España	**38.011**	**46.874.430**	**16.043,38**	**9.626,03**	**6.417,35**
TFC*	**35.449**	**44.058.402**	**15.778,95**	**9.467,37**	**6.311,58**

Nota: *Territorio fiscal común, donde se exceptúan Navarra y el País Vasco.
Fuente: Elaboración propia a partir de datos de la ECV-2020.

La tabla 4.3 y el gráfico 4.1 reproducen la información relativa al URP y al URP severa (URPs) que se obtuvieron en 2020 para las distintas comunidades autónomas. A partir de su información, es notoria la variabilidad existente entre territorios y resulta muy poco justificada la adopción de un único URP para definir el grado de pobreza en cada comunidad autónoma y la consecuente construcción de indicadores de pobreza que puedan derivarse de él.

Gráfico 4.1. Umbrales de riesgo de pobreza

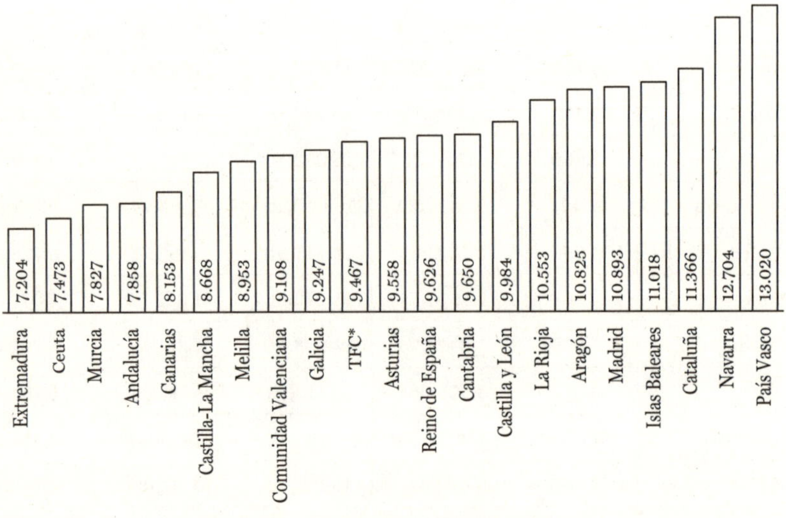

Fuente: Elaboración propia a partir de datos de la ECV-2020.

La tabla 4.4 señala, para siete tipos de hogares,[98] las cantidades anuales que deben percibir los hogares, por debajo de las cuales serán considerados pobres o pobres severos. Si de las siete posibilidades escogemos la sexta, el resultado indica que un hogar formado por dos adultos y dos menores cuyos ingresos netos anuales se sitúen por debajo de los 20.214,66 euros es un hogar pobre, y cuando sus ingresos son inferiores a los 13.476,44 euros, severamente pobre.

98. Los más frecuentes que se detectan en la ECV, según la composición de adultos y menores.

Tabla 4.4. URP comparativa por hogares

TIPO DE HOGAR	ESCALA OCDE MODIFICADA	REINO DE ESPAÑA	
		UMBRAL DE RIESGO DE POBREZA	UMBRAL DE RIESGO DE POBREZA SEVERA
		9.626,03	**6.417,35**
Hogar unipersonal	1	9.626,03	6.417,35
Hogar monoparental con 1 menor	1,3	12.513,84	8.342,56
Hogar monoparental con 2 menores	1,6	15.401,65	10.267,76
Hogar con 2 adultos sin menores	1,5	14.439,04	9.626,03
Hogar con 2 adultos y 1 menor	1,8	17.326,85	11.551,23
Hogar con 2 adultos y 2 menores	2,1	20.214,66	13.476,44
Hogar con 2 adultos y 3 menores	2,4	23.102,47	15.401,65

Fuente: Elaboración propia a partir de datos de la ECV-2020.

Pero tal como hemos mencionado más arriba, estos resultados utilizan el URP único para España. Un ejercicio sencillo e ilustrativo consiste en comparar este umbral único con los umbrales mínimo y máximo que aparecen en la tabla 4.3, que resultan ser Extremadura y País Vasco. Las cifras son elocuentes. El mínimo supone rebajar hasta el 75 % las cifras de la tabla 4.4, mientras que el máximo, aumentarlas hasta más del 135 %. Por lo tanto, utilizando el mismo caso del anterior ejemplo, se tiene que los hogares de dos adultos y dos menores con ingresos netos anuales inferiores a 15.000 o 27.000 euros serían considerados pobres en Extremadura o en el País Vasco, respectivamente. Mientras que con ingresos netos anuales inferiores a 10.000 o 18.000 euros estarían inmersos en la pobreza severa.[99]

La metodología EU-SILC define unos cuantos indicadores para

99. Aunque, como ya se ha dicho, la variabilidad entre territorios es muy

analizar y medir la exclusión social de los hogares y las personas: a) el riesgo de pobreza, b) la situación de hallarse sin empleo o que sea de baja intensidad, c) la carencia material severa y d) la tasa AROPE.[100]

a. Los hogares en riesgo de pobreza se contabilizan como aquellos con ingresos netos inferiores a su URP, mientras que las personas en riesgo de pobreza son el número de personas que los integran.
b. El concepto sin empleo o de baja intensidad se refiere a las personas de 0 a 59 años que viven en hogares donde los adultos entre 18 y 59 años, aunque excluyendo los estudiantes de 18 a 24 años, trabajaron una jornada laboral igual o inferior al 20 % de su potencial total de tiempo de trabajo combinado durante el año anterior.
c. La carencia material severa se determina para aquellos hogares que no pueden permitirse, no que decidan no hacerlo, un mínimo de cuatro de los nueve elementos materiales predefinidos considerados por la mayoría de la gente deseables o necesarios para llevar una vida adecuada. Dichas carencias son:

- Pago del alquiler, la hipoteca y los gastos de gas, agua, electricidad, etcétera.
- Calentar adecuadamente su hogar.
- Hacer frente a gastos imprevistos.
- Una comida con carne, pollo, pescado o equivalente vegetariano cada dos días.
- Ir de vacaciones al menos una semana al año.
- Disponer de aparato de televisión.
- Disponer de lavadora.

---

elevada, podría aducirse que el URP estimado para cada comunidad autónoma adolece de falta de representatividad, dado que el número de observaciones que aparecen en la tabla 4.3 es, en algunos casos, ciertamente escaso. En el capítulo 5 obtendremos una evidencia que desmentirá esta falta de representatividad y abundará en la necesidad de usar el URP de cada comunidad autónoma.

100. Por sus siglas en inglés de At Risk of Powerty or Social Exclusion.

- Disponer de automóvil.
- Disponer de teléfono.

d. La tasa AROPE, ideada para analizar el estado del papel de los ciudadanos en sociedades inclusivas, que forma parte de la estrategia Europa-2020, se cuantifica entre las personas que se encuentran en cualquiera de las situaciones a, b o c anteriores.

Como ya se ha indicado en la anterior nota 87 a pie de página, la Unión Europea ha incorporado algunos cambios importantes, una vez cerrados los objetivos de la estrategia Europa 2020, configurando el Plan de Acción del Pilar Europeo de los Derechos Sociales, que se ha denominado estrategia Europa 2030.[101] Esta nueva declaración ha introducido nuevos indicadores de exclusión social en la metodología EU-SILC, que aparecen por primera vez en la ECV del año 2021: e) reformulación del concepto de sin empleo o de baja intensidad, f) la privación material y social severa y g) la tasa AROPE reformulada.

e. El concepto de sin empleo o de baja intensidad se amplía de la siguiente forma: personas de entre 0 y 64 años que viven en hogares en los que los adultos, entre 18 y 64 años, de los que se deben excluir los estudiantes de entre 18 y 24 años y las personas jubiladas de acuerdo con su situación económica actual autodefinida o que reciben cualquier pensión —excepto la pensión de supervivencia—, así como las personas de entre 60 y 64 años de edad que están

101. Puede consultarse European Comission (2021) para ver en detalle los objetivos. El plan de acción establece tres objetivos principales en los ámbitos de la ocupación, las competencias y la protección social:

Al menos el 78 % de la población de 20 a 64 años debería estar ocupada el año 2030.

Al menos el 60 % de todos los adultos deberían participar en la formación cada año.

El número de personas en riesgo de pobreza o exclusión social debería reducirse en al menos 15 millones, y de ellos, al menos 5 millones deberían ser niños.

inactivas y viven en un hogar en el que los ingresos principales son pensiones —excepto la pensión de supervivencia—, trabajaron menos del 20 % de su tiempo de trabajo potencial total. Los hogares compuestos únicamente por niños, estudiantes menores de 25 años o personas de 65 y más años también quedan excluidos del indicador.

f. La privación material y social severa cuantifica la carencia forzada de elementos necesarios y deseables para llevar una vida adecuada y distingue entre las personas que no pueden pagar un determinado bien, servicio o actividad social. Se define como la proporción de la población que experimenta una falta forzada de al menos siete de trece elementos de privación (seis relacionados con el individuo y siete relacionados con el hogar). Las carencias relacionadas con el individuo son:

- Tener conexión a internet.
- Sustitución de ropa desgastada por una nueva.
- Tener dos pares de zapatos que le queden bien (incluido un par de zapatos para todo clima).
- Gastar una pequeña cantidad de dinero cada semana en sí mismo.
- Tener actividades regulares de ocio.
- Reunirse con amigos/familiares para tomar una copa/comer al menos una vez al mes.

Las carencias relacionadas con el hogar son:

- Hacer frente a gastos inesperados.
- Ir de vacaciones al menos una semana al año.
- Pago del alquiler, la hipoteca y los gastos de gas, agua, electricidad, etcétera, cuotas de compra a plazos u otros pagos de préstamos.
- Una comida con carne, pollo, pescado o equivalente vegetariano cada dos días.
- Mantener su vivienda de forma adecuada.
- Acceso a un coche/furgoneta para uso personal.
- Reemplazo de muebles desgastados.

g. La tasa AROPE modificada, que forma parte de la estrategia Europa-2030, se obtiene con las personas que se encuentran en cualquiera de las situaciones descritas en los apartados a, e o f anteriores.

Principales resultados con la ECV

Definidos los anteriores conceptos, se reproducen una serie de resultados relativos a ellos. Se han agrupado en tres bloques: análisis demográfico —tablas 4.5.1 y 4.5.2—, análisis de rentas —tablas 4.6.1 y 4.6.2— y análisis de los principales indicadores —tabla 4.7—. Se presentan en los dos primeros bloques de forma que puedan compararse primero entre las distintas comunidades autónomas y también en términos de la distribución de renta,[102] en este último caso limitada a España y en el caso de los indicadores únicamente comparando las distintas comunidades autónomas.

La tabla 4.5.1 proporciona un buen resumen de los datos demográficos de la ECV.[103] En primer lugar, indica la distribución por comunidad autónoma del número de hogares y personas encuestadas para tener una visión del peso de cada una. Para el total del reino de España, la ratio de cobertura respecto a su población es del 0,08 %. Andalucía, Canarias, Madrid y Comunidad Valenciana son las que disponen de una ratio menor (0,05 %), mientras que para Cantabria, Extremadura y La Rioja es notablemente mayor, y para el resto se sitúa en torno al 0,1 %.

El tamaño medio del hogar para el conjunto del reino de España es 2,49 personas, distanciándose por debajo Asturias, Cantabria, Castilla y León, País Vasco y La Rioja, y por encima Andalucía, Murcia y Navarra.

102. Se utiliza la renta bruta equivalente calculando los percentiles 10 a 100, aunque los percentiles 70 y 80 se dividen cada uno en dos: 70 y 75, 80 y 85, mientras que el percentil 90 lo hace en tres: 90, 95 y 98, en razón de disponer de una mayor información sobre el grado de concentración de la distribución.

103. Por razones obvias de representatividad no se tendrán en cuenta en las comparaciones los dos casos especiales de Ceuta y Melilla, aunque su información sí se mantiene en todos las tablas, pero se excluyen en todos los gráficos.

Tabla 4.5.1. Datos demográficos por CA

CONCEPTO	REINO DE ESPAÑA	ANDALUCÍA	ARAGÓN	ASTURIAS	CANARIAS	CANTABRIA	CASTILLA Y LEÓN	CASTILLA-LA MANCHA	CATALUÑA
Personas en la muestra	**38.011**	4.215	1.631	1.130	1.158	1.260	2.421	1.856	6.769
Hogares en la muestra	**15.043**	1.608	642	491	461	503	1.013	744	2.697
Personas representadas	**46.874.430**	8.418.851	1.308.104	1.006.515	2.226.764	576.239	2.347.362	2.017.205	7.564.354
Hogares representados	**18.773.903**	3.246.071	543.380	454.997	855.623	242.372	1.023.339	791.516	3.059.901
Unidades de consumo equivalentes	**31.548.106**	5.587.706	891.584	711.597	1.487.905	395.521	1.632.692	1.346.688	5.088.479
Entre 0 y 13 años	**5.918.234**	1.129.686	161.727	87.654	253.933	58.967	241.451	275.454	1.044.917
Entre 14 y 15 años	**927.057**	174.881	21.047	17.789	32.033	16.567	38.169	32.638	137.083
Entre 16 y 17 años	**932.409**	172.367	29.253	17.533	34.925	11.215	44.406	37.270	127.950
Entre 18 y 60 años	**27.237.913**	4.985.672	737.644	546.517	1.409.699	322.318	1.277.103	1.184.154	4.394.770
Entre 61 y 65 años	**2.918.011**	511.510	85.531	79.918	132.467	42.013	173.114	122.524	448.670
Mayores de 65 años	**8.940.807**	1.444.736	272.903	257.104	363.707	125.159	573.120	365.164	1.410.964
Hombres	**23.003.544**	4.153.089	646.951	482.139	1.102.520	281.301	1.161.792	1.015.058	3.710.076
Mujeres	**23.870.886**	4.265.762	661.153	524.376	1.124.244	294.938	1.185.570	1.002.147	3.854.278
Activos	**18.599.762**	2.909.316	561.010	354.338	788.200	235.561	1.003.257	808.261	3.047.987
Parados	**4.820.328**	1.284.038	85.993	127.522	339.457	44.013	171.167	196.005	553.215
Estudiantes	**2.817.237**	518.374	76.041	46.671	155.478	32.112	107.033	125.221	442.111
Jubilados	**7.168.295**	1.121.940	232.353	194.417	296.027	98.445	441.037	263.823	1.238.983
Incapacitados	**1.226.927**	252.704	13.037	24.601	126.199	16.815	41.473	44.593	229.108
Cuidado hogar	**3.904.115**	804.536	106.539	129.966	169.534	53.622	212.047	228.483	553.105
Inactivos	**983.415**	114.580	34.464	10.906	41.517	14.173	66.599	23.651	253.585
Hogares en riesgo de pobreza*	**3.852.987**	925.705	87.906	104.118	274.526	46.473	174.105	201.230	437.024
Hogares en riesgo de pobreza**	**3.576.514**	588.278	107.260	102.870	222.212	46.473	185.063	146.817	587.896

EXTREMADURA	GALICIA	ISLAS BALEARES	MADRID	MURCIA	NAVARRA	PAÍS VASCO	LA RIOJA	COMUNIDAD VALENCIANA	CEUTA	MELILLA
1.678	2.362	1.068	3.805	1.472	908	1.654	1.140	2.571	579	334
696	904	419	1.475	528	346	691	489	1.012	219	105
1.047.695	2.678.064	1.208.880	6.683.619	1.498.200	648.897	2.167.131	313.013	4.995.750	102.112	65.675
430.727	1.102.328	462.102	2.630.103	548.074	259.597	911.449	131.692	2.025.519	34.906	20.207
712.631	1.832.048	804.280	4.469.630	974.499	435.326	1.483.805	213.566	3.375.786	64.388	39.975
122.622	261.324	132.252	868.281	228.989	91.715	258.067	42.130	625.589	19.389	14.087
17.966	52.317	38.353	152.335	31.627	6.310	47.333	3.338	103.500	2.944	827
27.354	47.263	24.686	145.271	22.859	16.653	42.153	7.093	119.910	2.555	1.693
598.256	1.462.848	755.972	3.969.883	897.470	369.915	1.187.076	175.629	2.866.329	58.665	37.993
69.725	183.176	67.335	385.362	82.214	40.032	150.725	20.634	312.781	6.051	4.229
211.772	671.136	190.282	1.162.488	235.041	124.272	481.776	64.189	967.640	12.508	6.846
520.404	1.293.537	604.563	3.209.436	749.418	321.556	1.051.212	154.622	2.461.406	51.467	32.997
527.291	1.384.527	604.317	3.474.183	748.782	327.341	1.115.919	158.391	2.534.344	50.644	32.679
361.252	1.072.475	540.191	2.999.857	554.041	269.558	865.683	140.323	2.039.808	29.385	19.261
165.711	213.018	147.918	505.083	210.807	50.355	154.370	15.073	527.281	18.791	10.512
65.948	166.313	60.452	410.681	108.149	40.164	146.240	18.999	284.078	5.587	7.586
148.066	544.725	170.519	901.602	194.631	108.194	411.320	59.286	727.410	9.616	5.899
21.257	78.295	14.144	145.417	34.235	4.145	31.972	3.850	141.271	2.734	1.077
125.787	247.074	68.420	439.374	112.214	30.965	168.116	23.617	413.859	11.120	5.737
6.157	16.693	17.944	189.210	12.703	37.667	65.218	3.260	73.622	853	611
136.091	256.668	64.667	362.739	125.654	19.940	99.765	20.886	497.251	11.213	7.025
61.210	234.417	89.619	452.272	73.487	41.237	181.677	24.666	416.076	9.253	5.730

.../...

.../...

CONCEPTO	REINO DE ESPAÑA	ANDALUCÍA	ARAGÓN	ASTURIAS	CANARIAS	CANTABRIA	CASTILLA Y LEÓN	CASTILLA-LA MANCHA	CATALUÑA
Hogares en riesgo de pobreza severa*	**1.727.335**	363.206	35.017	61.331	163.471	22.190	61.997	68.956	219.910
Hogares en riesgo de pobreza severa**	**1.639.240**	230.501	43.378	61.331	132.678	22.190	64.137	60.863	285.196
Hogar en carencia material severa	**1.223.632**	266.178	6.566	28.013	109.862	8.169	35.120	26.100	163.618
Personas en riesgo de pobreza*	**9.829.260**	2.395.235	208.711	223.654	666.400	103.675	355.587	507.322	1.259.834
Personas en riesgo de pobreza**	**9.240.586**	1.591.951	245.457	222.406	489.489	103.675	377.479	380.809	1.637.968
Personas en riesgo de pobreza severa*	**4.463.144**	973.188	80.157	123.059	371.957	50.379	129.906	190.532	694.864
Personas en riesgo de pobreza severa**	**4.186.110**	599.002	108.406	123.059	278.367	50.379	137.320	166.195	873.523
Personas sin empleo o de baja intensidad	**3.464.740**	870.989	57.568	118.480	264.902	31.839	125.779	122.291	555.549
Personas en riesgo de pobreza o exclusión social*	**12.384.480**	2.958.784	241.410	279.038	807.282	136.741	464.246	600.243	1.722.219
Personas en riesgo de pobreza o exclusión social**	**11.882.349**	2.304.565	275.456	277.789	662.443	136.741	483.407	482.787	1.993.148

Nota: *Umbral de riesgo de pobreza del reino de España. **Umbral de riesgo de pobreza CA.
Fuente: Elaboración propia a partir de datos de la ECV-2020.

En el reino de España, la proporción de personas menores de edad —de entre 0 y 17 años— y de personas mayores de 65 años es, respectivamente, del 16,6 y del 19,1 %. Asturias, Castilla y León y Galicia tienen poblaciones notablemente envejecidas muy por debajo en población joven y muy por encima en población mayor de 65 años. Canarias, las Islas Baleares y Murcia tienen una proporción de personas mayores de 65 años sensiblemente menor que el total. En el País Vasco se observa la tendencia contraria, y para el resto prácticamente las proporciones son coincidentes con las totales del reino de España.

De los siete epígrafes de actividad, debe señalarse que quedan excluidas las personas entre 0 y 15 años, y que la clasificación es la

EXTREMADURA	GALICIA	ISLAS BALEARES	MADRID	MURCIA	NAVARRA	PAÍS VASCO	LA RIOJA	COMUNIDAD VALENCIANA	CEUTA	MELILLA
47.463	121.336	29.365	157.182	53.145	8.177	38.596	6.506	257.149	8.069	4.270
19.483	116.826	35.576	197.480	31.726	16.268	80.115	7.353	226.100	4.399	3.641
32.913	49.743	36.446	153.088	39.067	11.319	39.570	2.817	210.268	2.623	2.152
329.076	591.843	170.131	1.027.947	374.524	63.995	217.160	47.065	1.227.166	36.089	23.845
166.722	544.683	249.788	1.275.426	228.763	114.335	418.272	55.256	1.084.275	31.769	22.064
123.064	251.480	73.469	392.057	168.506	32.856	82.541	12.497	669.786	25.690	17.158
50.345	238.283	96.639	514.498	90.570	55.800	184.863	14.409	574.219	15.158	15.074
90.863	155.659	43.013	305.062	108.166	36.173	112.796	13.760	417.683	18.763	15.405
405.952	689.574	265.811	1.395.529	445.142	78.141	301.205	59.541	1.466.137	39.610	27.876
272.655	646.887	320.391	1.602.679	339.936	124.769	473.818	66.541	1.355.294	36.947	26.096

situación descrita por la propia persona entrevistada. En el reino de España, las personas activas representan el 47,1 %, en el paro el 12,2 %, estudiantes el 7,1 %, jubiladas el 18,1 %, incapacitadas el 3,1 %, cuidado del hogar el 9,9 % e inactivas el 2,5 %. En cuanto al epígrafe activos, destacan Aragón, las Islas Baleares, Madrid, Navarra y La Rioja, con porcentajes entre tres y seis puntos por encima del total; mientras que en Andalucía, Asturias, Canarias y Extremadura sus valores están entre seis y siete puntos por debajo. Respecto a los parados, Andalucía, Canarias, Extremadura y Murcia tienen porcentajes entre cinco y seis puntos superiores a la media. Del resto, con la excepción de Asturias, Castilla-La Mancha y la Comunidad Valenciana —cuyos porcentajes son muy similares a los del reino de España—, se sitúan claramente por debajo entre tres y seis puntos. Por último, destacaremos el epígrafe de jubilados, donde Aragón, Asturias, Castilla y León, Galicia, Navarra, País Vasco y La Rioja están entre tres y cinco puntos por encima de la media de España, mientras que Canarias, Castilla-La Mancha y Murcia están tres puntos por debajo. El gráfico 4.2 proporciona una representación del conjunto de comentarios anteriores.

Gráfico 4.2. Distribución dc la actividad

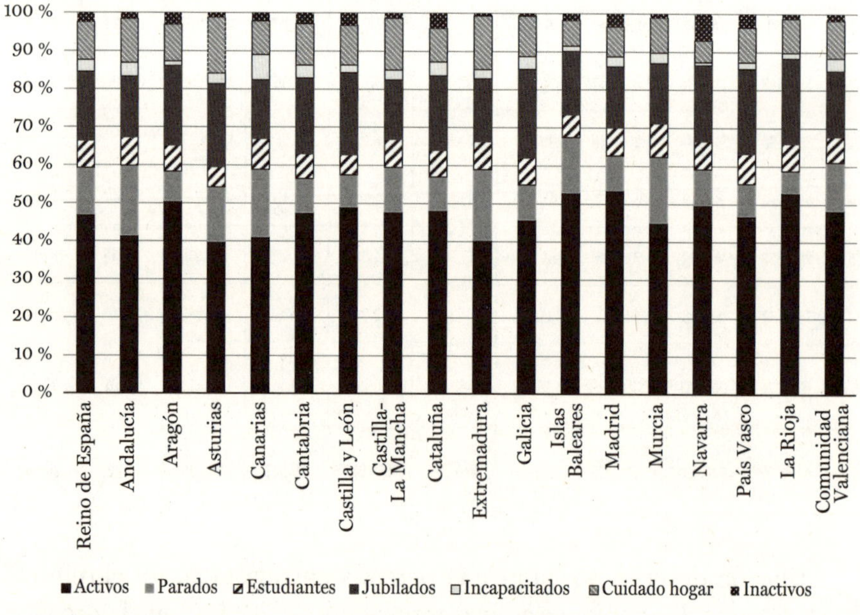

Fuente: Elaboración propia a partir de datos de la ECV-2020.

Finalmente, es interesante referirse al recuento de hogares y personas en situaciones de riesgo de pobreza y exclusión social. Los valores recogidos ponen claramente de manifiesto el problema de utilizar un URP único para el reino de España frente a contabilizar los conceptos con el URP propio de cada comunidad autónoma.[104] La diferencia total (segundo versus primer criterio) respecto a los hogares es de −276.473, mientras que para las per-

104. Ello no sucede con el número de personas sin empleo o de baja intensidad, puesto que su contabilización no depende del URP utilizado, ya que es

sonas es de −588.674. Son diferencias sustanciales, que no deberían menospreciarse, puesto que significa contabilizar casi un 1,5 % de más (URP único) o de menos (URP de la CA) hogares pobres en el total del reino de España. Pero las diferencias son mucho más visibles en el nivel de las comunidades autónomas. Extremadura (−17,4 %), Andalucía (−10,4 %), Murcia (−9,5 %), Castilla-La Mancha (−6,9 %) y Canarias (−6,1 %) es donde se percibe que el cambio y la consiguiente disminución del número de hogares pobres es ciertamente significativa. Madrid (3,4 %), Aragón (3,6 %), Cataluña (4,9 %), Islas Baleares (5,4 %), Navarra (8,2 %) y País Vasco (9,0 %), contrariamente, es donde se refleja un notable aumento del número de hogares pobres.

Tal como se ha indicado anteriormente, las personas en riesgo de pobreza y exclusión social se contabilizan teniendo en cuenta su intensidad de empleo o su pertenencia a un hogar pobre o a un hogar en carencia material severa. En este caso, nuevamente aparece la dicotomía del URP utilizado: único del reino de España o por comunidad autónoma. La diferencia entre emplear el segundo o el primero supone −502.131 personas, esto en el caso del reino de España (−1,1 %). Valor muy por encima a los obtenidos en Extremadura (−12,7 %), Andalucía (−7,8 %), Murcia (−7,2 %), Canarias (−6,5 %) y Castilla-La Mancha (−5,8 %), que ven claramente disminuido el número de personas pobres y en exclusión al usar como referencia su URP propio. En cambio, el País Vasco (8,0 %), Navarra (7,2 %), las Islas Baleares (4,5 %), Cataluña (3,6 %), Madrid (3,1 %) y Aragón (2,6 %) experimentan un aumento notable cuando se contabilizan también con su URP.

La tabla 4.5.2 permite evaluar, para el total del reino de España, cómo se distribuyen todos los conceptos hasta ahora comentados, atendiendo a los grupos de renta, ordenados de menor a mayor, de más pobres a más ricos, y agregados en grupos de 10 %, 5 %, 3 % y 2 %, siguiendo las indicaciones señaladas en la anterior nota 102 a pie de página.

---

una medida obtenida de la propia opinión de la persona entrevistada respecto a su situación en cuanto a actividad y tiempo de dedicación.

Tabla 4.5.2. Datos demográficos por percentiles

PERCENTILES DE RENTA BRUTA EQUIVALENTE	TOTAL	10 %	20 %	30 %	40 %	50 %
CONCEPTO		0-7.359 €	7.359-10.151 €	10.151-12.919 €	12.919-15.491 €	15.491-18.498 €
Personas en la muestra	**38.011**	3.384	3.370	3.789	3.714	4.044
Hogares en la muestra	**15.043**	1.304	1.458	1.512	1.430	1.559
Personas representadas	**46.874.430**	4.942.087	4.422.882	4.792.441	4.754.395	4.758.637
Hogares representados	**18.773.903**	1.877.108	1.874.820	1.879.709	1.884.125	1.871.627
Unidades de consumo equivalentes	**31.548.106**	3.204.897	3.018.865	3.194.009	3.195.830	3.200.969
Entre 0 y 13 años	**5.918.234**	956.912	616.477	671.104	562.074	532.999
Entre 14 y 15 años	**927.057**	131.050	96.914	95.612	106.255	77.139
Entre 16 y 17 años	**932.409**	154.871	83.201	113.876	104.352	87.481
Entre 18 y 60 años	**27.237.913**	2.871.331	2.147.056	2.642.001	2.774.373	2.833.885
Entre 61 y 65 años	**2.918.011**	272.790	223.158	218.433	226.046	255.775
Mayores de 65 años	**8.940.807**	555.133	1.256.075	1.051.415	981.295	971.359
Hombres	**23.003.544**	2.372.517	1.990.936	2.260.623	2.301.574	2.345.856
Mujeres	**23.870.886**	2.569.570	2.431.946	2.531.819	2.452.820	2.412.781
Activos	**18.599.762**	939.866	957.648	1.528.266	1.804.037	1.935.286
Parados	**4.820.328**	1.193.864	667.130	626.913	501.871	547.402
Estudiantes	**2.817.237**	333.421	257.133	318.615	280.573	264.166
Jubilados	**7.168.295**	388.472	725.782	737.959	717.612	731.115
Incapacitados	**1.226.927**	220.374	165.625	125.755	151.046	114.246
Cuidado hogar	**3.904.115**	543.885	761.133	497.200	460.743	418.994
Inactivos	**983.415**	150.578	133.960	118.572	110.489	92.276
Hogares en riesgo de pobreza*	**3.852.987**	1.875.950	1.644.662	262.451	30.028	24.703
Hogares en riesgo de pobreza**	**3.576.514**	1.873.797	1.190.687	377.773	89.632	28.844
Hogares en riesgo de pobreza severa*	**1.727.335**	1.605.550	103.336	5.163	3.592	827
Hogares en riesgo de pobreza severa**	**1.639.240**	1.478.409	131.914	14.758	3.030	2.263
Hogar en carencia material severa	**1.223.632**	482.535	199.510	173.771	177.076	82.637
Personas en riesgo de pobreza*	**9.829.260**	4.937.451	3.990.622	762.852	79.152	35.299
Personas en riesgo de pobreza**	**9.240.586**	4.931.427	2.953.432	1.031.472	256.479	44.215
Personas en riesgo de pobreza severa*	**4.463.144**	4.230.913	199.480	11.602	10.267	827
Personas en riesgo de pobreza severa**	**4.186.110**	3.802.955	320.293	37.064	10.609	5.134
Personas sin empleo o de baja intensidad	**3.464.740**	1.609.591	549.626	365.256	234.349	196.309
Personas en riesgo de pobreza o exclusión social*	**12.384.480**	4.937.451	4.101.898	1.476.030	696.818	408.601
Personas en riesgo de pobreza o exclusión social**	**11.882.349**	4.934.864	3.255.962	1.641.971	870.032	416.159

Nota: *Umbral de riesgo de pobreza del reino de España. **Umbral de riesgo de pobreza CA.
Fuente: Elaboración propia a partir de datos de la ECV-2020.

60 %	70 %	75 %	80 %	85 %	90 %	95 %	98 %	100 %
18.498-21.946 €	**21.946-25.933 €**	**25.933-28.568 €**	**28.568-31.641 €**	**31.641-35.257 €**	**35.257-40.459 €**	**40.459-50.255 €**	**50.255-65.817 €**	**65.817-273.994 €**
4.033	3.756	2.020	2.030	1.785	1.916	2.164	1.212	794
1.520	1.498	772	792	714	797	865	489	333
4.832.381	4.539.331	2.420.259	2.433.902	2.224.867	2.181.482	2.348.768	1.379.771	843.226
1.877.420	1.877.011	938.356	938.985	939.198	937.578	939.756	560.842	377.368
3.219.678	3.104.864	1.619.589	1.631.507	1.526.333	1.508.951	1.593.721	936.600	592.292
626.555	480.546	273.218	243.064	249.884	240.565	232.815	151.104	80.916
83.817	64.449	49.126	51.228	46.809	33.155	33.854	31.647	26.003
79.104	76.712	64.071	45.040	30.012	32.655	26.792	21.349	12.892
2.872.773	2.597.892	1.493.246	1.560.630	1.372.367	1.323.506	1.437.689	835.581	475.581
251.400	323.397	168.540	153.204	163.236	195.065	225.620	126.076	115.270
918.732	996.336	372.057	380.736	362.560	356.535	391.997	214.013	132.564
2.445.088	2.334.451	1.238.568	1.237.879	1.118.778	1.076.218	1.148.642	693.439	438.974
2.387.293	2.204.880	1.181.691	1.196.023	1.106.089	1.105.263	1.200.127	686.332	404.251
2.092.124	2.093.016	1.155.105	1.290.718	1.183.163	1.119.772	1.287.857	769.244	443.660
417.773	262.273	175.576	124.907	77.616	81.711	75.442	36.846	31.004
322.584	226.320	155.481	155.809	116.319	133.237	131.310	67.935	54.334
749.580	804.088	361.472	344.045	375.038	428.763	440.540	224.589	139.242
104.877	96.622	55.964	52.679	56.173	37.006	31.416	13.339	1.806
336.761	355.938	124.811	123.457	72.193	60.740	66.938	45.114	36.210
71.572	122.546	21.060	31.459	27.903	29.488	27.005	23.943	22.564
4.208	7.766	649	0	0	0	2.570	0	0
4.797	7.766	649	0	0	0	2.570	0	0
1.194	7.023	649	0	0	0	0	0	0
1.194	7.023	649	0	0	0	0	0	0
41.663	29.306	18.145	6.644	6.362	804	1.655	3.184	339
10.567	9.447	1.299	0	0	0	2.570	0	0
10.246	9.447	1.299	0	0	0	2.570	0	0
1.538	7.219	1.299	0	0	0	0	0	0
1.538	7.219	1.299	0	0	0	0	0	0
182.039	106.147	51.219	28.046	50.938	43.005	19.268	13.966	14.981
287.795	175.199	89.350	46.038	58.466	46.220	23.685	20.931	15.998
287.474	175.199	89.350	46.038	58.466	46.220	23.685	20.931	15.998

Tabla 4.6.1. Datos económicos por CA

CONCEPTO	REINO DE ESPAÑA	ANDALUCÍA	ARAGÓN	ASTURIAS	CANARIAS	CANTABRIA	CASTILLA Y LEÓN	CASTILLA-LA MANCHA	CATALUÑA
Renta bruta total del hogar	**696.638,63**	99.299,02	20.578,67	15.380,02	25.934,27	8.862,95	35.866,28	25.078,70	132.855,62
Renta disponible total hogar	**576.173,03**	84.101,35	17.132,08	12.869,18	22.122,01	7.346,07	29.804,28	21.150,64	107.187,26
Renta bruta del alquiler de una propiedad	**11.045,74**	1.335,32	347,46	181,93	485,62	97,41	545,78	276,05	2.016,57
Renta neta del alquiler de una propiedad	**10.128,52**	1.201,47	313,34	168,50	438,38	87,86	496,11	246,83	1.848,97
Ayuda por familia/ hijos	**1.213,81**	113,30	66,83	22,60	99,84	3,66	63,94	52,79	191,04
Ingresos brutos asistencia social	**3.493,47**	765,63	67,93	233,37	115,01	84,09	148,53	84,15	252,80
Ingresos netos por asistencia social	**3.409,03**	750,93	66,17	208,67	115,01	83,24	146,89	84,15	252,80
Ayuda para vivienda	**823,86**	72,43	23,43	15,90	37,90	14,88	30,20	19,36	391,45
Transferencias periódicas monetarias percibidas	**3.248,48**	470,47	168,59	88,85	102,54	17,92	88,60	63,34	717,74
Intereses + dividendos + ganancias brutas en inversiones capital	**9.780,70**	973,18	248,11	545,09	224,80	246,73	629,93	360,53	2.041,12
Intereses + dividendos + ganancias netas en inversiones capital	**7.916,82**	782,28	199,83	441,45	180,88	200,38	503,47	291,40	1.651,30
Renta bruta de menores 16 años	**368,06**	75,85	5,34	4,58	22,67	0,79	7,96	10,48	87,06
Renta neta de menores 16 años	**367,81**	75,70	5,26	4,58	22,67	0,79	7,96	10,47	87,06
Impuesto sobre el patrimonio	**563,46**	103,77	30,52	5,41	40,07	18,29	6,78	46,46	131,85
Transferencias periódicas monetarias abonadas	**5.407,37**	951,80	95,31	96,80	308,07	29,95	306,39	153,11	947,68
IRPF y cotizaciones a la Seguridad Social	**114.494,77**	14.142,10	3.320,77	2.408,63	3.464,13	1.468,64	5.748,82	3.728,50	24.588,83
Cotizaciones a la Seguridad Social	**29.758,64**	4.206,43	973,73	630,86	1.065,75	333,50	1.705,53	1.264,86	5.630,13
Devoluciones IRPF	**-3.878,08**	-839,73	-140,46	-145,00	-345,80	-64,90	-230,20	-160,21	-253,49
Renta bruta monetaria del asalariado	**437.770,61**	59.510,93	12.752,97	8.013,85	17.236,68	5.395,23	21.238,98	15.530,70	87.113,25
Renta neta monetaria del asalariado	**347.205,29**	48.254,94	10.153,30	6.312,34	14.058,92	4.251,63	17.009,97	12.646,06	67.327,83

EXTREMADURA	GALICIA	ISLAS BALEARES	MADRID	MURCIA	NAVARRA	PAÍS VASCO	LA RIOJA	COMUNIDAD VALENCIANA	CEUTA	MELILLA
11.037,01	36.347,95	18.432,62	121.549,11	17.320,42	12.085,68	41.132,98	5.068,95	67.865,32	1.109,54	833,53
9.583,65	30.713,55	15.302,58	97.447,96	14.756,68	9.794,17	34.268,79	4.226,80	56.609,39	1.006,12	750,46
232,80	474,50	615,71	2.316,37	213,06	207,82	865,30	59,32	736,68	20,64	17,40
215,40	434,78	587,39	2.166,99	190,37	179,99	799,11	53,91	662,16	19,90	17,05
15,78	62,24	16,21	249,64	73,54	25,57	68,55	2,46	81,21	3,91	0,72
100,95	106,55	32,37	229,13	116,18	93,91	652,46	13,19	370,18	15,06	11,99
100,95	106,55	32,37	226,63	116,18	93,91	614,89	13,03	369,61	15,06	11,99
9,29	24,96	18,71	61,00	4,11	14,60	23,75	4,58	50,23	2,61	4,48
54,83	193,94	49,55	608,55	105,86	42,10	148,80	33,67	286,01	2,82	4,31
101,65	297,72	284,15	1.881,43	51,29	234,66	971,79	80,22	597,90	8,70	1,70
81,72	235,80	233,19	1.544,55	40,92	189,95	785,93	65,43	479,86	7,02	1,46
10,77	14,16	5,46	8,95	25,27	0,56	52,03	0,76	30,47	3,35	1,54
10,77	14,16	5,46	8,95	25,27	0,56	52,03	0,76	30,47	3,35	1,54
9,31	6,73	3,99	61,37	3,68	11,80	7,10	1,43	70,23	2,98	1,68
96,98	236,35	129,37	934,28	191,01	89,35	171,08	24,41	638,17	3,05	4,22
1.347,06	5.391,31	2.996,68	23.105,50	2.369,05	2.190,36	6.686,00	816,31	10.547,52	97,40	77,17
480,61	1.649,32	874,97	5.018,85	819,59	558,36	1.318,95	209,81	2.939,04	43,95	34,40
-41,12	-211,92	98,68	-635,58	-180,75	28,08	-341,02	-27,69	-362,52	-16,05	-8,42
6.087,74	21.539,42	12.718,67	82.392,10	11.161,23	7.436,18	23.663,60	3.154,88	41.580,25	722,20	521,75
5.106,44	17.419,98	10.405,93	63.494,66	9.170,79	5.821,33	18.653,36	2.524,50	33.507,78	631,82	453,71

…/…

.../...

CONCEPTO	REINO DE ESPAÑA	ANDALUCÍA	ARAGÓN	ASTURIAS	CANARIAS	CANTABRIA	CASTILLA Y LEÓN	CASTILLA-LA MANCHA	CATALUÑA
Renta bruta no monetaria (coche empresa) asalariado	**751,28**	30,55	4,55	2,64	8,36	2,95	10,36	32,04	116,10
Renta neta no monetaria (coche empresa) asalariado	**683,86**	26,24	4,37	2,36	7,02	2,63	9,98	31,19	108,18
Beneficios y pérdidas brutas, trabajadores por cuenta propia	**42.477,35**	6.711,49	1.302,33	881,00	873,25	370,19	2.542,74	2.492,72	7.363,23
Beneficios o pérdidas netas, trabajadores por cuenta propia	**31.619,85**	5.048,01	1.001,60	610,12	686,30	265,20	1.825,60	1.893,34	5.530,91
Rentas netas de planes pensiones privados (no ESSPROS)	**6.609,51**	413,22	175,52	177,18	102,84	59,68	493,16	120,63	1.288,34
Rentas brutas de planes pensiones privados (no ESSPROS)	**5.900,89**	390,76	156,18	165,84	93,05	55,39	448,37	120,63	1.204,02
Prestaciones brutas por desempleo	**18.748,31**	3.712,46	304,23	354,63	1.011,73	213,93	695,76	886,52	2.949,28
Prestaciones netas por desempleo	**17.998,10**	3.577,79	287,02	335,75	973,12	205,38	657,92	849,66	2.822,48
Prestaciones brutas por jubilación	**113.875,09**	16.624,87	3.826,52	3.441,38	3.339,88	1.720,80	7.032,12	3.638,83	20.567,34
Prestaciones netas por jubilación	**102.900,22**	15.274,43	3.431,28	3.070,45	3.092,28	1.526,23	6.345,03	3.400,47	18.407,79
Prestaciones brutas por supervivencia	**25.955,47**	4.339,56	768,71	827,53	1.082,72	426,53	1.450,04	758,34	3.847,63
Prestaciones netas por supervivencia	**24.876,51**	4.222,92	741,40	793,68	1.051,27	411,95	1.403,60	745,96	3.662,89
Prestaciones brutas por enfermedad	**3.715,89**	855,25	96,95	88,82	233,00	67,81	197,56	189,35	432,78
Prestaciones netas por enfermedad	**3.547,27**	833,57	90,56	87,24	221,84	65,25	183,55	184,11	403,97
Prestaciones brutas por invalidez	**15.370,90**	3.014,53	408,32	466,01	847,01	132,65	647,55	473,77	3.332,03
Prestaciones netas por invalidez	**15.057,06**	2.942,82	397,77	463,57	832,90	129,43	624,14	463,01	3.259,17
Ayuda bruta para estudios	**1.390,11**	279,97	10,89	34,67	110,44	7,69	43,06	89,10	147,86
Ayuda neta para estudios	**1.385,44**	279,97	10,89	34,67	110,44	7,69	42,65	89,10	147,84

Fuente: Elaboración propia a partir de datos de la ECV-2020.

EXTREMADURA	GALICIA	ISLAS BALEARES	MADRID	MURCIA	NAVARRA	PAÍS VASCO	LA RIOJA	COMUNIDAD VALENCIANA	CEUTA	MELILLA
0,13	13,17	2,41	458,56	22,38	3,29	24,02	0,52	19,25	0,00	0,00
0,11	11,71	2,08	412,90	21,93	2,42	22,50	0,52	17,73	0,00	0,00
777,67	2.376,05	1.181,44	6.432,62	1.048,79	1.127,63	2.267,89	358,47	4.210,85	48,54	110,47
554,01	1.691,09	862,09	4.732,71	777,06	920,73	1.744,89	259,60	3.077,63	39,82	99,14
119,38	314,76	24,44	1.457,60	28,85	104,26	360,16	51,96	1.288,29	18,42	10,83
112,05	290,98	24,44	1.293,14	28,85	99,72	335,39	50,72	1.003,19	17,39	10,79
547,08	780,05	741,82	2.381,28	523,18	241,92	872,36	90,72	2.371,96	49,46	19,93
533,26	753,49	706,81	2.272,96	506,94	230,85	830,80	85,96	2.300,38	48,16	19,36
1.861,95	7.041,47	1.954,42	17.009,13	2.741,50	1.965,58	8.736,49	916,37	11.243,73	135,97	76,74
1.750,95	6.484,05	1.831,57	14.996,12	2.529,54	1.746,66	7.701,35	837,25	10.273,13	129,30	72,33
688,02	1.859,89	393,49	3.717,98	606,56	358,37	1.518,93	190,69	3.053,07	35,70	31,71
677,09	1.800,75	383,66	3.459,76	590,02	335,93	1.424,54	184,65	2.920,68	34,31	31,45
61,11	258,36	84,08	396,82	151,85	29,85	160,69	34,52	371,15	3,03	2,89
60,61	241,40	79,77	371,17	146,40	26,47	159,00	32,66	353,94	2,87	2,88
325,50	889,46	301,12	1.741,02	387,46	183,23	690,82	66,49	1.412,11	37,12	14,70
323,38	878,08	287,08	1.704,09	386,55	177,54	686,49	65,15	1.385,78	35,74	14,37
42,36	101,25	8,56	206,95	59,31	16,15	55,36	10,12	161,98	2,01	2,36
42,17	101,25	8,56	206,95	59,30	16,15	55,36	10,10	157,98	2,01	2,36

La tabla 4.6.1 muestra todo el conjunto de variables de renta que aparecen en la ECV, para el total del reino de España y también desagregado para todas las comunidades autónomas. Como ya se ha advertido anteriormente, algunas de ellas se proporcionan agregadas por hogar y otras son individuales.

Puesto que se contabilizan las percepciones brutas y netas, ello permite obtener la parte correspondiente al impuesto sobre la renta devengado y las cotizaciones a la Seguridad Social.

Con el contenido de la tabla 4.6.2 es posible analizar las mis-

Tabla 4.6.2. Datos económicos por percentiles

PERCENTILES DE RENTA BRUTA EQUIVALENTE	TOTAL	10 %	20 %	30 %	40 %	50 %
		0-7.359 €	7.359-10.151 €	10.151-12.919 €	12.919-15.491 €	15.491-18.498 €
Renta bruta total del hogar	**696.638,63**	14.329,71	26.663,28	36.976,63	45.508,11	54.163,76
Renta disponible total hogar	**576.173,03**	13.350,52	25.357,79	34.223,89	41.446,83	48.031,11
Renta bruta del alquiler de una propiedad	**11.045,74**	209,14	240,19	317,81	539,22	900,86
Renta neta del alquiler de una propiedad	**10.128,52**	195,01	227,22	298,16	509,45	834,61
Ayuda por familia/hijos	**1.213,81**	199,64	130,68	104,66	95,59	116,37
Ingresos brutos por asistencia social	**3.493,47**	694,09	485,87	454,51	355,45	222,10
Ingresos netos por asistencia social	**3.409,03**	693,25	485,84	454,05	352,40	222,10
Ayuda para vivienda	**823,86**	223,23	95,24	112,21	82,43	67,47
Transferencias periódicas monetarias percibidas	**3.248,48**	448,20	285,69	451,60	398,36	213,11
Intereses + dividendos + ganancias brutas en inversiones capital	**9.780,70**	129,94	110,23	169,09	220,92	243,67
Intereses + dividendos + ganancias netas en inversiones capital	**7.916,82**	107,96	87,42	134,23	175,49	194,93
Renta bruta de menores 16 años	**368,06**	61,84	37,12	41,08	32,58	31,34
Renta neta de menores 16 años	**367,81**	61,84	37,12	41,04	32,57	31,34
Impuesto sobre el patrimonio	**563,46**	1,56	6,38	115,89	72,20	10,61
Transferencias periódicas monetarias abonadas	**5.407,37**	245,60	185,95	352,20	425,33	644,84
IRPF y cotizaciones a la Seguridad Social	**114.494,77**	732,03	1.113,16	2.284,65	3.563,75	5.477,20

mas variables, pero atendiendo a la distribución de la renta bruta equivalente, siguiendo la construcción de grupos de más pobres a más ricos. De ambos resultados sólo queremos señalar dos variables: los alquileres y los intereses, dividendos y ganancias por inversión de capitales. Y por dos motivos: primero, por la baja cuantía que se observa en ambas, muy alejada de otras estadísticas y contabilidades que permiten su comparación, y segundo, por su concentración en los percentiles más elevados de la distribución.[105]

60 %	70 %	75 %	80 %	85 %	90 %	95 %	98 %	100 %
18.498-21.946 €	**21.946-25.933 €**	**25.933-28.568 €**	**28.568-31.641 €**	**31.641-35.257 €**	**35.257-40.459 €**	**40.459-50.255 €**	**50.255-65.817 €**	**65.817-273.994 €**
64.842,85	74.094,88	44.105,04	49.020,04	50.979,97	56.812,41	71.300,78	52.519,80	55.321,38
56.243,17	62.483,01	36.616,07	39.951,80	41.012,70	44.732,79	55.288,29	39.106,79	38.328,29
917,12	885,93	757,95	485,67	1.014,49	956,47	1.417,64	1.242,04	1.161,20
813,51	807,72	700,35	455,82	930,02	883,81	1.278,26	1.125,03	1.069,56
116,06	116,91	74,17	79,96	26,40	79,66	46,90	24,76	2,04
377,06	182,11	152,23	73,12	101,59	31,33	158,86	33,22	171,92
376,60	173,62	152,23	70,63	96,60	31,33	134,17	32,86	133,35
63,63	21,30	32,62	11,65	7,86	37,22	23,19	3,82	41,98
358,60	328,79	104,64	139,96	205,73	39,16	207,49	60,75	6,41
456,83	423,98	327,16	473,96	592,11	724,58	1.482,11	1.138,19	3.287,93
364,05	341,54	264,36	384,05	473,73	585,57	1.202,29	929,58	2.671,62
88,58	17,70	1,22	0,81	1,73	1,29	33,49	18,96	0,33
88,53	17,70	1,22	0,81	1,73	1,15	33,49	18,94	0,33
22,31	59,13	41,64	15,38	17,95	47,95	75,06	18,12	59,29
434,16	595,55	255,71	341,68	362,78	446,25	386,47	266,35	464,52
8.143,21	10.957,20	7.191,62	8.711,18	9.586,55	11.585,42	15.550,97	13.128,54	16.469,28

.../...

105. En el capítulo 6 se analizan con más detenimiento estos resultados.

... / ...

PERCENTILES DE RENTA BRUTA EQUIVALENTE	TOTAL	10 %	20 %	30 %	40 %	50 %
		0-7.359 €	7.359-10.151 €	10.151-12.919 €	12.919-15.491 €	15.491-18.498 €
Cotizaciones a la Seguridad Social	**29.758,64**	669,53	873,49	1.472,55	1.938,74	2.513,78
Devoluciones IRPF	**-3.878,08**	-451,04	-553,38	-699,67	-904,30	-820,83
Renta bruta monetaria del asalariado	**437.770,61**	5.544,15	9.944,95	18.919,98	25.195,78	32.347,14
Renta neta monetaria del asalariado	**347.205,29**	5.098,34	8.938,95	16.806,25	22.050,45	27.740,75
Renta bruta no monetaria (coche empresa) asalariado	**751,28**	0,00	3,91	3,61	4,85	0,42
Renta neta no monetaria (coche empresa) asalariado	**683,86**	0,00	3,91	3,61	4,85	0,41
Benef. o pérd. brutas, trabajadores por cuenta propia	**42.477,35**	1.523,37	1.670,72	2.092,39	2.783,43	3.418,06
Benef. o pérd. netas, trabajadores por cuenta propia	**31.619,85**	872,56	1.123,72	1.501,83	1.987,12	2.496,09
Rentas netas de planes pensiones privados (no ESSPROS)	**6.609,51**	13,35	33,03	38,19	139,90	188,55
Rentas brutas de planes pensiones privados (no ESSPROS)	**5.900,89**	13,35	33,03	38,19	139,89	188,55
Prestaciones brutas por desempleo	**18.748,31**	1.769,73	1.785,37	1.942,21	1.823,98	1.682,52
Prestaciones netas por desempleo	**17.998,10**	1.736,75	1.730,41	1.861,84	1.747,06	1.603,75
Prestaciones brutas por jubilación	**113.875,09**	1.530,97	6.654,18	7.701,27	8.361,26	9.257,83
Prestaciones netas por jubilación	**102.900,22**	1.522,29	6.640,57	7.585,47	8.041,82	8.812,34
Prestaciones brutas por supervivencia	**25.955,47**	574,28	3.746,93	2.811,98	3.067,31	3.385,20
Prestaciones netas por supervivencia	**24.876,51**	573,07	3.741,98	2.801,64	3.035,67	3.290,58
Prestaciones brutas por enfermedad	**3.715,89**	181,63	146,22	356,12	580,03	225,97
Prestaciones netas por enfermedad	**3.547,27**	179,89	143,75	348,59	574,03	219,62
Prestaciones brutas por invalidez	**15.370,90**	1.047,05	1.115,76	1.237,02	1.646,84	1.628,88
Prestaciones netas por invalidez	**15.057,06**	1.043,11	1.114,19	1.226,72	1.633,16	1.602,92
Ayuda bruta para estudios	**1.390,11**	179,12	177,17	222,89	180,15	234,26
Ayuda neta para estudios	**1.385,44**	179,12	177,17	222,89	180,14	234,26

Fuente: Elaboración propia a partir de datos de la ECV-2020.

La renta bruta asciende a poco más de los 696.000 millones de euros y la renta disponible o renta neta está algo por encima de los 576.000 millones de euros. Ambas cantidades, como se verá, son un punto de partida y referencia del modelo de renta básica que más adelante plantearemos.

Por último, tenemos la tabla 4.7, que también aporta diversos

60 %	70 %	75 %	80 %	85 %	90 %	95 %	98 %	100 %
18.498-21.946 €	**21.946-25.933 €**	**25.933-28.568 €**	**28.568-31.641 €**	**31.641-35.257 €**	**35.257-40.459 €**	**40.459-50.255 €**	**50.255-65.817 €**	**65.817-273.994 €**
3.170,31	3.363,92	2.097,39	2.375,78	2.363,66	2.464,59	2.931,98	2.048,32	1.474,60
-1.094,08	-783,33	-351,75	-439,07	-29,14	151,46	382,79	653,68	1.060,57
40.442,72	46.692,59	30.278,61	35.128,81	34.069,89	37.835,41	48.039,45	37.058,78	36.272,35
33.727,40	38.104,18	24.321,32	27.595,07	26.670,59	28.987,92	36.161,78	26.886,44	24.115,85
10,93	25,73	8,12	22,17	19,59	57,45	79,43	115,61	399,47
10,60	22,93	7,51	19,73	17,14	48,01	74,20	105,01	365,93
3.995,15	3.295,33	1.713,16	1.825,12	3.321,83	2.584,61	4.269,79	3.792,84	6.191,54
2.894,11	2.419,63	1.234,47	1.395,02	2.504,42	2.007,70	3.357,78	2.975,46	4.849,96
259,70	525,90	222,28	345,79	456,18	464,29	1.032,31	777,41	2.112,63
258,18	516,10	215,69	342,46	450,69	443,98	924,51	695,98	1.640,28
1.627,51	1.564,38	780,13	905,05	638,64	832,35	1.332,68	780,81	1.282,94
1.527,40	1.481,71	735,45	861,52	611,38	789,98	1.290,95	756,44	1.263,46
11.608,53	15.563,29	7.066,88	7.168,41	7.863,76	9.975,81	10.978,84	6.282,82	3.861,23
10.690,73	13.761,66	6.238,86	6.274,33	6.877,85	8.482,40	9.366,67	5.341,18	3.264,06
2.713,84	2.439,68	1.052,16	1.264,25	1.153,78	1.686,25	946,64	756,74	356,43
2.588,62	2.274,66	980,27	1.184,18	1.061,22	1.499,01	846,60	675,95	323,06
352,02	373,19	300,78	182,38	258,64	274,33	269,10	181,70	33,78
331,84	362,20	285,40	171,59	237,72	258,73	234,71	169,42	29,78
1.331,18	1.560,16	1.206,89	836,02	1.230,54	1.198,08	980,28	229,61	122,60
1.275,40	1.532,00	1.187,71	806,71	1.174,55	1.170,41	948,24	221,86	120,08
123,38	77,92	26,03	76,91	17,21	34,10	2,60	21,74	16,61
122,97	75,43	26,03	76,87	17,21	33,91	2,60	21,73	15,10

elementos interesantes. La renta neta media de los hogares es de 30.690 euros para el reino de España; Cataluña (35.030), Madrid (37.051), País Vasco (37.598) y Navarra (37.728) sobrepasan ampliamente esta media; por el contrario, Extremadura (22.250), Canarias (25.855), Andalucía (25.909), Castilla-La Mancha (26.722) y Murcia (26.925) se sitúan claramente por debajo, tal como puede apreciarse en la representación del gráfico 4.3.

Tabla 4.7. Renta, pobreza, exclusión y desigualdad

CONCEPTO	REINO DE ESPAÑA	ANDALUCÍA	ARAGÓN	ASTURIAS	CANARIAS	CANTABRIA	CASTILLA Y LEÓN	CASTILLA-LA MANCHA	CATALUÑA
Renta bruta de los hogares (millones de euros)	**696.638,63**	99.299,02	20.578,67	15.380,02	25.934,27	8.862,95	35.866,28	25.078,70	132.855,62
Impuesto sobre la renta (millones de euros)	**70.051,35**	8.015,58	2.001,97	1.349,78	2.129,44	935,12	3.241,60	2.181,99	16.126,86
Impuesto sobre el patrimonio (millones de euros)	**563,46**	103,77	30,52	5,41	40,07	18,29	6,78	46,46	131,85
Transferencias a otros hogares (millones de euros)	**5.407,37**	951,80	95,31	96,80	308,07	29,95	306,39	153,11	947,68
Renta neta de los hogares (millones de euros)	**576.173,03**	84.101,35	17.132,08	12.869,18	22.122,01	7.346,07	29.804,28	21.150,64	107.187,26
Renta bruta media del hogar (euros)	**37.107**	30.591	37.872	33.802	30.310	36.568	35.048	31.684	43.418
Renta neta media del hogar (euros)	**30.690**	25.909	31.529	28.284	25.855	30.309	29.125	26.722	35.030
Renta bruta media personal (euros)	**14.862**	11.795	15.732	15.280	11.647	15.381	15.279	12.432	17.563
Renta neta media personal (euros)	**12.292**	9.990	13.097	12.786	9.935	12.748	12.697	10.485	14.170
Renta bruta media equivalente (euros)	**22.082**	17.771	23.081	21.613	17.430	22.408	21.968	18.623	26.109
Renta neta media equivalente (euros)	**18.263**	15.051	19.215	18.085	14.868	18.573	18.255	15.706	21.065
% Hogares en riesgo de pobreza*	**20,52 %**	28,52 %	16,18 %	22,88 %	32,08 %	19,17 %	17,01 %	25,42 %	14,28 %
% Hogares en riesgo de pobreza**	**19,05 %**	18,12 %	19,74 %	22,61 %	25,97 %	19,17 %	18,08 %	18,55 %	19,21 %
% Hogares en riesgo de pobreza severa*	**9,20 %**	11,19 %	6,44 %	13,48 %	19,11 %	9,16 %	6,06 %	8,71 %	7,19 %
% Hogares en riesgo de pobreza severa**	**8,73 %**	7,10 %	7,98 %	13,48 %	15,51 %	9,16 %	6,27 %	7,69 %	9,32 %
% Hogares en carencia material severa	**6,52 %**	8,20 %	1,21 %	6,16 %	12,84 %	3,37 %	3,43 %	3,30 %	5,35 %
% Personas en riesgo de pobreza*	**20,97 %**	28,45 %	15,96 %	22,22 %	29,93 %	17,99 %	15,15 %	25,15 %	16,65 %
% Personas en riesgo de pobreza**	**19,71 %**	18,91 %	18,76 %	22,10 %	21,98 %	17,99 %	16,08 %	18,88 %	21,65 %

EXTREMADURA	GALICIA	ISLAS BALEARES	MADRID	MURCIA	NAVARRA	PAÍS VASCO	LA RIOJA	COMUNIDAD VALENCIANA	CEUTA	MELILLA
11.037,01	36.347,95	18.432,62	121.549,11	17.320,42	12.085,68	41.132,98	5.068,95	67.865,32	1.109,54	833,53
719,10	3.109,08	1.878,12	15.693,56	1.359,61	1.357,80	3.439,14	492,95	5.936,12	44,19	39,34
9,31	6,73	3,99	61,37	3,68	11,80	7,10	1,43	70,23	2,98	1,68
96,98	236,35	129,37	934,28	191,01	89,35	171,08	24,41	638,17	3,05	4,22
9.583,65	30.713,55	15.302,58	97.447,96	14.756,68	9.794,17	34.268,79	4.226,80	56.609,39	1.006,12	750,46
25.624	32.974	39.889	46.215	31.602	46.556	45.129	38.491	33.505	31.787	41.249
22.250	27.862	33.115	37.051	26.925	37.728	37.598	32.096	27.948	28.824	37.138
10.535	13.572	15.248	18.186	11.561	18.625	18.980	16.194	13.585	10.866	12.692
9.147	11.469	12.658	14.580	9.850	15.094	15.813	13.504	11.332	9.853	11.427
15.488	19.840	22.918	27.194	17.774	27.762	27.721	23.735	20.104	17.232	20.851
13.448	16.765	19.026	21.802	15.143	22.498	23.095	19.792	16.769	15.626	18.773
31,60 %	23,28 %	13,99 %	13,79 %	22,93 %	7,68 %	10,95 %	15,86 %	24,55 %	32,12 %	34,76 %
14,21 %	21,27 %	19,39 %	17,20 %	13,41 %	15,89 %	19,93 %	18,73 %	20,54 %	26,51 %	28,36 %
11,02 %	11,01 %	6,35 %	5,98 %	9,70 %	3,15 %	4,23 %	4,94 %	12,70 %	23,12 %	21,13 %
4,52 %	10,60 %	7,70 %	7,51 %	5,79 %	6,27 %	8,79 %	5,58 %	11,16 %	12,60 %	18,02 %
7,64 %	4,51 %	7,89 %	5,82 %	7,13 %	4,36 %	4,34 %	2,14 %	10,38 %	7,51 %	10,65 %
31,41 %	22,10 %	14,07 %	15,38 %	25,00 %	9,86 %	10,02 %	15,04 %	24,56 %	35,34 %	36,31 %
15,91 %	20,34 %	20,66 %	19,08 %	15,27 %	17,62 %	19,30 %	17,65 %	21,70 %	31,11 %	33,60 %

.../...

.../...

CONCEPTO	REINO DE ESPAÑA	ANDALUCÍA	ARAGÓN	ASTURIAS	CANARIAS	CANTABRIA	CASTILLA Y LEÓN	CASTILLA-LA MANCHA	CATALUÑA
% Personas en riesgo de pobreza severa*	**9,52 %**	11,56 %	6,13 %	12,23 %	16,70 %	8,74 %	5,53 %	9,45 %	9,19 %
% Personas en riesgo de pobreza severa**	**8,93 %**	7,12 %	8,29 %	12,23 %	12,50 %	8,74 %	5,85 %	8,24 %	11,55 %
% Personas sin empleo o de baja intensidad	**9,89 %**	13,48 %	6,06 %	17,70 %	15,31 %	7,78 %	7,86 %	8,00 %	9,74 %
% Personas en riesgo de pobreza o exclusión social*	**26,42 %**	35,14 %	18,45 %	27,72 %	36,25 %	23,73 %	19,78 %	29,76 %	22,77 %
% Personas en riesgo de pobreza o exclusión social**	**25,35 %**	27,37 %	21,06 %	27,60 %	29,75 %	23,73 %	20,59 %	23,93 %	26,35 %
Índice de Gini renta bruta	**0,3631**	0,3496	0,3144	0,3841	0,3777	0,3589	0,3277	0,3177	0,3463
Índice de Gini renta neta	**0,3252**	0,3146	0,2831	0,3514	0,3425	0,3166	0,2887	0,2899	0,3055
Índice de Suits impuesto sobre la renta s/renta bruta	**0,3644**	0,4387	0,3461	0,4024	0,4292	0,4108	0,3800	0,3973	0,3299
Índice de Suits impuesto sobre la renta s/renta neta	**0,3670**	0,4280	0,3277	0,4000	0,4339	0,4285	0,3778	0,3853	0,3344
Efecto redistributivo impuesto sobre la renta	**0,0379**	0,0350	0,0313	0,0327	0,0352	0,0423	0,0390	0,0278	0,0408
Índice de Suits impuesto del patrimonio s/renta bruta	**-0,0657**	0,0241	0,0121	0,0756	0,0739	0,0201	0,1150	-0,1490	-0,0923
Índice de Suits impuesto del patrimonio s/renta neta	**-0,2200**	-0,2277	-0,0416	0,1355	0,0123	-0,2869	0,1736	-0,9120	-0,1585

Nota: *Umbral de riesgo de pobreza del reino de España. **Umbral de riesgo de pobreza CA.
Fuente: Elaboración propia a partir de datos de la ECV-2020.

Siguiendo con la tabla 4.7, y también utilizando siempre el criterio del URP de la comunidad autónoma, el porcentaje de hogares en riesgo de pobreza y pobreza severa en España es, respectivamente, del 19,1 % y el 8,7 %, aunque Murcia (13,4 % y 5,8 %), Extremadura (14,2 % y 4,5 %), Navarra (15,9 % y

EXTREMADURA	GALICIA	ISLAS BALEARES	MADRID	MURCIA	NAVARRA	PAÍS VASCO	LA RIOJA	COMUNIDAD VALENCIANA	CEUTA	MELILLA
11,75 %	9,39 %	6,08 %	5,87 %	11,25 %	5,06 %	3,81 %	3,99 %	13,41 %	25,16 %	26,12 %
4,81 %	8,90 %	7,99 %	7,70 %	6,05 %	8,60 %	8,53 %	4,60 %	11,49 %	14,84 %	22,95 %
11,86 %	8,54 %	4,52 %	5,94 %	9,16 %	7,46 %	7,35 %	6,03 %	11,24 %	22,46 %	28,21 %
38,75 %	25,75 %	21,99 %	20,88 %	29,71 %	12,04 %	13,90 %	19,02 %	29,35 %	38,79 %	42,45 %
26,02 %	24,16 %	26,50 %	23,98 %	22,69 %	19,23 %	21,86 %	21,26 %	27,13 %	36,18 %	39,73 %
0,3197	0,3439	0,2966	0,3765	0,3190	0,2953	0,3208	0,3246	0,3723	0,4134	0,4685
0,2845	0,3119	0,2649	0,3326	0,2888	0,2635	0,2905	0,2965	0,3382	0,3966	0,4485
0,5013	0,3610	0,3104	0,3425	0,3982	0,2945	0,2093	0,2943	0,3140	0,3261	0,4347
0,4933	0,3595	0,3139	0,3607	0,3747	0,2703	0,2013	0,2824	0,3073	0,3121	0,4375
0,0352	0,0320	0,0317	0,0439	0,0302	0,0318	0,0302	0,0282	0,0341	0,0168	0,0200
0,5196	0,6112	0,1782	0,1684	0,1936	0,0509	0,4496	0,1526	−0,2990	0,0868	−0,4602
0,3651	0,5975	0,1521	0,1545	0,2222	−0,2111	0,4848	0,0943	−0,4937	0,0907	−0,4563

6,3 %) y Madrid (17,2 % y 7,5 %) se sitúan significativamente por debajo de esos dos valores medios y, contrariamente, Galicia (21,3 % y 10,6 %), Asturias (22,6 % y 13,5 %) y Canarias (26,0 % y 15,5 %) están notablemente por encima. Por otra parte, el porcentaje de hogares en carencia material severa para España es del 6,52 %. También aquí hay diferencias notables

Gráfico 4.3. Renta bruta y neta del hogar y personal

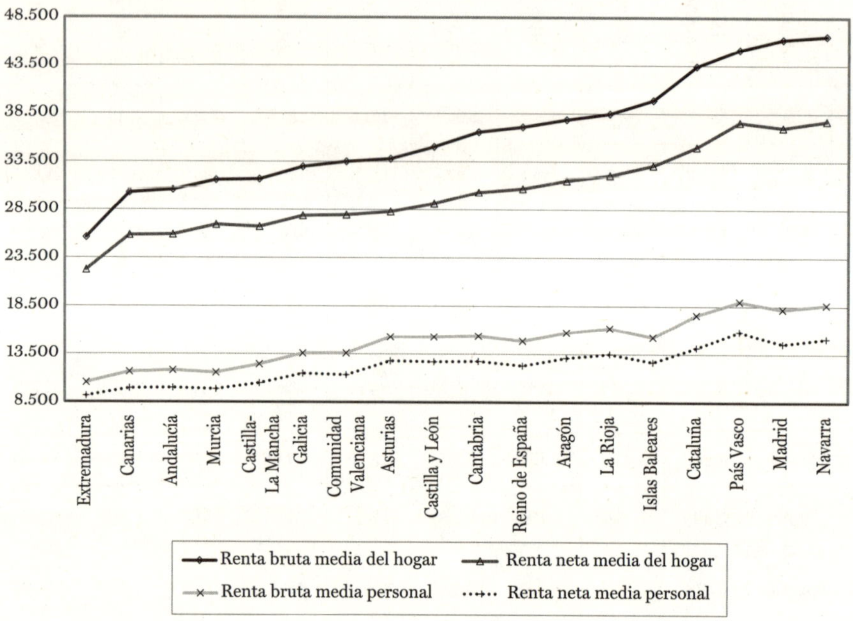

Fuente: Elaboración propia a partir de datos de la ECV-2020.

con Aragón (1,2 %), La Rioja (2,1 %), Castilla-La Mancha (3,3 %), Cantabria (3,4 %), Castilla y León (3,4 %), País Vasco (4,3 %), Navarra (4,4 %) y Galicia (5,1 %), que disminuyen notoriamente respecto a aquél; mientras que con respecto a Andalucía (8,2 %), Comunidad Valenciana (10,4 %) y Canarias (12,8 %) se observa un aumento significativo.

Y si seguimos aún más en la tabla 4.7, el porcentaje de personas en riesgo de pobreza y pobreza severa para el reino de España se sitúa en 19,7 % y 8,9 %. Pero Asturias (22,1 % y 12,2 %), Canarias (22 % y 12,5 %), Comunidad Valenciana (21,7 % y 11,5 %) y Cataluña (21,7 % y 11,6 %) están claramente por encima, mientras que La Rioja (17,3 % y 4,6 %), Navarra (16,1 % y 6,9 %), Extremadura (15,9 % y 4,8 %) y Murcia (15,3 % y 6,1 %) están en la banda inferior. Por otra parte, el porcentaje de personas sin empleo o de baja intensidad para el total del reino de España alcanza el 9,9 %; Asturias (17,7 %), Cana-

Gráfico 4.4. Pobreza y privación en los hogares

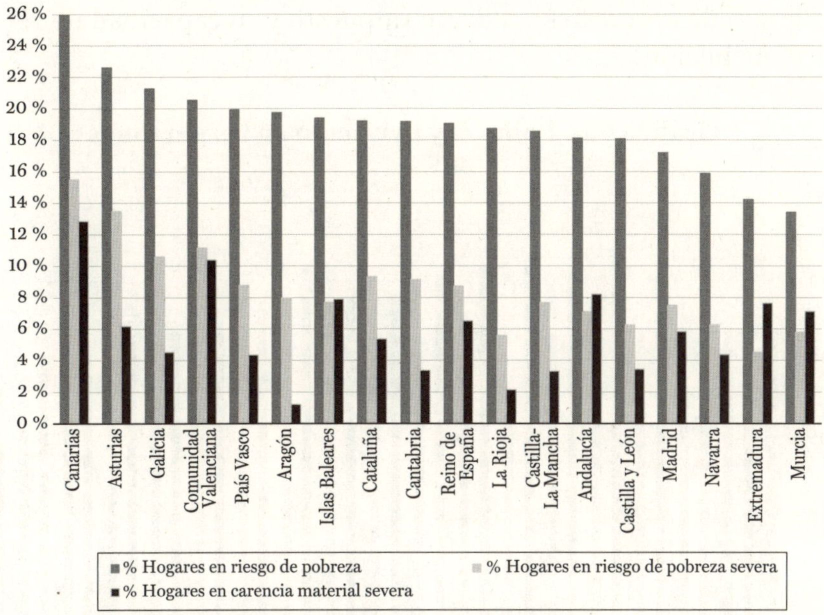

Fuente: Elaboración propia a partir de datos de la ECV-2020.

rias (15,3 %) y Andalucía (13,5 %) lo superan ampliamente, mientras que las Islas Baleares (4,5 %), Madrid (5,9 %), La Rioja (6,0 %) y Aragón (6,1 %) se sitúan considerablemente por debajo. Y, finalmente, el porcentaje de personas en riesgo de pobreza y exclusión social, compendio de los anteriores, es de 25,4 % para el reino de España. Con las excepciones de Navarra (19,2 %), La Rioja (21,3 %) y País Vasco (21,9 %) —entre cuatro y cinco puntos porcentuales por debajo— y de Canarias (29,8 %), Asturias (27,6 %), Andalucía (27,4 %) y Comunidad Valenciana (27,1 %) —entre dos y cinco puntos porcentuales por encima—, el resto mantienen valores muy similares. Todos los comentarios anteriores quedan recogidos en el gráfico 4.5.

Por último, la tabla 4.7, además de la renta bruta y la renta neta medias por hogar y personal y de todo el conjunto de indicadores de pobreza y exclusión expresados ya en porcentaje, recoge también los índices de Gini, los índices de Suits y el efecto redistributivo que permiten valorar, respectivamente, el grado de desigualdad de la distribución de la renta, el grado de progresividad de un impuesto y su capacidad de redistribución.

Gráfico 4.5. Pobreza y privación en las personas

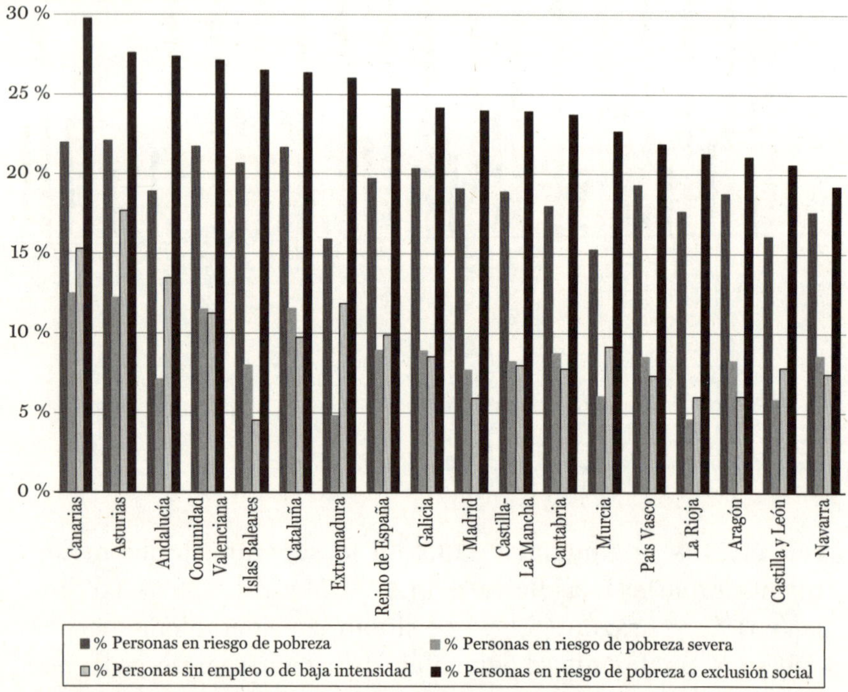

Fuente: Elaboración propia a partir de datos de la ECV-2020.

El índice de Gini (Gini, 1912) varía entre 0 y 1; el extremo inferior es la situación teórica de total igualdad, es decir, la renta se distribuye equitativamente entre todas las personas, mientras que el extremo superior indica la máxima desigualdad, dando lugar a la situación teórica de que una única persona concentra toda la renta. Valores entre 0,25 y 0,28 son los habituales en los países europeos de nuestro entorno y los que indican un grado de desigualdad tolerable según criterios habituales, sean o no discutibles en más de un aspecto.

Los resultados de los índices de Gini muestran, para el total del reino de España, grados notablemente elevados de desigualdad, antes de impuestos (0,363) y después de impuestos (0,325). De todas formas, debemos tener en cuenta que (por este orden) Navarra, Islas Baleares, Aragón, Castilla-La Mancha, Murcia, Extremadura y País Vasco disminuyen ambos valores entre cuatro y seis puntos, como se expresa en el gráfico 4.6.

Gráfico 4.6. Desigualdad

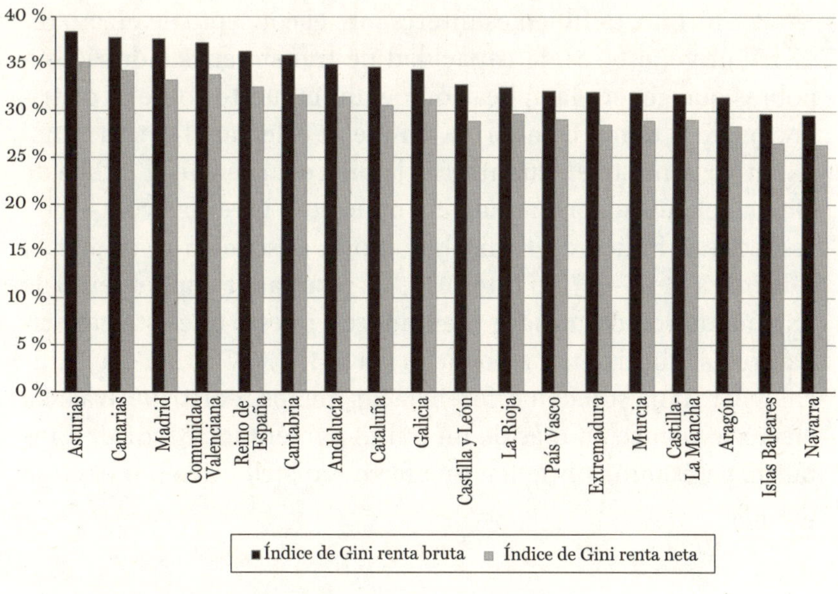

Fuente: Elaboración propia a partir de datos de la ECV-2020.

El índice de Suits (Suits, 1977) tiene su recorrido entre −1 y 1. Se calcula para cualquier impuesto y siempre relacionado con una distribución de renta. El valor extremo inferior −1 se interpreta como una situación de regresividad —las rentas más elevadas pagan proporcionalmente menos impuestos—, el valor central 0 indica un impuesto proporcional, esto es, los declarantes pagan la misma proporción con independencia de su renta, y finalmente el extremo positivo se asocia a un impuesto progresivo, cuanto más elevada es la renta, más proporción de impuesto se paga. Valores entre 0,25 y 0,45 suelen considerarse indicativos de un impuesto progresivo.[106]

Los resultados de los índices de Suits indican, para el total del reino de España, valores progresivos, entre 0,364 y 0,367, en función de la renta bruta o neta. Extremadura, Andalucía, Canarias y Cantabria, por este orden, obtienen valores significativamente más elevados, que señalan mayor progresividad. En cambio, País Vasco, La Rioja, Navarra, Islas Baleares y Comunidad Valenciana, también por este orden, se sitúan en valores claramente menores, que indican una menor progresividad.

Por último, también es interesante el concepto de efecto redistributivo, esto es, la capacidad de transferencias de ricos a pobres que genera la aplicación de un impuesto sobre la distribución de la renta. Una forma simple de calcular el efecto redistributivo consiste en cuantificar la diferencia entre el índice de Gini en el que no ha operado el impuesto —la renta bruta— con respecto al índice de Gini obtenido al descontar el impuesto —la renta neta—.[107] En este caso, los resultados para el reino de España no son demasiado alentadores, puesto que esta capacidad redistributiva tan sólo alcanza un 3,8 %. Castilla-La Mancha y La Rioja son con diferencia las menos redistributivas: su efecto se reduce en más de un punto porcentual. Madrid, Cantabria y Cataluña obtienen un efecto redistributivo por encima del 4 %.

106. También puede calcularse para transferencias o beneficios fiscales, aunque hay que advertir entonces que sus valores y su interpretación están invertidos respecto al caso de un impuesto. Una alternativa al índice de Suits es el índice de Kakwani (Kakwani, 1977), que no utilizaremos aquí por su redundancia.

107. El índice de Reynolds-Smolensky (Reynolds y Smolensky, 1977) es la base de cálculo del efecto redistributivo, aunque su cálculo es algo más complejo que la simple diferencia entre los índices de Gini indicada. La simplicidad de esta última operación —que consigue aproximaciones muy precisas— y su sencilla interpretación hacen de ella una alternativa utilizada frecuentemente.

Tabla 4.8. Medidas de pobreza y exclusión en la ECV-2021

CONCEPTO	REINO DE ESPAÑA
Renta bruta de los hogares (millones de euros)	**704.800**
Impuesto sobre la renta (millones de euros)	**118.191**
Impuesto sobre el patrimonio (millones de euros)	**5.897**
Transferencias a otros hogares (millones de euros)	**5.554**
Renta neta de los hogares (millones de euros)	**575.158**
% Hogares en riesgo de pobreza*	**20,46 %**
% Hogares en riesgo de pobreza severa*	**9,86 %**
% Hogares en carencia material severa	**7,28 %**
% Personas en riesgo de pobreza*	**20,61 %**
% Personas en riesgo de pobreza severa*	**9,90 %**
% Personas sin empleo o de baja intensidad	**11,65 %**
% Personas en riesgo de pobreza o exclusión social**	**26,88 %**
% Personas en carencia material y social severa***	**8,24 %**
% Personas sin empleo o de baja intensidad***	**11,21 %**
% Personas en riesgo de pobreza o exclusión social***	**25,74 %**

Nota: *Umbral de riesgo de pobreza CA. **Estrategia Europa 2020. ***Estrategia Europa 2030.
Fuente: Elaboración propia a partir de datos de la ECV-2021.

Ya hemos indicado que a partir de la ECV de 2021 se han introducido nuevas medidas de pobreza y exclusión social con la llamada estrategia Europa-2030. Por esta razón proporcionamos, en la tabla 4.8, los resultados que se obtienen con estos nuevos indicadores, junto a los valores de renta e impuestos, que pueden ser comparados con los obtenidos con la referencia de la estrategia Europa-2020. Tal como se observa, no hay cambios significativos en los indicadores que han modificado su definición; pueden apuntarse muy ligeros descensos, tanto en el empleo de baja intensidad como en el riesgo de pobreza o exclusión social, aunque los porcentajes siguen siendo altamente preocupantes. El nuevo indicador de carencia material y social severa, que no es comparable directamente con ninguno de los hasta ahora existentes, indica que más del 8 % de la población padece esta situación, otra alerta que se añade a las anteriormente mencionadas.

Para terminar este capítulo, es conveniente efectuar algunas comparaciones de los principales indicadores comentados con los obtenidos por países del entorno europeo. Eurostat publica resultados armonizados para la mayoría de los indicadores de los veintisiete países de la actual Unión Europea (UE-27), que son los que permitirán esta comparación.[108]

- Porcentaje de personas sin empleo o de baja intensidad (estrategia Europa-2020). En 2020, el reino de España ocupó la posición 23, por delante de Italia, Irlanda, Bélgica y Grecia. En los cuatro años anteriores 2016-2019 su puesto fue, respectivamente, el 25, 24, 21 y 24.
- Riesgo de pobreza. En 2020, el reino de España obtuvo la posición 24, teniendo en cuenta que en los tres últimos lugares se situaron Letonia, Rumanía y Bulgaria. Si nos atenemos al cuatrienio 2016-2019, la situación fue, respectivamente, la 25, 23, 22 y 23.
- Tasa AROPE (estrategia Europa-2020). En 2020, el reino de España ocupó la posición 24, teniendo por detrás —en peor situación— a Grecia, Rumanía y Bulgaria. A lo largo de los cuatro años anteriores 2016-2019 su posición fue la 21, superando a Bulgaria, Grecia, Italia, Letonia, Lituania y Rumanía.
- Desigualdad. Si utilizamos la referencia UE-27 para el año

108. Hemos utilizado las referencias: ILC_LI02 At risk of powerty rate, ILC_LVHL11 Persons living in households with very low work intensity by age and sex (population aged 0 to 59 years); EU 2020 strategy, ILC_PEPS01, Persons at risk of poverty or social exclusion by age and sex; EU 2020 strategy, ILC_DI12, Gini coefficient y ILC_DI11 Income quintile share ratio (S80/S20), que pueden consultarse en: <https://ec.europa.eu/eurostat/web/main/data/database>. Para llegar a las cinco tablas mencionadas en esta nota se debe seguir el siguiente «camino» dentro del árbol mostrado en la página web: Population and Social Conditions > Living conditions and welfare > Income and living conditions.

> 2020, el reino de España se situó en el puesto 22, por detrás quedaron: Italia, Rumanía, Letonia, Lituania y Bulgaria, que por este orden obtuvieron una peor posición. Si incluimos en la comparación los cuatro años anteriores 2016-2019, el reino de España se mantuvo en las posiciones 24, 24, 22 y 23. Si en lugar de utilizar como referencia el índice de Gini la cambiamos por la ratio S80-S20,[109] los resultados son muy parecidos, puesto que para el quinquenio 2016-2020 el reino de España siguió situado en las últimas posiciones: 24, 25, 22, 22 y 23.

Todo ello señala que no estamos ante un problema coyuntural: la pobreza, la precariedad, la exclusión social y la desigualdad llevan como mínimo un quinquenio instaladas en nuestra sociedad y en todos los casos citados no se advierte ningún tipo de mejora en ellas. La comparación con Europa es especialmente preocupante, puesto que en los cuatro casos analizados las cifras del reino de España son parecidas a países que no parecen ser de nuestro entorno más cercano.

Ésta es pues la radiografía a la que hacíamos referencia al inicio del capítulo. Llámese situación *ex ante* o parte del coste de no disponer de una renta básica. Y como ya hemos apuntado en algún otro momento, es el principal problema al que debe enfrentarse una política económica que tenga en la renta básica uno de sus componentes. Porque es muy habitual la razonable pregunta de «¿cuánto cuesta financiar la renta básica?» —que será detalladamente respondida en el capítulo 8—, pero la pregunta de «¿cuánto cuesta o qué costes sociales existen al no disponer de una renta básica?» es menos veces formulada. Y los costes, tal y como hemos podido observar, son muy altos. Aunque queremos insistir: solamente son una parte de los costes de no disponer de una renta básica.

109. La ratio S80-S20 es el resultado de dividir la renta total acumulada en el quintil superior entre la renta total acumulada en el quintil inferior, lo que da una medida acerca de la diferente acumulación entre ricos y pobres. Es un indicador habitualmente utilizado también como medida de desigualdad.

5

Los microdatos fiscales del Panel de Hogares. Nueva información sobre la renta y el patrimonio en el reino de España (2016-2019)

Vamos ahora a hablar de un nuevo tipo de información, distinta a la de la ECV que hemos analizado en el capítulo anterior. Se trata de información administrativa que ha elaborado la Agencia Estatal de la Administración Tributaria (AEAT), el INE y el Instituto de Estudios Fiscales (IEF), y que se ha denominado Panel de Hogares (PH).[110,111,112] Existen diferencias importantes entre este tipo de microdatos y los de la ECV.[113] En primer lugar, al tratarse

110. Estamos en deuda con Rafael Frutos, subdirector general de Presupuestación y Seguimiento de los Ingresos Tributarios de la AEAT, por todas las facilidades y aclaraciones que nos ha proporcionado siempre ante algunas dudas que nos ha planteado el tratamiento de esta información. Sin su estimable ayuda, la explotación que hemos efectuado hubiera sido aún mucho más complicada.

111. Una descripción introductoria del proceso de elaboración de esta información se puede consultar en: <https://sede.agenciatributaria.gob.es/static_files/Sede/Tema/Estadisticas/Muestras_fiscales/Panel_hogares/Documentacion/Nota_Metodologica_panel_hogares.pdf>. También en: <https://www.ief.es/Investigacion/Est_panelHogares.vbhtml>.

112. Para una visión en profundidad del contenido del PH, puede consultarse Pérez López *et al.* (2022).

113. En Arcarons, Raventós y Torrens (2020) puede encontrarse una discusión más extensa del tipo de diferencias que hay entre la información proveniente de encuestas y la información administrativa. Más adelante, en el capí-

de un panel, se dispone de la información del hogar fiscal y de sus integrantes a lo largo del período analizado en su confección 2016-2019 —también la ECV permite un tipo de seguimiento similar con sus ficheros longitudinales—. En segundo lugar, puesto que se trata de información fiscal administrativa, aquí no cabe la posibilidad de efectuar preguntas subjetivas para confeccionar indicadores derivados, como sí sucede en la ECV, por poner un ejemplo, el caso de la *carencia material severa*, para cuya construcción se formulan al entrevistado nueve preguntas distintas. En este sentido, es obvio que con los datos administrativos no se va a disponer de determinada información que puede ser muy relevante, pero como contrapartida se obtiene mucha mayor precisión en las variables que permiten construir la renta bruta y la renta neta y su distribución, al no existir ningún proceso de imputación como el que se lleva a cabo en la ECV.[114] El volumen de representación es mucho más elevado, ya que estos nuevos microdatos para el año 2019 constan de una muestra muy cercana a los 950.000 hogares, que abarcan más de 2,7 millones de registros personales[115] —frente a los poco más de 15.000 hogares y 38.000 personas presentes en la ECV.[116]

En suma, volvemos al mismo punto de discusión con el que iniciamos el capítulo anterior: cualquier análisis sobre las posibilidades de implementación de la renta básica requiere

---

tulo 6, se analizarán en profundidad las discrepancias más significativas entre la ECV y el PH.

114. En los microdatos del PH, todas las rentas están individualizadas, al contrario que en la ECV, en las que una parte están asignadas al hogar. En el capítulo 9 se explican con detalle los inconvenientes que genera, para la construcción de un modelo de renta básica, esta imputación agregada.

115. En <https://www.ief.es/docs/investigacion/estadistica/PeticionDatos.pdf> puede efectuarse la petición de los microdatos, aunque se advierte de que el volumen de información que se transmite requiere una capacidad de procesamiento elevada.

116. Hay que recordar que en el caso de la ECV, la referencia anual es 2020, pero que los valores de renta hacen referencia al año anterior, de ahí el decalaje entre la información del PH-2019 —en donde los valores de renta son del mismo año de referencia— y la ECV-2020.

disponer de una fotografía que resuma la situación de partida en cuanto a pobreza, desigualdad y distribución de la renta para tener una visión exhaustiva de los problemas que debe resolver la renta básica, lo que allí ya denominamos situación *ex ante*.

El PH consta de seis tipos de información bien diferenciada. En la siguiente enumeración quedan reflejados los conceptos que vamos a emplear en el desarrollo de este capítulo:[117]

1. Hogar y personas integrantes del hogar. Edad, género, país de nacimiento, comunidad autónoma (CA), provincia, municipio, sección censal de residencia y nacionalidad.
2. Fuentes de renta[118] (en total contiene veintinueve variables de renta):

117. Conviene señalar que en esta enumeración se tiene en cuenta la información correspondiente al año 2019, que es la que utilizaremos posteriormente para desarrollar el modelo de financiación de la renta básica. En general, los años anteriores (2016, 2017 y 2018) contienen información muy similar, aunque pueden darse algunas diferencias.

118. Toda la información que se indica en los puntos 2, 3, 4 y 5 proviene de los siguientes modelos, solicitudes o declaraciones informativas empleados por la AEAT.

Modelo 100. Impuesto sobre la renta de las personas físicas.

Modelo 140. Solicitud de abono anticipado de la deducción por maternidad.

Modelo 180. Retenciones e ingresos a cuenta. Rendimientos procedentes del arrendamiento de inmuebles urbanos.

Modelo 181. Préstamos y créditos, y operaciones financieras relacionadas con bienes inmuebles.

Modelo 143. Abono anticipado deducción de familia numerosa, ascendiente con dos hijos o personas con discapacidad a cargo.

Modelo 184. Entidades en régimen de atribución de rentas.

Modelo 187. Acciones y participaciones representativas del capital o del patrimonio de las instituciones de inversión colectiva y resumen anual de retenciones e ingresos a cuenta del IRPF, IS e IRNR en relación con las rentas o ganancias patrimoniales obtenidas como consecuencia de las transmisiones o reembolsos de esas acciones y participaciones, y de las transmisiones de derechos de suscripción.

- Rentas provenientes del trabajo: salarios, pensiones de jubilación, prestaciones por desempleo, aportación del empleador a planes de pensiones y seguros colectivos, rentas exentas, indemnizaciones por despido, prestaciones por desempleo exentas, trabajos en el extranjero.
- Rentas del capital mobiliario: intereses, dividendos, otras rentas no exentas de entidades en atribución de rentas.
- Rentas por arrendamiento de inmuebles: locales y viviendas de entidades en atribución de rentas.

Modelo 188. Retenciones e ingresos a cuenta. Rentas o rendimientos del capital mobiliario procedentes de operaciones de capitalización y de contratos de seguro de vida o invalidez.

Modelo 189. Valores, seguros y rentas.

Modelo 190. Retenciones e ingresos a cuenta. Rendimientos del trabajo y de actividades económicas, premios y determinadas ganancias patrimoniales e imputaciones de rentas.

Modelo 192. Declaración de operaciones con Letras del Tesoro.

Modelo 193. Retenciones e ingresos a cuenta del IRPF sobre determinados rendimientos del capital mobiliario. Retenciones e ingresos a cuenta del IS e IRNR (establecimientos permanentes) sobre determinadas rentas.

Modelo 194. Retenciones e ingresos a cuenta del IRPF, IS e IRNR (establecimientos permanentes) sobre rendimientos del capital mobiliario y rentas derivadas de la transmisión, amortización, reembolso, canje o conversión de cualquier clase de activos representativos de la captación y utilización de capitales ajenos.

Modelo 196. Resumen anual de retenciones e ingresos a cuenta sobre rendimientos del capital mobiliario y rentas obtenidas por la contraprestación derivada de cuentas en toda clase de instituciones financieras.

Modelo 198. Declaración anual de operaciones con activos financieros y otros valores mobiliarios.

Modelo 270. Resumen anual de retenciones e ingresos a cuenta. Gravamen especial de premios de determinadas loterías y apuestas.

Modelo 345. Planes, fondos de pensiones y sistemas alternativos. Mutualidades de previsión social, planes de previsión asegurados, planes individuales de ahorro sistemático, planes de previsión social empresarial y seguros de dependencia. Declaración anual partícipes, aportaciones y contribuciones.

Modelo 714. Impuesto sobre el patrimonio.

Modelo 720. Declaración informativa sobre bienes y derechos situados en el extranjero.

- Rendimientos de actividades económicas: estimación directa, estimación objetiva no agraria, estimación objetiva agraria de entidades en atribución de rentas.
- Ganancias patrimoniales netas.
- Otras rentas no exentas: renta de emancipación, otras rentas en regímenes especiales.
- Rentas exentas: prestaciones de incapacidad, prestaciones de dependencia, prestaciones familiares, becas exentas, otras prestaciones exentas, deducción a madres trabajadoras, deducción por descendientes con discapacidad, deducción por ascendientes con discapacidad, deducción por familia numerosa, deducción por ascendiente separado.
- Impuestos y cotizaciones: cuota resultante/retenciones, cotizaciones sociales empleados y parados.

3. Imputaciones de renta (en total contiene cincuenta y cuatro variables de renta):

   - Rentas provenientes del trabajo: salarios, retribución de consejeros, cursos y premios literarios y científicos no exentos, trabajos en el extranjero, indemnizaciones por despido exentas, aportación del empleador a planes de pensiones, retribuciones de empleados del hogar, incapacidad laboral transitoria, pensiones de jubilación contributivas, pensiones de jubilación privadas, pensiones de incapacidad, desempleo pagos periódicos, desempleo pago único, plan Prepara, rentas mínimas de comunidades autónomas y corporaciones locales.
   - Rentas del capital mobiliario: intereses, dividendos, intereses activos con derecho a bonificación, amortización de Letras del Tesoro, transmisión o reembolso de otros activos, seguros de vida, invalidez y operaciones de capitalización, rentas por imposición de capital, asistencia técnica, propiedad intelectual, propiedad industrial, otros rendimientos, rendimientos negativos, rentas EAR.

- Otras rentas: pensiones no contributivas, prestaciones de la Ley de dependencia, prestaciones familiares, otras prestaciones exentas, rentas de emancipación, becas exentas, deducciones como impuesto negativo sobre el IRPF, dietas exentas, premios de lotería.
- Retenciones: rendimientos del trabajo, rendimientos del capital mobiliario, arrendamiento de inmuebles urbanos, rendimiento de actividades económicas, entidades en régimen de atribución rentas, ingresos a cuenta, ganancias patrimoniales, incluidos premios.
- Cotizaciones de asalariados y parados.

4. Patrimonio (en total contiene once variables de patrimonio):

- Patrimonio inmobiliario: urbano, rústico, BICE —bien inmueble con características especiales— en todos los casos, contabilizado según su valor catastral.
- Cuentas bancarias y depósitos.
- Activos financieros: deuda y bonos, IIC —instituciones de inversión colectiva—, seguros y rentas, planes de pensiones, valores negociados en mercados organizados nacionales.
- Otros elementos patrimoniales.
- Pasivos no societarios.

5. Impuesto sobre la renta de las personas físicas (IRPF)[119] (en total contiene 148 variables de renta y veintinueve variables informativas sobre características de la persona declarante).
6. Impuesto sobre el patrimonio (IP)[120] (en total contiene cuarenta y dos variables de renta).

119. La práctica totalidad de las variables relevantes de la declaración del IRPF que aparecen en el Modelo 100 de la AEAT.

120. La práctica totalidad de las variables relevantes de la declaración del IP que aparecen en el Modelo 714 de la AEAT.

Los datos del PH

Fuentes de renta

Las tablas 5.1, 5.2, 5.3 y 5.4 reproducen una primera información interesante; todas hacen referencia al segundo apartado antes señalado: fuentes de renta. Aparecen, por tanto, todas las variables recogidas en el PH-2019 para determinar la renta bruta y la renta neta.

La tabla 5.1[121] permite analizar la distribución por comunidad autónoma. Debemos advertir de una primera limitación del PH, a la que ya se hizo referencia en el capítulo anterior: no aparecen los datos correspondientes a Navarra y el País Vasco, puesto que tienen un régimen de tributación especial y no son tratados por la AEAT. En consecuencia, el total ya no es del reino de España, sino de lo que se conviene en denominar territorio fiscal común (TFC).

La renta bruta se cifra muy cercana a los 676.000 millones de euros, mientras que la renta neta se sitúa algo por encima de los 561.000 millones de euros.

Andalucía (19,0 %), Cataluña (17,4 %), Madrid (15,2 %) y Comunidad Valenciana (11,4 %) son las únicas comunidades autónomas cuya población declarante supera el 10 % del total del TFC. Entre las cuatro alcanzan casi el 63 %. Si nos fijamos en la renta bruta y neta, estos mismos cuatro territorios siguen siendo los que más aportan al total, pero la participación es notablemente distinta, al menos en los tres primeros: Andalucía (14,9 % y 15,4 %), Cataluña (20,2 % y 19,8 %) y Madrid (20,2 % y 19,5 %), en cambio en la Comunidad Valenciana (10,1 y 10,2 %) es prácticamente la misma. Estas cuatro comunidades autónomas alcanzan el 65,4 % y el 64,8 % de la renta bruta y neta, respectivamente, como refleja el gráfico 5.1.

121. En el anexo estadístico se reproducen, siguiendo la misma enumeración, todas las tablas que aparecen en este capítulo, que son las relativas al año 2019, y también las correspondientes a los años 2016, 2017 y 2018.

Tabla 5.1. Fuentes de renta

CONCEPTO (importes en millones de euros)	TFC	ANDALUCÍA	ARAGÓN	ASTURIAS	CANARIAS	CANTABRIA	CASTILLA-LA MANCHA	CASTILLA Y LEÓN
Hogares/UC en la muestra	**947.877**	109.002	41.947	41.081	62.674	30.581	45.691	50.683
Hogares/UC en la población	**17.131.323**	3.209.261	532.425	445.274	808.136	235.075	789.400	1.023.573
Declaraciones en la muestra	**2.710.152**	303.022	118.990	107.785	178.907	82.660	132.316	133.387
Declaraciones en la población	**44.230.694**	8.433.101	1.314.014	1.012.053	2.162.728	576.163	2.039.025	2.374.882
Renta bruta (definición AEAT)	**675.954,75**	101.015,55	21.203,36	16.146,76	28.198,38	8.965,51	25.961,96	36.026,03
Renta neta (Rbruta - IRPF - CSS - IPPF)	**561.219,65**	86.282,93	17.623,24	13.592,76	23.946,49	7.522,69	22.186,50	30.568,02
Riqueza bruta	**3.000.038,70**	378.913,03	101.990,97	61.802,95	92.193,24	42.177,80	108.600,29	166.990,24
Riqueza neta	**2.392.123,30**	276.033,00	85.115,48	50.485,10	67.725,74	34.447,36	84.307,11	140.007,77
Salarios	**396.622,30**	57.776,77	12.497,03	8.168,60	17.023,17	5.004,57	15.964,66	19.703,91
Pensiones de jubilación	**132.997,74**	20.807,56	4.682,98	4.938,46	4.879,57	2.182,28	5.047,15	9.327,67
Prestaciones por desempleo sujetas	**12.856,75**	3.209,13	278,73	231,46	808,16	141,85	594,61	545,04
Aportación del empleador a planes de pensiones y seguros colectivos	**990,48**	114,60	22,76	17,27	28,75	14,60	34,05	51,33
Indemnizaciones por despido	**4.384,89**	459,85	126,14	107,31	203,45	50,50	201,85	175,70
Prestaciones por desempleo exentas	**429,81**	64,85	8,67	9,10	18,22	6,45	20,45	21,58
Trabajos en el extranjero	**576,94**	64,86	10,93	32,63	6,77	7,66	15,38	22,25
Intereses	**1.515,85**	118,58	37,81	31,82	34,39	18,64	42,64	126,54
Dividendos	**14.235,13**	1.060,32	451,23	199,06	417,33	213,66	329,78	534,36
Otras rentas no exentas	**2.579,07**	240,45	72,15	41,91	111,32	28,24	75,52	113,55
De entidades en atribución de rentas	**95,56**	13,61	1,51	2,91	3,24	1,20	2,73	4,91
De personas físicas. Locales y viviendas	**22.463,67**	2.590,62	635,80	425,23	1.173,44	267,29	563,43	999,87
De entidades en atribución de rentas	**1.433,27**	136,20	71,82	31,93	28,34	19,42	27,97	69,05

CATALUÑA	CEUTA	EXTREMADURA	GALICIA	ISLAS BALEARES	LA RIOJA	MADRID	MELILLA	MURCIA	COMUNIDAD VALENCIANA
124.879	11.540	34.109	56.146	40.953	22.646	125.434	11.663	44.225	94.623
2.953.177	25.780	437.565	1.093.996	423.377	131.706	2.488.392	25.376	525.560	1.983.252
363.263	38.487	92.716	151.085	120.381	61.909	390.209	40.873	133.964	260.198
7.687.939	82.908	1.057.690	2.697.017	1.158.615	318.147	6.706.722	86.558	1.498.617	5.024.516
136.464,98	1.092,09	12.362,06	39.658,84	19.563,81	4.940,26	136.541,25	1.079,94	18.387,23	68.346,72
110.818,68	986,07	10.723,00	33.444,63	16.090,22	4.136,01	109.364,79	979,72	15.632,95	57.320,94
592.981,78	3.223,57	44.589,53	175.770,00	93.709,99	25.887,60	734.540,01	3.171,01	79.703,83	293.792,88
466.045,07	2.154,00	34.741,88	152.090,40	73.264,39	21.910,12	611.992,83	2.226,17	60.684,26	228.892,68
81.921,85	726,92	6.802,55	21.397,87	11.491,69	2.876,24	83.706,10	693,92	11.265,37	39.601,09
24.565,25	161,92	2.856,78	10.405,13	2.769,07	1.021,17	21.851,14	145,61	3.362,16	13.993,84
1.972,68	25,19	471,74	652,21	476,44	69,72	1.480,45	20,85	441,15	1.437,35
218,47	1,08	11,08	39,42	20,14	4,50	323,87	0,54	18,82	69,18
984,00	1,95	57,95	212,91	113,06	22,21	1.229,48	3,90	99,73	334,90
92,63	0,43	13,70	29,03	15,54	3,32	70,21	0,40	13,72	41,51
118,95	0,11	3,81	48,49	11,79	1,30	162,28	0,33	22,07	47,34
269,96	2,30	19,07	71,48	34,58	12,71	498,55	0,97	29,08	166,74
3.039,84	16,92	76,48	978,47	465,52	144,93	4.785,25	22,85	286,51	1.212,62
778,48	1,44	24,96	114,34	123,84	16,41	497,27	1,51	57,48	280,20
10,65	0,11	0,32	12,11	10,58	1,36	16,03	0,05	2,10	12,13
5.286,57	34,82	269,08	1.046,50	1.233,33	149,14	5.231,94	42,80	428,72	2.085,07
443,57	1,11	16,17	60,37	67,26	15,79	254,28	0,68	25,83	163,47

.../...

... / ...

CONCEPTO (importes en millones de euros)	TFC	ANDALUCÍA	ARAGÓN	ASTURIAS	CANARIAS	CANTABRIA	CASTILLA-LA MANCHA	CASTILLA Y LEÓN
En estimación directa	**28.437,21**	4.113,62	851,82	532,36	1.321,81	351,11	892,28	1.422,45
En estimación objetiva no agraria	**3.820,84**	781,61	92,36	86,30	209,11	49,76	182,44	249,32
En estimación objetiva agraria	**2.515,86**	781,89	172,87	28,30	50,54	17,84	257,56	277,00
En entidades en atribución de rentas	**2.730,58**	392,60	77,51	93,80	86,31	22,75	115,45	239,11
GANANCIAS PATRIMONIALES NETAS	**20.612,95**	2.565,76	424,61	274,16	779,12	184,22	443,18	755,32
Renta de emancipación	**5,51**	0,00	0,28	0,93	0,00	0,31	0,38	0,08
Otras rentas en regímenes especiales	**10,51**	4,68	0,89	0,34	-0,83	-0,30	0,09	0,93
Prestaciones de incapacidad	**12.449,75**	2.849,86	362,77	626,96	469,55	189,00	507,00	624,81
Prestaciones por dependencia	**1.124,81**	251,90	0,39	0,06	0,01	18,04	67,38	132,98
Prestaciones familiares	**3.522,04**	780,05	97,59	114,81	178,58	53,88	184,55	192,84
Becas exentas	**1.462,23**	602,82	28,55	20,64	87,32	13,83	73,13	63,48
Otras prestaciones exentas	**3.142,51**	338,40	51,89	36,52	94,94	48,94	94,11	140,63
Deducciones consideradas impuesto negativo	**2.828,02**	550,50	78,41	60,16	112,27	34,72	140,43	132,93
Prestaciones públicas por maternidad y paternidad exentas	**2.110,50**	344,45	65,86	33,74	73,49	25,03	83,75	98,39
Cuota resultante/ retenciones	**88.439,10**	10.853,16	2.699,25	1.948,90	3.137,84	1.085,70	2.710,45	4.110,06
Cotizaciones sociales empleados y parados	**25.146,33**	3.798,80	836,57	591,16	1.081,07	339,63	1.049,87	1.311,83

Fuente: Elaboración propia a partir de datos del Panel de Hogares-2019.

CATALUÑA	CEUTA	EXTREMADURA	GALICIA	ISLAS BALEARES	LA RIOJA	MADRID	MELILLA	MURCIA	COMUNIDAD VALENCIANA
6.101,04	33,62	559,19	1.458,06	1.064,27	197,41	5.833,13	44,56	735,11	2.925,37
729,16	12,66	64,63	225,66	101,79	30,58	406,63	18,54	97,59	482,69
153,48	0,11	200,99	129,68	13,94	70,92	44,04	0,48	104,27	211,95
364,85	0,64	74,53	186,17	178,22	29,16	432,50	4,12	123,62	309,22
4.279,14	20,47	192,52	1.169,40	845,44	124,25	5.988,33	18,61	400,02	2.148,40
3,15	0,00	0,00	0,01	0,01	0,03	0,01	0,00	0,01	0,30
4,12	0,00	0,83	-0,14	1,24	-0,05	-7,28	0,03	0,20	5,78
2.643,54	16,31	258,63	699,05	198,40	79,18	1.287,44	22,72	365,16	1.249,38
242,45	0,01	65,35	0,02	35,61	0,01	1,13	0,01	57,21	252,25
510,64	11,29	109,18	240,20	66,89	21,16	449,28	11,88	135,39	363,81
66,94	6,49	62,56	91,86	16,65	6,36	97,00	6,69	58,09	159,82
705,14	5,36	48,32	113,70	73,18	8,16	1.011,82	2,40	59,59	309,40
527,12	8,16	63,97	170,91	68,99	18,10	441,66	11,15	126,92	281,61
431,32	2,67	37,67	105,93	66,33	16,19	448,71	4,34	71,30	201,32
19.997,89	65,13	1.189,81	4.693,80	2.660,16	606,56	22.405,94	61,52	1.987,27	8.225,66
5.104,71	39,65	444,29	1.423,13	742,02	193,48	4.757,64	37,67	739,96	2.654,83

Gráfico 5.1. Población, renta bruta y neta

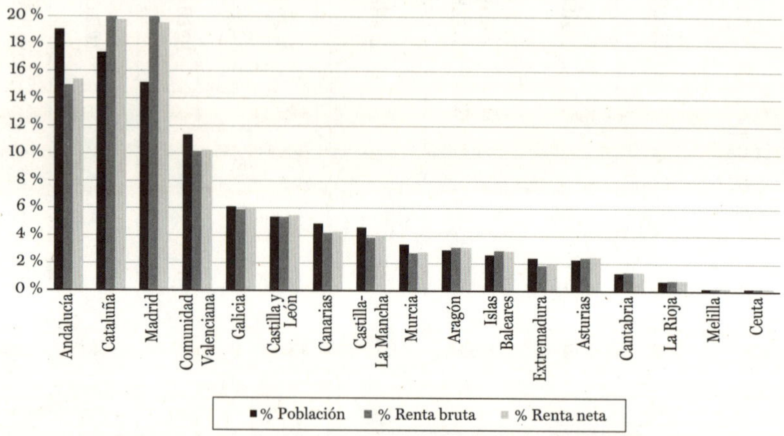

Fuente: Elaboración propia a partir de datos del Panel de Hogares-2019.

La renta bruta media del hogar en el TFC se situó en poco más de 39.500 euros anuales, lógicamente con grandes desigualdades. Por ejemplo, en el extremo superior Cataluña y las Islas Baleares alcanzaron algo más de 46.200 euros anuales —17,1 % superior a la media— y Madrid se elevó hasta los más de 54.800 euros anuales —39,1 %—. Por lo que hace a la renta bruta personal en el TFC, fue de 15.282 euros anuales, con una tónica muy parecida al caso anterior: las Islas Baleares, con 16.886 euros anuales (10,5 % superior), Cataluña, con 17.751 euros anuales (16, 1 %), y Madrid, con 20.359 euros anuales (33,2 %), se sitúan también muy por encima.

En términos de recaudación,[122] la media por hogar se situó en 5.162 euros, lógicamente con una variabilidad notoria, puesto que en el extremo superior las Islas Baleares recaudaron 6.283 euros (21,7 % superior a la media), Cataluña 6.772 euros (31,2 %) y Madrid 9.004 euros (74,4 %).

122. El término que aparece en la tabla 5.1 es *cuota resultante/retenciones*, concepto que engloba las declaraciones contempladas en el Modelo 100 de la AEAT para los declarantes obligados a realizar la declaración —cuota resultante— y los declarantes no obligados a hacerla cuyas retenciones vienen recogidas en el Modelo 190 de la AEAT.

Gráfico 5.2. Renta bruta y neta media del hogar y personal

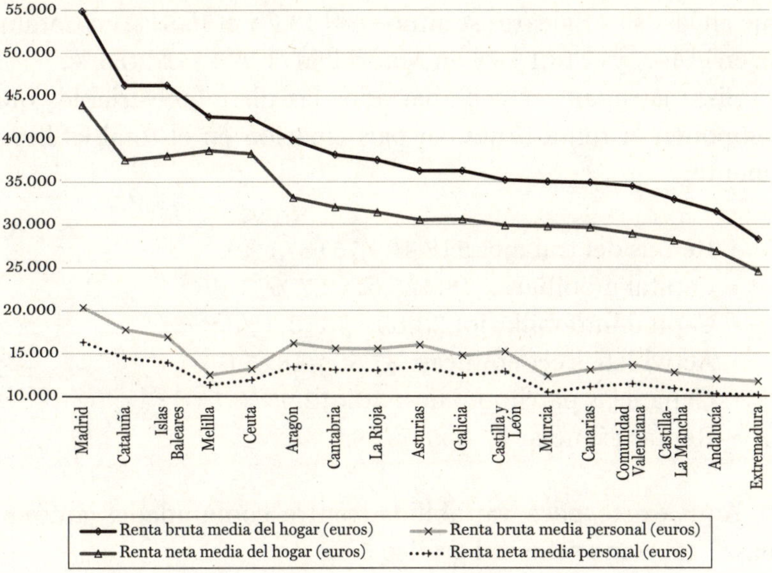

Fuente: Elaboración propia a partir de datos del Panel de Hogares-2019.

Gráfico 5.3. Tipos efectivos medios en IRPF

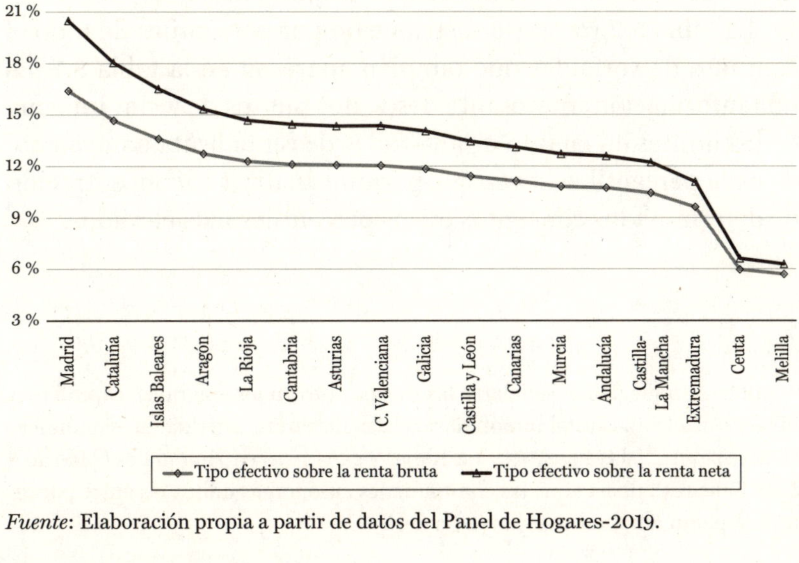

Fuente: Elaboración propia a partir de datos del Panel de Hogares-2019.

El tipo efectivo medio del IRPF (cuota resultante/retenciones sobre la renta bruta y neta) fue del 13,1 y del 15,8 %, mientras que en las Islas Baleares se situó en el 13,6 y el 16,5 %, en Cataluña en el 14,7 y el 18,1 %, y en Madrid en el 16,4 y el 20,5 %.

Si se agrupan en seis apartados las distintas variables que componen la renta bruta, su participación en el total es la siguiente:

- Rentas del trabajo: 548.429,75 (81,1 %).
- Capital mobiliario: 18.425,61 (2,7 %).
- Capital inmobiliario: 23.896,93 (3,5 %).
- Actividades económicas: 37.504,48 (5,6 %).
- Ganancias patrimoniales: 20.612,95 (3,1 %).
- Rentas exentas: 27.085,68 (4,0 %).

Aquí existe poca variabilidad entre comunidades autónomas,[123] tal como refleja el gráfico 5.4.

Es importante señalar que con estos microdatos es posible conocer el conjunto de rentas exentas que obtiene individualmente cada persona del hogar —una cifra agregada y nada desdeñable de poco más de 27.000 millones de euros—, lo que facilita algunos de los cálculos que deben realizarse con el modelo de financiación de la renta básica que proponemos.

La tabla 5.2 recoge la distribución por percentiles de todo el conjunto de variables que también aparecen en la tabla 5.1. Es una información interesante desde dos puntos de vista: informa de los límites en cuanto a cantidades de renta bruta equivalente de cada percentil, a la vez que permite analizar la concentración de determinados conceptos en los percentiles más elevados.

123. Aunque deben señalarse las excepciones en los epígrafes: capital mobiliario (Madrid), capital inmobiliario (Islas Baleares), actividades económicas (Extremadura, Islas Baleares y La Rioja) y ganancias patrimoniales (Madrid e Islas Baleares), puesto que las comunidades autónomas indicadas entre paréntesis superan ampliamente la media del TFC.

Gráfico 5.4. Tipos de rendimientos que componen la renta bruta

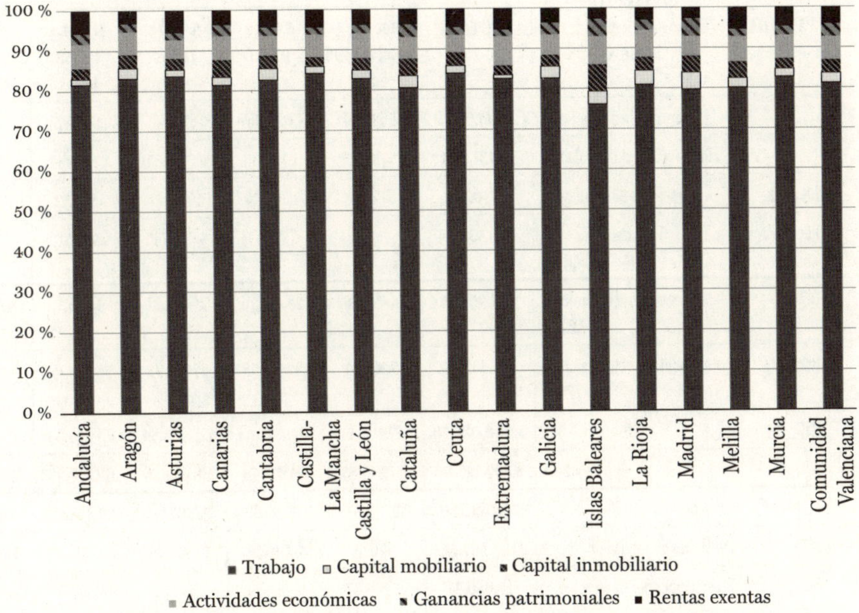

Fuente: Elaboración propia a partir de datos del Panel de Hogares-2019.

Si comparamos los tres últimos percentiles, las tres últimas columnas de la tabla 5.2, con el total agregado, se obtiene que en catorce conceptos de los treinta y uno que contiene, los tres concentran más del 50 %. Destacan por su volumen los siguientes: *ganancias patrimoniales netas* (17.093,65 millones de euros y 82,9 % sobre el total), *estimación directa* (15.146,27 millones de euros y 53,3 %), *dividendos* (12.519,36 millones de euros y 87,9 %), *entidades en atribución de rentas de actividades económicas* (1.523,90 millones de euros y 55,8 %), *otras rentas no exentas de capital mobiliario* (1.518,60 millones de euros y 58,9 %) e *intereses* (902,65 millones de euros y 59,5 %). La renta bruta y neta acumulada en este último decil es de 214.403,20 millones de euros y 159.438,4 millones de euros, que en términos porcentuales se traduce en el 31,7 % y el 28,4 %, respectivamente. Finalmente, su cuota devengada asciende a 47.835,2 millones de euros, el 54,1 % del total recaudado.

Tabla 5.2. Fuentes de renta, percentiles, TFC

PARTIDA	CONCEPTO (importes en millones de euros)	TOTAL	10 %	20 %	30 %	40 %	50 %
			Inferior o igual a 5.493 euros	**5.493 a 9.440 euros**	**9.440 a 11.854 euros**	**11.854 a 14.552 euros**	**14.552 a 17.495 euros**
	Hogares/UC en la muestra	**947.877**	263.044	114.506	62.966	60.547	58.782
	Hogares/UC en la población	**17.131.323**	1.713.128	1.713.118	1.713.133	1.713.088	1.713.189
Muestra	Declaraciones en la muestra	**2.710.152**	672.398	356.074	190.760	185.532	175.935
Población	Declaraciones en la población	**44.230.694**	4.164.854	4.871.431	4.047.780	4.470.522	4.464.332
Rbruta	Renta bruta (definición AEAT)	**675.954,75**	5.994,58	23.885,76	29.221,81	39.203,53	47.644,47
Rneta	Renta neta (Rbruta - IRPF - CSS - IPPF)	**561.219,65**	5.485,84	22.813,78	27.776,94	36.573,15	43.430,35
RIQ_B	Riqueza bruta	**3.000.038,70**	77.305,45	104.390,53	128.908,84	151.035,08	174.758,54
RIQ_N	Riqueza neta	**2.392.123,30**	51.348,85	74.070,78	101.354,56	112.810,93	129.645,54
M11	Salarios	**396.622,30**	2.779,84	11.150,67	13.017,60	20.376,82	27.088,65
M12	Pensiones de jubilación	**132.997,74**	920,59	6.340,52	10.403,80	11.572,41	12.520,50
M13	Prestaciones por desempleo sujetas	**12.856,75**	1.249,07	2.085,79	1.552,67	1.721,76	1.475,00
M14	Aportación del empleador a planes de pensiones y seguros colectivos	**990,48**	1,74	2,06	1,03	2,70	6,49
M151	Indemnizaciones por despido	**4.384,89**	10,58	47,43	57,72	98,10	142,71
M152	Prestaciones por desempleo exentas	**429,81**	6,89	22,75	23,78	28,74	43,49
M153	Trabajos en el extranjero	**576,94**	1,57	7,87	8,31	15,77	20,73
M21	Intereses	**1.515,85**	14,33	24,38	29,07	40,88	51,47
M22	Dividendos	**14.235,13**	28,20	43,90	58,94	86,16	106,31
M23	Otras rentas no exentas	**2.579,07**	13,56	32,23	36,81	57,81	77,63
M24	De entidades en atribución de rentas	**95,56**	-0,38	0,64	5,73	1,26	4,47
M31	De personas físicas. Locales y viviendas	**22.463,67**	111,08	260,07	358,79	568,73	919,91
M32	De entidades en atribución de rentas	**1.433,27**	10,57	13,93	19,37	34,41	46,06
M41	En estimación directa	**28.437,21**	-337,41	802,38	762,12	1.124,92	1.205,47

60 %	70 %	75 %	80 %	85 %	90 %	95 %	98 %	100 %
17.495 a 20.911 euros	**20.911 a 25.180 euros**	**25.180 a 27.924 euros**	**27.924 a 31.364 euros**	**31.364 a 35.840 euros**	**35.840 a 42.025 euros**	**42.025 a 54.437 euros**	**54.437 a 75.791 euros**	**Más de 75.791 euros**
57.743	59.101	31.013	32.591	35.139	37.639	44.708	33.877	56.221
1.713.137	1.713.064	856.567	856.612	856.575	856.523	856.591	513.959	342.639
171.672	171.969	89.985	95.398	101.164	105.155	127.099	96.736	170.275
4.504.450	4.479.485	2.263.630	2.264.336	2.209.344	2.116.878	2.189.192	1.314.270	870.190
57.416,85	68.716,37	39.897,44	44.493,32	49.517,12	55.560,30	69.580,85	55.507,80	89314,54823
50.874,36	59.269,04	33.673,56	36.960,48	40.410,95	44.512,79	54.267,23	41.847,61	63323,56226
201.174,16	236.504,26	144.846,41	160.496,06	182.569,49	217.736,61	284.945,50	258.688,94	676678,8577
145.865,16	171.127,22	107.873,99	118.677,52	138.690,97	170.997,73	228.451,31	215.667,90	625540,8901
34.912,99	42.468,11	25.552,49	29.072,02	32.654,63	35.994,72	45.749,63	35.750,33	40.053,79
13.761,82	16.207,20	8.415,41	8.870,10	9.471,59	10.841,04	11.410,31	6.620,04	5.642,40
1.296,03	1.145,47	515,19	455,63	414,88	330,15	308,92	168,59	137,60
11,36	30,43	27,03	44,43	71,17	113,21	219,71	235,65	223,46
202,68	283,56	178,97	223,28	256,77	337,48	501,21	604,00	1.440,40
53,53	49,27	34,95	31,46	30,74	27,86	31,75	28,71	15,90
13,54	33,25	33,76	35,60	33,48	34,50	86,48	96,10	155,99
60,63	80,19	53,96	64,82	83,96	109,52	163,56	158,95	580,13
149,93	215,13	161,62	210,24	275,20	380,13	707,65	1.039,52	10.772,20
119,88	158,61	100,16	115,44	143,01	205,33	327,00	325,97	865,63
2,88	2,28	4,22	2,42	5,21	7,11	10,48	11,09	38,14
1.165,99	1.667,46	1.078,86	1.398,57	1.652,47	2.098,63	3.183,87	3.190,71	4.808,52
51,73	80,82	57,90	71,53	93,41	117,00	203,53	241,22	391,77
1.571,53	1.937,19	1.242,40	1.368,21	1.656,84	1.957,29	3.050,54	3.472,16	8.623,56

.../...

…/…

PARTIDA	CONCEPTO (importes en millones de euros)	TOTAL	10 %	20 %	30 %	40 %	50 %
			Inferior o igual a 5.493 euros	5.493 a 9.440 euros	9.440 a 11.854 euros	11.854 a 14.552 euros	14.552 a 17.495 euros
M42	En estimación objetiva no agraria	**3.820,84**	126,65	601,59	438,85	517,22	512,11
M43	En estimación objetiva agraria	**2.515,86**	50,62	208,99	218,04	266,74	280,58
M44	En entidades en atribución de rentas	**2.730,58**	-2,55	73,86	77,83	110,69	130,13
M5	GANANCIAS PATRIMONIALES NETAS	**20.612,95**	59,56	123,70	137,14	157,52	244,73
M611	Renta de emancipación	**5,51**	0,36	0,66	0,63	0,96	0,98
M613	Otras rentas en regímenes especiales	**10,51**	-0,31	0,10	0,00	-0,00	0,22
M621	Prestaciones de incapacidad	**12.449,75**	39,82	533,23	876,93	1.098,09	1.289,82
M622	Prestaciones por dependencia	**1.124,81**	23,27	87,79	112,36	182,49	188,81
M623	Prestaciones familiares	**3.522,04**	250,21	380,94	333,33	370,55	513,62
M624	Becas exentas	**1.462,23**	141,25	298,22	235,30	235,13	187,76
M625	Otras prestaciones exentas	**3.142,51**	371,30	379,46	122,52	79,78	89,37
IRPF_neg	Deducciones consideradas impuesto negativo	**2.828,02**	91,86	263,58	237,01	314,38	317,99
M6212	Prestaciones públicas por maternidad y paternidad exentas	**2.110,50**	32,30	98,99	96,12	139,51	179,46
M711	Cuota resultante / retenciones	**88.439,10**	276,32	229,91	490,06	1.143,71	2.248,43
M72	Cotizaciones sociales empleados y parados	**25.146,33**	224,64	840,25	950,56	1.482,55	1.960,51

Fuente: Elaboración propia a partir de datos del Panel de Hogares-2019.

60 %	70 %	75 %	80 %	85 %	90 %	95 %	98 %	100 %
17.495 a 20.911 euros	**20.911 a 25.180 euros**	**25.180 a 27.924 euros**	**27.924 a 31.364 euros**	**31.364 a 35.840 euros**	**35.840 a 42.025 euros**	**42.025 a 54.437 euros**	**54.437 a 75.791 euros**	**Más de 75.791 euros**
428,60	384,90	190,46	180,90	150,25	113,98	98,56	44,98	31,81
293,70	307,26	172,83	150,85	167,53	135,28	133,28	78,83	51,32
132,82	173,38	124,63	133,40	105,25	147,24	267,18	305,13	951,58
306,82	418,95	311,44	420,40	536,24	802,81	1.353,10	1.984,10	13.756,45
0,87	0,81	0,08	0,02	0,01	0,07	0,01	0,04	0,00
0,47	0,26	0,46	0,66	0,35	0,47	3,50	1,02	3,30
1.491,03	1.762,62	916,43	889,48	939,96	1.020,34	871,99	479,87	240,14
168,48	125,96	60,92	46,93	42,48	31,08	29,09	18,19	6,95
414,31	356,41	173,54	180,92	154,96	146,38	129,29	77,43	40,15
147,81	96,23	34,88	21,69	20,18	14,31	15,24	10,22	4,01
113,27	168,44	118,56	160,64	208,68	256,03	386,38	341,33	346,75
331,25	327,04	173,08	175,15	160,00	148,02	145,25	86,65	56,76
212,87	235,16	163,22	168,53	187,85	190,32	193,34	136,99	75,83
4.062,17	6.485,88	4.457,36	5.561,73	6.941,85	8.706,50	12.421,36	11.589,70	23.824,13
2.473,90	2.950,10	1.758,93	1.951,70	2.145,39	2.307,12	2.831,31	1.954,95	1.314,44

Tabla 5.3. Fuentes de renta, distribución según tipo de hogar

CONCEPTO (importes en millones de euros)	TOTAL	HOGAR UNIPERSONAL MENOR DE 65 AÑOS	HOGAR UNIPERSONAL MAYOR DE 65 AÑOS	HOGAR CON MÁS DE UNA PERSONA	HOGAR CON MÁS DE UN MAYOR DE 18 Y UN MENOR
Hogares/UC en la muestra	**947.877**	161.644	72.707	54.618	127.659
Hogares/UC en la población	**17.131.323**	2.784.886	1.959.042	625.026	2.172.479
Declaraciones en la muestra	**2.710.152**	161.644	72.707	137.376	492.231
Declaraciones en la población	**44.230.694**	2.784.886	1.959.042	1.531.580	8.003.835
Renta bruta (definición AEAT)	**675.954,75**	62.119,17	38.121,10	13.790,07	103.228
Renta neta (Rbruta - IRPF - CSS - IPPF)	**561.219,65**	50.007,95	33.940,71	11.470,44	85.194
Riqueza bruta	**3.000.038,70**	239.643,82	328.790,41	52.810,54	335.554
Riqueza neta	**2.392.123,30**	166.171,76	320.669,62	30.634,25	211.515,95
Salarios	**396.622,30**	46.306,72	1.047,32	10.119,44	75.386,71
Pensiones de jubilación	**132.997,74**	3.518,35	28.096,69	560,60	6.466,28
Prestaciones por desempleo sujetas	**12.856,75**	1.381,32	26,13	369,64	2.472,13
Aportación empleador planes pensiones y seg. colectivos	**990,48**	125,99	1,15	30,77	186,42
Indemnizaciones por despido	**4.384,89**	434,26	13,93	88,76	722,56
Prestaciones por desempleo exentas	**429,81**	36,99	0,08	10,70	107,04
Trabajos en el extranjero	**576,94**	65,02	0,31	5,29	99,03
Intereses	**1.515,85**	116,70	141,23	31,46	159,04
Dividendos	**14.235,13**	905,40	1.492,19	188,41	1.906,47
Otras rentas no exentas	**2.579,07**	146,82	350,51	26,65	204,37
De entidades en atribución de rentas	**95,56**	8,99	13,72	0,28	16,87
De personas físicas. Locales y viviendas	**22.463,67**	1.587,74	2.738,89	393,79	2.488,71
De entidades en atribución de rentas	**1.433,27**	103,85	140,69	19,91	129,07
En estimación directa	**28.437,21**	3.060,29	424,33	630,32	4.931,70
En estimación objetiva no agraria	**3.820,84**	330,52	38,14	65,59	755,02
En estimación objetiva agraria	**2.515,86**	218,51	129,09	30,50	302,65
En entidades en atribución de rentas	**2.730,58**	218,80	79,71	46,74	436,26
GANANCIAS PATRIMONIALES NETAS	**20.612,95**	1.567,81	1.660,74	322,72	2.506,93

HOGAR CON MÁS DE UN MAYOR DE 18 Y DOS MENORES	HOGAR CON MÁS DE UN MAYOR DE 18 Y TRES O MÁS MENORES	HOGAR DE DOS MIEMBROS, CON UNO MAYOR DE 65 AÑOS	HOGAR DE MÁS DE DOS MIEMBROS, CON UNO MAYOR DE 65 AÑOS	OTROS HOGARES DE DOS MIEMBROS	OTROS HOGARES DE MÁS DE DOS MIEMBROS
98.377	47.417	86.166	69.614	119.949	109.726
1.647.740	412.392	2.296.641	1.350.738	1.948.058	1.934.322
460.860	307.614	172.332	259.610	239.898	405.880
7.288.573	2.546.560	4.593.282	4.733.339	3.896.117	6.893.481
87.235	24.293	81.816	79.249	74.216	111.888
70.919	19.599	71.326	67.504	60.311	90.948
276.500	94.871	618.745	425.350	245.206	382.568
151.112,56	61.035,30	592.990,97	382.345,83	171.809,18	303.837,93
65.689,96	16.258,12	12.184,06	31.747,49	55.013,42	82.869,04
3.411,45	823,76	49.221,06	29.940,69	5.082,96	5.875,90
1.693,77	533,31	548,94	1.134,03	1.967,54	2.729,95
206,42	52,18	21,41	53,29	127,03	185,83
637,43	179,18	140,04	299,95	788,37	1.080,41
98,37	33,37	7,25	27,42	46,02	62,56
110,06	41,92	15,45	57,44	75,07	107,35
142,53	48,31	366,77	199,62	115,58	194,60
1.276,13	821,53	3.044,27	1.980,47	841,38	1.778,88
147,10	119,91	586,79	419,61	200,10	377,22
9,30	4,72	14,45	9,47	9,82	7,92
2.315,77	755,93	4.686,95	3.162,73	1.727,97	2.605,21
116,24	33,01	341,25	212,19	118,97	218,09
5.028,00	1.812,29	1.537,99	2.615,61	3.139,89	5.256,78
564,01	189,20	196,17	328,15	511,28	842,77
318,08	50,91	374,11	437,60	232,14	422,28
422,25	190,72	218,16	356,34	236,95	524,65
1.920,56	801,81	3.995,82	2.604,04	1.844,26	3.388,26

.../...

.../...

CONCEPTO (importes en millones de euros)	TOTAL	HOGAR UNIPERSONAL MENOR DE 65 AÑOS	HOGAR UNIPERSONAL MAYOR DE 65 AÑOS	HOGAR CON MÁS DE UNA PERSONA	HOGAR CON MÁS DE UN MAYOR DE 18 Y UN MENOR
Renta de emancipación	**5,51**	0,55	0,73	1,15	0,22
Otras rentas en regímenes especiales	**10,51**	-0,80	0,41	2,21	3,06
Prestaciones de incapacidad	**12.449,75**	1.137,12	1.237,49	75,68	938,47
Prestaciones por dependencia	**1.124,81**	13,76	197,91	18,86	108,04
Prestaciones familiares	**3.522,04**	322,00	225,49	221,30	418,79
Becas exentas	**1.462,23**	23,61	0,00	55,69	402,90
Otras prestaciones exentas	**3.142,51**	406,27	47,85	192,36	571,11
Deducciones consideradas impuesto negativo	**2.828,02**	36,38	16,38	141,82	655,77
Prestaciones públicas por maternidad y paternidad exentas	**2.110,50**	46,19	0,00	139,45	852,50
Cuota resultante/retenciones	**88.439,10**	9.125,76	3.952,76	1.677,46	13.134,56
Cotizaciones sociales empleados y parados	**25.146,33**	2.900,00	54,35	622,83	4.787,25

Fuente: Elaboración propia a partir de datos del Panel de Hogares-2019.

Por último, las tablas 5.3 y 5.4 proporcionan la distribución atendiendo al tamaño del hogar (diez posibilidades distintas) y al tramo de renta bruta del hogar (ocho posibilidades), respectivamente.

Algunas conclusiones que pueden extraerse a partir de las cifras de la tabla 5.3 son (tipo A = hogar unipersonal y tipo B = hogar con 2 personas):[124]

- La dimensión media del hogar en el TFC es 2,58.
- Los hogares tipo A y B representan el 27,7 % y el 24,8 % del total, y en personas el 10,7 y el 19,2 %.
- Estos dos tipos de hogares, en términos de renta bruta,

124. En esta descripción utilizamos sólo cuatro de las diez posibilidades apuntadas: las dos asociadas a hogares unipersonales (tipo A) y las dos asociadas a hogares compuestos por dos personas (tipo B), puesto que para el resto resulta mucho más compleja la identificación del tipo de hogar.

HOGAR CON MÁS DE UN MAYOR DE 18 Y DOS MENORES	HOGAR CON MÁS DE UN MAYOR DE 18 Y TRES O MÁS MENORES	HOGAR DE DOS MIEMBROS, CON UNO MAYOR DE 65 AÑOS	HOGAR DE MÁS DE DOS MIEMBROS, CON UNO MAYOR DE 65 AÑOS	OTROS HOGARES DE DOS MIEMBROS	OTROS HOGARES DE MÁS DE DOS MIEMBROS
0,75	0,33	0,53	0,14	0,87	0,24
3,83	-2,48	-0,13	-0,88	-0,12	5,39
510,92	98,08	3.290,44	2.319,62	1.236,73	1.605,19
75,46	30,52	284,54	277,49	35,97	82,27
307,78	249,89	410,26	562,34	313,77	490,44
210,34	84,56	6,94	80,38	96,70	501,09
612,27	303,60	104,36	165,64	343,87	395,19
683,00	522,94	211,54	219,49	89,34	251,36
723,17	254,97	6,09	39,13	20,06	28,93
12.196,97	3.749,58	9.401,98	9.517,63	10.249,76	15.432,66
4.032,35	900,71	784,27	2.076,45	3.590,34	5.397,79

concentran el 14,8 y el 23,1 % del total; en renta neta, el 15,3 y el 23,5 %.

- En los hogares tipo A, la media de renta bruta y neta es de 21.130 euros y 17.696 euros, y supone una disminución aproximada del 46,4 % y el 46,0 % respecto a la cifra media del TFC.
- En los hogares tipo B, la renta bruta y neta es de 36.759 euros y 31.012 euros, una disminución del 6,8 % y del 5,3 % respecto al valor medio; en términos personales, son 18.380 euros y 15.506 euros, lo que significa un incremento del 20,3 y del 22,2 % respecto a la media del TFC.
- La cuota media devengada por IRPF en los hogares tipo A se eleva a 2.757 euros y en los hogares tipo B a 4.630 euros, lo que supone un tipo efectivo medio por hogar del 9,1 % y del 6,0 %, respectivamente.

Tabla 5.4. Fuentes de renta, distribución según tramo de renta

CONCEPTO (importes en millones de euros)	TOTAL	≤ 0	< 6.000	6.000-12.000
Hogares/UC en la muestra	**947.877**	78.652	130.377	103.054
Hogares/UC en la población	**17.131.323**	458.092	824.713	1.750.811
Declaraciones en la muestra	**2.710.152**	142.860	285.925	251.249
Declaraciones en la población	**44.230.694**	797.964	1.551.440	3.042.887
Renta bruta (definición AEAT)	**675.954,75**	-36,62	2.598,88	17.039,96
Renta neta (Rbruta - IRPF - CSS - IPPF)	**561.219,65**	-198,22	2.406,38	16.575,89
Riqueza bruta	**3.000.038,70**	14.002,61	44.562,83	102.090,55
Riqueza neta	**2.392.123,30**	9.149,85	33.336,31	84.992,03
Salarios	**396.622,30**	0,00	748,14	4.023,36
Pensiones de jubilación	**132.997,74**	-0,01	485,48	8.624,19
Prestaciones por desempleo sujetas	**12.856,75**	-0,50	641,04	1.267,02
Aportación empleador planes pensiones y seg. colectivos	**990,48**	0,00	1,16	1,95
Indemnizaciones por despido	**4.384,89**	1,18	9,93	76,87
Prestaciones por desempleo exentas	**429,81**	-0,04	1,13	4,37
Trabajos en el extranjero	**576,94**	0,00	0,05	2,54
Intereses	**1.515,85**	-0,04	9,67	21,22
Dividendos	**14.235,13**	0,00	19,67	51,20
Otras rentas no exentas	**2.579,07**	0,00	9,65	27,34
De entidades en atribución de rentas	**95,56**	-0,02	0,09	0,18
De personas físicas. Locales y viviendas	**22.463,67**	0,00	46,82	188,78
De entidades en atribución de rentas	**1.433,27**	-0,05	6,30	14,14
En estimación directa	**28.437,21**	-53,68	-35,60	390,44
En estimación objetiva no agraria	**3.820,84**	-2,38	6,96	256,96
En estimación objetiva agraria	**2.515,86**	-0,01	27,36	97,44
En entidades en atribución de rentas	**2.730,58**	-0,80	2,88	26,92
GANANCIAS PATRIMONIALES NETAS	**20.612,95**	19,74	316,63	527,56
Renta de emancipación	**5,51**	0,00	0,14	0,44
Otras rentas en regímenes especiales	**10,51**	0,00	-0,02	0,00
Prestaciones de incapacidad	**12.449,75**	0,00	1,90	567,58
Prestaciones por dependencia	**1.124,81**	-0,00	7,68	41,90

12.000-22.000	22.000-60.000	60.000-150.000	150.000-300.000	> 300.000
140.608	294.007	143.987	29.528	22.822
3.487.277	7.736.950	2.563.000	220.496	46.919
387.762	915.472	513.924	113.955	89.989
7.315.813	21.470.965	8.928.099	864.180	183.611
60.331	292.318	222.799	45.634	35.270
56.539	252.969	176.181	32.941	23.805
277.901	1.071.140	875.564	272.967	341.812
220.428,22	792.730,28	688.891,16	237.635,11	324.960,39
25.723,47	174.918,63	150.004,07	27.020,38	14.184,25
21.614,30	67.258,44	30.369,30	3.332,95	1.313,08
2.924,87	6.341,31	1.567,00	97,58	18,44
3,15	148,17	622,38	175,30	38,38
455,51	1.818,80	1.432,64	415,05	174,91
27,56	251,01	129,00	14,07	2,71
8,51	135,91	261,31	101,80	66,83
71,81	401,87	472,82	215,63	322,89
171,22	1.154,23	2.358,72	2.137,73	8.342,36
112,07	711,34	936,39	380,97	401,32
7,90	19,22	31,67	9,97	26,55
1.025,79	7.530,44	9.572,63	2.935,63	1.163,59
57,46	389,02	612,15	248,18	106,07
1.348,74	7.935,63	10.169,86	4.396,24	4.285,59
860,03	2.112,69	549,32	31,72	5,54
419,56	1.348,81	574,78	40,36	7,57
134,30	708,07	884,64	440,03	534,54
1.285,60	5.405,25	5.971,66	2.946,49	4.140,00
2,14	2,64	0,13	0,00	0,00
0,28	1,74	5,10	6,98	-3,58
1.796,37	7.121,99	2.745,95	189,19	26,77
335,22	571,00	148,46	16,82	3,73

.../...

.../...

CONCEPTO (importes en millones de euros)	TOTAL	≤ 0	< 6.000	6.000-12.000
Prestaciones familiares	**3.522,04**	0,00	88,75	250,62
Becas exentas	**1.462,23**	0,00	50,48	104,35
Otras prestaciones exentas	**3.142,51**	0,00	125,53	381,75
Deducciones consideradas impuesto negativo	**2.828,02**	0,00	19,16	66,61
Prestaciones públicas por maternidad y paternidad exentas	**2.110,50**	0,00	7,90	24,24
Cuota resultante/retenciones	**88.439,10**	154,72	117,57	150,60
Cotizaciones sociales empleados y parados	**25.146,33**	4,45	70,35	310,26

Fuente: Elaboración propia a partir de datos del Panel de Hogares-2019.

Imputaciones de renta

El tercer tipo de información que hemos señalado al inicio corresponde a las imputaciones de renta. Se trata de un conjunto de variables que permiten analizar con más detalle algunas de las variables de las fuentes de renta que hemos comentado anteriormente. Por ejemplo, los *salarios* aparecen desglosados en diferentes variables; las *pensiones de jubilación*, que también se dividen en contributivas, no contributivas y privadas; o las *rentas exentas*, para las que, con esta imputación, se dispone de más información. Todo ello queda reflejado en la tabla 5.5 para el conjunto de las comunidades autónomas que integran el TFC.

Por último, en la tabla 5.6 también se reproduce la distribución de estas imputaciones de renta atendiendo a los percentiles de renta bruta equivalente del total del TFC. Es una información interesante para observar cómo se distribuyen estas variables y en qué grupos de renta.

Patrimonio

El siguiente grupo de información corresponde a lo que el PH denomina patrimonio. Ésta es una información muy interesante. En primer lugar, porque por primera vez se dispone de una

12.000-22.000	22.000-60.000	60.000-150.000	150.000-300.000	>300.000
809,67	1.734,99	587,63	42,80	7,58
328,01	844,31	126,62	7,32	1,13
318,36	819,94	1.163,72	266,89	66,33
345,84	1.591,37	710,22	77,08	17,74
143,39	1.041,09	791,07	87,23	15,58
1.884,47	27.074,77	37.035,71	11.275,54	10.745,71
1.897,08	12.176,07	9.276,55	1.173,44	238,13

muestra tan extensa y representativa por territorio para analizar la riqueza tanto personal como de los hogares.[125] En segundo lugar, porque va a permitir, como más adelante detallaremos, introducir de forma endógena en nuestro modelo de financiación la variable *riqueza*. Procederemos con la información sobre el patrimonio de la misma forma que se ha hecho con la información sobre fuentes de renta, es decir, reproduciremos la distribución por comunidad autónoma, por percentiles de renta bruta equivalente del total del TFC, por tipos de hogares y por tramos de renta.

125. En la ECV no existe ninguna variable que nos indique la riqueza. Aunque en la edición de 2021 se ha introducido un módulo de riqueza de los hogares, la información que proporciona se limita a:

Valor actual de la vivienda principal.

Importe pendiente de amortizar del préstamo hipotecario solicitado.

Posesión de otras viviendas —distintas a la principal— (donde sólo cabe una respuesta afirmativa o negativa).

Tiempo que podría mantener su nivel de vida con sus propios ahorros si no se percibiera ningún ingreso (también de respuesta discreta de cuatro posibilidades).

Por otra parte, la Encuesta Financiera de las Familias que elabora el Banco de España, a la que nos referiremos con detalle en el capítulo 7, si bien incorpora mucha más información y con mucho mayor detalle de variables, su diseño no está concebido para el análisis territorial por comunidad autónoma, lo que es imprescindible para nuestro modelo de financiación.

Tabla 5.5. Imputaciones de renta

CONCEPTO (importes en millones de euros)	TFC	ANDALUCÍA	ARAGÓN	ASTURIAS	CANARIAS	CANTABRIA	CASTILLA-LA MANCHA	CASTILLA Y LEÓN
Hogares/UC en la muestra	**947.877**	109.002	41.947	41.081	62.674	30.581	45.691	50.683
Hogares/UC en la población	**17.131.323**	3.209.261	532.425	445.274	808.136	235.075	789.400	1.023.573
Declaraciones en la muestra	**2.710.152**	303.022	118.990	107.785	178.907	82.660	132.316	133.387
Declaraciones en la población	**44.230.694**	8.433.101	1.314.014	1.012.053	2.162.728	576.163	2.039.025	2.374.882
Renta bruta (definición AEAT)	**675.954,75**	101.015,55	21.203,36	16.146,76	28.198,38	8.965,51	25.961,96	36.026,03
Renta neta (Rbruta - IRPF - CSS - IPPF)	**561.219,65**	86.282,93	17.623,24	13.592,76	23.946,49	7.522,69	22.186,50	30.568,02
Riqueza bruta	**3.000.038,70**	378.913,03	101.990,97	61.802,95	92.193,24	42.177,80	108.600,29	166.990,24
Riqueza neta	**2.392.123,30**	276.033,00	85.115,48	50.485,10	67.725,74	34.447,36	84.307,11	140.007,77
Renta bruta (definición AEAT)	**675.954,75**	101.015,55	21.203,36	16.146,76	28.198,38	8.965,51	25.961,96	36.026,03
Renta neta (Rbruta-IRPF-CSS-IPPF)	**561.219,65**	86.282,93	17.623,24	13.592,76	23.946,49	7.522,69	22.186,50	30.568,02
Salarios (clave A)	**377.863,66**	55.146,60	11.947,05	7.775,43	16.253,21	4.515,92	15.412,65	18.776,79
Retribución consejeros (clave E)	**3.836,22**	328,37	93,59	60,07	146,76	24,10	56,44	97,81
Cursos (F1,2) y premios literarios y/o científicos no exentos	**700,43**	95,78	15,82	10,84	12,81	5,89	20,47	27,77
Trabajos en el extranjero	**576,94**	64,86	10,93	32,63	6,77	7,66	15,38	22,25
Indemnizaciones por despido exentas	**4.384,89**	459,85	126,14	107,31	203,45	50,50	201,85	175,70
Aportación del empleador a planes de pensiones	**982,64**	113,42	22,70	17,03	28,17	14,59	33,87	51,20
Retribuciones a empleados del hogar	**2.687,99**	265,36	79,74	59,39	73,60	38,46	96,23	110,07
Incapacidad laboral transitoria	**9.567,68**	1.635,20	287,60	247,32	516,49	133,15	380,24	489,72
Pensiones por jubilación contributivas	**119.725,07**	18.811,60	4.373,58	4.441,84	4.254,92	1.961,54	4.688,57	8.605,81

CATALUÑA	CEUTA	EXTREMADURA	GALICIA	ISLAS BALEARES	LA RIOJA	MADRID	MELILLA	MURCIA	COMUNIDAD VALENCIANA
124.879	11.540	34.109	56.146	40.953	22.646	125.434	11.663	44.225	94.623
2.953.177	25.780	437.565	1.093.996	423.377	131.706	2.488.392	25.376	525.560	1.983.252
363.263	38.487	92.716	151.085	120.381	61.909	390.209	40.873	133.964	260.198
7.687.939	82.908	1.057.690	2.697.017	1.158.615	318.147	6.706.722	86.558	1.498.617	5.024.516
136.464,98	1.092,09	12.362,06	39.658,84	19.563,81	4.940,26	136.541,25	1.079,94	18.387,23	68.346,72
110.818,68	986,07	10.723,00	33.444,63	16.090,22	4.136,01	109.364,79	979,72	15.632,95	57.320,94
592.981,78	3.223,57	44.589,53	175.770,00	93.709,99	25.887,60	734.540,01	3.171,01	79.703,83	293.792,88
466.045,07	2.154,00	34.741,88	152.090,40	73.264,39	21.910,12	611.992,83	2.226,17	60.684,26	228.892,68
136.464,98	1.092,09	12.362,06	39.658,84	19.563,81	4.940,26	136.541,25	1.079,94	18.387,23	68.346,72
110.818,68	986,07	10.723,00	33.444,63	16.090,22	4.136,01	109.364,79	979,72	15.632,95	57.320,94
78.166,66	700,60	6.543,86	20.164,90	10.979,53	2.476,30	79.541,43	669,87	10.823,54	37.969,32
989,14	9,11	21,04	227,04	119,98	18,38	1.234,54	6,83	56,48	346,53
138,54	1,02	9,31	37,55	13,67	2,72	238,79	2,19	13,29	53,96
118,95	0,11	3,81	48,49	11,79	1,30	162,28	0,33	22,07	47,34
984,00	1,95	57,95	212,91	113,06	22,21	1.229,48	3,90	99,73	334,90
217,28	1,07	10,75	39,32	19,55	4,38	323,47	0,52	18,42	66,88
515,24	0,67	26,27	179,58	79,38	20,57	829,43	1,60	75,97	236,43
1.882,56	15,37	197,75	675,86	262,34	51,65	1.537,88	14,00	288,69	951,88
22.431,78	139,50	2.650,03	9.200,41	2.435,41	944,26	19.414,40	119,48	3.016,59	12.235,35

.../...

.../...

CONCEPTO (importes en millones de euros)	TFC	ANDALUCÍA	ARAGÓN	ASTURIAS	CANARIAS	CANTABRIA	CASTILLA-LA MANCHA	CASTILLA Y LEÓN
Pensiones por jubilacion privadas	**7.500,67**	830,75	236,51	373,57	238,74	142,54	204,07	404,22
Pensiones por incapacidad	**12.449,75**	2.849,86	362,77	626,96	469,55	189,00	507,00	624,81
Pensiones no contributivas	**2.213,42**	507,78	32,49	46,58	228,48	34,77	102,14	123,77
Desempleo. Pagos corrientes	**12.859,19**	3.206,63	279,30	232,05	809,67	140,08	593,10	541,09
Desempleo. Pago único	**429,81**	64,85	8,67	9,10	18,22	6,45	20,45	21,58
Plan PREPARA	**71,42**	13,37	0,54	0,75	1,04	6,48	4,58	7,46
Prestaciones por dependencia	**1.124,81**	251,90	0,39	0,06	0,01	18,04	67,38	132,98
Prestaciones familiares	**3.522,04**	780,05	97,59	114,81	178,58	53,88	184,55	192,84
Otras prestaciones exentas M190	**2.214,11**	211,17	51,47	33,38	75,39	19,01	62,01	76,01
Rentas mínimas de CC. AA. y CC. LL.	**928,40**	127,24	0,42	3,15	19,55	29,93	32,10	64,61
Prestaciones públicas por maternidad o paternidad exentas del IRPF	**2.110,50**	344,45	65,86	33,74	73,49	25,03	83,75	98,39
Becas exentas	**1.462,23**	602,82	28,55	20,64	87,32	13,83	73,13	63,48
Deducciones consideradas como impuesto negativo en el IRPF	**2.828,02**	550,50	78,41	60,16	112,27	34,72	140,43	132,93
Intereses	**1.333,75**	112,59	39,20	28,62	27,26	18,17	44,43	129,26
Dividendos	**13.116,34**	1.020,81	443,19	196,49	423,85	209,17	253,01	524,04
Rendimientos de capital mobiliario (base general y del ahorro)	**2.341,77**	196,73	67,02	39,53	98,32	26,73	67,98	111,93
Retenciones y pagos a cuenta	**81.790,26**	10.231,08	2.531,51	1.922,35	2.968,25	1.058,95	2.684,46	3.983,38
Cotizaciones de asalariados y parados	**23.168,96**	3.434,00	794,93	556,00	1.005,58	316,11	976,64	1.215,37
Dietas exentas	**2.999,39**	465,78	104,51	68,32	74,27	44,80	188,22	167,31
Premios de loterías (Modelo 270)	**1.313,95**	150,36	10,86	6,31	28,83	3,67	84,57	79,54

Fuente: Elaboración propia a partir de datos del Panel de Hogares-2019.

CATALUÑA	CEUTA	EXTREMADURA	GALICIA	ISLAS BALEARES	LA RIOJA	MADRID	MELILLA	MURCIA	COMUNIDAD VALENCIANA
1.537,62	10,41	89,51	416,13	210,47	51,98	1.955,29	9,46	147,09	642,29
2.643,54	16,31	258,63	699,05	198,40	79,18	1.287,44	22,72	365,16	1.249,38
290,28	11,13	66,52	197,92	39,07	9,09	194,90	14,81	81,03	232,66
1.979,02	25,18	470,31	653,96	476,94	69,54	1.485,82	20,94	440,16	1.435,42
92,63	0,43	13,70	29,03	15,54	3,32	70,21	0,40	13,72	41,51
2,33	0,04	10,35	0,96	0,59	0,31	4,97	0,01	7,90	9,72
242,45	0,01	65,35	0,02	35,61	0,01	1,13	0,01	57,21	252,25
510,64	11,29	109,18	240,20	66,89	21,16	449,28	11,88	135,39	363,81
441,34	3,54	24,90	108,84	42,58	8,16	867,22	1,38	33,19	154,53
263,81	1,83	23,41	4,86	30,60	0,01	144,59	1,02	26,40	154,87
431,32	2,67	37,67	105,93	66,33	16,19	448,71	4,34	71,30	201,32
66,94	6,49	62,56	91,86	16,65	6,36	97,00	6,69	58,09	159,82
527,12	8,16	63,97	170,91	68,99	18,10	441,66	11,15	126,92	281,61
241,33	0,95	18,01	64,13	28,84	13,41	378,00	0,95	34,44	154,15
2.814,66	16,27	75,77	747,99	430,59	143,41	4.337,72	23,30	280,21	1.175,85
730,99	1,47	23,62	112,15	114,31	13,64	453,20	1,57	52,87	229,69
18.000,13	70,78	1.112,66	4.265,82	2.201,17	580,08	20.691,71	65,86	1.906,45	7.515,61
4.724,47	38,03	410,81	1.307,24	680,38	176,70	4.379,37	36,57	683,46	2.433,29
470,69	1,47	56,20	213,52	58,17	18,05	593,57	0,93	132,90	340,70
317,32	1,61	28,81	53,01	21,47	20,44	228,75	0,64	60,23	217,52

Tabla 5.6. Imputaciones de renta, percentiles, TFC

CONCEPTO (importes en millones de euros)	TOTAL	10 %	20 %	30 %	40 %	50 %
		Inferior o igual a 5.493 euros	5.493 a 9.440 euros	9.440 a 11.854 euros	11.854 a 14.552 euros	14.552 a 17.495 euros
Hogares/UC en la muestra	**947.877**	263.044	114.506	62.966	60.547	58.782
Hogares/UC en la población	**17.131.323**	1.713.128	1.713.118	1.713.133	1.713.088	1.713.189
Declaraciones en la muestra	**2.710.152**	672.398	356.074	190.760	185.532	175.935
Declaraciones en la población	**44.230.694**	4.164.854	4.871.431	4.047.780	4.470.522	4.464.332
Renta bruta (definición AEAT)	**675.954,75**	5.994,58	23.885,76	29.221,81	39.203,53	47.644,47
Renta neta (Rbruta - IRPF - CSS - IPPF)	**561.219,65**	5.485,84	22.813,78	27.776,94	36.573,15	43.430,35
Riqueza bruta	**3.000.038,70**	77.305,45	104.390,53	128.908,84	151.035,08	174.758,54
Riqueza neta	**2.392.123,30**	51.348,85	74.070,78	101.354,56	112.810,93	129.645,54
Salarios (clave A)	**377.863,66**	2.485,06	10.151,64	12.049,61	19.119,92	25.728,36
Retribución consejeros (clave E)	**3.836,22**	4,90	18,20	9,96	26,62	33,20
Cursos (F1,2) y premios literarios y/o científicos no exentos	**700,43**	7,31	7,42	8,36	7,82	16,16
Trabajos en el extranjero	**576,94**	1,57	7,87	8,31	15,77	20,73
Indemnizaciones despido exentas	**4.384,89**	10,58	47,43	57,72	98,10	142,71
Aportación empleador a planes pensiones	**982,64**	4,50	0,95	0,83	2,63	6,20
Retribuciones empleados hogar	**2.687,99**	251,77	505,67	393,14	394,23	348,67
Incapacidad laboral transitoria	**9.567,68**	154,08	505,90	535,99	778,61	897,19
Pensiones por jubilación contributivas	**119.725,07**	448,85	5.437,03	9.772,98	10.725,41	11.643,70
Pensiones por jubilacion privadas	**7.500,67**	24,82	88,79	89,20	145,59	202,24
Pensiones por incapacidad	**12.449,75**	39,82	533,23	876,93	1.098,09	1.289,82
Pensiones no contributivas	**2.213,42**	417,55	690,97	331,61	313,18	215,29
Desempleo. Pagos corrientes	**12.859,19**	1.249,05	2.086,07	1.553,76	1.720,35	1.475,98
Desempleo. Pago único	**429,81**	6,89	22,75	23,78	28,74	43,49
Plan PREPARA	**71,42**	6,42	8,23	5,55	8,11	5,57
Prestaciones por dependencia	**1.124,81**	23,27	87,79	112,36	182,49	188,81
Prestaciones familiares	**3.522,04**	250,21	380,94	333,33	370,55	513,62
Otras prestaciones exentas M190	**2.214,11**	8,76	25,43	29,50	30,64	61,70

60 %	70 %	75 %	80 %	85 %	90 %	95 %	98 %	100 %
17.495 a 20.911 euros	**20.911 a 25.180 euros**	**25.180 a 27.924 euros**	**27.924 a 31.364 euros**	**31.364 a 35.840 euros**	**35.840 a 42.025 euros**	**42.025 a 54.437 euros**	**54.437 a 75.791 euros**	**Más de a 75.791 euros**
57.743	59.101	31.013	32.591	35.139	37.639	44.708	33.877	56.221
1.713.137	1.713.064	856.567	856.612	856.575	856.523	856.591	513.959	342.639
171.672	171.969	89.985	95.398	101.164	105.155	127.099	96.736	170.275
4.504.450	4.479.485	2.263.630	2.264.336	2.209.344	2.116.878	2.189.192	1.314.270	870.190
57.416,85	68.716,37	39.897,44	44.493,32	49.517,12	55.560,30	69.580,85	55.507,80	89314,54823
50.874,36	59.269,04	33.673,56	36.960,48	40.410,95	44.512,79	54.267,23	41.847,61	63323,56226
201.174,16	236.504,26	144.846,41	160.496,06	182.569,49	217.736,61	284.945,50	258.688,94	676678,8577
145.865,16	171.127,22	107.873,99	118.677,52	138.690,97	170.997,73	228.451,31	215.667,90	625540,8901
33.362,70	40.737,06	24.626,53	28.079,62	31.556,97	34.800,52	44.295,83	34.505,64	36.364,21
44,27	75,14	52,60	73,37	91,21	163,14	269,41	386,16	2.588,03
25,07	38,57	22,84	37,75	44,87	67,92	117,02	144,34	154,99
13,54	33,25	33,76	35,60	33,48	34,50	86,48	96,10	155,99
202,68	283,56	178,97	223,28	256,77	337,48	501,21	604,00	1.440,40
11,27	29,65	27,07	44,21	70,38	112,04	217,81	233,26	221,82
269,95	199,46	72,88	51,20	49,82	36,43	33,50	26,41	54,86
1.095,67	1.215,69	690,43	736,11	755,95	744,26	781,02	451,72	225,05
12.862,78	15.221,27	7.794,21	8.245,47	8.755,60	10.019,39	10.155,13	5.406,01	3.237,26
294,30	398,12	322,93	372,00	511,45	631,75	1.071,39	1.102,54	2.245,54
1.491,03	1.762,62	916,43	889,48	939,96	1.020,34	871,99	479,87	240,14
124,87	61,24	21,97	11,37	11,20	6,56	4,51	2,38	0,72
1.294,94	1.148,86	515,41	455,18	414,27	331,04	308,90	167,93	137,46
53,53	49,27	34,95	31,46	30,74	27,86	31,75	28,71	15,90
9,73	6,10	2,90	4,86	3,88	2,23	3,69	2,09	2,08
168,48	125,96	60,92	46,93	42,48	31,08	29,09	18,19	6,95
414,31	356,41	173,54	180,92	154,96	146,38	129,29	77,43	40,15
96,08	157,80	114,99	156,95	206,17	254,71	385,18	340,95	345,25

.../...

... / ...

CONCEPTO (importes en millones de euros)	TOTAL	10 %	20 %	30 %	40 %	50 %
		Inferior o igual a 5.493 euros	5.493 a 9.440 euros	9.440 a 11.854 euros	11.854 a 14.552 euros	14.552 a 17.495 euros
Rentas mínimas de CC. AA. y CC. LL.	**928,40**	362,54	354,03	93,03	49,14	27,67
Prestaciones públicas por maternidad o paternidad exentas del IRPF	**2.110,50**	32,30	98,99	96,12	139,51	179,46
Becas exentas	**1.462,23**	141,25	298,22	235,30	235,13	187,76
Deducciones consideradas como impuesto negativo en el IRPF	**2.828,02**	91,86	263,58	237,01	314,38	317,99
Intereses	**1.333,75**	14,72	23,39	27,77	39,35	49,07
Dividendos	**13.116,34**	27,80	42,25	56,16	84,24	102,57
Rendimientos de capital mobiliario (base general y del ahorro)	**2.341,77**	8,02	23,29	37,05	63,95	71,02
Retenciones y pagos a cuenta	**81.790,26**	175,06	503,53	785,85	1.561,87	2.697,92
Cotizaciones de asalariados y parados	**23.168,96**	182,91	739,93	861,11	1.363,34	1.815,04
Dietas exentas	**2.999,39**	19,73	122,71	180,11	247,90	290,47
Premios de loterías (Modelo 270)	**1.313,95**	75,05	86,69	96,64	71,70	126,93

Fuente: Elaboración propia a partir de datos del Panel de Hogares-2019.

Tabla 5.7. Patrimonio

CONCEPTO (importes en millones de euros)	TFC	ANDALUCÍA	ARAGÓN	ASTURIAS	CANARIAS	CANTABRIA	CASTILLA-LA MANCHA	CASTILLA Y LEÓN
Hogares/UC fiscales en la muestra	**947.877**	109.002	41.947	41.081	62.674	30.581	45.691	50.683
Hogares/UC fiscales en la población	**17.131.323**	3.209.261	532.425	445.274	808.136	235.075	789.400	1.023.573
Declaraciones en la muestra	**2.710.152**	303.022	118.990	107.785	178.907	82.660	132.316	133.387
Declaraciones en la población	**44.230.694**	8.433.101	1.314.014	1.012.053	2.162.728	576.163	2.039.025	2.374.882
Renta bruta (definición AEAT)	**675.954,75**	101.015,55	21.203,36	16.146,76	28.198,38	8.965,51	25.961,96	36.026,03
Renta neta (Rbruta - IRPF - CSS - IPPF)	**561.219,65**	86.282,93	17.623,24	13.592,76	23.946,49	7.522,69	22.186,50	30.568,02

60 %	70 %	75 %	80 %	85 %	90 %	95 %	98 %	100 %
17.495 a 20.911 euros	**20.911 a 25.180 euros**	**25.180 a 27.924 euros**	**27.924 a 31.364 euros**	**31.364 a 35.840 euros**	**35.840 a 42.025 euros**	**42.025 a 54.437 euros**	**54.437 a 75.791 euros**	**Más de a 75.791 euros**
17,19	10,64	3,56	3,69	2,51	1,33	1,20	0,38	1,50
212,87	235,16	163,22	168,53	187,85	190,32	193,34	136,99	75,83
147,81	96,23	34,88	21,69	20,18	14,31	15,24	10,22	4,01
331,25	327,04	173,08	175,15	160,00	148,02	145,25	86,65	56,76
59,31	77,54	51,83	65,23	84,17	106,94	152,27	158,99	423,17
147,57	209,74	157,63	206,94	264,12	371,45	694,00	1.014,97	9.736,87
105,91	154,63	88,90	109,95	129,42	182,66	306,83	290,50	769,65
4.466,17	6.760,31	4.534,16	5.563,17	6.851,09	8.428,77	11.732,87	10.436,44	17.293,06
2.300,63	2.763,11	1.644,96	1.835,88	2.019,34	2.163,59	2.621,48	1.766,39	1.091,26
333,85	364,37	192,78	193,82	190,38	201,22	266,54	216,43	179,10
115,05	141,56	108,88	54,76	98,39	71,44	91,63	134,56	40,67

CATALUÑA	CEUTA	EXTREMADURA	GALICIA	ISLAS BALEARES	LA RIOJA	MADRID	MELILLA	MURCIA	COMUNIDAD VALENCIANA
124.879	11.540	34.109	56.146	40.953	22.646	125.434	11.663	44.225	94.623
2.953.177	25.780	437.565	1.093.996	423.377	131.706	2.488.392	25.376	525.560	1.983.252
363.263	38.487	92.716	151.085	120.381	61.909	390.209	40.873	133.964	260.198
7.687.939	82.908	1.057.690	2.697.017	1.158.615	318.147	6.706.722	86.558	1.498.617	5.024.516
136.464,98	1.092,09	12.362,06	39.658,84	19.563,81	4.940,26	136.541,25	1.079,94	18.387,23	68.346,72
110.818,68	986,07	10.723,00	33.444,63	16.090,22	4.136,01	109.364,79	979,72	15.632,95	57.320,94

... / ...

.../...

CONCEPTO (importes en millones de euros)	TFC	ANDALUCÍA	ARAGÓN	ASTURIAS	CANARIAS	CANTABRIA	CASTILLA-LA MANCHA	CASTILLA Y LEÓN
Riqueza bruta	**3.000.038,70**	378.913,03	101.990,97	61.802,95	92.193,24	42.177,80	108.600,29	166.990,24
Riqueza neta	**2.392.123,30**	276.033,00	85.115,48	50.485,10	67.725,74	34.447,36	84.307,11	140.007,77
Patrimonio bruto	**2.721.730,00**	359.567,12	94.480,22	59.683,84	79.743,67	40.205,24	105.579,32	162.396,38
Patrimonio neto	**2.113.814,62**	256.687,08	77.604,73	48.365,98	55.276,17	32.474,80	81.286,14	135.413,91
Patrimonio inmobiliario urbano (valor catastral)	**1.403.600,10**	216.529,06	44.080,76	30.227,80	47.290,73	21.660,83	59.677,71	75.407,04
Patrimonio inmobiliario rústico (valor catastral)	**41.065,87**	8.604,94	2.552,26	661,55	940,77	630,72	2.823,56	4.025,88
Patrimonio inmobiliario BICE (valor catastral)	**54,50**	1,81	0,99	1,20	0,18	10,85	0,90	8,61
Cuentas bancarias y depósitos	**662.357,09**	86.157,64	22.800,01	18.087,68	18.764,65	9.964,86	28.690,87	49.743,79
Activos financieros - Deuda y bonos	**20.035,01**	1.226,66	1.245,20	216,31	413,71	201,41	333,05	881,25
Activos financieros - IIC	**237.828,10**	17.162,20	10.419,51	4.487,27	4.488,16	3.025,50	5.373,83	14.578,35
Activos financieros - Seguros y rentas	**128.921,65**	11.604,30	5.668,01	1.968,66	2.584,21	1.133,47	3.967,55	7.135,45
Activos financieros - Planes de pensiones	**71.171,49**	8.234,64	3.775,60	1.353,82	2.565,59	784,05	2.389,55	4.491,29
Activos financieros - Valores negociados en mercados organizados	**139.767,97**	8.588,22	3.350,38	2.460,75	2.164,84	2.660,09	2.162,56	5.834,87
Otros elementos patrimoniales	**16.928,21**	1.457,65	587,49	218,79	530,84	133,47	159,76	289,85
Pasivos no societarios	**607.915,38**	102.880,04	16.875,49	11.317,86	24.467,50	7.730,44	24.293,18	26.982,47

Fuente: Elaboración propia a partir de datos del Panel de Hogares-2019.

Según la tabla 5.7, el patrimonio bruto se reparte de la siguiente forma en sus cuatro componentes: *patrimonio inmobiliario*, 1.444.720,47 millones de euros, que representa el 53,1 % del total, con un valor medio de 84.332 euros; *cuentas bancarias y depósitos*, 662.357,09, el 24,3 % y 38.664; *activos financieros*, 597.724,22, el 22,0 % y 34.891; y *otros elementos patrimoniales*, 16.928,21, el 0,6 % y 988. Por otra parte, los *pasivos*

CATALUÑA	CEUTA	EXTREMADURA	GALICIA	ISLAS BALEARES	LA RIOJA	MADRID	MELILLA	MURCIA	COMUNIDAD VALENCIANA
592.981,78	3.223,57	44.589,53	175.770,00	93.709,99	25.887,60	734.540,01	3.171,01	79.703,83	293.792,88
466.045,07	2.154,00	34.741,88	152.090,40	73.264,39	21.910,12	611.992,83	2.226,17	60.684,26	228.892,68
528.441,93	3.109,56	43.906,45	140.790,31	83.132,33	23.074,31	656.786,69	3.003,18	70.971,84	266.857,58
401.505,21	2.039,99	34.058,79	117.110,71	62.686,73	19.096,83	534.239,50	2.058,34	51.952,26	201.957,38
259.013,64	1.891,24	23.048,35	64.787,34	41.069,48	9.623,82	322.725,77	1.927,54	40.326,87	144.312,07
3.969,10	6,22	1.588,84	3.002,06	2.579,79	479,19	2.343,26	11,71	2.493,87	4.352,16
3,05	2,37	0,85	0,34	0,28	1,17	9,83	0,59	4,19	7,30
111.521,36	685,28	13.896,08	47.274,42	17.663,61	6.296,05	143.293,97	601,02	17.735,49	69.180,30
5.951,45	9,09	142,96	785,05	550,37	247,75	5.248,85	6,72	508,57	2.066,61
56.592,26	185,08	1.968,77	9.574,77	4.733,45	2.872,03	79.679,52	170,97	3.621,39	18.895,07
43.166,73	64,41	1.448,24	4.929,37	7.301,66	1.159,61	22.969,04	93,05	2.802,70	10.925,19
17.069,12	77,90	1.036,53	3.120,51	1.885,31	782,93	15.968,89	72,50	1.431,42	6.131,85
27.073,38	125,63	744,81	6.474,56	6.821,78	1.401,90	58.829,03	102,28	1.634,43	9.338,48
4.081,83	62,34	31,04	841,89	526,60	209,86	5.718,52	16,81	412,92	1.648,56
126.936,71	1.069,57	9.847,66	23.679,60	20.445,60	3.977,48	122.547,19	944,84	19.019,57	64.900,19

no societarios, fundamentalmente amortizaciones de las propiedades inmobiliarias, aunque también pueden contener otro tipo de deudas, suponen 607.915,38 millones de euros, es decir, el 22,3 % del patrimonio bruto y un valor medio de 35.486 euros. El gráfico 5.5 permite una visión de conjunto de toda esta información.

Gráfico 5.5. Composición del patrimonio bruto

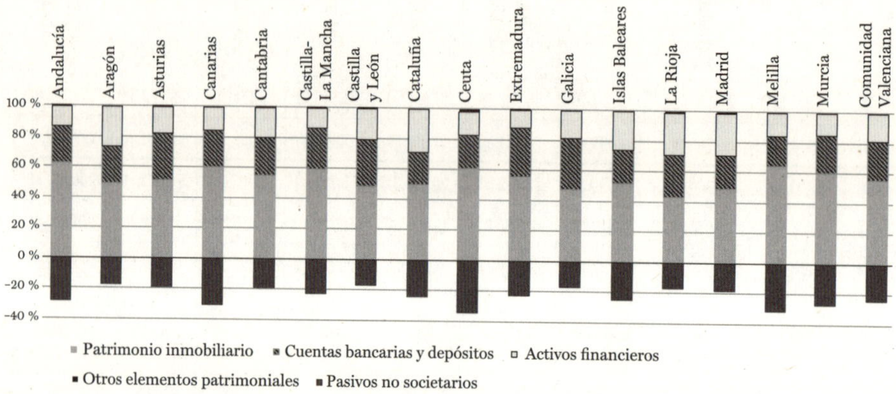

Fuente: Elaboración propia a partir de datos del Panel de Hogares-2019.

Además, la tabla 5.7 indica que Andalucía (19,1 %, 13,2 % y 12,1 %), Cataluña (17,4 %, 19,4 % y 19,0 %), Madrid (15,2 %, 24,1 % y 25,3 %) y Comunidad Valenciana (11,4 %, 9,8 % y 9,6 %) —entre paréntesis: porcentaje de población, de patrimonio bruto y patrimonio neto— conjuntamente en términos de población rozan el 63 %, en patrimonio bruto superan el 66,6 % y en patrimonio neto significan casi el 66 %. Puede decirse, que estas cuatro comunidades autónomas concentran aproximadamente los dos tercios del total de los tres conceptos indicados, aunque en el caso de Andalucía y la Comunidad Valenciana su representación en población es, respectivamente, seis y dos puntos porcentuales superior, mientras que en Cataluña y Madrid es dos y casi diez puntos inferior respecto a la del patrimonio bruto y neto, como se refleja en el gráfico 5.6.

Si en lugar de las anteriores referencias absolutas comparamos las medias, se obtiene que el patrimonio bruto y neto medio de los hogares es de 158.874 euros y 123.389 euros, mientras que el patrimonio bruto y neto medio personales alcanzan los 61.535 euros y 47.791 euros, respectivamente.

La variabilidad entre comunidades autónomas es notoria. Por lo que respecta al patrimonio bruto medio por hogar y personal, dejando aparte los casos especiales de Ceuta y Melilla, se tiene que Canarias (−37,9 % y −40,1 %), Extremadura (−36,8 % y −32,5 %) y Andalucía (−29,5 % y −30,7 %) están más del 30 % por debajo de ambas medias. Mientras que en el caso de Aragón (11,7 % y 16,8 %), Cataluña (12,6 % y 11,7 %), Islas Baleares (23,6 % y 16,6 %) y Madrid (66,1 % y 59,1 %), aunque con una diferencia abismal con esta última, son las que se sitúan en la parte superior de la ordenación, superando en más del 10 % ambas medias. Y si se toma como referencia el patrimonio neto medio por hogar y personal, las conclusiones son exactamente las mismas, aunque aumentando aún más las distancias inferiores y superiores,[126] como muestra el gráfico 5.7 para todo el conjunto.

Gráfico 5.6. Población, patrimonio bruto y neto

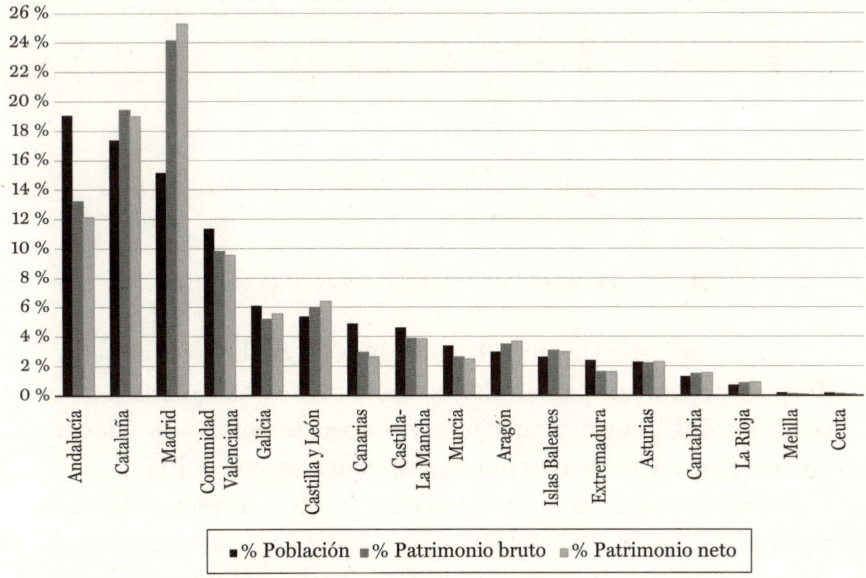

Fuente: Elaboración propia a partir de datos del Panel de Hogares-2019.

126. En el caso de Madrid, por ejemplo, su media por hogar se sitúa en el 74,0 % superior y la media personal roza el 67 %, ocho puntos por encima de lo que sucede con el patrimonio bruto medio por hogar y personal.

Gráfico 5.7. Patrimonio bruto y neto medio del hogar y personal

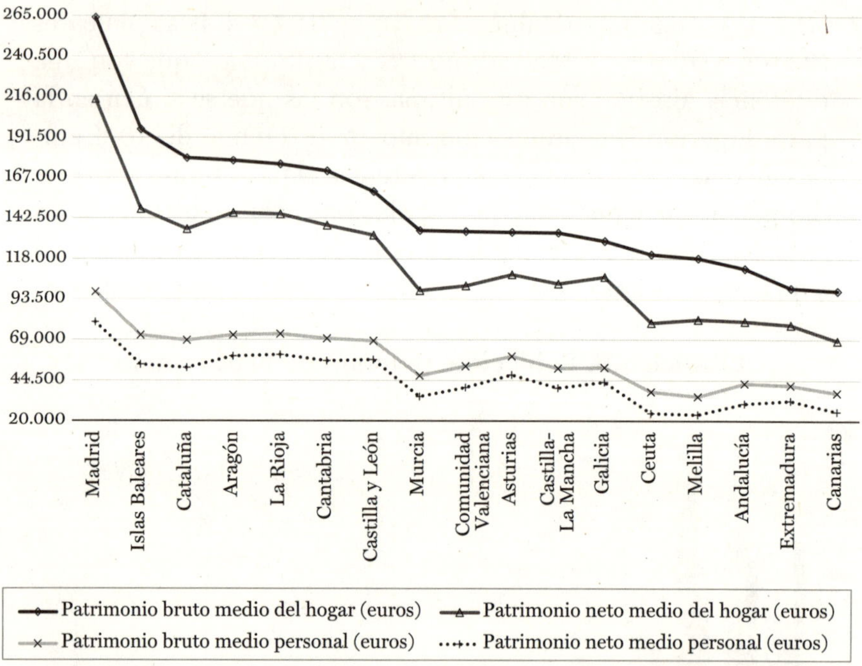

Fuente: Elaboración propia a partir de datos del Panel de Hogares-2019.

La tabla 5.8 reproduce la distribución de los componentes del patrimonio por percentiles de renta bruta equivalente para el total del TFC. Permite una primera aproximación a la relación entre riqueza y renta que puede cuantificarse con el PH.

Si comparamos el último percentil, las tres últimas columnas de la tabla 5.8, con el total agregado, se obtiene que este 10 % de representación de hogares (1,7 millones) y de personas (4,4 millones) dispone de un patrimonio bruto y neto de 965.269,02 millones de euros y 814.615,82 millones de euros, lo que significa el 35,5 y el 38,5 %, respectivamente. Y de forma más desagregada, utilizando los cuatro componentes del patrimonio bruto mencionados anteriormente: *patrimonio inmobiliario* (399.415,1 millones de euros y representación del 27,6 %), *cuentas bancarias y depósitos* (209.308,4 millones de euros y 31,6 %), *activos finan-*

cieros (342.350,2 millones de euros y 57,3 %) y *otros elementos patrimoniales* (14.195,3 millones de euros y 83,9 %), se tiene una visión muy clara del grado de concentración de la riqueza en la cola superior de la distribución de la renta. En cuanto a los *pasivos no societarios* —ya hemos indicado que se trata básicamente de amortizaciones de las propiedades inmobiliarias—, en estas tres últimas agrupaciones 90-95, 95-98 y 98-100 suponen 150.653,20 millones de euros, esto es menos del 25 % del total. En el capítulo 7 analizaremos con mucho más detalle este grado de concentración del que ahora hemos apuntado una primera aproximación.

Otra visión de la distribución de los componentes del patrimonio desde la perspectiva del tipo de hogar es la que se reproduce en la tabla 5.9. Algunas conclusiones interesantes son:[127]

- Los hogares tipo A y B, en términos de patrimonio bruto, concentran el 48,5 % (19,5 y 29,0 %) del total, mientras que en patrimonio neto rozan el 54 % (21,2 y 32,7 %).
- En los hogares tipo A, el patrimonio bruto y neto medio es de 111.829 euros y 94.629 euros, lo que supone una disminución aproximada del -29,6 % y del −23,3 % respecto a las cifras medias del TFC.
- En los hogares tipo B, el patrimonio bruto y neto medio es de 185.955 euros y 162.596 euros, lo que significa un aumento del 17,2 y del 31,8 % respecto a los valores medios del TFC.
- Si atendemos a los cuatro componentes del patrimonio bruto, los hogares tipo A y B obtienen los siguientes valores medios: *patrimonio inmobiliario*, 55.972 euros y 96.332 euros, lo que significa una disminución del −33,6 % y un aumento del 43,4 % respecto a los valores medios del TFC; *cuentas bancarias y depósitos*, 27.127 euros (−29,8 %) y 48.413 euros (25,2 %); *activos financieros*, 28.000 euros (−19,7 %) y 41.210 euros (18,1 %); *otros elementos patrimoniales*, 729 euros (−26,2 %) y 1.052 euros (6,5 %).

127. Aquí se ha seguido el mismo esquema utilizado en el apartado correspondiente a las fuentes de renta; ver la nota a pie de página 124.

Tabla 5.8. Patrimonio, percentiles, TFC

CONCEPTO (importes en millones de euros)	TOTAL	10 %	20 %	30 %	40 %	50 %
		Inferior o igual a 5.493 euros	5.493 a 9.440 euros	9.440 a 11.854 euros	11.854 a 14.552 euros	14.552 a 17.495 euros
Hogares/UC en la muestra	**947.877**	263.044	114.506	62.966	60.547	58.782
Hogares/UC en la población	**17.131.323**	1.713.128	1.713.118	1.713.133	1.713.088	1.713.189
Declaraciones en la muestra	**2.710.152**	672.398	356.074	190.760	185.532	175.935
Declaraciones en la población	**44.230.694**	4.164.854	4.871.431	4.047.780	4.470.522	4.464.332
Renta bruta (definición AEAT)	**675.954,75**	5.994,58	23.885,76	29.221,81	39.203,53	47.644,47
Renta neta (Rbruta - IRPF - CSS - IPPF)	**561.219,65**	5.485,84	22.813,78	27.776,94	36.573,15	43.430,35
Riqueza bruta	**3.000.038,70**	77.305,45	104.390,53	128.908,84	151.035,08	174.758,54
Riqueza neta	**2.392.123,30**	51.348,85	74.070,78	101.354,56	112.810,93	129.645,54
Patrimonio bruto	**2.721.729,95**	75.638,48	104.307,12	128.433,15	150.699,67	173.368,78
Patrimonio neto	**2.113.814,57**	49.681,87	73.987,37	100.878,87	112.475,52	128.255,79
Patrimonio inmobiliario urbano (valor catastral)	**1.403.600,10**	45.438,63	65.258,03	76.395,92	89.616,52	103.058,35
Patrimonio inmobiliario rústico (valor catastral)	**41.065,87**	1.591,97	2.923,99	3.615,87	3.898,41	3.521,57
Patrimonio inmobiliario BICE (valor catastral)	**54,50**	2,45	2,31	0,05	1,11	1,74
Cuentas bancarias y depósitos	**662.357,09**	16.350,26	25.916,75	34.577,03	40.302,63	45.535,01
Activos financieros - Deuda y bonos	**20.035,01**	368,70	106,28	197,19	333,60	339,86
Activos financieros - IIC	**237.828,10**	4.629,32	3.957,47	5.520,52	5.906,79	7.774,93
Activos financieros - Seguros y rentas	**128.921,65**	3.247,29	3.694,49	5.517,63	7.018,96	8.032,77
Activos financieros - Planes de pensiones	**71.171,49**	1.068,69	1.395,98	1.506,68	2.095,62	2.740,92
Activos financieros - Valores negociados en mercados organizados	**139.767,97**	2.728,56	1.011,45	1.065,94	1.403,77	2.144,73
Otros elementos patrimoniales	**16.928,21**	212,61	40,37	36,34	122,24	218,91
Pasivos no societarios	**607.915,38**	25.956,60	30.319,75	27.554,28	38.224,14	45.113,00

Fuente: Elaboración propia a partir de datos del Panel de Hogares-2019.

60 %	70 %	75 %	80 %	85 %	90 %	95 %	98 %	100 %
17.495 a 20.911 euros	**20.911 a 25.180 euros**	**25.180 a 27.924 euros**	**27.924 a 31.364 euros**	**31.364 a 35.840 euros**	**35.840 a 42.025 euros**	**42.025 a 54.437 euros**	**54.437 a 75.791 euros**	**Más de 75.791 euros**
57.743	59.101	31.013	32.591	35.139	37.639	44.708	33.877	56.221
1.713.137	1.713.064	856.567	856.612	856.575	856.523	856.591	513.959	342.639
171.672	171.969	89.985	95.398	101.164	105.155	127.099	96.736	170.275
4.504.450	4.479.485	2.263.630	2.264.336	2.209.344	2.116.878	2.189.192	1.314.270	870.190
57.416,85	68.716,37	39.897,44	44.493,32	49.517,12	55.560,30	69.580,85	55.507,80	89314,54823
50.874,36	59.269,04	33.673,56	36.960,48	40.410,95	44.512,79	54.267,23	41.847,61	63323,56226
201.174,16	236.504,26	144.846,41	160.496,06	182.569,49	217.736,61	284.945,50	258.688,94	676678,8577
145.865,16	171.127,22	107.873,99	118.677,52	138.690,97	170.997,73	228.451,31	215.667,90	625540,8901
199.710,60	235.344,85	143.365,39	158.689,56	176.796,71	210.106,62	272.966,20	240.888,63	451.414,19
144.401,59	169.967,81	106.392,96	116.871,02	132.918,20	163.367,74	216.472,01	197.867,59	400.276,22
117.236,16	137.768,48	79.671,52	88.607,39	97.534,90	111.869,31	141.460,79	114.080,10	135.603,96
3.869,88	4.017,61	2.209,86	2.207,03	2.430,83	2.543,44	2.932,71	2.378,57	2.924,13
1,44	1,39	1,40	1,37	1,87	4,53	5,40	10,08	19,38
51.738,26	61.622,39	36.067,42	42.109,86	45.467,25	53.361,86	69.093,40	55.147,72	85.067,26
485,74	558,65	478,86	1.403,14	855,83	1.104,52	1.877,05	2.332,85	9.592,76
9.892,03	11.557,73	7.487,74	9.284,84	11.475,34	16.720,00	23.262,14	26.830,49	93.528,75
9.587,70	11.119,49	10.983,37	7.271,02	8.398,94	9.839,65	11.802,11	9.196,97	23.211,26
3.858,17	5.077,67	3.382,37	4.231,09	5.268,54	6.856,84	10.699,62	10.536,37	12.452,92
2.951,95	3.376,54	2.898,75	3.317,01	4.563,57	7.278,76	11.008,06	18.530,78	77.488,11
89,27	244,91	184,09	256,83	799,63	527,72	824,93	1.844,70	11.525,67
55.309,00	65.377,04	36.972,42	41.818,54	43.878,52	46.738,88	56.494,19	43.021,05	51.137,97

Tabla 5.9. Patrimonio, distribución según tipo de hogar

CONCEPTO (importes en millones de euros)	TOTAL	HOGAR UNIPERSONAL MENOR DE 65 AÑOS	HOGAR UNIPERSONAL MAYOR DE 65 AÑOS	HOGAR CON MÁS DE UNA PERSONA	HOGAR CON MÁS DE UN MAYOR DE 18 Y UN MENOR
Hogares/UC fiscales en la muestra	**947.877**	161.644	72.707	54.618	127.659
Hogares/UC fiscales en la población	**17.131.323**	2.784.886	1.959.042	625.026	2.172.479
Declaraciones en la muestra	**2.710.152**	161.644	72.707	137.376	492.231
Declaraciones en la población	**44.230.694**	2.784.886	1.959.042	1.531.580	8.003.835
Renta bruta (definición AEAT)	**675.954,75**	62.119,17	38.121,10	13.790,07	103.228
Renta neta (Rbruta - IRPF - CSS - IPPF)	**561.219,65**	50.007,95	33.940,71	11.470,44	85.194
Riqueza bruta	**3.000.038,70**	239.643,82	328.790,41	52.810,54	335.554
Riqueza neta	**2.392.123,30**	166.171,76	320.669,62	30.634,25	211.515,95
Patrimonio bruto	**2.721.729,95**	223.864,31	306.642,86	49.121,02	289.734,89
Patrimonio neto	**2.113.814,57**	150.392,26	298.522,07	26.944,74	165.697,16
Patrimonio inmobiliario urbano (valor catastral)	**1.403.600,10**	116.069,30	142.720,77	26.174,91	168.383,76
Patrimonio inmobiliario rústico (valor catastral)	**41.065,87**	2.242,54	4.489,20	363,93	3.815,20
Patrimonio inmobiliario BICE (valor catastral)	**54,50**	5,94	1,64	0,90	6,47
Cuentas bancarias y depósitos	**662.357,09**	54.956,67	73.732,22	10.201,45	67.277,35
Activos financieros - Deuda y bonos	**20.035,01**	1.672,07	2.736,57	596,97	1.518,30
Activos financieros - IIC	**237.828,10**	22.474,67	35.282,11	3.136,21	17.894,84
Activos financieros - Seguros y rentas	**128.921,65**	7.005,72	21.690,62	1.103,07	9.173,91
Activos financieros - Planes de pensiones	**71.171,49**	7.805,52	2.751,16	1.387,00	9.706,02
Activos financieros - Valores negociados	**139.767,97**	10.243,96	21.167,12	5.990,60	10.407,02
Otros elementos patrimoniales	**16.928,21**	1.387,93	2.071,46	165,98	1.552,02
Pasivos no societarios	**607.915,38**	73.472,06	8.120,79	22.176,28	124.037,72

Fuente: Elaboración propia a partir de datos del Panel de Hogares-2019.

- En cuanto a los *pasivos no societarios*, la deuda media en los hogares tipo A y B se sitúa en 17.199 euros y 50.897 euros, lo que significa una disminución del −51,5 % y un aumento del 43,4 % respecto al valor medio del TFC.

HOGAR CON MÁS DE UN MAYOR DE 18 Y DOS MENORES	HOGAR CON MÁS DE UN MAYOR DE 18 Y TRES O MÁS MENORES	HOGAR DE DOS MIEMBROS, CON UNO MAYOR DE 65 AÑOS	HOGAR DE MÁS DE DOS MIEMBROS, CON UNO MAYOR DE 65 AÑOS	OTROS HOGARES DE DOS MIEMBROS	OTROS HOGARES DE MÁS DE DOS MIEMBROS
98.377	47.417	86.166	69.614	119.949	109.726
1.647.740	412.392	2.296.641	1.350.738	1.948.058	1.934.322
460.860	307.614	172.332	259.610	239.898	405.880
7.288.573	2.546.560	4.593.282	4.733.339	3.896.117	6.893.481
87.235	24.293	81.816	79.249	74.216	111.888
70.919	19.599	71.326	67.504	60.311	90.948
276.500	94.871	618.745	425.350	245.206	382.568
151.112,56	61.035,30	592.990,97	382.345,83	171.809,18	303.837,93
253.611,66	75.463,29	559.113,46	384.724,95	230.208,64	349.244,85
128.223,95	41.627,39	533.359,19	341.720,85	156.812,09	270.514,86
146.374,64	37.300,38	272.216,77	186.640,18	123.890,85	183.828,50
2.897,69	747,51	10.128,89	8.747,69	2.648,55	4.984,67
4,72	2,98	9,13	11,03	4,22	7,48
54.419,67	13.521,03	144.990,52	98.261,37	60.508,09	84.488,74
1.424,39	671,29	4.693,22	3.637,91	1.352,02	1.732,26
17.988,61	8.936,50	54.813,70	35.612,87	16.594,19	25.094,39
10.959,64	4.703,46	30.966,29	18.972,76	9.289,14	15.057,04
8.557,02	2.179,12	7.858,91	8.321,16	8.684,03	13.921,54
9.563,86	6.461,12	29.563,34	21.916,53	6.642,96	17.811,47
1.421,42	939,90	3.872,67	2.603,47	594,60	2.318,75
125.387,70	33.835,90	25.754,28	43.004,10	73.396,55	78.729,99

- Por último, para cerrar esta descripción de los datos del patrimonio del PH, la tabla 5.10 reproduce las distintas variables que integran el patrimonio, según tramos de renta bruta del hogar.

Tabla 5.10. Patrimonio, distribución según tramo de renta

CONCEPTO (importes en millones de euros)	TOTAL	≤ 0	< 6.000	6.000-12.000
Hogares/UC en la muestra	**947.877**	78.652	130.377	103.054
Hogares/UC en la población	**17.131.323**	458.092	824.713	1.750.811
Declaraciones en la muestra	**2.710.152**	142.860	285.925	251.249
Declaraciones en la población	**44.230.694**	797.964	1.551.440	3.042.887
Renta bruta (definición AEAT)	**675.954,75**	-36,62	2.598,88	17.039,96
Renta neta (Rbruta - IRPF - CSS - IPPF)	**561.219,65**	-198,22	2.406,38	16.575,89
Riqueza bruta	**3.000.038,70**	14.002,61	44.562,83	102.090,55
Riqueza neta	**2.392.123,30**	9.149,85	33.336,31	84.992,03
Patrimonio bruto	**2.721.729,95**	13.779,60	44.138,34	101.511,51
Patrimonio neto	**2.113.814,57**	8.926,84	32.911,82	84.412,99
Patrimonio inmobiliario urbano (valor catastral)	**1.403.600,10**	9.507,84	22.329,95	56.996,05
Patrimonio inmobiliario rústico (valor catastral)	**41.065,87**	301,35	684,17	2.636,73
Patrimonio inmobiliario BICE (valor catastral)	**54,50**	0,00	2,10	0,26
Cuentas bancarias y depósitos	**662.357,09**	2.369,39	9.897,35	28.166,74
Activos financieros - Deuda y bonos	**20.035,01**	20,72	343,44	155,27
Activos financieros - IIC	**237.828,10**	518,81	3.487,67	6.116,07
Activos financieros - Seguros y rentas	**128.921,65**	637,63	4.490,13	4.836,03
Activos financieros - Planes de pensiones	**71.171,49**	103,95	625,29	1.022,72
Activos financieros - Valores negociados en mercados organizados	**139.767,97**	282,80	2.154,65	1.352,48
Otros elementos patrimoniales	**16.928,21**	37,10	123,59	229,17
Pasivos no societarios	**607.915,38**	4.852,76	11.226,52	17.098,52

Fuente: Elaboración propia a partir de datos del Panel de Hogares-2019.

IRPF

El siguiente grupo de información corresponde a lo que el PH denomina IRPF, que integra las declaraciones cuya liquidación se ha efectuado a través del Modelo 100 de la AEAT, es decir, los obligados a declarar por IRPF.

Es una información que constituye una parte esencial de las fuentes de renta, aunque a nuestros efectos tiene un interés meramente auxiliar. Para realizar su descripción se han elaborado

12.000-22.000	22.000-60.000	60.000-150.000	150.000-300.000	>300.000
140.608	294.007	143.987	29.528	22.822
3.487.277	7.736.950	2.563.000	220.496	46.919
387.762	915.472	513.924	113.955	89.989
7.315.813	21.470.965	8.928.099	864.180	183.611
60.331	292.318	222.799	45.634	35.270
56.539	252.969	176.181	32.941	23.805
277.901	1.071.140	875.564	272.967	341.812
220.428,22	792.730,28	688.891,16	237.635,11	324.960,39
275.712,19	1.059.613,78	830.704,02	215.539,69	180.730,83
218.239,64	781.204,20	644.031,59	180.207,78	163.879,71
157.239,60	603.556,06	430.477,20	88.761,04	34.732,31
6.264,78	17.538,22	10.732,48	2.113,56	794,59
1,26	9,86	21,24	13,74	6,06
76.160,94	270.469,69	201.031,21	42.573,75	31.688,01
579,31	4.877,48	5.993,31	3.469,95	4.595,53
13.949,90	62.125,20	74.621,08	34.795,72	42.213,64
14.231,22	54.048,19	32.517,01	10.457,55	7.703,90
3.623,56	22.749,65	31.282,52	8.504,20	3.259,60
3.457,12	22.141,82	39.307,17	21.036,90	50.035,04
204,51	2.097,61	4.720,81	3.813,27	5.702,15
57.472,54	278.409,58	186.672,43	35.331,91	16.851,12

las tablas 5.11 y 5.12: la primera se refiere a la distribución por comunidad autónoma y la segunda a la distribución según los percentiles de renta bruta equivalente.[128,129]

128. Puesto que el volumen de variables original es muy elevado (274 en el año 2019), se ha optado por resumirlas, seleccionando las más relevantes para realizar la liquidación, que son las treinta y una que aparecen en ambas tablas.

129. Otro elemento que se debe tener en cuenta, como consecuencia de que la declaración puede realizarse de forma conjunta (declarante y cónyuge), es que los registros individuales pertenecientes a un mismo hogar fiscal aparecen duplicados. La solución adoptada ha sido eliminar uno de los dos registros duplicados.

Tabla 5.11. Impuesto sobre la renta de las personas físicas (IRPF)

CONCEPTO (importes en millones de euros)	TFC	ANDALUCÍA	ARAGÓN	ASTURIAS	CANARIAS	CANTABRIA	CASTILLA Y LEÓN	CASTILLA-LA MANCHA
Hogares/UC en la muestra	**947.877**	109.002	41.947	41.081	62.674	30.581	45.691	50.683
Hogares/UC en la población	**17.131.323**	3.209.261	532.425	445.274	808.136	235.075	789.400	1.023.573
Declaraciones en la muestra	**2.535.198**	281.995	110.897	99.556	170.139	76.196	120.339	122.980
Declaraciones en la población	**40.689.719**	7.614.277	1.209.572	912.435	2.031.852	525.292	1.813.241	2.163.011
Renta bruta (definición AEAT)	**618.851,43**	89.465,56	19.566,65	14.471,02	26.224,55	8.117,29	23.014,00	32.917,07
Renta neta (Rbruta - IRPF - CSS - IPPF)	**512.665,80**	76.306,04	16.215,90	12.159,31	22.237,93	6.797,50	19.601,29	27.875,34
Riqueza bruta	**2.730.229,60**	330.774,47	93.416,47	55.112,90	84.700,52	37.839,32	93.363,05	150.066,39
Riqueza neta	**2.185.680,60**	242.653,94	77.907,89	44.997,07	62.381,38	31.037,38	72.572,49	125.702,40
Rendimientos del trabajo (RT). Rendimiento neto previo	**422.593,82**	59.884,56	14.062,12	10.657,32	17.061,89	5.801,97	23.665,88	16.243,73
RT. Rendimiento neto	**385.367,60**	53.667,20	12.795,62	9.732,41	15.369,54	5.280,84	21.420,41	14.596,29
RT. Reducción por obtención de RT	**29.759,27**	6.291,14	954,71	612,83	1.551,11	375,00	1.814,53	1.521,83
RT. Rendimiento neto reducido	**355.608,34**	47.376,06	11.840,91	9.119,58	13.818,43	4.905,84	19.605,88	13.074,46
Rendimientos del capital mobiliario (RCM). Base de ahorro (BA). Rendimiento neto reducido	**16.770,36**	1.268,64	526,22	251,86	499,33	241,58	716,63	405,43
RCM. Base general (BG). Rendimiento neto reducido	**367,64**	28,95	7,22	4,36	35,63	4,01	10,16	5,83
Rendimientos del capital inmobiliario (RCI). Renta imputada. Inmueble	**4.994,03**	854,71	153,47	85,84	170,02	63,52	295,30	232,82
RCI. Rendimiento neto reducido	**9.203,89**	1.209,45	258,60	177,52	544,42	120,33	442,80	245,49
AA. EE. en estimación directa. Rendimiento neto reducido	**26.277,71**	3.690,64	802,83	493,07	1.219,00	328,41	1.353,15	789,94
AA. EE. en estimación objetiva. Rendimiento neto reducido	**3.253,66**	647,19	78,41	80,50	186,87	44,87	233,06	148,19
Actividades agrícolas, ganaderas y forestales. Rendimiento neto reducido	**2.266,21**	676,70	165,30	23,00	45,74	14,70	262,22	229,08

CATALUÑA	CEUTA	EXTREMADURA	GALICIA	ISLAS BALEARES	LA RIOJA	MADRID	MELILLA	MURCIA	COMUNIDAD VALENCIANA
124.879	11.540	34.109	56.146	40.953	22.646	125.434	11.663	44.225	94.623
2.953.177	25.780	437.565	1.093.996	423.377	131.706	2.488.392	25.376	525.560	1.983.252
344.471	34.855	84.456	141.713	115.059	57.588	368.938	37.240	124.099	244.677
7.201.653	74.171	947.301	2.497.159	1.101.564	293.900	6.234.875	77.999	1.357.047	4.634.371
127.620,13	948,70	11.031,45	36.581,70	18.574,68	4.572,90	125.984,31	942,48	16.330,99	62.487,96
103.362,28	854,07	9.542,04	30.794,41	15.253,13	3.819,14	100.806,02	852,13	13.849,26	52.339,99
551.841,02	2.838,81	38.609,36	162.889,82	88.395,55	23.894,19	677.082,31	2.788,08	69.177,08	267.440,22
435.040,76	1.916,10	30.200,88	141.540,71	69.239,33	20.256,36	565.964,74	1.964,82	52.879,73	209.424,58
85.055,37	707,72	7.438,47	24.982,70	11.271,45	3.228,43	88.433,33	671,14	11.158,70	42.269,04
78.399,15	651,52	6.588,91	22.582,74	10.264,40	2.925,99	82.315,02	613,21	10.002,17	38.162,20
4.133,13	30,69	970,76	2.134,66	737,74	234,75	3.489,23	33,91	1.129,71	3.743,54
74.266,02	620,83	5.618,15	20.448,08	9.526,66	2.691,23	78.825,79	579,30	8.872,46	34.418,66
3.767,79	19,88	108,52	1.112,91	521,15	160,31	5.258,15	22,69	350,38	1.538,89
115,77	0,25	3,85	12,80	43,50	2,26	59,82	0,32	4,58	28,33
826,72	7,97	105,99	258,09	147,16	45,21	907,62	7,98	169,82	661,79
1.908,25	15,45	130,40	468,26	563,71	63,43	1.861,37	18,15	200,10	976,15
5.728,33	29,32	501,51	1.359,55	995,72	184,24	5.407,27	40,06	641,75	2.712,92
631,56	10,55	57,58	200,07	89,95	28,47	324,48	14,16	76,60	401,16
148,93	0,11	178,38	110,18	12,48	68,05	42,75	0,48	95,93	192,18

... / ...

.../...

CONCEPTO (importes en millones de euros)	TFC	ANDALUCÍA	ARAGÓN	ASTURIAS	CANARIAS	CANTABRIA	CASTILLA Y LEÓN	CASTILLA-LA MANCHA
RCI, atribuidos	**1.395,78**	129,15	70,74	31,00	27,33	18,92	67,91	26,79
Rendimientos netos de AA. EE., atribuidos	**2.539,34**	376,87	76,01	90,08	83,01	26,84	234,58	110,24
Saldo neto positivo ganancias/ pérdidas patrimoniales. BG	**609,30**	122,44	20,71	36,04	15,80	17,17	39,65	21,21
Base imponible general (BIG)	**406.529,99**	55.115,10	13.473,87	10.141,45	16.146,08	5.545,10	22.548,06	14.884,90
Saldo neto positivo de ganancias/pérdidas patrimoniales. BA	**19.613,92**	2.376,65	398,09	233,11	756,47	164,04	712,89	412,49
Saldo neto positivo RCM. BA	**16.940,40**	1.296,29	530,09	255,16	505,50	243,28	725,64	409,50
Base imponible del ahorro (BIA)	**34.986,01**	3.532,45	861,87	462,30	1.225,62	383,15	1.366,52	783,69
Reducciones aplicadas a la BIG	**13.323,85**	2.204,69	490,60	406,70	456,94	203,40	946,68	673,48
BLG sometida a gravamen	**392.819,32**	52.853,83	12.968,72	9.726,07	15.666,80	5.335,41	21.569,49	14.195,14
Base liquidable del ahorro (BLA)	**34.937,05**	3.522,15	859,63	460,60	1.224,38	382,18	1.363,70	780,48
Importe de las anualidades por alimentos a hijos por decisión judicial	**1.575,03**	282,65	35,10	36,72	73,76	20,41	69,71	60,15
Cuota íntegra estatal	**42.908,89**	5.111,62	1.296,18	948,39	1.583,46	535,41	2.074,61	1.312,04
Cuota íntegra autonómica	**43.161,33**	5.221,03	1.349,41	960,47	1.575,24	544,41	2.031,92	1.309,71
Por inversión en vivienda habitual	**2.027,13**	288,08	69,78	46,83	79,11	31,86	124,24	91,67
Deducciones autonómicas	**375,70**	18,50	4,94	7,93	76,45	10,35	39,64	9,75
Cuota líquida incrementada total	**82.970,71**	9.970,35	2.551,45	1.840,93	2.951,11	1.031,18	3.915,30	2.505,92
Deducciones por doble imposición y retenciones no practicadas	**302,89**	49,78	2,71	2,15	9,23	1,34	1,85	1,36
Cuota resultante de la autoliquidación	**82.671,60**	9.920,66	2.548,76	1.838,80	2.941,89	1.029,86	3.913,58	2.504,85
Deducciones con carácter de impuesto negativo	**2.337,94**	441,76	67,51	52,48	91,57	29,49	115,27	111,67

Fuente: Elaboración propia a partir de datos del Panel de Hogares-2019.

CATALUÑA	CEUTA	EXTREMADURA	GALICIA	ISLAS BALEARES	LA RIOJA	MADRID	MELILLA	MURCIA	COMUNIDAD VALENCIANA
434,53	0,98	15,95	59,46	66,54	15,51	246,26	0,66	24,36	159,68
323,93	0,71	70,09	180,68	171,51	28,07	340,28	3,62	113,84	308,95
121,90	2,23	29,52	33,42	17,90	8,62	53,32	2,62	16,39	50,36
84.508,88	688,42	6.711,89	23.130,23	11.644,09	3.135,14	88.053,73	667,38	10.216,86	39.918,81
4.074,70	17,42	160,74	1.124,68	808,10	115,55	5.871,90	14,62	379,31	1.993,15
3.790,28	19,92	109,38	1.131,00	528,23	161,99	5.301,24	22,75	352,94	1.557,22
7.560,50	35,90	258,49	2.188,84	1.297,76	260,16	10.632,15	35,88	702,94	3.397,77
2.252,25	23,09	324,61	778,04	270,51	117,23	2.427,44	19,59	385,26	1.343,36
82.185,74	665,00	6.379,71	22.330,05	11.359,82	3.015,11	85.565,63	647,58	9.822,70	38.532,55
7.552,22	35,87	257,73	2.186,54	1.297,12	259,66	10.624,94	35,84	701,46	3.392,55
276,76	5,32	25,24	84,48	47,42	9,51	331,22	4,16	54,72	157,71
9.464,04	71,30	559,77	2.266,95	1.280,03	304,32	11.131,42	68,75	937,95	3.962,63
9.855,66	71,33	587,51	2.308,64	1.309,67	299,74	10.643,64	68,76	961,26	4.062,92
418,60	3,55	31,23	83,81	58,84	19,87	412,91	3,13	56,24	207,39
31,14	0,03	1,99	20,54	7,10	3,23	93,76	0,04	5,67	44,64
18.774,40	59,42	1.107,49	4.448,32	2.506,71	577,26	21.114,73	56,97	1.826,70	7.732,44
55,08	0,07	0,36	12,99	25,97	0,35	122,39	0,14	1,62	15,51
18.719,96	59,36	1.107,14	4.437,53	2.480,75	576,91	20.992,55	56,83	1.825,09	7.717,08
442,99	5,44	51,92	140,48	58,58	14,99	372,59	7,17	97,96	236,09

Tabla 5.12. Impuesto sobre la renta de las personas físicas (IRPF), percentiles, TFC

CONCEPTO (importes en millones de euros)	TOTAL	10 %	20 %	30 %	40 %	50 %
		Inferior o igual a 5.493 euros	5.493 a 9.440 euros	9.440 a 11.854 euros	11.854 a 14.552 euros	14.552 a 17.495 euros
Hogares/UC en la muestra	**947.877**	263.044	114.506	62.966	60.547	58.782
Hogares/UC en la población	**17.131.323**	1.713.128	1.713.118	1.713.133	1.713.088	1.713.189
Declaraciones en la muestra	**2.535.198**	645.363	325.631	172.907	168.900	160.559
Declaraciones en la población	**40.689.719**	3.941.452	4.306.249	3.602.563	4.003.168	4.036.800
Renta bruta (definición AEAT)	**618.851,43**	5.320,83	19.534,51	24.746,85	33.584,30	41.772,31
Renta neta (Rbruta - IRPF - CSS - IPPF)	**512.665,80**	4.845,33	18.678,56	23.612,10	31.446,81	38.185,28
Riqueza bruta	**2.730.229,60**	67.012,80	82.830,39	107.993,10	126.794,68	149.286,67
Riqueza neta	**2.185.680,60**	45.509,42	60.233,91	87.437,39	95.948,80	110.919,32
Rendimientos del trabajo (RT). Rendimiento neto previo	**422.593,82**	2.963,59	8.341,43	11.493,30	19.180,62	25.724,14
RT. Rendimiento neto	**385.367,60**	2.282,05	6.553,10	9.403,64	16.103,91	22.149,80
RT. Reducción por obtención de RT	**29.759,27**	819,55	3.540,38	3.816,55	5.003,64	4.607,01
RT. Rendimiento neto reducido	**355.608,34**	1.462,50	3.012,73	5.587,09	11.100,27	17.542,79
Rendimientos del capital mobiliario (RCM). Base de ahorro (BA). Rdto. neto reducido	**16.770,36**	63,01	79,49	90,45	146,68	187,43
RCM. Base general (BG). Rendimiento neto reducido	**367,64**	1,80	5,59	3,84	4,92	7,26
Rendimientos del capital inmobiliario (RCI). Renta imputada. Inmueble	**4.994,03**	116,67	192,87	215,97	291,78	335,70
RCI. Rendimiento neto reducido	**9.203,89**	61,10	111,67	160,29	254,72	413,83
AA. EE. en estimación directa. Rendimiento neto reducido	**26.277,71**	-262,16	541,56	551,95	905,35	1.015,43
AA. EE. en estimación objetiva. Rendimiento neto reducido	**3.253,66**	73,45	391,77	350,10	437,27	453,18
Actividades agrícolas, ganaderas y forestales. Rendimiento neto reducido	**2.266,21**	38,61	154,02	173,95	234,02	249,50
RCI, atribuidos	**1.395,78**	9,62	11,87	17,00	32,54	41,34
Rendimientos netos de AA. EE., atribuidos	**2.539,34**	5,99	59,70	61,43	103,92	130,89
Saldo neto positivo ganancias/pérdidas patrimoniales. BG	**609,30**	24,03	42,25	48,51	46,39	53,29

60 %	70 %	75 %	80 %	85 %	90 %	95 %	98 %	100 %
17.495 a 20.911 euros	20.911 a 25.180 euros	25.180 a 27.924 euros	27.924 a 31.364 euros	31.364 a 35.840 euros	35.840 a 42.025 euros	42.025 a 54.437 euros	54.437 a 75.791 euros	Más de 75.791 euros
57.743	59.101	31.013	32.591	35.139	37.639	44.708	33.877	56.221
1.713.137	1.713.064	856.567	856.612	856.575	856.523	856.591	513.959	342.639
157.213	158.197	83.379	89.413	95.453	100.067	121.729	93.186	163.201
4.109.521	4.118.551	2.101.028	2.129.779	2.096.211	2.025.995	2.108.320	1.271.259	838.825
51.052,61	61.987,92	36.501,81	41.304,00	46.456,42	52.764,73	66.494,76	53.145,01	84185,37726
45.326,55	53.517,87	30.812,33	34.313,61	37.926,97	42.275,45	51.872,83	40.097,18	59754,93737
173.779,90	207.815,17	129.320,60	145.802,79	169.282,78	205.027,78	270.751,31	247.811,59	646719,993
125.225,31	148.301,14	95.228,65	106.686,73	127.945,77	160.506,19	216.838,01	206.615,01	598284,9205
33.874,17	46.339,68	28.220,72	32.644,35	37.264,79	42.397,51	52.587,39	39.385,21	42.176,91
29.783,51	41.562,95	25.600,16	29.867,51	34.408,47	39.535,08	49.523,73	37.549,99	41.043,70
3.800,18	3.165,69	1.331,39	1.153,40	970,25	679,18	526,19	231,83	114,03
25.983,33	38.397,26	24.268,77	28.714,12	33.438,22	38.855,90	48.997,54	37.318,16	40.929,66
259,97	387,87	271,78	337,74	433,60	626,27	1.120,17	1.386,21	11.379,69
11,59	12,82	9,38	15,29	16,61	17,90	32,76	43,06	184,81
384,94	493,84	295,11	329,99	367,94	441,72	561,55	444,14	521,80
490,48	681,78	430,18	558,03	603,91	813,92	1.263,70	1.291,02	2.069,27
1.384,57	1.744,02	1.126,56	1.269,20	1.518,26	1.833,00	2.936,28	3.385,86	8.327,83
399,99	361,57	184,77	171,12	147,98	108,48	99,22	43,77	31,00
263,38	292,68	163,56	145,70	161,92	130,31	130,40	77,75	50,39
47,73	76,56	54,79	70,56	90,15	115,62	201,16	237,17	389,66
127,26	162,76	121,66	125,30	108,68	145,81	257,90	291,22	836,82
39,95	60,91	25,30	36,61	33,62	33,05	39,34	31,88	94,18

... / ...

... / ...

CONCEPTO (importes en millones de euros)	TOTAL	10 %	20 %	30 %	40 %	50 %
		Inferior o igual a 5.493 euros	5.493 a 9.440 euros	9.440 a 11.854 euros	11.854 a 14.552 euros	14.552 a 17.495 euros
Base imponible general (BIG)	**406.529,99**	1.531,09	4.523,82	7.171,97	13.410,48	20.241,50
Saldo neto positivo de ganancias/ pérdidas patrimoniales. BA	**19.613,92**	29,81	54,77	70,86	93,89	172,92
Saldo neto positivo RCM. BA	**16.940,40**	67,52	84,90	95,26	149,05	193,44
Base imponible del ahorro (BIA)	**34.986,01**	89,09	132,40	158,46	228,23	349,54
Reducciones aplicadas a la BIG	**13.323,85**	298,30	791,06	800,58	1.026,49	1.089,09
BLG sometida a gravamen	**392.819,32**	1.212,54	3.696,00	6.337,69	12.342,72	19.122,18
Base liquidable del ahorro (BLA)	**34.937,05**	80,74	126,49	154,90	225,61	345,34
Importe de las anualidades por alimentos a hijos por decisión judicial	**1.575,03**	23,00	30,34	36,39	60,30	96,94
Cuota íntegra estatal	**42.908,89**	144,02	86,84	171,21	459,71	938,46
Cuota íntegra autonómica	**43.161,33**	145,66	88,31	174,12	467,47	951,61
Por inversión en vivienda habitual	**2.027,13**	9,56	19,76	38,33	74,83	128,63
Deducciones autonómicas	**375,70**	1,65	5,55	11,55	21,97	37,99
Cuota líquida incrementada total	**82.970,71**	276,78	150,91	293,92	820,92	1.703,67
Deducciones por doble imposición y retenciones no practicadas	**302,89**	2,51	0,35	1,03	1,82	1,69
Cuota resultante de la autoliquidación	**82.671,60**	274,29	150,59	292,90	819,66	1.702,10
Deducciones con carácter de impuesto negativo	**2.337,94**	57,69	153,44	162,73	240,91	260,90

Fuente: Elaboración propia a partir de datos del Panel de Hogares-2019.

La información contenida en el PH sobre las declaraciones del IRPF permite efectuar un ejercicio interesante. Consiste en analizar la progresividad o regresividad del conjunto de reducciones, gastos y deducciones que operan en su liquidación. La tabla 5.13 resume los resultados. En la lista de conceptos se analizan dieciocho medidas que pueden considerarse relevantes por cuantía, para las que se reproduce su importe, el valor del índice de Suits y la conclusión en términos de progresividad y regresividad.[130]

130. En el capítulo 4 se ha descrito detalladamente la interpretación del índice de Suits.

60 %	70 %	75 %	80 %	85 %	90 %	95 %	98 %	100 %
17.495 a 20.911 euros	**20.911 a 25.180 euros**	**25.180 a 27.924 euros**	**27.924 a 31.364 euros**	**31.364 a 35.840 euros**	**35.840 a 42.025 euros**	**42.025 a 54.437 euros**	**54.437 a 75.791 euros**	**Más de 75.791 euros**
29.132,21	42.283,62	26.682,15	31.434,63	36.487,16	42.496,23	54.522,53	43.166,16	53.446,41
238,66	346,28	274,08	375,33	504,70	752,27	1.288,60	1.940,77	13.470,97
266,78	393,71	279,11	344,08	451,78	639,60	1.140,17	1.410,62	11.424,38
477,61	693,42	525,15	672,82	890,41	1.297,24	2.269,57	3.130,80	24.071,26
1.183,93	1.334,83	694,27	724,99	757,62	881,26	1.227,30	1.186,15	1.327,98
27.915,18	40.906,93	25.969,29	30.684,19	35.714,41	41.591,55	53.275,76	41.965,99	52.084,89
473,24	688,89	522,12	670,78	888,52	1.295,92	2.268,61	3.128,74	24.067,15
136,25	158,71	98,21	110,14	116,77	141,30	186,01	165,71	214,96
1.713,28	3.019,03	2.137,57	2.722,93	3.438,37	4.349,66	6.238,53	5.794,78	11.694,50
1.735,14	3.052,88	2.155,82	2.744,55	3.457,79	4.374,32	6.272,97	5.824,77	11.715,91
195,93	263,69	158,34	181,44	200,33	223,36	257,09	168,54	107,28
54,96	60,64	33,02	34,02	31,22	28,95	28,76	16,11	9,33
3.159,88	5.686,16	4.063,23	5.203,69	6.603,43	8.388,54	12.107,49	11.333,78	23.178,31
4,22	6,15	4,83	4,47	5,79	13,39	19,84	21,16	215,63
3.155,77	5.680,22	4.058,46	5.199,31	6.597,76	8.377,27	12.087,82	11.312,66	22.962,80
284,20	291,20	158,27	161,61	148,63	141,10	139,46	83,90	53,88

En términos generales, la tabla 5.13 indica que diez medidas son progresivas y suponen una minoración, bien sea en la base imponible, en la base liquidable, en la cuota íntegra o en la cuota resultante, que ronda los 80.000 millones de euros. Las ocho restantes deben considerarse regresivas, con un importe cercano a los 30.000 millones de euros.

Para determinar la base imponible general del impuesto, destacan las dos reducciones sobre los rendimientos del trabajo (un importe que rebasa los 67.000 millones de euros). El resto son regresivas (por un importe de 23.000 millones de euros) y se concentran sobre el capital inmobiliario.

Tabla 5.13. Progresividad en el IRPF

CONCEPTO	IMPORTE (millones de euros)	ÍNDICE DE SUITS	TIPO DE MEDIDA
Reduciones y gastos que afectan a la base imponible			
Reducciones artículo 18.2 y 3. Rdtos. del trabajo	1.371,79	0,5645	regresiva
Gastos deducibles totales. Rdtos. del trabajo	37.636,50	-0,3000	progresiva
Reducción por obtención de rdtos. del trabajo	29.759,27	-0,6703	progresiva
Gastos deducibles totales. Rdtos. del capital mobiliario	265,84	0,3481	regresiva
Gastos deducibles totales. Rdtos. del capital inmobiliario	16.674,24	0,2511	regresiva
Reducciones por arrend. De inmuebles y artículo 23.3. Rdtos. del capital inmobiliario	4.712,53	0,1618	regresiva
Reducciones que afectan a la base liquidable			
Reducción por tributación conjunta	7.691,13	-0,5318	progresiva
Reducción por aportaciones a sistemas de previsión social	5.173,92	0,2874	regresiva
Reducción por pensiones compensatorias y anualidades por alimentos	466,47	0,1715	regresiva
Deducciones que afectan a la cuota íntegra			
Deducción por inversión en vivienda habitual	2.026,12	-0,0803	progresiva
Resto de deducciones de la cuota íntegra	748,18	0,2211	regresiva
Deducción por alquiler de la vivienda habitual	106,35	-0,5211	progresiva
Deducciones autonómicas	375,46	-0,2912	progresiva
Deducciones que afectan a la cuota resultante			
Deducciones por doble imposición	302,89	0,6901	regresiva
Deducción por maternidad y gastos de guarderías	936,56	-0,3177	progresiva
Deducción por descendiente con discapacidad a cargo	306,56	-0,4778	progresiva
Deducción por cónyuge con discapacidad a cargo	504,24	-0,5114	progresiva
Deducción por familia numerosa	583,60	-0,4022	progresiva
Cuota de la base general	78.775,59	0,2506	progresiva
Cuota de la base del ahorro	7.294,63	0,7289	progresiva
Cuota resultante de la autoliquidación	82.671,60	0,3045	progresiva

Fuente: Elaboración propia a partir de datos del Panel de Hogares-2019.

Sobre la base liquidable, la reducción por tributación conjunta (7.691 millones de euros) es claramente progresiva, aunque afecta a menos del 20 % del total de declaraciones, mientras que las reducciones por aportaciones a sistemas de previsión social (5.174 millones de euros) son regresivas.

Sobre la cuota íntegra, excepto las que se indican como resto de deducciones sobre la cuota íntegra —que no incluye las relacionadas con la compra o alquiler de vivienda habitual—, son progresivas; ahora bien, en el caso de la deducción por vivienda habitual —la única con un importe relevante—, su índice de Suits, aunque con signo negativo, es prácticamente nulo, lo que indica más bien que se trata de una medida sin efecto en términos de regresividad o progresividad.

Sobre la cuota resultante, las deducciones por doble imposición son claramente regresivas, puesto que el valor de su índice de Suits es el segundo más elevado de todas las medidas analizadas, aunque también hay que indicar que se trata de una cuantía reducida —supera por muy poco los 300 millones de euros—. Las otras cuatro deducciones —que operan en la liquidación como un impuesto negativo, en el sentido de que su importe se retorna al declarante, haya tenido o no retención por IRPF— son todas claramente progresivas y por un importe que sobrepasa los 2.300 millones de euros.

Finalmente, en el caso de las tres cuotas analizadas, las conclusiones no dejan lugar a dudas: todas son consideradas progresivas, especialmente la correspondiente a la base imponible del ahorro que, a pesar de suponer una cuantía de tan sólo el 10 % de las otras dos, obtiene un índice de Suits de 0,73.

Impuesto del patrimonio

El último grupo de información corresponde a lo que el PH denomina IP, que integra las declaraciones cuya liquidación se ha efectuado a través del Modelo 714 de la AEAT, es decir, los obligados a declarar por el impuesto del patrimonio. Este impuesto es también auxiliar a nuestros efectos, aunque proporciona una información relevante sobre aquellos componentes que en él se consideran exentos:

- Bienes y derechos exentos, afectos a actividades empresariales y profesionales.
- Acciones y participaciones exentas en el capital social o en los fondos propios de entidades jurídicas, negociadas en mercados organizados.
- Acciones y participaciones exentas en el capital social o en los fondos propios de entidades jurídicas, no negociadas en mercados organizados, incluidas las participaciones exentas en el capital social de cooperativas.

Esto último es importante, puesto que ninguno de estos tres conceptos está presente en la información sobre patrimonio que contiene el PH y, en consecuencia, sus importes podrían ser considerados como una parte más de la riqueza. Es decir, podrían imputarse al patrimonio bruto, que sí controla el patrimonio del PH. A pesar de que la imputación no sería exhaustiva, porque la información del IP es mucho más reducida en comparación con el resto, se trata de cantidades nada desdeñables y que deberían ser tenidas en cuenta a efectos de riqueza. Debe recordarse que sólo hay obligación de cumplimentar la declaración del IP cuando el patrimonio bruto que declarar supera los 2.000.000 de euros, pero no la hay si la base imponible es inferior a 700.000 euros como importe de carácter general, aunque puede ser distinto si la comunidad autónoma lo ha variado, pues las comunidades tienen capacidad normativa al respecto.

Para realizar la descripción de la información del IP, se han elaborado las tablas 5.14 y 5.15, que recogen las veintisiete variables más relevantes de la liquidación del impuesto. El primero se refiere a la distribución por comunidad autónoma y el segundo a la distribución según los percentiles de renta bruta equivalente.

El patrimonio bruto de quienes efectúan la declaración asciende a 672.943,99 millones de euros, lo que supone el 24,7 %

de la cifra de patrimonio bruto del PH y ya da una idea del bajo grado de cobertura de las declaraciones del IP. Para estos declarantes, sus bienes y derechos no exentos son 394.635,22 millones de euros (58,6 % del total), mientras que sus bienes y derechos exentos ascienden a 278.308,78 millones de euros (41,4 %).

La recaudación final por este impuesto es de 1.149,5 millones de euros.[131] Si los quince elementos que componen los bienes y derechos no exentos se resumen en las siguientes categorías, se obtiene: *bienes inmuebles* (104.901,41 millones de euros y 26,6 % de representación), *bienes afectos a AA. EE.* (2.076,42 millones de euros y 0,5 %), *depósitos en cuentas corrientes y similares* (60.866,56 millones de euros y 15,4 %), *deuda pública, bonos, certificados de depósito y otros* (11.328,46 millones de euros y 2,9 %), *acciones y participaciones* (184.095,48 millones de euros y 46,6 %), *seguros de vida y rentas vitalicias* (13.465,11 millones de euros y 3,4 %), *vehículos, joyas, objetos de arte y otros* (2.508,54 millones de euros y 0,6 %) y *resto de bienes con contenido económico* (15.393,24 millones de euros y 3,9 %). Las deudas ascienden a 18.689,61 millones de euros, lo que significa el 4,7 % del total de bienes y derechos no exentos.

131. El tipo medio efectivo respecto al total del patrimonio bruto de quienes efectúan la declaración es del 0,17 % y si se calcula sobre la parte no exenta, se sitúa en el 0,29 %. La gran diferencia entre estos tipos medios efectivos y los tipos marginales del impuesto —que con carácter general tienen un máximo del 2,5 %, aunque algunas comunidades autónomas lo han fijado hasta el 3,5 %— se debe fundamentalmente a tres razones:

El mínimo exento al que ya se ha hecho referencia.

El límite fijado de cuota íntegra y cuota mínima, por el que la cuota íntegra del IP y del IRPF no podrá exceder del 60 % de la base imponible total del IRPF (se trata de una cobertura para aquellos declarantes que poseen patrimonio pero con una renta que se considera insuficiente).

La bonificación que algunas comunidades autónomas han fijado sobre la cuota —en Madrid y La Rioja son del 100 % y el 75 %.

Tabla 5.14. Impuesto de patrimonio (IP)

CONCEPTO (importes en millones de euros)	TFC	ANDALUCÍA	ARAGÓN	ASTURIAS	CANARIAS	CANTABRIA	CASTILLA-LA MANCHA	CASTILLA Y LEÓN
Hogares/UC en la muestra	**947.877**	109.002	41.947	41.081	62.674	30.581	45.691	50.683
Hogares/UC en la población	**17.131.323**	3.209.261	532.425	445.274	808.136	235.075	789.400	1.023.573
Declaraciones en la muestra	**2.710.152**	303.022	118.990	107.785	178.907	82.660	132.316	133.387
Declaraciones en la población	**44.230.694**	8.433.101	1.314.014	1.012.053	2.162.728	576.163	2.039.025	2.374.882
Renta bruta (definición AEAT)	**675.954,75**	101.015,55	21.203,36	16.146,76	28.198,38	8.965,51	25.961,96	36.026,03
Renta neta (Rbruta - IRPF - CSS - IPPF)	**561.219,65**	86.282,93	17.623,24	13.592,76	23.946,49	7.522,69	22.186,50	30.568,02
Riqueza bruta	**3.000.038,70**	378.913,03	101.990,97	61.802,95	92.193,24	42.177,80	108.600,29	166.990,24
Riqueza neta	**2.392.123,30**	276.033,00	85.115,48	50.485,10	67.725,74	34.447,36	84.307,11	140.007,77
Bienes immuebles de naturaleza urbana	**101.227,96**	8.006,87	4.202,08	1.358,76	2.883,59	1.395,96	1.597,69	2.752,38
Bienes immuebles de naturaleza rústica	**3.673,45**	626,75	128,50	40,26	123,51	38,73	109,77	157,65
Bienes y derechos no exentos de actividades empresariales y profesionales	**2.076,42**	469,27	70,82	3,78	58,69	13,67	56,65	89,57
Bienes y derechos exentos de actividades empresariales y profesionales	**9.577,98**	1.566,12	274,79	154,24	548,85	68,47	60,90	249,05
Depósitos en cuentas corrientes y otros	**60.866,56**	4.895,22	2.491,63	926,33	1.875,24	634,71	945,29	2.088,04
Deuda pública, obligaciones y otros, negociados en mercados organizados	**8.084,14**	414,44	143,75	65,06	215,99	118,75	49,31	231,02
Obligaciones, bonos y otros, no negociados en mercados organizados	**3.244,32**	268,64	106,22	26,48	58,50	18,72	31,23	164,72
Acciones y participaciones no exentas	**184.095,48**	10.751,67	5.816,03	1.797,05	4.027,79	2.232,87	2.269,47	5.657,70

CATALUÑA	CEUTA	EXTREMADURA	GALICIA	ISLAS BALEARES	LA RIOJA	MADRID	MELILLA	MURCIA	COMUNIDAD VALENCIANA
124.879	11.540	34.109	56.146	40.953	22.646	125.434	11.663	44.225	94.623
2.953.177	25.780	437.565	1.093.996	423.377	131.706	2.488.392	25.376	525.560	1.983.252
363.263	38.487	92.716	151.085	120.381	61.909	390.209	40.873	133.964	260.198
7.687.939	82.908	1.057.690	2.697.017	1.158.615	318.147	6.706.722	86.558	1.498.617	5.024.516
136.464,98	1.092,09	12.362,06	39.658,84	19.563,81	4.940,26	136.541,25	1.079,94	18.387,23	68.346,72
110.818,68	986,07	10.723,00	33.444,63	16.090,22	4.136,01	109.364,79	979,72	15.632,95	57.320,94
592.981,78	3.223,57	44.589,53	175.770,00	93.709,99	25.887,60	734.540,01	3.171,01	79.703,83	293.792,88
466.045,07	2.154,00	34.741,88	152.090,40	73.264,39	21.910,12	611.992,83	2.226,17	60.684,26	228.892,68
37.368,05	161,09	339,37	3.110,69	5.976,20	1.181,11	18.227,79	233,82	2.264,89	10.167,61
472,10	0,95	35,31	175,40	245,85	108,36	914,66	3,03	162,89	329,72
558,01	1,61	24,60	51,86	70,80	47,95	377,33	4,80	62,28	114,72
3.568,14	6,49	60,33	241,81	478,51	24,61	1.113,17	39,28	218,87	904,35
19.737,87	113,35	249,77	3.109,43	2.493,35	682,69	12.211,51	133,28	1.569,62	6.709,21
3.172,98	2,77	26,58	448,30	243,48	53,02	1.813,08	2,79	294,07	788,77
915,32	3,65	29,67	61,70	193,41	37,92	937,25	0,70	95,84	294,36
53.718,88	190,37	421,77	8.127,30	5.169,32	2.052,44	64.326,52	196,73	2.414,94	14.924,65

.../...

.../...

CONCEPTO (importes en millones de euros)	TFC	ANDALUCÍA	ARAGÓN	ASTURIAS	CANARIAS	CANTABRIA	CASTILLA-LA MANCHA	CASTILLA Y LEÓN
Acciones y participaciones exentas	**268.730,79**	17.779,79	7.235,96	1.964,87	11.900,72	1.904,09	2.960,07	4.344,81
Seguros de vida	**11.345,21**	753,35	435,95	94,99	166,76	71,70	162,86	212,05
Rentas temporales y vitalicias	**2.119,90**	131,24	85,74	3,42	55,27	15,06	26,33	28,22
Vehículos, joyas y otros	**749,91**	48,90	20,18	10,53	21,50	4,87	4,49	18,40
Objetos de arte y antigüedades	**528,66**	3,68	1,45	0,02	1,36	0,95	0,59	2,09
Derechos reales de uso	**970,72**	32,93	55,07	20,11	53,86	15,92	6,36	23,55
Concesiones administrativas	**29,28**	0,22	0,70	0,06	1,36	0,84	0,00	0,02
Derechos de propiedad intelectual e industrial	**30,41**	3,78	0,21	0,00	0,02	0,00	0,00	0,00
Opciones contractuales	**199,56**	8,24	3,15	2,92	3,21	0,00	3,18	6,98
Otros bienes y derechos de contenido económico	**15.393,24**	1.392,90	563,71	205,25	503,38	126,81	151,50	262,35
Deudas deducibles	**18.689,61**	1.867,33	515,04	133,48	598,21	148,93	116,17	416,16
Base imponible	**377.022,72**	26.241,16	13.612,67	4.435,48	9.464,66	4.543,64	5.300,86	11.284,89
Reducción en concepto de mínimo exento	**118.025,38**	13.635,20	5.386,38	2.207,88	4.195,56	2.059,85	2.475,88	5.268,43
Base liquidable	**262.490,74**	13.446,58	8.270,84	2.265,04	5.743,36	2.515,90	2.890,21	6.131,20
Cuota íntegra	**3.562,69**	148,99	59,78	19,68	59,44	25,84	23,75	48,75
Cuota íntegra minorada	**2.056,02**	83,86	44,39	14,02	34,90	17,76	16,68	36,23
Cuota minorada	**2.052,52**	83,86	44,36	14,02	34,88	17,76	16,68	36,23
Bonificación autonómica	**902,84**	3,20	0,05	0,07	1,89	0,27	1,54	0,11
Cuota a ingresar	**1.149,68**	80,66	44,31	13,94	32,99	17,49	15,14	36,12

Fuente: Elaboración propia a partir de datos del Panel de Hogares-2019.

CATALUÑA	CEUTA	EXTREMADURA	GALICIA	ISLAS BALEARES	LA RIOJA	MADRID	MELILLA	MURCIA	COMUNIDAD VALENCIANA
60.971,71	107,52	622,76	34.737,88	10.099,14	2.788,68	76.640,16	128,55	8.513,13	26.030,95
5.529,89	5,55	31,34	242,22	597,37	65,55	1.731,84	10,97	177,71	1.055,11
1.109,74	0,10	8,86	77,43	89,57	8,59	264,71	0,06	92,54	123,02
200,90	2,00	1,90	39,29	45,15	8,87	239,89	1,70	18,10	63,23
141,97	0,00	0,00	84,71	6,18	0,00	254,81	0,00	15,64	15,18
262,53	0,79	5,51	47,47	64,75	6,65	282,38	0,45	18,71	73,68
9,27	0,33	0,00	0,77	4,17	0,39	6,89	0,00	0,80	3,46
15,42	0,00	0,02	0,62	0,42	1,28	6,46	0,00	0,00	2,18
79,03	0,92	12,42	22,87	15,53	3,39	19,39	0,00	1,44	16,88
3.635,89	59,09	16,69	693,62	455,15	195,92	5.191,26	15,11	376,99	1.547,63
5.814,33	24,37	40,92	551,99	887,63	155,44	4.935,06	16,53	526,30	1.941,72
121.292,23	518,20	1.162,90	15.780,54	14.825,22	4.298,85	102.165,89	586,92	7.165,67	34.342,92
38.216,36	202,77	544,35	5.757,72	6.038,94	1.765,20	13.038,48	227,10	3.259,66	13.745,63
83.506,53	319,67	636,69	10.270,67	8.946,33	2.579,33	89.643,70	361,26	4.026,06	20.937,37
1.037,21	2,83	5,40	151,27	126,75	26,18	1.533,66	3,30	42,86	247,00
544,82	2,38	4,97	97,95	72,98	16,36	893,66	2,44	27,06	145,56
544,09	1,24	4,97	97,95	72,94	16,36	893,63	1,02	27,05	145,49
0,40	0,00	0,00	0,67	1,53	12,16	880,74	0,00	0,00	0,20
543,69	1,24	4,96	97,28	71,41	4,20	12,89	1,02	27,05	145,29

Tabla 5.15. Impuesto del patrimonio (IP), percentiles, TFC

CONCEPTO (importes en millones de euros)	TOTAL	10 %	20 %	30 %	40 %	50 %
		Inferior o igual a 5.493 euros	5.493 a 9.440 euros	9.440 a 11.854 euros	11.854 a 14.552 euros	14.552 a 17.495 euros
Hogares/UC en la muestra	**947.877**	263.044	114.506	62.966	60.547	58.782
Hogares/UC en la población	**17.131.323**	1.713.128	1.713.118	1.713.133	1.713.088	1.713.189
Declaraciones en la muestra	**2.710.152**	672.398	356.074	190.760	185.532	175.935
Declaraciones en la población	**44.230.694**	4.164.854	4.871.431	4.047.780	4.470.522	4.464.332
Renta bruta (definición AEAT)	**675.954,75**	5.994,58	23.885,76	29.221,81	39.203,53	47.644,47
Renta neta (Rbruta - IRPF - CSS - IPPF)	**561.219,65**	5.485,84	22.813,78	27.776,94	36.573,15	43.430,35
Riqueza bruta	**3.000.038,70**	77.305,45	104.390,53	128.908,84	151.035,08	174.758,54
Riqueza neta	**2.392.123,30**	51.348,85	74.070,78	101.354,56	112.810,93	129.645,54
Bienes inmuebles de naturaleza urbana	**101.227,96**	1.784,07	683,64	607,00	478,87	947,25
Bienes inmuebles de naturaleza rústica	**3.673,45**	109,73	13,15	33,44	28,67	46,15
Bienes y derechos no exentos de actividades empresariales y profesionales	**2.076,42**	33,59	5,00	3,53	1,99	14,76
Bienes y derechos exentos de actividades empresariales y profesionales	**9.577,98**	253,04	9,26	2,63	8,23	0,00
Depósitos en cuentas corrientes y otros	**60.866,56**	754,77	813,66	765,61	314,47	900,69
Deuda pública, obligaciones y otros, negociados en mercados organizados	**8.084,14**	236,14	21,35	17,52	42,37	28,80
Obligaciones, bonos y otros, no negociados en mercados organizados	**3.244,32**	21,72	7,40	28,45	46,24	26,37
Acciones y participaciones no exentas	**184.095,48**	2.467,50	1.449,37	663,43	1.312,51	1.316,77
Acciones y participaciones exentas	**268.730,79**	1.413,94	74,16	473,05	327,18	1.389,75
Seguros de vida	**11.345,21**	154,10	61,86	123,92	157,25	185,69
Rentas temporales y vitalicias	**2.119,90**	1,22	0,85	0,70	67,61	79,39
Vehículos, joyas y otros	**749,91**	8,36	1,88	0,80	0,92	4,70
Objetos de arte y antigüedades	**528,66**	3,81	0,60	0,13	0,00	0,53
Derechos reales de uso	**970,72**	4,30	0,98	4,96	17,23	2,17
Concesiones administrativas	**29,28**	0,54	0,00	0,00	0,00	0,01
Derechos de propiedad intelectual e industrial	**30,41**	0,00	9,95	0,00	0,00	0,00

60 %	70 %	75 %	80 %	85 %	90 %	95 %	98 %	100 %
17.495 a 20.911 euros	**20.911 a 25.180 euros**	**25.180 a 27.924 euros**	**27.924 a 31.364 euros**	**31.364 a 35.840 euros**	**35.840 a 42.025 euros**	**42.025 a 54.437 euros**	**54.437 a 75.791 euros**	**Más de 75.791 euros**
57.743	59.101	31.013	32.591	35.139	37.639	44.708	33.877	56.221
1.713.137	1.713.064	856.567	856.612	856.575	856.523	856.591	513.959	342.639
171.672	171.969	89.985	95.398	101.164	105.155	127.099	96.736	170.275
4.504.450	4.479.485	2.263.630	2.264.336	2.209.344	2.116.878	2.189.192	1.314.270	870.190
57.416,85	68.716,37	39.897,44	44.493,32	49.517,12	55.560,30	69.580,85	55.507,80	89314,54823
50.874,36	59.269,04	33.673,56	36.960,48	40.410,95	44.512,79	54.267,23	41.847,61	63323,56226
201.174,16	236.504,26	144.846,41	160.496,06	182.569,49	217.736,61	284.945,50	258.688,94	676678,8577
145.865,16	171.127,22	107.873,99	118.677,52	138.690,97	170.997,73	228.451,31	215.667,90	625540,8901
1.556,64	2.035,24	1.485,46	2.788,02	3.817,51	4.735,55	10.244,58	15.247,41	54.816,71
121,32	95,66	118,08	150,16	220,86	194,57	310,69	567,69	1.663,27
9,28	24,03	19,61	116,46	67,78	145,48	119,67	532,99	982,24
134,11	40,22	53,88	296,72	72,25	320,29	911,73	897,81	6.577,82
1.151,61	1.573,15	1.030,31	2.018,43	2.115,72	2.697,69	5.967,36	7.160,07	33.603,02
78,34	86,91	43,15	925,69	161,97	192,95	554,53	848,12	4.846,29
44,33	55,28	68,43	60,46	68,92	78,54	167,47	309,13	2.261,59
2.801,27	2.524,64	1.519,90	3.443,37	3.705,27	6.953,50	12.125,12	19.249,28	124.563,54
1.329,46	1.119,19	1.427,14	1.509,78	5.700,52	7.309,70	11.067,57	16.902,49	218.686,85
233,15	385,07	259,58	545,32	710,40	713,42	1.210,26	1.290,34	5.314,85
82,21	74,67	62,34	90,02	106,60	141,34	384,53	312,22	716,20
6,12	4,55	5,58	10,65	8,37	17,93	35,34	68,39	576,32
0,00	0,34	0,00	0,18	2,30	0,92	4,40	52,02	463,43
1,75	9,57	2,19	37,84	27,53	33,92	81,57	146,26	600,45
0,18	0,14	0,91	0,02	0,11	0,98	1,27	4,05	21,07
0,00	0,27	0,00	0,00	0,00	0,00	8,15	6,64	5,39

... / ...

.../...

CONCEPTO (importes en millones de euros)	TOTAL	10 %	20 %	30 %	40 %	50 %
		Inferior o igual a 5.493 euros	5.493 a 9.440 euros	9.440 a 11.854 euros	11.854 a 14.552 euros	14.552 a 17.495 euros
Opciones contractuales	**199,56**	0,03	0,00	0,35	0,00	0,00
Otros bienes y derechos de contenido económico	**15.393,24**	199,88	27,93	35,05	121,32	213,67
Deudas deducibles	**18.689,61**	385,14	141,13	21,69	109,98	102,98
Base imponible	**377.022,72**	5.407,37	2.956,52	2.263,21	2.482,91	3.664,14
Reducción en concepto de mímimo exento	**118.025,38**	2.020,69	1.351,52	896,05	898,95	2.131,60
Base liquidable	**262.490,74**	3.513,51	1.735,13	1.372,51	1.619,66	1.559,57
Cuota íntegra	**3.562,69**	39,35	19,90	12,88	18,36	9,32
Cuota íntegra minorada	**2.056,02**	12,81	17,74	4,92	10,54	5,72
Cuota minorada	**2.052,52**	12,80	17,73	4,90	10,53	5,72
Bonificación autonómica	**902,84**	5,02	15,91	0,64	6,41	0,53
Cuota a ingresar	**1.149,68**	7,78	1,82	4,26	4,12	5,19

Fuente: Elaboración propia a partir de datos del Panel de Hogares-2019.

La estimación de la pobreza en el PH

Finalizada la descripción de las distintas clases de información, vamos a precisar algunos resultados interesantes que proporciona el PH. En primer lugar, la tabla 5.16 reproduce los umbrales de riesgo de pobreza (URP) y de pobreza severa (URPs) del año 2019 para las distintas comunidades autónomas.

No se trata ahora de confrontar estos valores con los de la ECV —el siguiente capítulo se dedica exclusivamente a analizar las diferencias existentes entre la ECV y el Panel de Hogares—, pero sí de constatar que las conclusiones obtenidas con la ECV acerca de la variabilidad existente entre territorios y de que la utilización de un URP único es poco adecuada se siguen produciendo también con el Panel de Hogares. Y esto es lo que, sin lugar a dudas, se expresa en la tabla 5.16 y en el gráfico 5.8.

60 %	70 %	75 %	80 %	85 %	90 %	95 %	98 %	100 %
17.495 a 20.911 euros	20.911 a 25.180 euros	25.180 a 27.924 euros	27.924 a 31.364 euros	31.364 a 35.840 euros	35.840 a 42.025 euros	42.025 a 54.437 euros	54.437 a 75.791 euros	Más de 75.791 euros
2,08	7,26	0,00	0,22	11,31	0,40	3,84	26,17	147,90
80,89	232,33	177,60	245,76	777,53	507,49	771,93	1.689,35	10.312,49
161,60	143,20	163,76	834,13	221,10	491,81	973,65	1.710,90	13.228,55
6.007,59	6.984,92	4.671,43	9.598,46	11.587,22	15.924,05	31.082,57	45.909,52	228.482,81
3.030,77	3.979,22	2.890,42	4.709,81	6.224,32	7.728,05	14.725,88	19.321,28	48.116,81
3.084,40	3.125,11	1.956,80	4.952,35	5.629,29	8.353,17	16.763,64	27.026,27	181.799,35
28,44	18,65	12,96	38,14	37,18	64,67	136,46	254,89	2.871,49
11,69	12,54	8,59	24,25	26,61	40,76	85,61	148,80	1.645,44
11,67	12,48	8,59	24,14	26,60	40,74	85,42	148,29	1.642,92
5,25	1,11	1,00	4,74	7,67	6,84	24,46	32,75	790,50
6,42	11,36	7,59	19,41	18,93	33,90	60,95	115,54	852,42

Tabla 5.16. Umbrales de riesgo de pobreza (importes en euros)

CA	OBS. EN LA MUESTRA	PERSONAS REPRESENTADAS	MEDIANA RENTA NETA EQUIVALENTE	UMBRAL DE RIESGO DE POBREZA	UMBRAL DE RIESGO DE POBREZA SEVERA
Andalucía	303.022	8.433.101	13.133	7.880,0	5.253,3
Aragón	118.990	1.314.014	17.680	10.607,9	7.071,9
Asturias	107.785	1.012.053	17.574	10.544,2	7.029,5
Canarias	178.907	2.162.728	14.120	8.471,9	5.648,0
Cantabria	82.660	576.163	16.849	10.109,6	6.739,7
Castilla y León	133.387	2.374.882	16.469	9.881,3	6.587,5
Castilla-Mancha	132.316	2.039.025	14.098	8.459,0	5.639,3
Cataluña	363.263	7.687.939	18.232	10.939,1	7.292,8
Ceuta	38.487	82.908	14.012	8.407,2	5.604,8
Extremadura	92.716	1.057.690	12.808	7.684,7	5.123,1

.../...

.../...

CA	OBS. EN LA MUESTRA	PERSONAS REPRESENTADAS	MEDIANA RENTA NETA EQUIVALENTE	UMBRAL DE RIESGO DE POBREZA	UMBRAL DE RIESGO DE POBREZA SEVERA
Galicia	151.085	2.697.017	15.877	9.525,9	6.350,6
Islas Baleares	120.381	1.158.615	17.637	10.582,3	7.054,9
La Rioja	61.909	318.147	16.697	10.018,2	6.678,8
Madrid	390.209	6.706.722	18.863	11.317,7	7.545,1
Melilla	40.873	86.558	12.848	7.708,8	5.139,2
Murcia	133.964	1.498.617	13.792	8.275,3	5.516,9
Comunidad Valenciana	260.198	5.024.516	14.505	8.702,9	5.801,9
TFC	**2.710.152**	**44.230.694**	**15.703**	**9.421,9**	**6.281,3**

Fuente: Elaboración propia a partir de datos del Panel de Hogares-2019.

Tabla 5.17. Población y pobreza

CONCEPTO	TFC	ANDALUCÍA	ARAGÓN	ASTURIAS	CANARIAS	CANTABRIA	CASTILLA-LA MANCHA	CASTILLA Y LEÓN
Personas (muestra)	**2.710.152**	303.022	118.990	107.785	178.907	82.660	132.316	133.387
Total personas	**44.230.694**	8.433.101	1.314.014	1.012.053	2.162.728	576.163	2.039.025	2.374.882
Hogares (muestra)	**947.876**	109.002	41.947	41.081	62.674	30.581	45.691	50.683
Total hogares	**17.131.322**	3.209.261	532.425	445.274	808.136	235.075	789.400	1.023.573
Personas entre 0 y 13 años	**5.936.503**	1.209.408	170.834	100.042	256.818	68.654	279.118	260.256
Personas entre 14 y 15 años	**924.278**	196.735	25.720	16.323	44.530	11.651	43.074	40.662
Personas entre 16 y 17 años	**879.539**	174.036	24.280	16.186	44.021	10.907	42.649	41.847
Personas de 18 y más años	**36.490.374**	6.852.922	1.093.180	879.502	1.817.359	484.950	1.674.184	2.032.117
Personas entre 18 y 60 años	**25.927.194**	5.002.391	746.422	552.908	1.369.264	326.184	1.195.436	1.292.377
Personas entre 61 y 65 años	**2.583.943**	482.025	80.912	77.777	122.476	39.365	113.792	166.301
Personas mayores de 65 años	**7.979.237**	1.368.505	265.846	248.818	325.618	119.401	364.956	573.439

Gráfico 5.8. Umbrales de riesgo de pobreza

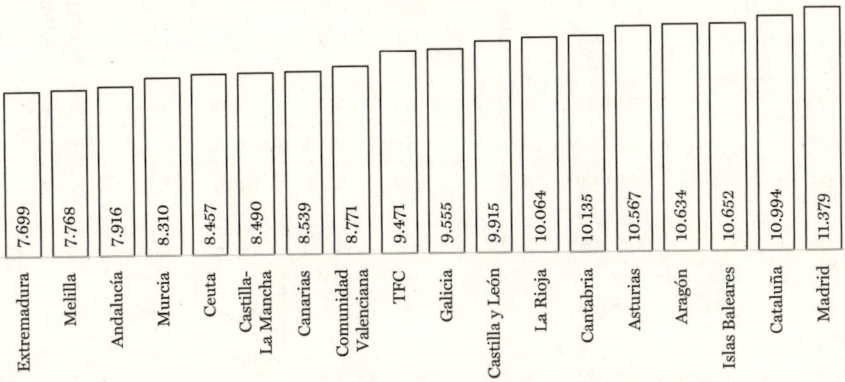

Fuente: Elaboración propia a partir de datos del Panel de Hogares-2019.

CATALUÑA	CEUTA	EXTREMADURA	GALICIA	ISLAS BALEARES	LA RIOJA	MADRID	MELILLA	MURCIA	COMUNIDAD VALENCIANA
363.263	38.487	92.716	151.085	120.381	61.909	390.209	40.873	133.964	260.198
7.687.939	82.908	1.057.690	2.697.017	1.158.615	318.147	6.706.722	86.558	1.498.617	5.024.516
124.879	11.540	34.109	56.146	40.953	22.646	125.434	11.662	44.225	94.623
2.953.177	25.780	437.565	1.093.996	423.377	131.706	2.488.392	25.374	525.560	1.983.252
1.076.183	15.169	131.261	294.971	160.922	41.939	939.282	19.136	238.054	674.457
166.698	2.383	20.757	46.192	23.498	6.752	137.070	2.128	35.251	104.855
153.389	2.131	20.801	44.042	23.544	6.171	133.579	2.264	36.158	103.535
6.291.670	63.224	884.871	2.311.813	950.651	263.286	5.496.791	63.030	1.189.154	4.141.670
4.499.967	49.931	610.698	1.487.444	723.428	180.640	4.008.217	50.147	894.625	2.937.112
430.159	4.166	67.480	176.121	58.806	19.480	370.391	4.416	74.186	296.091
1.361.543	9.127	206.693	648.248	168.418	63.166	1.118.182	8.467	220.343	908.466

... / ...

.../...

CONCEPTO	TFC	ANDALUCÍA	ARAGÓN	ASTURIAS	CANARIAS	CANTABRIA	CASTILLA-LA MANCHA	CASTILLA Y LEÓN
Hombres	**21.708.989**	4.167.392	647.678	482.378	1.070.376	279.466	1.025.965	1.167.397
Mujeres	**22.521.705**	4.265.710	666.336	529.675	1.092.352	296.697	1.013.060	1.207.485
Hogar en riesgo de pobreza*	**3.680.350**	911.356	78.232	83.111	232.162	42.649	187.666	180.936
Hogar en riesgo de pobreza**	**3.767.536**	703.712	110.493	105.166	201.992	50.853	157.161	224.228
Hogar en riesgo de pobreza severa*	**2.081.999**	513.510	44.133	50.709	143.580	23.512	89.574	99.304
Hogar en riesgo de pobreza severa**	**2.046.929**	411.701	50.441	57.383	129.635	25.599	77.609	104.994
Personas en riesgo de pobreza*	**9.893.333**	2.483.333	210.263	182.447	581.578	101.071	509.474	423.090
Personas en riesgo de pobreza**	**9.858.879**	1.866.763	273.936	225.950	494.045	117.214	424.520	489.122
Personas en riesgo de pobreza severa*	**5.266.105**	1.306.150	112.316	106.187	324.454	51.543	233.863	214.904
Personas en riesgo de pobreza severa**	**5.207.235**	1.020.301	130.895	122.963	285.792	57.026	196.994	228.864

Nota: *Umbral de riesgo de pobreza TFC. **Umbral de riesgo de pobreza CA.
Fuente: Elaboración propia a partir de datos del Panel de Hogares-2019.

La tabla 5.17 proporciona un buen resumen de los datos demográficos del Panel de Hogares. En primer lugar, indica la distribución por comunidades autónomas del número de hogares y personas presentes en la muestra para tener una visión del peso de cada una. Para el total del TFC, la ratio de cobertura respecto a su población es del 6,1 %. Andalucía y Cataluña son las que disponen de una ratio menor (3,6 y 4,7 %), mientras que en La Rioja (19,5 %), Cantabria (14,3 %), Asturias (10,7 %) y las Islas Baleares (10,4 %) es notablemente mayor, superando el 10 %.[132]

El tamaño medio del hogar para el conjunto del TFC es de

132. También aquí, igual que en el capítulo 4 con la ECV, no se tendrán en cuenta los dos casos especiales de Ceuta y Melilla en ninguno de los comentarios y comparaciones que se efectúan a partir de ahora.

CATALUÑA	CEUTA	EXTREMADURA	GALICIA	ISLAS BALEARES	LA RIOJA	MADRID	MELILLA	MURCIA	COMUNIDAD VALENCIANA
3.781.093	41.594	524.304	1.292.654	578.389	156.778	3.218.653	43.500	749.762	2.481.610
3.906.846	41.314	533.386	1.404.363	580.226	161.369	3.488.069	43.057	748.855	2.542.906
476.557	7.605	121.438	228.878	75.064	23.112	395.591	8.515	132.323	495.156
636.189	6.805	79.870	251.449	92.858	28.226	561.043	6.765	106.928	443.799
264.255	4.960	58.098	131.298	44.175	13.368	228.421	5.219	71.343	296.539
321.146	4.361	41.561	133.848	50.334	14.344	285.609	4.026	60.647	273.691
1.356.359	28.706	296.337	526.614	194.579	60.544	1.193.820	33.074	402.679	1.309.365
1.749.615	25.494	191.016	557.361	238.696	69.422	1.617.446	25.786	322.053	1.170.440
724.716	18.011	134.414	282.769	105.011	33.127	653.759	19.141	202.520	743.222
903.951	15.423	94.590	288.521	122.277	36.073	846.849	14.785	166.371	675.560

2,58 personas, de manera que se distancian por debajo Asturias (2,27) y Castilla y León (2,32), y por encima Murcia (2,85), las Islas Baleares (2,74) y Madrid (2,70).

En el TFC, la proporción de personas menores de edad —entre 0 y 17 años— y de personas mayores de 65 años es, respectivamente, del 17,5 y del 18,0 %. Asturias, Castilla y León y Galicia tienen poblaciones notablemente envejecidas, muy por debajo en población joven (cuatro puntos porcentuales inferior) y muy por encima en población mayor de 65 años (seis puntos porcentuales superior). Canarias, las Islas Baleares y Murcia tienen una proporción de personas mayores de 65 años sensiblemente menor que el total; en Murcia, además, se observa un porcentaje de población joven más elevado. Para el resto de las comunidades autónomas, prácticamente las proporciones coinciden con las totales del TFC.

Gráfico 5.9. Cobertura de la muestra

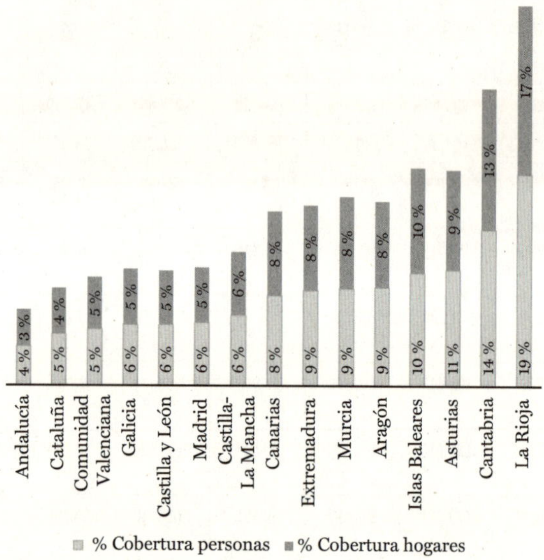

Fuente: Elaboración propia a partir de datos del Panel de Hogares-2019.

Gráfico 5.10. Relación de la población por edad

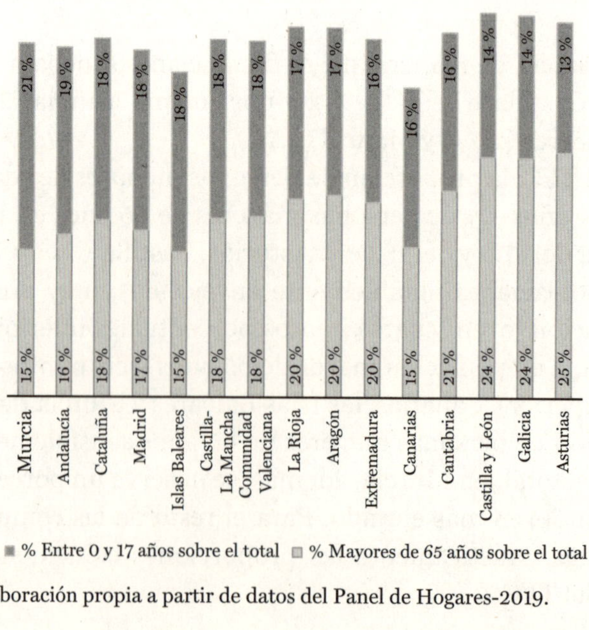

Fuente: Elaboración propia a partir de datos del Panel de Hogares-2019.

Es interesante referirse al recuento de hogares y personas en situaciones de riesgo de pobreza. Aquí es donde se pone claramente de manifiesto el problema de utilizar un URP único para el TFC, frente a un URP propio de cada comunidad autónoma para contabilizar los hogares y personas pobres. En términos agregados (TFC), las diferencias no son significativas: 87.185 hogares más resultarían pobres y 34.453 personas dejarían de serlo si en lugar de aplicar el URP único del TFC se aplicara el URP de la comunidad autónoma.

Con ese mismo criterio, sí hay algunas diferencias significativas en el ámbito de las comunidades autónomas. En el caso de los hogares: Andalucía (−207.644, que significa el 6,5 % del total de sus hogares) y Extremadura (−41.568, el 9,5 %) son las dos comunidades autónomas en las que más disminuiría el número de hogares pobres, mientras que en Madrid (165.452, el 6,6 %), Cataluña (159.631, el 5,4 %), Aragón (32.261, el 6,1 %) y Asturias (22.055, el 5,0 %) son en las que más aumentaría. En el recuento por personas: Andalucía (−616.571, que significa el 7,3 % del total de sus habitantes) y Extremadura (−105.321, el 10,0 %) tendrían la mayor disminución de personas pobres; mientras que en Madrid (423.627, 6,3 %), Cataluña (393.255, el 5,1 %), Aragón (63.673, el 4,8 %) y Asturias (43.503, el 4,2 %) supondría el mayor aumento de la cantidad de personas pobres.

Las tablas 5.18 y 5.19 reproducen las principales magnitudes económicas que ofrece el PH.[133] En el primer caso, permite la comparación por comunidades autónomas, mientras que en el segundo se facilita la información en términos de distribución de renta.

133. No se incluye ninguna magnitud sobre riqueza o patrimonio porque, a pesar de que el Panel de Hogares, como ya se ha visto, sí proporciona información sobre el patrimonio, el análisis de la riqueza o el patrimonio se detalla en el capítulo 7.

Tabla 5.18. Composición de la renta bruta y neta

CONCEPTO	TFC	ANDALUCÍA	ARAGÓN	ASTURIAS	CANARIAS	CANTABRIA	CASTILLA-LA MANCHA	CASTILLA Y LEÓN
Rentas del trabajo	**402.574,61**	58.416,07	12.656,86	8.325,80	17.262,14	5.077,33	16.215,95	19.953,19
Prestaciones por desempleo	**13.286,56**	3.273,98	287,41	240,56	826,38	148,30	615,06	566,62
Pensiones de jubilación	**132.997,74**	20.807,56	4.682,98	4.938,46	4.879,57	2.182,28	5.047,15	9.327,67
Prestaciones exentas	**26.655,87**	5.722,66	686,61	894,17	1.015,34	383,47	1.150,82	1.387,07
Rendimientos del capital mobiliario	**18.425,61**	1.432,96	562,70	275,70	566,28	261,74	450,67	779,36
Rendimientos del capital inmobiliario	**23.896,93**	2.726,82	707,62	457,16	1.201,78	286,71	591,39	1.068,93
Rendimientos AA. EE.	**37.504,48**	6.069,72	1.194,58	740,76	1.667,77	441,46	1.447,73	2.187,88
Ganancias patrimoniales	**20.612,95**	2.565,76	424,61	274,16	779,12	184,22	443,18	755,32
Renta bruta	**675.954,75**	101.015,55	21.203,36	16.146,76	28.198,38	8.965,51	25.961,96	36.026,03
Impuesto sobre la renta	**88.439,10**	10.853,16	2.699,25	1.948,90	3.137,84	1.085,70	2.710,45	4.110,06
Cotizaciones sociales	**25.146,33**	3.798,80	836,57	591,16	1.081,07	339,63	1.049,87	1.311,83
Impuesto sobre el patrimonio	**1.149,68**	80,66	44,31	13,94	32,99	17,49	15,14	36,12
Renta neta	**561.219,65**	86.282,93	17.623,24	13.592,76	23.946,49	7.522,69	22.186,50	30.568,02

Fuente: Elaboración propia a partir de datos del Panel de Hogares-2019.

Tabla 5.19. Composición de la renta bruta y neta, percentiles, TFC

PERCENTILES DE RENTA BRUTA EQUIVALENTE	TOTAL	10 %	20 %	30 %	40 %	50 %
CONCEPTO		0-5.493 €	5.493-9.440 €	9.440-11.854 €	11.854-14.552 €	14.552-17.495 €
Rentas del trabajo	**402.574,61**	2.793,74	11.208,03	13.084,66	20.493,38	27.258,59
Prestaciones por desempleo	**13.286,56**	1.255,96	2.108,55	1.576,45	1.750,50	1.518,48
Pensiones de jubilación	**132.997,74**	920,59	6.340,52	10.403,80	11.572,41	12.520,50
Prestaciones exentas	**26.655,87**	950,06	2.042,97	2.014,22	2.420,89	2.768,03
Rendimientos del capital mobiliario	**18.425,61**	55,71	101,16	130,55	186,12	239,88
Rendimientos del capital inmobiliario	**23.896,93**	121,65	274,01	378,16	603,14	965,97

CATALUÑA	CEUTA	EXTREMADURA	GALICIA	ISLAS BALEARES	LA RIOJA	MADRID	MELILLA	MURCIA	COMUNIDAD VALENCIANA
83.243,26	730,06	6.875,38	21.698,69	11.636,68	2.904,26	85.421,74	698,69	11.405,98	40.052,51
2.065,31	25,62	485,44	681,24	491,99	73,03	1.550,66	21,25	454,88	1.478,86
24.565,25	161,92	2.856,78	10.405,13	2.769,07	1.021,17	21.851,14	145,61	3.362,16	13.993,84
5.134,43	50,30	646,51	1.421,54	527,31	149,13	3.729,76	59,21	873,87	2.823,66
4.098,93	20,77	120,83	1.176,40	634,52	175,41	5.797,10	25,38	375,17	1.671,69
5.730,14	35,94	285,25	1.106,88	1.300,59	164,94	5.486,22	43,47	454,55	2.248,54
7.348,52	47,02	899,34	1.999,57	1.358,22	328,07	6.716,30	67,71	1.060,59	3.929,24
4.279,14	20,47	192,52	1.169,40	845,44	124,25	5.988,33	18,61	400,02	2.148,40
136.464,98	1.092,09	12.362,06	39.658,84	19.563,81	4.940,26	136.541,25	1.079,94	18.387,23	68.346,72
19.997,89	65,13	1.189,81	4.693,80	2.660,16	606,56	22.405,94	61,52	1.987,27	8.225,66
5.104,71	39,65	444,29	1.423,13	742,02	193,48	4.757,64	37,67	739,96	2.654,83
543,69	1,24	4,96	97,28	71,41	4,20	12,89	1,02	27,05	145,29
110.818,68	986,07	10.723,00	33.444,63	16.090,22	4.136,01	109.364,79	979,72	15.632,95	57.320,94

60 %	70 %	75 %	80 %	85 %	90 %	95 %	98 %	100 %
17.495-20.911 €	**20.911-25.180 €**	**25.180-27.924 €**	**27.924-31.364 €**	**31.364-35.840 €**	**35.840-42.025 €**	**42.025-54.437 €**	**54.437-75.791 €**	**Mayor de 75.791 €**
35.140,58	42.815,35	25.792,25	29.375,32	33.016,06	36.479,91	46.557,03	36.686,07	41.873,64
1.349,57	1.194,74	550,14	487,08	445,62	358,01	340,68	197,30	153,50
13.761,82	16.207,20	8.415,41	8.870,10	9.471,59	10.841,04	11.410,31	6.620,04	5.642,40
2.880,37	3.072,92	1.641,16	1.644,03	1.714,48	1.807,02	1.774,09	1.151,73	773,89
333,32	456,20	319,96	392,92	507,39	702,09	1.208,69	1.535,53	12.256,10
1.217,72	1.748,28	1.136,76	1.470,11	1.745,89	2.215,63	3.387,40	3.431,92	5.200,29

... / ...

.../...

PERCENTILES DE RENTA BRUTA EQUIVALENTE	TOTAL	10 %	20 %	30 %	40 %	50 %
CONCEPTO		0-5.493 €	5.493-9.440 €	9.440-11.854 €	11.854-14.552 €	14.552-17.495 €
Rendimientos AA. EE.	**37.504,48**	-162,69	1.686,82	1.496,83	2.019,57	2.128,28
Ganancias patrimoniales	**20.612,95**	59,56	123,70	137,14	157,52	244,73
Renta bruta	**675.954,75**	5.994,58	23.885,76	29.221,81	39.203,53	47.644,47
Impuesto sobre la renta	**88.439,10**	276,32	229,91	490,06	1.143,71	2.248,43
Cotizaciones sociales	**25.146,33**	224,64	840,25	950,56	1.482,55	1.960,51
Impuesto sobre el patrimonio	**1.149,68**	7,78	1,82	4,26	4,12	5,19
Renta neta	**561.219,65**	5.485,84	22.813,78	27.776,94	36.573,15	43.430,35

Fuente: Elaboración propia a partir de datos del Panel de Hogares-2019.

La renta bruta asciende a casi 676.000 millones de euros y la renta disponible o neta va más allá de los 561.000 millones de euros. Las diferencias entre ambas son el impuesto sobre la renta (casi 88.500 millones de euros), las cotizaciones sociales (poco más de 25.000 millones de euros) y el impuesto sobre el patrimonio (1.150 millones de euros). Todas ellas, como se verá, son un punto de partida y referencia del modelo de renta básica que más adelante plantearemos.

Por último, tenemos la tabla 5.20, en la que se aporta un conjunto de indicadores que permiten un resumen de todas las cuestiones que se han ido introduciendo hasta el momento. Sus resultados constituyen una visión exhaustiva de la situación *ex ante* a la que nos hemos referido al inicio del capítulo.

La tabla 5.20, además de la renta bruta y neta media por hogar y personal, junto a los porcentajes de hogares y personas pobres, reproduce también los índices de Gini, los índices de Suits y el efecto redistributivo, que permiten valorar, respectivamente, el grado de desigualdad de la distribución de la renta, el grado de progresividad de un impuesto y su capacidad de redistribución.[134]

Respecto a la renta, la renta bruta y neta media de los hoga-

134. En el capítulo 4 se han comentado con detalle las características y la interpretación de todos estos índices.

60 %	70 %	75 %	80 %	85 %	90 %	95 %	98 %	100 %
17.495-20.911 €	**20.911-25.180 €**	**25.180-27.924 €**	**27.924-31.364 €**	**31.364-35.840 €**	**35.840-42.025 €**	**42.025-54.437 €**	**54.437-75.791 €**	**Mayor de 75.791 €**
2.426,65	2.802,73	1.730,33	1.833,36	2.079,86	2.353,79	3.549,57	3.901,11	9.658,27
306,82	418,95	311,44	420,40	536,24	802,81	1.353,10	1.984,10	13.756,45
57.416,85	68.716,37	39.897,44	44.493,32	49.517,12	55.560,30	69.580,85	55.507,80	89.314,55
4.062,17	6.485,88	4.457,36	5.561,73	6.941,85	8.706,50	12.421,36	11.589,70	23.824,13
2.473,90	2.950,10	1.758,93	1.951,70	2.145,39	2.307,12	2.831,31	1.954,95	1.314,44
6,42	11,36	7,59	19,41	18,93	33,90	60,95	115,54	852,42
50.874,36	59.269,04	33.673,56	36.960,48	40.410,95	44.512,79	54.267,23	41.847,61	63.323,56

res es de 39.547 euros y 32.760 euros para el total del TFC. Madrid (con un incremento del 39,1 % y del 34,2 %), las Islas Baleares (17,1 % y 16,0 %) y Cataluña (17,1 % y 14,5 %) sobrepasan ampliamente esta media; en el otro extremo, Extremadura (–28,4 % y –25,2 %), Andalucía (–20,2 % y –17,9 %) y Castilla-La Mancha (–16,6 % y –14,2 %) se sitúan claramente por debajo. Por otra parte, la renta bruta y neta personal es de 15.282 euros y 12.688 euros, pero respecto a las comunidades autónomas hay algunos cambios, comparadas con el caso anterior. En la parte alta de la ordenación, Madrid (33,2 % y 28,5 %) sigue siendo con diferencia la más elevada, mientras que Cataluña (16,2 % y 13,1 %) y las Islas Baleares (10,5 % y 9,4 %) invierten sus posiciones, puesto que la segunda modera significativamente su crecimiento. En la parte inferior, Extremadura (–23,5 % y –20,1 %), Andalucía (–21,6 % y –19,4 %), Murcia (–19,7 % y –17,8 %) —que en el caso anterior no aparecía— y Castilla-La Mancha (–16,7 % y –14,2 %) son, por ese orden, las más distanciadas del valor medio.

Tabla 5.20. Renta, impuestos, cotizaciones, pobreza y desigualdad

CONCEPTO	TFC	ANDALUCÍA	ARAGÓN	ASTURIAS	CANARIAS	CANTABRIA	CASTILLA-LA MANCHA	CASTILLA Y LEÓN
Renta bruta (millones de euros)	**675.954,75**	101.015,55	21.203,36	16.146,76	28.198,38	8.965,51	25.961,96	36.026,03
Impuesto sobre la renta (IRPF) (millones de euros)	**88.439,10**	10.853,16	2.699,25	1.948,90	3.137,84	1.085,70	2.710,45	4.110,06
Cotizaciones sociales (millones de euros)	**25.146,33**	3.798,80	836,57	591,16	1.081,07	339,63	1.049,87	1.311,83
Impuesto sobre el patrimonio (millones de euros)	**1.149,68**	80,66	44,31	13,94	32,99	17,49	15,14	36,12
Renta neta (millones de euros)	**561.219,65**	86.282,93	17.623,24	13.592,76	23.946,49	7.522,69	22.186,50	30.568,02
Renta bruta media del hogar (euros)	**39.457**	31.476	39.824	36.263	34.893	38.139	32.888	35.196
Renta neta media del hogar (euros)	**32.760**	26.886	33.100	30.527	29.632	32.001	28.106	29.864
Renta bruta media personal (euros)	**15.282**	11.978	16.136	15.954	13.038	15.561	12.733	15.170
Renta neta media personal (euros)	**12.688**	10.231	13.412	13.431	11.072	13.057	10.881	12.871
Renta bruta media equivalente (euros)	**22.919**	18.105	23.849	22.785	19.663	22.878	19.112	21.871
Renta neta media equivalente (euros)	**19.028**	15.465	19.822	19.181	16.698	19.196	16.333	18.558
% Hogares en riesgo de pobreza**	**21,99 %**	21,93 %	20,75 %	23,62 %	24,99 %	21,63 %	19,91 %	21,91 %
% Hogares en riesgo de pobreza severa**	**11,95 %**	12,83 %	9,47 %	12,89 %	16,04 %	10,89 %	9,83 %	10,26 %
% Personas en riesgo de pobreza**	**22,29 %**	22,14 %	20,85 %	22,33 %	22,84 %	20,34 %	20,82 %	20,60 %
% Personas en riesgo de pobreza severa**	**11,77 %**	12,10 %	9,96 %	12,15 %	13,21 %	9,90 %	9,66 %	9,64 %
Índice de Gini renta bruta	**0,4317**	0,4168	0,3703	0,3799	0,4467	0,3854	0,3886	0,3772
Índice de Gini renta neta	**0,3902**	0,3779	0,3317	0,3437	0,4093	0,3473	0,3490	0,3384

CATALUÑA	CEUTA	EXTREMADURA	GALICIA	ISLAS BALEARES	LA RIOJA	MADRID	MELILLA	MURCIA	COMUNIDAD VALENCIANA
136.464,98	1.092,09	12.362,06	39.658,84	19.563,81	4.940,26	136.541,25	1.079,94	18.387,23	68.346,72
19.997,89	65,13	1.189,81	4.693,80	2.660,16	606,56	22.405,94	61,52	1.987,27	8.225,66
5.104,71	39,65	444,29	1.423,13	742,02	193,48	4.757,64	37,67	739,96	2.654,83
543,69	1,24	4,96	97,28	71,41	4,20	12,89	1,02	27,05	145,29
110.818,68	986,07	10.723,00	33.444,63	16.090,22	4.136,01	109.364,79	979,72	15.632,95	57.320,94
46.210	42.362	28.252	36.251	46.209	37.510	54.871	42.560	34.986	34.462
37.525	38.249	24.506	30.571	38.004	31.403	43.950	38.611	29.745	28.903
17.751	13.172	11.688	14.705	16.886	15.528	20.359	12.477	12.269	13.603
14.415	11.894	10.138	12.401	13.887	13.000	16.307	11.319	10.432	11.408
26.730	21.284	17.137	21.595	25.782	22.815	30.964	20.713	19.064	20.287
21.707	19.218	14.865	18.211	21.205	19.101	24.801	18.791	16.209	17.014
21,54 %	26,40 %	18,25 %	22,98 %	21,93 %	21,43 %	22,55 %	26,66 %	20,35 %	22,38 %
10,87 %	16,92 %	9,50 %	12,23 %	11,89 %	10,89 %	11,48 %	15,87 %	11,54 %	13,80 %
22,76 %	30,75 %	18,06 %	20,67 %	20,60 %	21,82 %	24,12 %	29,79 %	21,49 %	23,29 %
11,76 %	18,60 %	8,94 %	10,70 %	10,55 %	11,34 %	12,63 %	17,08 %	11,10 %	13,45 %
0,4184	0,4554	0,3793	0,4101	0,4314	0,3934	0,4639	0,4712	0,4043	0,4313
0,3766	0,4394	0,3382	0,3671	0,3913	0,3565	0,4241	0,4555	0,3641	0,3891

.../...

.../...

CONCEPTO	TFC	ANDALUCÍA	ARAGÓN	ASTURIAS	CANARIAS	CANTABRIA	CASTILLA-LA MANCHA	CASTILLA Y LEÓN
Índice de Suits impuesto sobre la renta s/renta bruta	**0,3361**	0,3822	0,2940	0,2960	0,3642	0,3111	0,3593	0,3321
Índice de Suits impuesto sobre la renta s/renta neta	**0,3617**	0,4016	0,3144	0,3071	0,3883	0,3303	0,3804	0,3528
Efecto redistributivo del impuesto sobre la renta	**0,0415**	0,0389	0,0387	0,0361	0,0374	0,0382	0,0395	0,0388

Nota: *Umbral de riesgo de pobreza TFC. **Umbral de riesgo de pobreza CA.
Fuente: Elaboración propia a partir de datos del Panel de Hogares-2019.

Respecto a la pobreza, el porcentaje de hogares en riesgo de pobreza y pobreza severa para el TFC[135] es, respectivamente, 21,99 % y 11,95 %, aunque destacan Extremadura, Castilla-La Mancha y Aragón —las tres comunidades autónomas con menor tasa de hogares en riesgo de pobreza, que repiten con una tasa de hogares en riesgo de pobreza severa que no sobrepasa el 10 %—. En el extremo contrario se sitúa Canarias, con tasas del 24,99 % y del 16,04 %, que son tres y cuatro puntos porcentuales más elevadas que la media. El resto de las comunidades autónomas obtienen valores muy parecidos al valor medio del TFC. En cuanto al riesgo de pobreza en las personas, el valor medio del TFC es de 22,29 %; únicamente Extremadura (18,06 %) consigue una tasa por debajo del 20 % y en el resto de las comunidades autónomas sus tasas oscilan entre el 20 y el 22 %. Por último, la tasa media de personas en riesgo de pobreza severa es del 11,77 %, pero Extremadura (8,94 %), Castilla-La Mancha (9,66 %), Cantabria (9,90 %) y Aragón (9,96 %) consiguen reducirla a menos del 10 %. Todos estos comentarios quedan reflejados en el gráfico 5.11.

135. Siempre se utiliza la referencia del URP y del URPs de cada comunidad autónoma.

CATALUÑA	CEUTA	EXTREMADURA	GALICIA	ISLAS BALEARES	LA RIOJA	MADRID	MELILLA	MURCIA	COMUNIDAD VALENCIANA
0,2901	0,2917	0,4389	0,3616	0,2924	0,3006	0,2838	0,2903	0,3788	0,3635
0,3130	0,2965	0,4595	0,3915	0,3209	0,3211	0,3094	0,2957	0,3999	0,3912
0,0417	0,0160	0,0410	0,0430	0,0401	0,0369	0,0398	0,0156	0,0402	0,0421

Gráfico 5.11. Pobreza en los hogares y en las personas

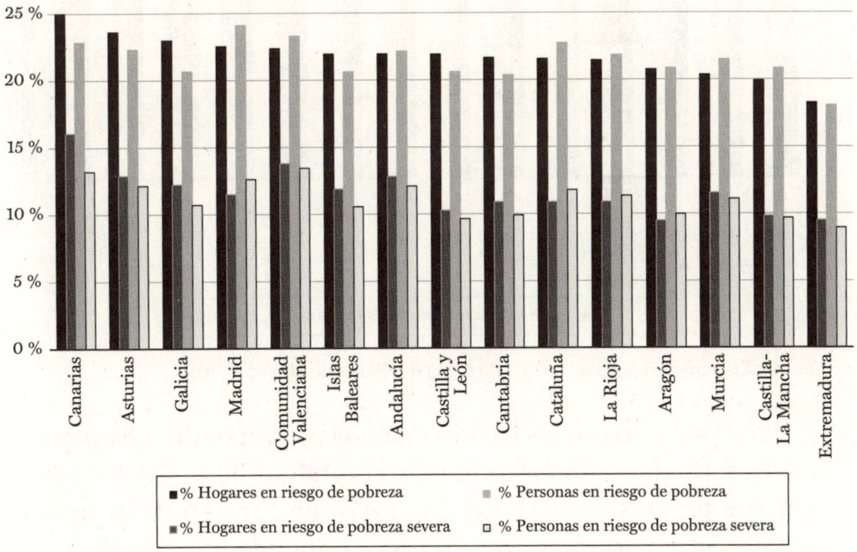

Fuente: Elaboración propia a partir de datos del Panel de Hogares-2019.

Respecto a la desigualdad, los resultados de los índices de Gini indican para el total del TFC grados notablemente elevados de desigualdad, antes de impuestos un 0,4317 y después de impuestos un 0,3902, aunque por este orden: Aragón, Castilla y León, Extremadura y Asturias tienen valores sensiblemente más reducidos, por encima de los cinco puntos porcentuales, es decir, son las comunidades autónomas con menor desigualdad.

Por su parte, Madrid obtiene en ambos casos un índice tres puntos porcentuales mayor, de manera que es con diferencia la comunidad autónoma con mayor desigualdad. Para el resto de las comunidades autónomas los valores son parecidos, con pequeñas desviaciones, respecto al valor medio del TFC, tal como puede advertirse a partir del gráfico 5.12.

Gráfico 5.12. Desigualdad

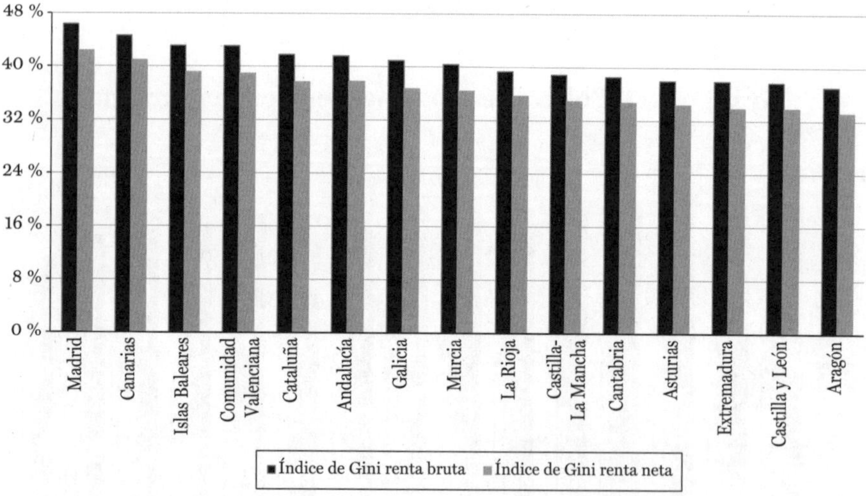

Fuente: Elaboración propia a partir de datos del Panel de Hogares-2019.

Los resultados de los índices de Suits correspondientes al impuesto sobre la renta indican, para el total del TFC, valores claramente progresivos (0,3361 y 0,3617), en función de la renta bruta o neta. Por este orden, Madrid, Cataluña, las Islas Baleares, Aragón y Asturias tienen un impuesto más progresivo (puesto que sus índices aumentan entre cuatro y cinco puntos porcentuales respecto al valor medio). Contrariamente, Andalucía y Murcia muestran menor progresividad (sus índices se reducen en tres puntos porcentuales).

Por último, respecto al efecto redistributivo, los resultados no son demasiado alentadores, puesto que para el TFC sólo se alcanza el 4,15 %. Asturias, Canarias y La Rioja son con diferencia las menos redistributivas, pues su efecto se reduce en medio punto porcentual; para el resto de las comunidades autónomas, las diferencias respecto al valor medio del TFC son muy poco importantes.

De la misma manera que señalábamos en el capítulo anterior, y también al inicio del presente, todo lo expuesto tiene por objetivo ofrecer una visión exhaustiva de la situación *ex ante* a la que debe enfrentarse la implantación de una renta básica. Con el precedente del capítulo 4 se disponía ya de ella, pero la extensísima información que provee el PH permite corroborar aún más si cabe la idea de que la situación de distribución de la renta y la riqueza, de la pobreza, de la exclusión y de la desigualdad imperante en el reino de España es preocupante y alcanza algunas cifras verdaderamente alarmantes. Éste es el reto que va a tener que desentrañarse en capítulos posteriores.

6

Comparativa entre las dos fuentes de información hasta ahora descritas: Encuesta de Condiciones de Vida (ECV) y Panel de Hogares (PH)

En los dos capítulos anteriores hemos detallado extensamente las características y el contenido de las dos fuentes de información, el PH y la ECV, a partir de las cuales puede desarrollarse un modelo de financiación de la renta básica. Ahora intentaremos precisar cuáles son las principales diferencias entre ambas, en el bien entendido de que no se trata en absoluto de pronunciarse sobre cuál de las dos es mejor, ya que su estructura y diseño son lo suficientemente distintos para que tal toma de posición esté fuera de lugar y, además, porque hemos utilizado ambas alternativamente en anteriores investigaciones (por ejemplo, Arcarons, Raventós y Torrens, 2017 y 2020). Sí se trata, en cambio, de destacar en qué parcelas del desarrollo de nuestro modelo de financiación de la renta básica se adapta más una información u otra.

Empecemos por la comparativa más sencilla: ¿en cuánto discrepan los cuatro conceptos imprescindibles para el desarrollo del modelo de financiación?, esto es, la renta bruta, el IRPF, las cotizaciones sociales y la renta neta. La tabla 6.1, que en su parte izquierda (PH) y derecha (ECV) reproduce los componentes que determinan estos conceptos, permite una visión pormenorizada de estas diferencias.[136]

136. En la tabla 6.1, los códigos que aparecen en la primera columna de

Tabla 6.1. Comparativa entre el Panel de Hogares y la Encuesta de Condiciones de Vida (importes en euros)

CÓDIGO	PH-2019		CÓDIGO	ECV-2020	
M11	Salarios	396.622,30	PY010G	Renta bruta monetaria asalariado	406.670,83
M14	Aport. empleador planes pens./ seguros colect.	990,48	PY021G	Renta bruta no monet. (coche empr.) asalariado	723,97
M151	Indemnizaciones por despido	4.384,89	PY080G	Rentas brutas planes de pensiones privados	6.145,09
M153	Trabajos en el extranjero	576,94	HY110G	Renta bruta menores 16 años	315,47
	Total salarios	***402.574,61***		*Total salarios*	***413.855,37***
M12	Pensiones	***132.997,74***	PY100G	Prestaciones brutas por jubilación	103.173,02
			PY130G	Prestaciones brutas por invalidez	14.496,85
				Total	***117.669,87***
M13	Prestaciones por desempleo sujetas	12.856,75	PY090G	Prestaciones brutas por desempleo	***17.634,03***
M152	Prestaciones por desempleo exentas	429,81			
	Total desempleo	***13.286,56***			
M611	Renta de emancipación	5,51	PY110G	Prestaciones brutas por supervivencia	24.078,17
M621	Prestaciones de incapacidad	12.449,75	PY120G	Prestaciones brutas por enfermedad	3.525,35
M622	Prestaciones dependencia	1.124,81	PY140G	Ayuda bruta para estudios	1.318,59
M623	Prestaciones familiares	3.522,04	HY050G	Ayuda bruta por familia/hijo	1.119,69
M624	Becas exentas	1.462,23	HY060G	Ingresos brutos por asistencia social	2.747,10
M625	Otras prestaciones exentas	3.142,51	HY070G	Ayuda bruta para vivienda	785,51
	Deducciones consideradas impuesto negativo	2.828,02	HY080G	Transf. brutas periód. monetarias a otros hogares	3.057,59
M6212	Prestaciones públicas matern./ patern. exentas	2.110,50			
	Total otras prestaciones exentas	***26.645,36***		*Total*	***36.632,00***

…/…

cada fuente de información se refieren a la codificación establecida en las mismas. En el PH se trata del fichero de microdatos RENTA 2 y en la ECV de los ficheros de microdatos P y H. Debe recordarse que las rentas de la ECV siempre corresponden al año anterior a la realización de la encuesta, como también que la información a la que se refiere la ECV no contiene la de las comunidades forales del País Vasco y Navarra, para que pueda ser debidamente comparada con la del PH. Esto último deberá tenerse en cuenta en todas las tablas y resultados que se reproducen a lo largo de este capítulo.

.../...

CÓDIGO	PH-2019		CÓDIGO	ECV-2020	
M2	Rentas capital mobiliario	***18.425,61***	HY090G	Intereses, divid., ganancias por inversión capital	***8.574,24***
M31	Arrendamientos. Locales y viviendas	22.463,67	HY040G	Renta bruta del alquiler de una propiedad	***9.972,62***
M32	Arrendamientos. Entidades	1.433,27			
	Total arrendamientos	**23.896,93**			
M4	Rendimientos por actividades económicas	***37.504,48***	PY050G	Benef./Pérd. brutas, trabajadores cuenta propia	***39.081,84***
M5	Ganancias patrimoniales	20.612,95			
M613	Otras rentas en regímenes especiales	10,51			
	Total ganancias patrimoniales	**20.623,46**			
	Renta Bruta	***675.954,75***	HY010	Renta bruta total del hogar	***643.419,97***
			HY140G	IRPF y cotizaciones sociales	105.618,41
M72	Cotizaciones sociales	***25.146,33***	CSSt	Cotización a la SS trabajador por cuenta ajena	22.911,50
			CSSd	Cotización a la SS prestaciones por desempleo	677,94
				Total	**23.589,44**
M7	Cuota resultante / retenciones	***88.439,10***		IRPF	***82.028,97***
IP	Impuesto del patrimonio	***1.149,68***	HY120G	Impuesto del patrimonio	***544,55***
	Renta neta	***561.219,65***	HY020	Renta disponible total del hogar	***537.257,01***

Fuente: Elaboración propia a partir de datos del PH-2019 y de la ECV-2020.

La interpretación de la tabla 6.1 se hará considerando como referencia la información proporcionada por el PH, puesto que, como ya hemos indicado en el capítulo 4, los datos de las rentas contabilizadas en la ECV son suministrados en su inmensa mayoría por la Agencia Estatal de la Administración Tributaria, que, a su vez, es quien elabora el PH. Para los cuatro conceptos a los que antes nos hemos referido, hay que fijarse en la última parte de dicha tabla.

La renta bruta y la renta neta son 32.534,78 millones de euros y 23.962,64 millones de euros superiores en el PH que en la ECV; es decir, el 4,8 % y el 4,3 %, respectivamente. En cuanto a las cotizaciones sociales,[137] la diferencia es de 1.556,89 millones de euros —6,2 % por encima el PH— y para el IRPF difieren en 6.410,14 millones de euros —7,3 % también favorable al PH.

La tabla 6.1 muestra en su parte superior, antes de llegar a la renta bruta, las distintas variables que la componen, y éste es su interés más destacable, porque nos permitirá analizar dónde se dan las razones de algunas de las importantes disparidades que acabamos de señalar.

En esta comparación más desagregada destacan las siguientes cifras (el valor, expresado en millones de euros, significa la diferencia entre PH y ECV, mientras que el porcentaje es la tasa de variación respecto al PH y el signo positivo o negativo se interpreta como subestimación o sobreestimación de la ECV).

- Salarios: −11.280,76 y −2,8 %.
- Pensiones: 15.327,87 y 11,5 %.
- Desempleo: −4.347,47 y −32,72 %.
- Otras prestaciones: −9.986,64 y −37,5 %.
- Capital mobiliario: 9.851,37 y 53,5 %.
- Arrendamientos: 13.924,31 y 58,3 %.
- Actividades económicas: −1.577,35 y −4,2 %.
- Ganancias patrimoniales: 20.623,46 y 100 %.

El total de los cuatro primeros epígrafes anteriores (cuyos valores aparecen en la tabla 6.1) representa el 85,1 % (PH) y el 91,0 % (ECV) de la renta bruta, mientras que la suma de los mismos primeros cuatro valores de la lista anterior asciende a −10.287,00 millones de euros, lo que significa que la ECV está sobrerrepresentando todo este conjunto.[138]

137. Hay que advertir que los microdatos de la ECV no contienen por separado las cotizaciones sociales del IRPF, ya que ambas aparecen agregadas en la variable cuyo código es HY140G. No obstante, es posible obtenerlas a través de una petición personalizada al INE.

138. En el epígrafe particular de las pensiones, la discrepancia es muy elevada, lo que indica una subrepresentación de aquéllas en la ECV. Una explicación es que en las pensiones de supervivencia de la ECV —la parte más importante de las cuales son las de viudedad— no puede distinguirse las que son de

Por su parte, los cuatro últimos conceptos (ver también la tabla 6.1) suponen el 14,9 % (PH) y el 9,0 % (ECV) de la renta bruta, y su suma en la anterior lista asciende a 42.821,79 millones de euros. En el quinto y sexto componente las discrepancias son enormes, lo que significa que ninguno de los dos está aceptablemente representado en la ECV, con una minusvaloración de más de la mitad en ambos respecto a lo que se contabiliza en el PH. Las rentas de los autónomos, séptimo en la lista, son muy parecidas, aunque a diferencia de sus dos precedentes, algo sobreestimados en la ECV (-4,2 %). Por último, en las ganancias patrimoniales la divergencia es absoluta porque, como ya se adelantó en el capítulo 4, tal concepto no consta en la ECV.

Hasta aquí, con respecto a las rentas, tenemos argumentos muy favorables al PH y contrarios a la ECV. Como resumen de todo lo anterior, la ECV no capta adecuadamente las rentas mobiliarias ni inmobiliarias, como tampoco las ganancias patrimoniales, y lo hace por una cuantía superior a los 40.000 millones de euros. Además, estos tres tipos de rendimientos tienden a concentrarse en los estratos más elevados de la distribución de la renta, en los que recae, como veremos ampliamente en el capítulo 8, el peso de la financiación del modelo que hemos diseñado, lo que supone un hándicap añadido para utilizar la ECV.

Por otra parte, otro aspecto importante para la comparación es el tamaño de la muestra en ambas bases de datos. Esto es lo que recoge la tabla 6.2: en el caso de la ECV estamos hablando de 35.449 personas, que se reparten en 14.006 hogares, mientras que para el PH la muestra consta de 2.710.152 registros personales, distribuidos en 947.877 hogares.

---

carácter contributivo de las que no lo son. Así, en la tabla 6.1, las pensiones de supervivencia contributivas deberían formar parte de la comparación con el epígrafe «Pensiones» del PH, mientras que las no contributivas serían las que únicamente formarán parte y se compararán con el de «Otras prestaciones» del PH, dado que en este último es donde se sitúan todas las pensiones no contributivas. Este trasvase, que no puede efectuarse por el problema de identificación señalado, contribuiría claramente a aproximar el cómputo de los epígrafes «Pensiones» y «Otras prestaciones» en ambas bases de datos.

Tabla 6.2. Tamaño de la muestra PH y ECV

COMUNIDAD AUTÓNOMA	PH-2019		ECV-2020		COBERTURA ECV/PH	
	Personas	Hogares	Personas	Hogares	Personas	Hogares
Andalucía	303.022	109.002	4.215	1.608	1,39 %	1,48 %
Aragón	118.990	41.947	1.631	642	1,37 %	1,53 %
Asturias	107.785	41.081	1.130	491	1,05 %	1,20 %
Canarias	178.907	62.674	1.158	461	0,65 %	0,74 %
Cantabria	82.660	30.581	1.260	503	1,52 %	1,64 %
Castilla-La Mancha	132.316	45.691	1.856	744	1,40 %	1,63 %
Castilla y León	133.387	50.683	2.421	1.013	1,82 %	2,00 %
Cataluña	363.263	124.879	6.769	2.697	1,86 %	2,16 %
Ceuta	38.487	11.540	579	219	1,50 %	1,90 %
Extremadura	92.716	34.109	1.678	696	1,81 %	2,04 %
Galicia	151.085	56.146	2.362	904	1,56 %	1,61 %
Islas Baleares	120.381	40.953	1.068	419	0,89 %	1,02 %
La Rioja	61.909	22.646	1.140	489	1,84 %	2,16 %
Madrid	390.209	125.434	3.805	1.475	0,98 %	1,18 %
Melilla	40.873	11.663	334	105	0,82 %	0,90 %
Murcia	133.964	44.225	1.472	528	1,10 %	1,19 %
Comunidad Valenciana	260.198	94.623	2.571	1.012	0,99 %	1,07 %
TFC	**2.710.152**	**947.877**	**35.449**	**14.006**	1,31 %	1,48 %

Fuente: Elaboración propia a partir de datos del PH-2019 y de la ECV-2020.

En cuanto a las finalidades de simulación que pretendemos que proporcione nuestro modelo de financiación de la renta básica, también aquí se da un nuevo argumento en favor del PH. Además, dado que es imprescindible utilizar a la comunidad autónoma como referencia en los cálculos del modelo, la escasez de la muestra de la ECV en algunas de las comunidades —tal como se refleja en la tabla 6.2— es otro factor desfavorable para la ECV.

La tabla 6.3 reproduce, para veintinueve estratos de la renta bruta equivalente,[139] la representación que cada uno de ellos tiene en ambas bases de datos, es decir, el número de hogares en la muestra y en la población. Se observa que para una renta bruta equivalente superior a 300.000 euros, la ECV no contiene ningún registro y, aun cuando en la tabla aparecen algunos datos marcados como secreto estadístico, sí es posible señalar que el porcentaje de cobertura de la ECV respecto al PH, para los estratos entre 100.000 y 300.000 euros, es tan sólo del 0,23 % en la muestra, mientras que para la población se sitúa por debajo del 65 %.

Tabla 6.3. Estratos de renta bruta equivalente

RENTA BRUTA EQUIVALENTE	PH-2019		ECV-2020	
	Hogares muestra	**Hogares población**	**Hogares muestra**	**Hogares población**
Negativa	6.546	50.314	*s.e*	22.110
Entre 0 y 5.000 euros	235.860	1.475.376	596	865.281
Entre 5.000 y 10.000 euros	152.459	2.500.791	1.963	2.629.284
Entre 10.000 y 15.000 euros	115.569	3.103.256	2.605	3.331.687
Entre 15.000 y 20.000 euros	92.726	2.718.035	2.406	2.985.683
Entre 20.000 y 25.000 euros	71.194	2.078.131	1.877	2.363.985
Entre 25.000 y 30.000 euros	53.565	1.459.327	1.319	1.597.081
Entre 30.000 y 35.000 euros	41.549	1.031.766	947	1.204.098
Entre 35.000 y 40.000 euros	32.929	770.761	702	838.923
Entre 40.000 y 50.000 euros	43.059	868.518	826	908.311
Entre 50.000 y 60.000 euros	24.357	424.311	352	412.282
Entre 60.000 y 70.000 euros	15.171	222.018	144	171.450
Entre 70.000 y 80.000 euros	10.563	131.917	84	81.019

.../...

139. Recordemos que la renta bruta equivalente es la correspondiente al hogar repartida entre sus unidades de consumo, y que estas últimas se determinan aplicando la escala de equivalencia modificada de la OCDE.

.../...

RENTA BRUTA EQUIVALENTE	PH-2019		ECV-2020	
	Hogares muestra	**Hogares población**	**Hogares muestra**	**Hogares población**
Entre 80.000 y 90.000 euros	7.309	77.811	57	63.217
Entre 90.000 y 100.000 euros	5.413	51.528	*s.e.*	31.812
Entre 100.000 y 125.000 euros	9.180	68.544	*s.e.*	38.811
Entre 125.000 y 150.000 euros	5.937	32.019	*s.e.*	27.244
Entre 150.000 y 175.000 euros	4.512	17.979	*s.e.*	16.603
Entre 175.000 y 200.000 euros	3.344	10.537	*s.e.*	5.327
Entre 200.000 y 250.000 euros	4.658	13.114	*s.e.*	5.592
Entre 250.000 y 300.000 euros	2.829	6.678	*s.e.*	3.057
Entre 300.000 y 400.000 euros	3.208	7.096	*s.d.*	*s.d.*
Entre 400.000 y 500.000 euros	1.748	3.681	*s.d.*	*s.d.*
Entre 500.000 y 600.000 euros	1.031	1.858	*s.d.*	*s.d.*
Entre 600.000 y 700.000 euros	667	1.503	*s.d.*	*s.d.*
Entre 700.000 y 800.000 euros	418	661	*s.d.*	*s.d.*
Entre 800.000 y 900.000 euros	311	479	*s.d.*	*s.d.*
Entre 900.000 y 1.000.000 euros	261	487	*s.d.*	*s.d.*
Superior a 1.000.000 euros	1.503	2.828	*s.d.*	*s.d.*
Total	**947.877**	**17.131.322**	**14.006**	**17.602.857**

Nota: *s.e.* = secreto estadístico; *s.d.* = sin datos.
Fuente: Elaboración propia a partir de datos del PH-2019 y de la ECV-2020.

Son resultados que abundan nuevamente en la diferencia en captación de las rentas elevadas en ambas bases de datos, que, tal como ya hemos apuntado un poco más atrás, aunque desde otro punto de vista, es un elemento muy relevante para el modelo de financiación de la renta básica.

En la tabla 6.1 —al principio de este capítulo—, aunque esto también se señaló ya en el capítulo 4, se advierte que varios de los componentes de la renta bruta de la ECV —todos aquellos cuyo código empieza por H—, están contabilizados para el hogar en su conjunto, no así en el PH, ya que las rentas que aparecen en este último están todas ellas individualizadas. Éste es otro de los problemas que presenta la ECV para ser utilizada como *input* en el modelo de financiación de la renta básica. La razón, como se justificará en el capítulo 8, es que el cálculo que requiere dicho modelo debe efectuarse necesariamente sobre los datos individuales de los integrantes del hogar; por tanto, en la ECV es imprescindible un proceso previo de imputación y reparto[140] de aquellas rentas asignadas al hogar que lógicamente no se precisa cuando se utiliza el PH.

Un nuevo argumento favorable al PH es la medida de la riqueza. La ECV no contiene ninguna información relacionada con ella,[141] en cambio, el PH incluye microdatos que permiten analizar los principales componentes del patrimonio personal: el patrimonio inmobiliario, las cuentas bancarias y depósitos, los activos financieros, el resto de los elementos patrimoniales no incluidos en los anteriores y los pasivos no societarios. Con toda probabilidad, éste es el argumento de mayor peso a favor del PH, dado que su información permite que la riqueza se incorpore como variable endógena en el modelo de financiación de la renta básica y, como también se explicará en el capítulo 8, en esta última posibilidad recae una parte muy importante de su funcionamiento. En anteriores investigaciones efectuadas (por ejemplo, Arcarons, Raventós y Torrens, 2017 y 2020), siempre se ha considerado la riqueza como una parte fundamental de la financiación de la renta básica, pero en todas ellas se ha utilizado como una fuente de financiación externa; por esta razón, la posibilidad que brinda ahora el PH supone un avance importante en la construcción del modelo.

Respecto a la pobreza, no cabe duda de que se trata del argumento de mayor peso y más favorable a la ECV; no en vano, la información que se desprende de esta encuesta es la base

140. La explicación y justificación del mismo sería reiterativa ahora, puesto que está descrita extensamente en el capítulo 9 —apartado «Reparto/imputación de las rentas agregadas y depuración de datos»—, al que remitimos al lector interesado.

141. Salvo aquello que se indica en la nota 125.

para la construcción de los principales indicadores que se disponen, los más utilizados por las agencias, oficinas e investigadores para efectuar la medición y análisis de la pobreza. Por tanto, es interesante disponer también de las diferencias que se obtienen en el cálculo del URP —el valor en que se basan estos indicadores— cuando se utiliza una u otra información.

Tabla 6.4. Umbrales de riesgo de pobreza (importes en euros)

COMUNIDAD AUTÓNOMA	UMBRALES DE RIESGO DE POBREZA			TASA VARIACIÓN S/ECV
	ECV-2020	PH-2019	DIFERENCIA	
Andalucía	7.858,5	7.880,0	–21,5	–0,27 %
Aragón	10.825,0	10.607,9	217,1	2,05 %
Asturias	9.558,0	10.544,2	–986,3	–9,35 %
Canarias	8.152,6	8.471,9	–319,4	–3,77 %
Cantabria	9.650,0	10.109,6	–459,6	–4,55 %
Castilla y León	9.984,2	9.881,3	102,9	1,04 %
Castilla-Mancha	8.667,5	8.459,0	208,6	2,47 %
Cataluña	11.365,6	10.939,1	426,5	3,90 %
Ceuta	7.473,1	8.407,2	–934,1	–11,11 %
Extremadura	7.203,5	7.684,7	–481,1	–6,26 %
Galicia	9.246,6	9.525,9	–279,4	–2,93 %
Islas Baleares	11.018,0	10.582,3	435,7	4,12 %
La Rioja	10.553,2	10.018,2	535,0	5,34 %
Madrid	10.892,7	11.317,7	–425,0	–3,76 %
Melilla	8.953,5	7.708,8	1.244,6	16,15 %
Murcia	7.827,5	8.275,3	–447,8	–5,41 %
Comunidad Valenciana	9.107,9	8.702,9	405,1	4,65 %
TFC	**9.467,4**	**9.421,9**	**45,5**	**0,48 %**

Fuente: Elaboración propia a partir de datos del PH-2019 y de la ECV-2020.

Gráfico 6.1. Umbrales de riesgo de pobreza

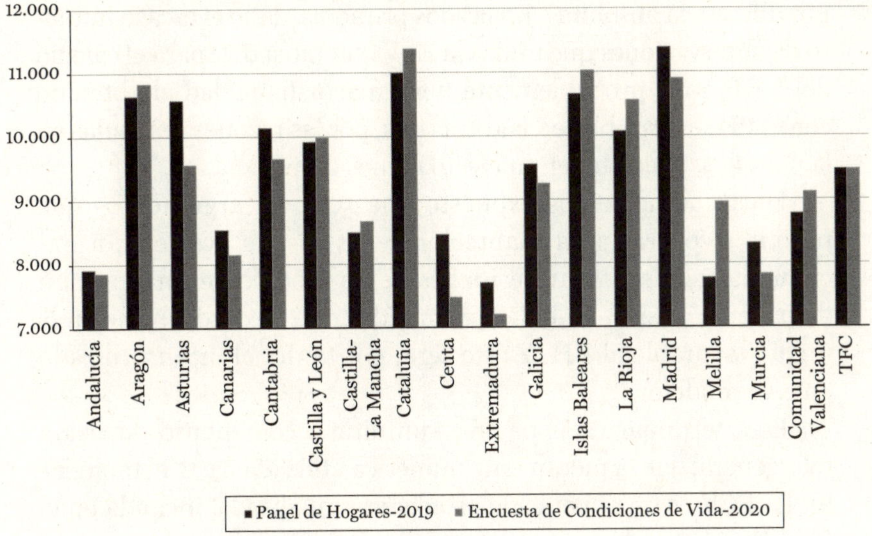

Fuente: Elaboración propia a partir de datos del PH-2019 y de la ECV-2020.

Analizar esta diferencia es lo que permite la tabla 6.4,[142] y en una visión de conjunto, el gráfico 6.1. La principal conclusión que se deriva de ellos es que las diferencias no son notables entre uno y otro cálculo. En lo que respecta al valor del TFC, aunque este caso es el menos relevante a nuestros efectos, dado que la referencia es cada uno de los territorios por separado, la diferencia es prácticamente nula. Si se considera, por ejemplo, que un corte a partir del valor absoluto del 5 % de la tasa de variación es un buen criterio para decidir cuándo la diferencia entre ambas cifras es significativa,[143] entonces se obtiene que en doce de las diecisiete posibles comunida-

142. Adviértase que la referencia está invertida respecto a la tabla 6.1, ya que el que podríamos denominar valor «oficial» del URP es el que proporciona la ECV.

143. El criterio, como cualquier otro que se utilice, tiene algún inconveniente; por ejemplo, en el caso de Madrid hace aumentar el URP en 425,0 euros, o en La Rioja disminuirlo en 535,0 euros —por no citar casos más extremos—, con la consecuente repercusión en los índices de pobreza, que son muy sensibles a estas variaciones.

des no lo es, pero en las restantes cinco sí; estas últimas son: Melilla, Ceuta, Asturias, Extremadura y Murcia (ordenadas de mayor a menor diferencia absoluta). En las dos primeras, dado el escaso número de observaciones que utiliza la ECV (ver tabla 6.2) para el cálculo del URP, muy probablemente tiene mayor fiabilidad el obtenido con el PH; en cambio, en las otras tres, por las razones señaladas en la nota 143, puede tener un efecto menos deseable.

Hasta aquí, hemos expuesto una serie de argumentos que permiten contrastar la adaptación de las dos fuentes de información analizadas a las necesidades de un modelo de financiación de la renta básica. El balance final de todo lo descrito es claramente favorable al PH. Y éste será, por tanto, el *input* utilizado en este modelo.

Para terminar estas páginas, un último comentario de visión más general que la meramente numérica utilizada hasta el momento. La ECV es una operación estadística anualizada, incluida en el Plan Estadístico Nacional, que sondea a un importante —aunque limitado— número de hogares de España con un cuestionario detallado que incluye características sociológicas y familiares de sus integrantes y de su residencia, rentas, prestaciones y ayudas percibidas en su conjunto o individualmente, carencias materiales, etcétera. Forma parte de la estadística social armonizada por Eurostat, que elaboran y utilizan todos los Estados miembros de la Unión Europea para analizar la situación económica y social de sus hogares, mientras que el PH es una muestra muy extensa de datos administrativos cuyo contenido proviene de los distintos impuestos que gestiona la AEAT, que ha sido diseñada en colaboración con el INE y con la voluntad de elaborarse anualmente. Su información relevante son los rendimientos sometidos a tributación, con los que se consigue una aproximación muy detallada de la distribución de la renta y de la riqueza, aunque sin la posibilidad de contener preguntas subjetivas, contrariamente a lo que sucede en la ECV.

Con esto último queremos dejar muy claro lo apuntado al inicio del capítulo: la elección del PH en el modelo de financiación de la renta básica no pretende en absoluto desestimar las potencialidades de la ECV, sino que simplemente es una elección basada en el objetivo de mejorar las prestaciones de dicho modelo.

7

Análisis de la riqueza en el reino de España. Los microdatos del Panel de Hogares y la Encuesta Financiera de las Familias (2016-2019): una propuesta de impuesto sobre la riqueza

Como ya se ha indicado en el capítulo 5, el Panel de Hogares (PH) proporciona información muy exhaustiva sobre el patrimonio[144] de las personas y de los hogares del período 2016 a 2019. Con mucha más anterioridad, desde 2002 hasta 2017, también están disponibles los microdatos de la EFF, elaborada por el Banco de España. En este capítulo vamos a detallar una parte de los resultados de ambas estadísticas que nos permitirán relacionar los agregados de riqueza y de renta con el objetivo de proponer un impuesto sobre la riqueza.

Los datos del PH

La tabla 7.1 proporciona una visión de la distribución por percentiles del patrimonio neto relativos al TFC.[145] El percentil 95-100, que podemos denominar 5-percentil superior, se ha desglo-

144. En los apartados correspondientes al PH de este capítulo utilizaremos el término *patrimonio* en lugar de *riqueza*, puesto que así es como se definen las variables y la información que vamos a manejar.

145. Recordemos que el TFC se refiere a territorio fiscal común, que excluye las comunidades del País Vasco y Navarra, no incluidas en el PH.

sado en seis particiones, dado el elevado grado de concentración de patrimonio que se observa en estas últimas.

Tabla 7.1. Distribución del patrimonio neto personal, TFC

	PERSONAS		PATRIMONIO NETO PERSONAL				
PERCENTIL	MUESTRA	POBLACIÓN	TOTAL	MÍNIMO	MEDIA	MÁXIMO	MEDIANA
10	229.090	4.423.049	-176.883.200.000	-44.557.786	-39.991	-6.806	-26.336
20	362.761	4.423.071	-4.526.504.798	-6.805	-1.023	0	0
30	393.481	4.423.087	0	0	0	0	0
40	363.769	4.423.059	143.198.810	0	32	199	4
50	286.632	4.423.067	4.449.633.415	199	1.006	2.361	889
60	242.664	4.423.058	27.924.083.640	2.361	6.313	12.314	5.774
70	203.957	4.422.940	96.392.518.951	12.314	21.794	32.538	21.470
75	93.725	2.211.638	86.582.259.737	32.538	39.148	46.252	39.024
80	90.660	2.211.571	120.940.872.866	46.252	54.685	63.994	54.422
85	89.506	2.211.525	167.028.161.688	63.994	75.526	88.643	75.133
90	92.339	2.211.538	235.805.365.770	88.643	106.625	128.267	105.648
95	98.517	2.211.466	361.088.183.234	128.267	163.280	212.440	160.039
96	21.256	442.395	100.846.212.414	212.440	227.955	244.492	227.629
97	23.000	442.288	117.826.286.579	244.496	266.402	291.615	265.481
98	25.453	442.280	144.685.140.379	291.619	327.135	370.078	325.102
99	30.255	442.333	196.467.153.587	370.081	444.161	550.891	436.373
100	63.087	442.330	913.354.002.752	550.903	2.064.872	17.258.407.932	861.790
Total	**2.710.152**	**44.230.694**	**2.392.123.300.000**	**-44.557.786**	**54.083**	**17.258.407.932**	**2.361**

Fuente: Elaboración propia a partir de datos del Panel de Hogares-2019.

Utilizando siempre términos reales, se puede apreciar que, en el período 2016-2019,[146] el crecimiento del patrimonio neto total

146. En el anexo estadístico, siguiendo la misma enumeración, aparecen

fue del 12 %, rozó el 18 % en el 1-percentil superior y supuso poco más del 12 % en el 5-percentil superior; en los percentiles 50 a 90, no obstante, se situó siempre alrededor del 6 %. En definitiva, los patrimonios más elevados son los que han concentrado la parte más importante del crecimiento global en el período 2016-2019.

Por otra parte, la tabla 7.2 reproduce una estadística muy similar para el caso de la renta bruta personal, pero ahora el percentil 95-100 se ha desglosado en tan sólo tres particiones, dado que el grado de concentración de renta es mucho menor que el observado para el patrimonio. La razón fundamental para introducir la tabla 7.2 no es otra que la de poder analizar la relación existente entre patrimonio y renta, y con ello establecer la acumulación que se produce en las colas superiores de ambas distribuciones.

Tabla 7.2. Distribución de la renta bruta personal, TFC

	PERSONAS		RENTA BRUTA PERSONAL				
PERCENTIL	MUESTRA	POBLACIÓN	TOTAL	MÍNIMO	MEDIA	MÁXIMO	MEDIANA
10	371.723	4.423.056	-957.141.373	-601.637	-216	0	0
20	375.084	4.422.994	0	0	0	0	0
30	347.118	4.423.157	168.348.861	0	38	434	0
40	330.824	4.422.949	12.580.091.808	434	2.844	5.494	2.799
50	236.554	4.423.133	34.771.642.790	5.494	7.861	9.588	8.069
60	199.007	4.423.114	51.244.460.536	9.588	11.586	13.580	11.665
70	186.890	4.423.061	69.661.230.236	13.580	15.750	18.026	15.709
75	88.112	2.211.522	42.769.637.959	18.026	19.339	20.746	19.316
80	86.997	2.211.528	49.517.330.224	20.746	22.391	24.228	22.343
85	91.428	2.211.525	58.760.896.256	24.228	26.570	29.299	26.462
90	97.045	2.211.569	72.163.540.784	29.299	32.630	36.183	32.649

.../...

todas las tablas de este capítulo y además las correspondientes a los ejercicios 2016, 2017 y 2018, a partir de las cuales puede analizarse el período 2016-2019.

.../...

	PERSONAS		RENTA BRUTA PERSONAL				
PERCENTIL	MUESTRA	POBLACIÓN	TOTAL	MÍNIMO	MEDIA	MÁXIMO	MEDIANA
95	107.654	2.211.551	89.693.869.763	36.183	40.557	46.882	40.053
98	80.991	1.326.911	73.617.758.406	46.882	55.481	68.545	54.440
100	110.725	884.625	121.963.087.021	68.545	137.870	199.263.769	90.881
Total	**2.710.152**	**44.230.694**	**675.954.753.270**	**-601.637**	**15.282**	**199.263.769**	**9.588**

Fuente: Elaboración propia a partir de datos del Panel de Hogares-2019.

También ahora utilizando términos reales para el período 2016-2019, el crecimiento de la renta bruta se aproximó al 20 %, mientras que en el 1-percentil superior se acercó al 21 % y en el 5-percentil superior supuso el 16 %. En los percentiles 50 a 90 este crecimiento fue mucho más variable, oscilando del 14,5 hasta el 42 %. Todo ello significa que, a diferencia del patrimonio neto, en el caso de la renta bruta el crecimiento estuvo mucho más repartido entre los distintos percentiles.

Por otra parte, la tabla 7.3 muestra, por comunidad autónoma y para las variables patrimonio neto y renta bruta, el valor acumulado en el 5-percentil superior y el porcentaje que suponen dichos valores acumulados sobre el total de ambas variables; su representación gráfica se recoge en el gráfico 7.1.

Tabla 7.3. 5-percentil superior (millones de euros)

COMUNIDAD AUTÓNOMA	PATRIMONIO NETO PERSONAL		RENTA BRUTA PERSONAL	
	5-PERCENTIL SUPERIOR	% SOBRE EL TOTAL	5-PERCENTIL SUPERIOR	% SOBRE EL TOTAL
Andalucía	209.627,37	75,94 %	42.050,98	41,63 %
Aragón	55.237,21	64,90 %	7.694,61	36,29 %
Asturias	31.755,24	62,90 %	5.671,36	35,12 %
Islas Baleares	63.646,56	86,87 %	8.224,34	42,04 %
Canarias	59.512,15	87,87 %	11.862,53	42,07 %
Cantabria	22.656,22	65,77 %	3.353,08	37,40 %

.../...

.../...

COMUNIDAD AUTÓNOMA	PATRIMONIO NETO PERSONAL		RENTA BRUTA PERSONAL	
	5-PERCENTIL SUPERIOR	% SOBRE EL TOTAL	5-PERCENTIL SUPERIOR	% SOBRE EL TOTAL
Castilla y León	82.759,41	59,11 %	12.922,24	35,87 %
Castilla-La Mancha	54.810,14	65,01 %	10.096,85	38,89 %
Cataluña	384.786,94	82,56 %	56.496,07	41,40 %
Comunidad Valenciana	173.881,02	75,97 %	28.424,05	41,59 %
Extremadura	21.750,06	62,60 %	4.698,55	38,01 %
Galicia	109.849,83	72,23 %	15.578,34	39,28 %
Madrid	473.409,24	77,36 %	64.567,60	47,29 %
Murcia	48.259,65	79,53 %	7.663,29	41,68 %
La Rioja	15.358,69	70,10 %	1.865,15	37,75 %
Ceuta	2.001,48	92,92 %	491,40	45,00 %
Melilla	2.106,09	94,61 %	507,23	46,97 %
TFC	**1.834.266,98**	**76,68 %**	**285.274,72**	**42,20 %**

Fuente: Elaboración propia a partir de datos del Panel de Hogares-2019.

Gráfico 7.1. Concentración en el 5-percentil superior del patrimonio neto y de la renta bruta

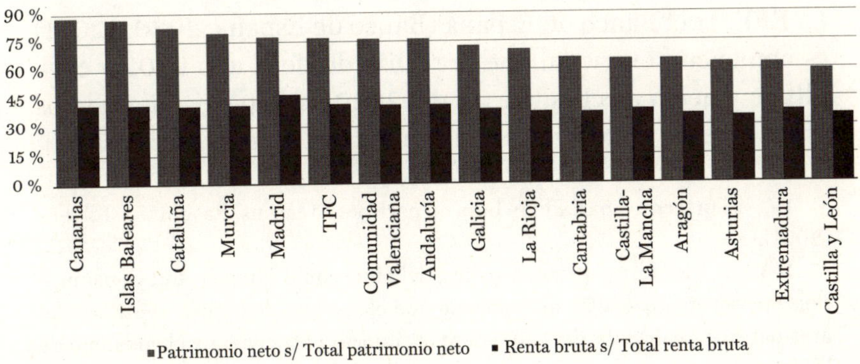

Fuente: Elaboración propia a partir de datos del PH-2019.

Es decir, el 5 % con mayor patrimonio y renta, en el total del TFC, concentra el 77 % del patrimonio neto y el 42 % de la renta bruta. Para las distintas comunidades autónomas, en lo que respecta al patrimonio neto, oscila entre el 59 % para Castilla y León y el 88 % para Canarias —dejando de lado los dos casos especiales de Ceuta (93 %) y Melilla (95 %), que por razones obvias no aparecen en el gráfico—. Respecto a la renta bruta, la concentración, aun siendo elevada, es notablemente menor: Asturias tiene el valor mínimo (35 %) y Madrid el máximo (47 %).

Por supuesto, la descripción anterior concuerda claramente con las investigaciones de Piketty (2019) y Saez y Zucman (2021) para Europa y Estados Unidos, respecto a la mucho mayor concentración de riqueza-patrimonio que de renta, fenómeno que viene observándose desde principios de las décadas de 1970-1980.

Todas las conclusiones anteriores indican que la propuesta de un impuesto sobre la riqueza —la parte final del título del presente capítulo— requiere analizar con más detalle la intersección de patrimonio neto y renta bruta que se halla en el 5-percentil superior de ambas variables, puesto que éste es el colectivo verdaderamente rico de la población.

Los datos de la Encuesta Financiera de las Familias (EFF)[147]

La EFF[148] del Banco de España (Banco de España, 2020 y 2021) es una encuesta trienal que se realiza desde el año 2002 y cuya última edición efectuada es la del 2020, aunque los microdatos liberados sólo incluyen los de la penúltima edición, la de 2017.[149]

147. El presente apartado se basa en parte en Arcarons, Raventós y Torrens (2021).

148. La EFF forma parte, a su vez, del Household Finance and Consumption Survey, una encuesta armonizada que el sistema de bancos centrales del área del euro realiza desde 2010 sobre la situación financiera y el consumo de los hogares.

149. Para la edición de 2020, con datos de rentas relativos a 2019 —que

La EFF sondea a más de seis mil hogares y es la única encuesta que combina datos sobre rentas, activos y pasivos de las familias simultáneamente; los datos de rentas pertenecen al año anterior.

Los microdatos permiten ver cómo se reparte la renta, la riqueza y el gasto entre las familias, ya sea por edades o según distintos estratos socioeconómicos, relativos al sustentador principal (SP), tal como se resume en la tabla 7.4.

Por lo que respecta a la renta, se observa una variación en términos reales del −6 % en su promedio y del −10,2 % en su mediana entre la situación precrisis (datos del 2007) y la de nueve años más tarde. Entre las familias, los estratos que sufrieron una mayor reducción fueron, por este orden, según la media del SP:

- Jubilados (media: −34,6; mediana: −43,8 %).
- Mujeres (media: −34,6; mediana: −35,6 %).[150]
- Menores de 35 años (media: −24,3; mediana: −27,4 %).[151]
- Con menor riqueza (media: −18,0; mediana: −14,0 %).
- Autónomos (media: −16,3; mediana: −22,0 %).
- Con estudios secundarios (media: −13,7; mediana: −16,7 %).
- No propietarios de su vivienda habitual (media: −8,8; mediana: −24,3 %).

---

serían los que mejor se podrían comparar con el PH-2019—, se dispone de algunos resultados agregados y de un avance sobre las novedades de esta última edición (Banco de España, 2022; Gavilán, 2022). Aunque el Banco de España ya ha facilitado el acceso de estos microdatos a los investigadores con posterioridad al redactado de este capítulo, no hemos tenido el tiempo suficiente para incorporar esta nueva información, puesto que el proceso de obtención de estos resultados no es trivial ni inmediato. Esperamos, no obstante, que una nueva versión de la tabla 7.4, que incorpore la edición de 2020, pueda aparecer en el anexo estadístico al que ya nos hemos referido en diversas ocasiones.

150. Según las diez últimas ediciones de la ECV, la mayor tasa de pobreza se da en los hogares monoparentales; en las diez ediciones ha superado el 40 %.

151. Y si combinamos la caída de sus ingresos con el incremento del coste de la vivienda, su situación se agrava aún más.

Tabla 7.4. EFF 2008 y 2017*: renta, riqueza neta y gasto de las familias, según características del SP

SUSTENTADOR PRINCIPAL (SP)	RENTA						RIQUEZA NETA	
	MEDIA	MEDIANA	MEDIA	MEDIANA	MEDIA	MEDIANA	MEDIA	MEDIANA
	2007		2016		VAR. 2016/2007**		2007	
TOTAL	**33.008**	**25.441**	**34.648**	**25.522**	-6,00 %	-10,20 %	**278.876**	**175.738**
Edad								
< 35 años	31.257	26.606	26.943	22.244	-24,30 %	-27,40 %	136.729	74.723
36-45 años	35.135	29.937	36.297	29.887	-7,90 %	-8,70 %	200.683	150.295
46-55 años	41.598	31.726	38.464	28.311	-19,10 %	-23,50 %	317.792	199.273
56-65 años	41.827	31.425	40.797	28.753	-8,90 %	-10,50 %	424.862	272.376
66-75 años	24.575	18.221	34.030	25.507	34,10 %	42,10 %	321.922	192.324
> 75 años	16.113	11.044	23.119	15.706	1,50 %	12,30 %	258.064	151.556
Género								
Hombre	36.969	28.915	38.754	29.308	-4,80 %	-8,30 %	303.995	183.304
Mujer	19.705	13.614	21.565	15.943	-34,60 %	-35,60 %	194.500	139.435
Estado civil								
Soltero	24.313	20.104	25.466	20.323	-6,30 %	-9,40 %	197.666	118.350
Casado	39.922	30.320	43.106	33.141	-3,30 %	-2,10 %	319.705	195.137
Separ./divor.	25.645	19.076	25.986	20.485	-8,90 %	-4,90 %	197.858	117.922
Viudo	18.540	11.536	22.455	14.560	8,10 %	12,90 %	240.307	152.202
Formación								
Sin estudios	11.008	8.434	14.230	11.476	12,80 %	18,50 %	97.230	84.831
Primaria	21.519	17.068	22.211	17.654	-6,20 %	-5,90 %	199.395	150.253
ESO o similar	30.336	26.736	28.746	23.913	-13,70 %	-16,70 %	218.282	157.000
Bachiller o FP	37.219	30.526	36.395	29.998	-13,10 %	-13,10 %	288.478	195.098
Universitaria	59.996	45.151	59.139	45.601	-9,60 %	-8,70 %	551.602	302.516
Actividad								
Asalariado	39.306	32.128	40.753	32.355	-9,40 %	-12,60 %	222.094	162.329
Autónomo	52.909	36.408	45.989	31.533	-16,30 %	-22,00 %	616.779	326.651
Jubilado	24.189	19.290	18.001	12.983	-34,60 %	-43,80 %	139.524	61.500
Desempleado	25.190	17.429	32.039	23.024	11,10 %	17,20 %	325.453	210.621
Otro inactivo	16.090	10.843	20.831	14.560	-21,20 %	-12,30 %	206.361	133.523

RIQUEZA NETA				GASTO					
MEDIA	MEDIANA	MEDIA	MEDIANA	MEDIA	MEDIANA	MEDIA	MEDIANA	MEDIA	MEDIANA
2016		VAR. 2016/2007**		2007		2016		VAR. 2016/2007**	
251.897	**116.052**	-19,10 %	-40,90 %	**15.479**	**12.300**	**15.610**	**12.300**	-9,70 %	-10,50 %
46.893	5.300	-70,80 %	-93,90 %	16.446	14.500	15.412	12.600	-16,10 %	-22,20 %
134.845	65.502	-41,40 %	-63,60 %	16.138	14.200	16.166	13.400	-10,30 %	-15,50 %
239.753	115.937	-36,80 %	-49,60 %	19.562	15.500	17.490	13.600	-20,00 %	-21,50 %
313.177	174.800	-34,00 %	-38,90 %	17.322	14.000	17.307	13.332	-10,60 %	-14,80 %
369.485	181.537	9,60 %	-11,60 %	11.880	9.600	14.754	12.000	11,20 %	11,90 %
333.143	133.386	2,10 %	-33,80 %	8.774	7.200	10.748	8.400	9,70 %	4,40 %
274.560	126.468	-25,60 %	-42,30 %	17.071	14.200	17.186	13.800	-9,90 %	-13,00 %
179.671	85.812	-29,00 %	-49,40 %	10.128	7.800	10.587	8.600	-6,40 %	-1,30 %
140.125	53.715	-36,20 %	-58,40 %	12.164	9.600	12.823	10.016	-5,60 %	-6,60 %
319.351	155.333	-10,50 %	-28,70 %	18.172	14.424	18.545	15.000	-8,70 %	-6,90 %
176.694	82.000	-21,30 %	-39,00 %	13.844	11.800	13.418	10.840	-13,20 %	-17,80 %
224.638	106.863	-16,40 %	-37,20 %	9.168	7.200	9.940	8.172	-2,90 %	1,60 %
84.291	69.921	-27,00 %	-25,20 %	6.804	5.400	8.549	7.560	12,50 %	25,30 %
163.581	93.123	-28,00 %	-45,20 %	12.402	10.000	11.326	9.600	-18,30 %	-14,10 %
159.763	85.961	-33,80 %	-49,50 %	14.589	12.000	14.232	12.300	-12,70 %	-8,30 %
254.276	121.897	-20,80 %	-44,10 %	16.985	14.400	16.850	13.954	-11,20 %	-13,30 %
490.848	220.000	-16,20 %	-29,20 %	23.005	18.400	22.621	18.000	-12,00 %	-12,40 %
163.121	89.427	-36,10 %	-51,40 %	18.089	15.200	17.449	14.400	-13,70 %	-15,20 %
570.082	238.720	-21,90 %	-34,50 %	20.973	16.200	21.165	16.600	-9,70 %	-8,30 %
117.998	30.000	-26,30 %	-65,50 %	13.063	10.800	11.358	9.600	-22,20 %	-20,40 %
358.003	178.462	-5,10 %	-24,80 %	12.564	9.950	14.145	10.900	0,80 %	-1,90 %
147.890	92.074	-44,10 %	-46,40 %	9.238	7.200	10.341	7.900	0,20 %	-1,80 %

.../...

.../...

SUSTENTADOR PRINCIPAL (SP)	RENTA						RIQUEZA NETA	
	MEDIA	MEDIANA	MEDIA	MEDIANA	MEDIA	MEDIANA	MEDIA	MEDIANA
	2007		2016		VAR. 2016/2007**		2007	
Tenencia de la vivienda								
No propiedad	24.939	21.038	25.411	17.784	-8,80 %	-24,30 %	62.226	1.679
En propiedad	34.792	26.857	37.591	28.693	-3,30 %	-4,40 %	326.767	206.334
Renta (percentiles)								
< 20 %	7.434	7.530	8.984	9.475	8,20 %	12,60 %	135.977	108.482
20 %-40 %	16.027	15.883	17.086	17.229	-4,60 %	-2,90 %	166.774	126.802
40 %-60 %	25.435	25.301	25.706	25.507	-9,50 %	-9,80 %	207.578	157.720
60 %-80 %	37.149	36.833	38.257	37.872	-7,80 %	-8,00 %	273.545	204.800
80 %-90 %	52.265	51.304	55.684	54.559	-4,60 %	-4,80 %	351.742	264.405
90 % y 100 %	104.290	80.320	110.564	85.948	-5,10 %	-4,20 %	862.876	503.961
Riqueza (percentiles)								
< 25 %	22.220	18.072	20.362	17.362	-18,00 %	-14,00 %	14.019	5.363
25 %-50 %	23.806	20.522	26.785	21.189	0,70 %	-7,60 %	120.645	120.252
50 %-75 %	31.277	26.104	31.760	26.996	-9,10 %	-7,40 %	236.392	234.405
75 %-90 %	42.588	36.164	46.316	38.422	-2,70 %	-4,90 %	422.510	406.828
90 %-100 %	72.894	50.391	79.565	58.290	-2,30 %	3,50 %	1.225.968	843.649

Nota: *Renta, riqueza neta y gasto son del año anterior, expresados en euros. **Valores deflactados.
Fuente: Elaboración propia a partir de datos de la EFF.

- En lo concerniente a la riqueza neta, el empobrecimiento de la población durante estos años ha sido masivo y generalizado. La variación en términos reales de la riqueza ha sido del −19,1 % o del −40,9 %, según se utilice la media o la mediana para calcularla.

De manera dramática, las familias más jóvenes lo han perdido casi todo: −70,8 % de media y −93,9 % de mediana. Y los segmentos de edad siguientes han perdido dos tercios o la mitad de su riqueza neta; sólo el primer tramo de las personas en edad de jubilación experimentó una reducción menor.

Las características principales en la evolución de la riqueza

RIQUEZA NETA				GASTO					
MEDIA	MEDIANA	MEDIA	MEDIANA	MEDIA	MEDIANA	MEDIA	MEDIANA	MEDIA	MEDIANA
2016		VAR. 2016/2007**		2007		2016		VAR. 2016/2007**	
56.665	2.778	-18,50 %	48,10 %	15.028	13.000	14.662	12.600	-12,70 %	-13,20 %
314.094	160.825	-14,00 %	-30,20 %	15.578	12.000	15.912	12.220	-8,60 %	-8,80 %
87.249	48.000	-42,60 %	-60,40 %	6.987	6.000	7.987	7.200	2,30 %	7,40 %
130.562	75.900	-29,90 %	-46,40 %	11.538	10.092	11.441	10.200	-11,20 %	-9,50 %
176.294	116.562	-24,00 %	-33,80 %	15.556	13.668	14.281	12.600	-17,80 %	-17,50 %
252.490	152.739	-17,40 %	-33,20 %	17.503	15.550	18.273	15.700	-6,60 %	-9,60 %
332.657	215.578	-15,30 %	-27,00 %	21.661	19.000	20.775	18.100	-14,20 %	-14,70 %
891.727	435.828	-7,50 %	-22,60 %	29.362	24.000	31.324	26.340	-4,50 %	-1,80 %
67	753	-99,60 %	-87,40 %	13.661	11.400	12.386	10.800	-18,80 %	-15,20 %
72.478	72.003	-46,20 %	-46,40 %	12.344	10.200	13.091	10.800	-5,10 %	-5,20 %
177.851	172.002	-32,70 %	-34,30 %	14.813	12.000	14.535	12.000	-12,20 %	-10,50 %
364.132	355.393	-22,90 %	-21,80 %	17.749	14.700	18.986	15.840	-4,20 %	-3,50 %
1.342.109	826.000	-2,00 %	-12,40 %	26.109	21.600	27.546	22.200	-5,60 %	-8,00 %

neta de las familias pueden resumirse en lo siguiente, siempre también según las características del SP:

- Las mujeres tienen pérdidas (media: −29,0 %; mediana: −49,4 %) mayores que los hombres (−25,6 y −42,3 %).
- Las personas solteras (media: −36,2 %; mediana: −58,4 %) pierden más que cuando se convive en pareja (−10,5 y −28,7 %).
- Las personas que tienen estudios secundarios (media: −33,8 %; mediana: −49,5 %) pierden más que las que tienen estudios universitarios (−16,2 y −29,2 %).
- Las personas asalariadas (media: −36,1 %; mediana: −51,4 %),

desde el punto de vista de la media, pierden más que las jubiladas (−26,3 y −65,5 %).
- La combinación de baja renta y riqueza en los percentiles inferiores empeora de manera mucho más importante que en el caso de renta y riqueza elevadas.

En cuanto al gasto, su variación se correlaciona obviamente con la reducción de las rentas y muestra también los comportamientos diferenciados según los segmentos considerados, aunque quizá menos acentuados, debido a la hipótesis de la renta permanente: los hogares intentan mantener su nivel de estatus y, si es necesario y cuando pueden, gastan una parte de sus ahorros.

La variación de la renta y de la riqueza nos indica que la situación empeora relativamente para el 25 % más pobre respecto al 90 % más rico en términos de riqueza neta. Existen indicadores adicionales extraídos de los microdatos —Arcarons, Raventós y Torrens (2021)— que son elocuentes sobre la caída de la renta y la riqueza, y su efecto sobre el empobrecimiento de la población con la crisis:

- Se han reducido en más de un tercio las familias pobres que poseen su vivienda principal.
- El «capitalismo popular» —las acciones cotizadas— ha desaparecido del 25 % inferior y se concentra en un 87 % en el 10 % de la población más rica; algo muy similar sucede con la renta fija.
- El valor de las deudas del 25 % inferior baja excepto en las más usuarias (tarjetas de crédito).

¿Qué ocurre, entonces, con la distribución de la renta y la riqueza? Con la información expuesta hasta el momento se pueden intuir los cambios, pero no la magnitud. Para ello se requiere nueva información, extraída en este caso de los microdatos de la EFF, que se reproduce en la tabla 7.5.[152]

152. Debe advertirse, aunque ya se ha indicado en la propia tabla, que ahora hablamos de riqueza neta descontando la vivienda habitual para las familias poseedoras de ella.

Tabla 7.5. EFF 2008 y 2017.* Participación de las familias en la renta, la riqueza neta y el gasto, según la edad del SP

EDAD SUSTENTADOR PRINCIPAL (SP)	RENTA			RIQUEZA NETA**			GASTO		
	2007	2016	VAR. 2016 2007***	2007	2016	VAR. 2016 2007***	2007	2016	VAR. 2016 2007***
Total	**569.562**	**642.259**	**-10,20 %**	**2.173.741**	**2.764.618**	**69,50 %**	**267.125**	**289.359**	**-10,50 %**
Menor de 35 años	12,30 %	5,90 %	-27,40 %	4,50 %	1,20 %	-58,00 %	13,80 %	7,50 %	-21,70 %
Entre 36 y 45 años	23,60 %	21,30 %	-8,70 %	14,30 %	10,50 %	6,60 %	23,10 %	21,00 %	-16,70 %
Entre 46 y 55 años	25,70 %	25,00 %	-23,50 %	24,60 %	21,40 %	-4,20 %	25,70 %	25,20 %	-17,20 %
Entre 56 y 65 años	21,10 %	22,50 %	-10,50 %	28,60 %	23,20 %	0,80 %	18,60 %	21,20 %	-5,30 %
Entre 66 y 75 años	11,00 %	15,50 %	42,10 %	17,40 %	23,60 %	197,90 %	11,30 %	15,00 %	26,40 %
Mayores de 75 años	6,40 %	9,70 %	12,30 %	10,50 %	20,10 %	170,70 %	7,40 %	10,10 %	-2,10 %
Séniors (> 55 años)	*38,40 %*	*47,80 %*		*56,50 %*	*66,80 %*		*37,30 %*	*46,20 %*	

Nota: *Renta, riqueza neta y gasto son del año anterior, expresados en millones de euros. **Riqueza neta (descontando la vivienda habitual). ***Valores deflactados.

Fuente: Elaboración propia a partir de datos de la EFF.

El resumen es que la renta, la riqueza neta que no se acumula en la vivienda principal y el gasto han pasado —siempre considerando la edad del SP— a ser mayoritariamente capturados y acaparados por los «sénior» (los mayores de 55 años), mientras que los jóvenes han perdido más de la mitad de su participación en la renta y casi las tres cuartas partes de su participación en sus ahorros. La riqueza neta sin la vivienda habitual es donde es más acusado este trasvase: sólo los mayores de 65 años incrementan la participación, a costa del resto. Y teniendo en cuenta que la esperanza de vida a los 65 años está ya por encima de los 86 años, las posibles herencias serán traspasadas mayoritariamente al segmento inmediatamente inferior (el de 55 a 65 años), mientras las capas más jóvenes languidecen sin capacidad de gasto ni de ahorro. Una parte importante del acusado descenso de la participación de los segmentos de menor edad es demográfica (el número de familias jóvenes se ha reducido), pero esto también se debe probablemente a la imposibilidad material de emanciparse: un círculo vicioso.

A la vista de los datos de la EFF, y tras observar la evolución de los años posteriores de la estadística de riqueza de las familias, que también elabora el Banco de España, o las estimaciones que hace la Word Inequality Database de la Escuela de Economía de París, se intuye que en los próximos años se va a producir un máximo histórico de riqueza en manos de las familias, pero con una creciente desigualdad en favor de los ricos, que se acentuará cuanto mayor sea la recuperación del mercado inmobiliario. Los jóvenes y los más pobres se han convertido en segmentos desposeídos de patrimonio, inquilinos en su relación con la vivienda y, por lo tanto, transfieren continuamente sus rentas menguantes o estancadas hacia los propietarios, y eso de manera creciente. Esto tiene implicaciones adicionales, como el retraso en la edad de emancipación y la tasa de fecundidad, que está en mínimos históricos, y en un mercado de la vivienda crecientemente precarizado en donde el precio de realquilar una habitación ha alcanzado el precio de alquiler de una vivienda de hace unos años.

Añadamos a esta situación que no existe un mecanismo fiscal eficaz en este momento para impedir que la riqueza se acumule en las clases altas y de mayor edad, que se convierten en extractoras de rentas (inmobiliarias y financieras) de las clases medias y bajas, y sobre todo de los jóvenes (inquilinos y precarizados laboralmente). Por tanto, es urgente y necesario recuperar un sistema fiscal más equitativo que revierta este proceso mediante una mayor imposición sobre la riqueza, tanto en el momento de su transmisión (*intervivos* o por herencia) como, sobre todo, en el propio stock, que crece desaforadamente a base de empobrecer a los demás.

Enlazando con lo expuesto al final del apartado precedente, y también para arrojar un poco de luz sobre el comentario anterior, la EFF permite analizar la intersección de renta y riqueza de las familias. A tal efecto, la tabla 7.6 proporciona esta información, utilizando los últimos microdatos disponibles correspondientes a 2017.[153]

La tabla 7.6 es interesante porque determina la frontera de las familias que deben considerarse verdaderamente ricas, las que se sitúan en la intersección del 5-percentil superior, como se ha indicado al final del epígrafe precedente. La EFF nos dice que en esa intersección de más renta y más riqueza, la riqueza neta (descontando la vivienda habitual) asciende a más de 758.000 millones de euros y concentra, por tanto, el 27,4 % del total — tal como se indica en la tabla 7.6, en 2016 ascendió a más de 2,76 billones de euros—. Aunque las cifras no aparecen en la tabla 7.6, es una buena referencia saber que este número de familias verdaderamente ricas se eleva a casi 318.000 y supone el 1,7 % del total de las más de 18,5 millones que la EFF determinaba para 2017 en el reino de España. En suma, con estos últimos datos se tiene una primera aproximación, a través de la EFF, de a quién debería afectar el imprescindible impuesto sobre la riqueza que vamos a proponer un poco más adelante.

153. Otra información, de estructura muy parecida a la que ahora introducimos, será objeto de estudio más detallado en un apartado posterior. Sin embargo, hay que advertir que para la construcción de percentiles, tanto de renta como de riqueza, de la tabla 7.4 se han tenido en cuenta las diez particiones que coinciden con cada 10 %, ordenado de menor a mayor, para las dos variables utilizadas; de todas formas, el último 10 % superior, a su vez, ha sido dividido en tres partes: 90-95 %, 95-98 % y 98-100 %.

Tabla 7.6. Intersección renta-riqueza*

		RIQUEZA NETA**					
		< 10 %	10-20 %	20-30 %	30-40 %	40-50 %	50-60 %
RENTA	< 10 %	-1.807,4	1.481,1	5.332,0	4.430,7	1.690,8	4.440,8
	10-20 %	-189,4	-460,6	5.694,8	5.077,8	6.535,3	6.058,9
	20-30 %	-337,8	2.969,3	3.938,9	6.761,9	4.385,3	8.273,9
	30-40 %	-992,1	1.179,9	6.373,8	6.824,9	3.388,5	15.296,2
	40-50 %	-447,4	1.726,0	4.825,4	5.041,5	8.496,9	9.392,2
	50-60 %	-217,0	1.974,1	4.163,7	5.286,2	8.418,6	11.479,2
	60-70 %	-444,3	1.435,8	4.106,3	4.991,6	8.609,7	6.930,5
	70-80 %	-252,5	1.992,4	4.186,2	5.418,0	11.162,9	8.818,9
	80-90 %	-7,7	1.633,1	3.291,5	5.587,6	10.712,3	6.532,5
	90-95 %	0,6	1.016,8	1.438,8	1.416,1	3.534,2	3.593,5
	95-98 %	0,0	423,6	983,5	1.802,1	849,1	953,9
	98-100 %	0,0	0,0	247,3	31,8	1.016,7	686,8
	Total	**-4.695,1**	**15.371,6**	**44.582,1**	**52.670,1**	**68.800,2**	**82.457,2**

Nota: *Renta y riqueza neta son del año anterior. Los valores se expresan en millones de euros y se refieren a riqueza. **Riqueza neta (descontando la vivienda habitual).
Fuente: Elaboración propia a partir de datos de la EFF-2017.

Panel de Hogares versus Encuesta Financiera de las Familias

Tal como ya se ha hecho en el capítulo 6 en relación con la ECV y el PH, ahora se trata de discutir sobre las dos fuentes de información que acabamos de describir. No tiene ningún sentido realizar esta comparación con el detalle que se aportó en aquel capítulo, puesto que los datos no son directamente comparables: el PH que hemos analizado toma como referencia renta y patrimonio de 2019, mientras que en la EFF, se trata de la renta y la riqueza del año 2016.[154]

154. Debemos insistir (ver la nota 149) en la imposibilidad de haber podido transcribir ahora los resultados utilizando los microdatos de la EFF de la edición de 2020.

RIQUEZA NETA**						
60-70 %	**70-80 %**	**80-90 %**	**90-95 %**	**95-98 %**	**98-100 %**	**TOTAL**
3.397,5	4.976,7	8.245,0	5.059,9	434,1	987,7	**38.668,9**
9.090,1	12.714,2	8.512,6	14.392,6	598,5	6.588,1	**74.612,8**
9.370,1	7.614,8	22.595,6	11.749,9	14.633,2	30.564,4	**122.519,5**
7.904,6	11.342,0	25.947,1	15.035,4	3.470,5	20.862,3	**116.633,0**
13.390,5	17.472,6	12.284,5	28.871,0	17.123,6	10.992,8	**129.169,4**
23.477,8	23.449,7	42.140,7	14.470,2	24.346,8	34.971,7	**193.961,7**
18.225,1	21.854,6	50.821,3	37.578,0	35.042,9	38.317,7	**227.469,2**
20.453,8	28.351,8	63.829,9	25.720,5	38.705,7	40.904,5	**249.292,1**
26.078,2	29.913,7	66.585,2	73.213,3	49.927,8	85.641,9	**359.109,5**
8.608,2	14.444,0	46.690,8	44.564,0	80.444,6	148.114,3	**353.865,8**
3.880,7	9.878,9	29.243,6	43.736,1	49.420,6	143.679,8	**284.851,8**
873,4	6.644,0	16.214,4	22.981,6	94.612,6	471.155,4	**614.463,9**
144.750,1	**188.656,9**	**393.110,5**	**337.372,5**	**408.760,8**	**1.032.780,7**	**2.764.617,6**

De la misma forma como se abordó en el capítulo 6, tampoco ahora la cuestión es pronunciarse por una u otra base de datos, aunque sí es importante señalar algunas de sus diferencias más significativas y sobre todo resaltar los pros y contras para su utilización dentro del modelo de financiación de renta básica que proponemos en el siguiente capítulo.

La estructura informativa es bien distinta. La EFF es una operación estadística, incluida en el Plan Estadístico Nacional, que sondea a un número de familias muy determinado y limitado —concretamente, la edición de 2017 de la EFF utiliza 6.413 hogares, un centenar más de los empleados en la de 2020— con un cuestionario muy detallado y extenso,[155] mientras que el PH

155. Baste con señalar que el documento relativo al cuestionario que figura en la web del Banco de España ocupa cien páginas.

es una muestra extensísima de datos administrativos —para el año 2019 se cuenta con 947.877 hogares— cuya estructura proviene de los cuestionarios de los distintos impuestos que gestiona la AEAT, por tanto, está limitada al tipo de variables que aparecen en dichos cuestionarios y, en consecuencia, sin la posibilidad de que contenga preguntas subjetivas. En términos de personas o individuos que componen el hogar, el PH también facilita su manejo, cuestión que resulta más complicada cuando se accede a los microdatos de la EFF.

La EFF es una operación estadística homologada a nivel europeo, lo que la equipara con la ECV, mientras que en el caso del PH no existe tal homologación, ya que es una iniciativa de la AEAT.

En la EFF no es posible identificar la comunidad autónoma —lo cual es una gran limitación para nuestro modelo de financiación—, aunque su representatividad lo es para el conjunto del reino de España. El PH, aun cuando la comunidad autónoma sí es una de sus variables informativas, presenta el inconveniente de que las comunidades de Navarra y el País Vasco no están presentes en sus datos.

La EFF es una operación que se realiza cada tres años, si bien la edición de 2020 inicia un nuevo ciclo que será bianual, y cuyos resultados en términos de microdatos acostumbran a publicarse aproximadamente cuatro años después de su elaboración. En el caso del PH, la operación es anual y el decalaje entre su referencia y publicación viene a ser entre dos y tres años.

En el caso de la riqueza, la EFF es extremadamente detallada y dispone de cuatro apartados para su análisis: activos reales y deudas asociadas, otras deudas, activos financieros, y seguros y planes de pensiones, los cuales configuran más de mil preguntas en su cuestionario. En el caso del PH, se trata de información sobre el patrimonio y su módulo correspondiente, tal como se ha visto en el capítulo 5, recoge tan sólo trece conceptos sobre activos inmobiliarios y financieros.

La EFF, tal como señala Arce (2019), tiene una sobrerrepresentación de los hogares con un elevado nivel de riqueza, que permite caracterizar y aproximar de forma precisa la situación y el comportamiento financiero de los hogares en los tramos superiores de la distribución; por otra parte, al comparar los resultados agregados de conceptos como activos reales, rentas y deudas con los de otras fuentes de información alternativas, la EFF obtiene magnitudes de gran aproximación. En el PH, dada la extensión de la muestra y por el hecho de tratarse de datos administrativos de naturaleza fiscal, la representación de los extremos inferior y superior también está garantizada —salvo, claro está, la concerniente al fraude fiscal—, así como la correspondencia de los principales conceptos agregados con otras fuentes de información.

En este repaso anterior, se aprecian más coincidencias que desavenencias entre las dos estadísticas comparadas. No cabe duda de que si este libro fuera un estudio sobre las decisiones de inversión y financiación de las familias del reino de España y sobre su situación patrimonial, la elección sobre qué información utilizar no podría ser otra que la de la EFF; sin embargo, puesto que uno de los objetivos del libro es la construcción de un modelo de financiación de la renta básica que permita efectuar simulaciones con distintos escenarios con las que obtener conclusiones, tanto en términos agregados como individuales, la extensísima muestra que aporta el PH constituye la mejor opción y la elección que finalmente hemos adoptado para desarrollar el contenido del siguiente capítulo.

Una propuesta de impuesto sobre la riqueza y una apostilla sobre la renta máxima

Una vez expuestas las principales características de las dos fuentes estadísticas que permiten analizar la riqueza, al nivel de comunidad autónoma tan sólo se puede utilizar el PH, puesto que la EFF, tal como hemos visto en los dos anteriores apartados, no es representativa territorialmente. Para realizar una propuesta de impuesto sobre la riqueza, se requiere alguna información adicional a la presentada y analizada hasta el momento. Como se ha indicado en los dos primeros apartados anteriores, el colectivo de interés es la intersección del 5-percentil superior tanto de patrimonio neto como de renta bruta.

Antes de presentar estos nuevos resultados, hay que volver a señalar —tal como se hizo en el capítulo 5— que el patrimonio bruto que aparece en el PH no tiene en cuenta determinados conceptos que en el impuesto del patrimonio (IP) son considerados patrimonio exento. Se trata fundamentalmente de los bienes y derechos exentos de actividades empresariales y profesionales, y de las acciones y participaciones exentas. No vamos a tener en cuenta estos conceptos en el análisis que prosigue debido a las dificultades de imputarlos al global del patrimonio bruto, motivadas, básicamente, por la baja representatividad de la recaudación del IP, puesto que es un impuesto exento para la mayor parte de la población. Sin embargo, será bueno recordar —como se hizo en el capítulo 5— que en 2019 tales conceptos exentos en el IP superaron la nada despreciable cifra de 278.000 millones de euros, es decir, más del 11,6 % del patrimonio neto que se detecta en el PH.

Las tablas 7.7.1 —con valores del patrimonio neto— y 7.7.2 —con valores de la renta bruta— reproducen la intersección antes señalada, estableciendo los cruzamientos entre los percentiles de ambas variables.

Dos cuestiones que señalar de la tabla 7.7.1:

1. Las tres primeras particiones de patrimonio neto acumulan patrimonios nulos y negativos por un importe superior a los 181.000 millones de euros (muy cerca del 30 % de los pasivos no societarios) y se hacen extensibles a todos los percentiles de renta bruta establecidos.
2. La intersección del 5-percentil superior de ambas distribuciones acumula un patrimonio neto de 1,086 billones de euros, el 45,4 % del total.

Respecto a la tabla 7.7.2, también hay que señalar estas dos cuestiones:

1. Las rentas nulas, negativas[156] o muy bajas (los percentiles 10, 20 y 30) representan un cómputo negativo cercano a los 800 millones de euros y conviven con todos los percentiles de patrimonio neto.
2. La intersección del 5-percentil superior de ambas distribuciones acumula una renta bruta de 136.000 millones de euros, el 20,1 % del total.

De ambos cuadros puede establecerse que la intersección del 5-percentil superior sitúa la renta bruta en valores superiores a los 36.183 euros y va más allá de los 68.544 euros, mientras que en el patrimonio neto es superior a los 128.266 euros en su límite inferior y está por encima de los 550.890 euros en su límite superior.[157]

La tabla 7.8 aporta otra información interesante, como es la distribución por comunidades autónomas de la intersección de este 5-percentil superior. Además de los estadísticos habituales —mínimo, media, máximo y mediana para el patrimonio neto y la renta bruta—, recoge también el número de personas, tanto en la muestra como en la población. Ésta es la población que antes hemos denominado verdaderamente rica.

156. En general, los valores nulos o negativos de la renta bruta pueden reflejar situaciones diversas: no obligación de efectuar declaración por IRPF, compensación de rendimientos con saldo negativo, rendimientos negativos de actividades económicas, en estimación directa u objetiva, etcétera; esta última posibilidad es, probablemente, la más frecuente e identifica a pequeños empresarios o autónomos que han iniciado sus negocios con primeros balances negativos.

157. Merece la pena insistir en que todas las cifras ahora señaladas conciernen al TFC, y que pueden ser distintas para las comunidades autónomas en particular, tal como se pone de manifiesto en el anexo estadístico.

Tabla 7.7.1. Patrimonio neto personal, TFC (en millones de euros)

			PERCENTILES DE PATRIMONIO NETO PERSONAL							
			10 %	20 %	30 %	40 %	50 %	60 %	70 %	75 %
		Límites → ↓	**Inf. o igual -6.805**	**-6.805 a 0**	**0 a 0**	**0 a 198**	**198 a 2.361**	**2.361 a 12.314**	**12.314 a 32.537**	**32.537 a 46.252**
PERCENTILES DE RENTA BRUTA PERSONAL	**10 %**	**Inf. o igual 0**	-6.144,57	-179,34	0,00	17,76	391,71	1.598,48	3.490,25	2.602,98
	20 %	**0 a 0**	-3.402,31	-145,55	0,00	18,58	388,74	1.595,34	3.409,63	2.565,99
	30 %	**0 a 434**	-4.472,96	-170,43	0,00	22,51	663,35	3.076,05	5.845,61	5.046,93
	40 %	**434 a 5.493**	-11.076,69	-475,53	0,00	29,51	744,16	3.486,01	9.476,98	7.122,95
	50 %	**5.493 a 9.588**	-12.310,37	-501,74	0,00	20,34	575,78	3.607,80	13.161,68	11.822,9
	60 %	**9.588 a 13.580**	-15.776,65	-626,61	0,00	14,89	537,65	3.432,18	12.964,45	11.613,2
	70 %	**13.580 a 18.026**	-23.598,84	-793,89	0,00	10,77	502,27	3.546,58	12.735,74	11.342,6
	75 %	**18.026 a 20.745**	-13.475,88	-371,89	0,00	3,45	213,55	1.742,48	6.734,52	6.015,97
	80 %	**20.745 a 24.228**	-13.998,33	-347,45	0,00	2,27	169,73	1.621,18	6.998,53	6.209,84
	85 %	**24.228 a 29.298**	-15.475,36	-321,37	0,00	1,46	116,75	1.503,69	6.758,03	6.303,99
	90 %	**29.298 a 36.183**	-17.129,83	-258,59	0,00	0,77	75,60	1.244,81	6.339,64	6.326,65
	95 %	**36.183 a 46.881**	-17.269,97	-207,12	0,00	0,52	45,26	894,40	5.065,01	5.537,25
	98 %	**46.881 a 68.544**	-12.162,10	-90,16	0,00	0,24	18,54	420,28	2.443,65	2.948,51
	100 %	**Más de 68.544**	-10.589,36	-36,84	0,00	0,12	6,56	154,80	968,81	1.122,39
		Total	**-176.883,22**	**-4.526,50**	**0,00**	**143,20**	**4.449,63**	**27.924,08**	**96.392,52**	**86.582,2**

Fuente: Elaboración propia a partir de datos del Panel de Hogares-2019.

			ACUMULADO +95 % Y +95 %: 1.086.065,60 MILLONES DE EUROS					**% S/ TOTAL: 45,40 %**	
PERCENTILES DE PATRIMONIO NETO PERSONAL									
80 %	**85 %**	**90 %**	**95 %**	**96 %**	**97 %**	**98 %**	**99 %**	**100 %**	**Total**
46.252 a 63.993	**63.993 a 88.642**	**88.642 a 128.266**	**128.266 a 212.439**	**212.439 a 244.491**	**244.491 a 291.615**	**291.615 a 370.078**	**370.078 a 550.890**	**Más de 550.890**	
3.106,14	3.676,48	3.924,85	3.894,55	697,14	942,28	1.060,39	1.345,15	3.933,82	**24.358,05**
2.764,28	3.092,96	3.043,64	2.671,89	483,96	585,45	610,92	521,53	1.245,12	**19.450,17**
7.339,54	9.554,71	12.367,33	14.636,09	3.226,63	3.257,65	2.898,18	2.918,02	5.358,02	**71.567,22**
8.990,77	12.043,35	15.164,68	21.696,64	5.406,64	5.645,53	5.803,69	6.990,47	12.326,28	**103.375,42**
15.431,25	19.526,15	22.749,62	29.206,01	6.563,51	6.259,49	7.772,31	8.018,93	12.044,30	**143.947,99**
16.218,01	21.917,90	28.866,93	38.346,00	9.866,06	10.980,29	10.325,98	11.941,31	13.027,00	**173.648,60**
14.950,88	19.862,20	26.646,60	38.673,63	9.748,72	10.179,65	12.109,00	14.060,75	22.981,17	**172.957,90**
8.248,72	10.728,53	14.848,28	20.446,96	5.479,00	5.572,19	6.634,25	8.601,48	13.495,57	**94.917,19**
8.876,97	12.382,69	17.110,86	24.806,25	7.045,81	7.640,13	8.730,71	9.933,63	17.550,49	**114.733,33**
9.629,02	13.298,70	19.372,18	29.218,88	8.155,54	9.319,07	11.181,07	15.120,97	23.278,25	**137.460,88**
9.335,97	13.959,85	22.364,45	37.300,60	10.753,05	13.018,42	14.960,58	19.700,10	39.998,22	**177.990,30**
9.195,43	15.018,14	25.647,17	48.433,41	15.258,99	18.872,24	24.865,54	32.775,59	66.177,82	**250.309,67**
4.783,69	8.116,36	15.590,00	30.593,98	10.105,00	13.359,16	18.591,86	31.671,62	105.436,87	**231.827,50**
2.070,21	3.850,14	8.108,78	21.163,29	8.056,15	12.194,74	19.140,66	32.867,62	576.501,08	**675.579,13**
120.940,87	**167.028,16**	**235.805,37**	**361.088,18**	**100.846,21**	**117.826,29**	**144.685,14**	**196.467,15**	**913.354,00**	**2.392.123,35**

Tabla 7.7.2. Renta bruta personal, TFC (en millones de euros)

			PERCENTILES DE PATRIMONIO NETO PERSONAL							
			10 %	20 %	30 %	40 %	50 %	60 %	70 %	75 %
		Límites → ↓	Inf. o igual -6.805	-6.805 a 0	0 a 0	0 a 198	198 a 2.361	2.361 a 12.314	12.314 a 32.537	32.537 a 46.252
PERCENTILES DE RENTA BRUTA PERSONAL	10 %	Inf. o igual 0	-273,44	-77,04	-15,45	-40,17	-58,54	-97,01	-79,69	-50,10
	20 %	0 a 0	0,00	0,00	0,00	0,00	0,00	0,00	0,00	0,00
	30 %	0 a 434	6,74	13,49	12,78	27,97	25,82	25,04	13,36	6,36
	40 %	434 a 5.493	925,75	1.121,18	742,73	2.064,54	2.122,91	1.676,67	1.394,02	558,27
	50 %	5.493 a 9.588	2.784,65	2.255,22	1.306,10	3.524,67	4.698,23	4.426,64	4.801,52	2.449,84
	60 %	9.588 a 13.580	5.561,11	3.288,27	1.489,79	3.755,02	6.282,94	6.180,54	6.848,43	3.432,96
	70 %	13.580 a 18.026	11.159,50	4.599,48	1.575,38	3.651,55	7.407,02	8.611,96	9.246,87	4.557,14
	75 %	18.026 a 20.745	7.817,36	2.466,52	726,31	1.460,20	3.616,54	5.066,14	5.964,10	2.979,36
	80 %	20.745 a 24.228	8.854,41	2.596,38	595,80	1.053,49	3.191,99	5.398,43	7.110,67	3.562,33
	85 %	24.228 a 29.298	10.742,22	2.719,18	491,73	759,45	2.504,68	5.802,57	8.179,95	4.283,29
	90 %	29.298 a 36.183	13.034,30	2.673,47	385,99	495,22	1.924,73	5.955,35	9.338,75	5.253,49
	95 %	36.183 a 46.881	14.666,59	2.494,92	273,41	346,22	1.443,22	5.040,76	9.176,26	5.679,15
	98 %	46.881 a 68.544	11.549,06	1.581,02	127,11	200,42	833,47	3.189,15	5.983,38	4.127,51
	100 %	Más de 68.544	12.055,96	1.083,56	118,84	190,53	578,84	2.098,79	4.151,89	2.816,29
		Total	98.884,21	26.815,64	7.830,52	17.489,11	34.571,83	53.375,04	72.129,50	39.655,8

Fuente: Elaboración propia a partir de datos del Panel de Hogares-2019.

Tabla 7.8. Intersección del 5-percentil superior del patrimonio neto y la renta bruta

COMUNIDAD AUTÓNOMA	PERSONAS		PATRIMONIO NETO PERSONAL		
	MUESTRA	POBLACIÓN	TOTAL	MÍNIMO	MEDIA
Andalucía	13.346	299.679	104.663.981.282	92.037	349.254
Aragón	5.343	46.546	29.400.025.266	166.357	631.639
Asturias	4.250	33.886	14.796.386.472	134.473	436.649
Islas Baleares	6.260	44.262	42.095.446.754	139.752	951.052

			ACUMULADO +95 % Y +95 %: 136.073,57 MILLONES DE EUROS					**% S/ TOTAL: 20,13 %**	
PERCENTILES DE PATRIMONIO NETO PERSONAL									
80 %	**85 %**	**90 %**	**95 %**	**96 %**	**97 %**	**98 %**	**99 %**	**100 %**	**Total**
46.252 a 63.993	**63.993 a 88.642**	**88.642 a 128.266**	**128.266 a 212.439**	**212.439 a 244.491**	**244.491 a 291.615**	**291.615 a 370.078**	**370.078 a 550.890**	**Más de 550.890**	
-37,94	-43,25	-75,56	-45,01	-10,37	-6,60	-25,10	-9,47	-12,40	**-957,14**
0,00	0,00	0,00	0,00	0,00	0,00	0,00	0,00	0,00	**0,00**
6,98	7,96	8,50	8,33	1,49	1,32	0,88	0,82	0,48	**168,35**
496,27	460,54	401,69	369,05	66,31	59,56	47,10	43,25	30,24	**12.580,09**
2.324,23	2.127,89	1.763,21	1.481,78	231,56	188,09	189,99	145,18	72,87	**34.771,64**
3.420,53	3.343,37	3.111,98	2.732,13	497,78	468,41	368,14	314,36	148,68	**51.244,46**
4.319,82	4.155,20	3.952,19	3.757,55	672,89	608,40	583,41	509,08	293,81	**69.661,23**
2.935,57	2.741,02	2.706,53	2.430,67	465,82	406,44	391,23	374,75	221,07	**42.769,64**
3.626,25	3.686,03	3.596,07	3.418,31	692,72	646,69	598,69	511,08	378,00	**49.517,33**
4.673,06	4.685,01	4.826,55	4.767,55	956,14	936,14	911,84	913,64	607,90	**58.760,90**
5.551,15	6.022,65	6.837,57	7.466,32	1.542,90	1.608,17	1.498,90	1.453,41	1.121,19	**72.163,54**
6.767,67	8.006,24	9.693,56	11.919,70	2.723,76	2.880,97	3.111,00	3.021,77	2.448,65	**89.693,87**
4.784,59	5.916,38	8.058,61	10.359,58	2.477,07	2.796,81	3.165,99	3.957,36	4.510,24	**73.617,76**
3.610,87	4.974,05	7.582,84	13.389,65	3.955,33	5.173,35	7.020,85	9.910,36	43.251,11	**121.963,09**
42.479,04	**46.083,09**	**52.463,74**	**62.055,62**	**14.273,38**	**15.767,76**	**17.862,92**	**21.145,61**	**53.071,84**	**675.954,75**

PATRIMONIO NETO PERSONAL		**RENTA BRUTA PERSONAL**				
MÁXIMO	**MEDIANA**	**TOTAL**	**MÍNIMO**	**MEDIA**	**MÁXIMO**	**MEDIANA**
144.382.582	177.737	17.725.157.808	30.982	59.147	16.072.811	
603.292.481	301.867	3.322.413.819	36.853	71.380	7.061.148	49.980
104.095.907	248.816	2.249.303.824	37.558	66.378	4.282.092	50.941
3.363.836.916	328.985	4.111.975.733	37.289	92.901	28.752.657	58.762

.../...

.../...

COMUNIDAD AUTÓNOMA	PERSONAS		PATRIMONIO NETO PERSONAL		
	MUESTRA	POBLACIÓN	TOTAL	MÍNIMO	MEDIA
Canarias	8.553	84.721	36.112.793.940	75.793	426.255
Cantabria	3.999	20.374	11.664.979.965	154.760	572.552
Castilla y León	5.693	80.660	38.049.072.449	159.868	471.724
Castilla-La Mancha	5.583	68.603	24.465.443.554	121.059	356.622
Cataluña	20.373	267.259	232.534.769.626	137.776	870.074
Comunidad Valenciana	11.154	181.351	97.089.354.184	113.755	535.366
Extremadura	4.791	36.033	9.457.424.536	94.955	262.469
Galicia	6.636	88.061	67.546.855.750	119.007	767.047
Madrid	29.978	253.963	307.970.956.034	183.959	1.212.659
Murcia	6.366	54.834	27.201.652.684	101.270	496.075
La Rioja	2.888	11.175	8.702.549.490	161.434	778.760
Ceuta	1.923	3.288	1.145.506.548	64.557	348.367
Melilla	2.044	3.570	1.303.588.675	60.431	365.154
TFC	**140.564**	**1.625.915**	**1.086.065.600.000**	**128.267**	**667.972**

Fuente: Elaboración propia a partir de datos del Panel de Hogares-2019.

Gráfico 7.2. Participación por comunidad autónoma del 5-percentil superior en el patrimonio neto y en la renta bruta

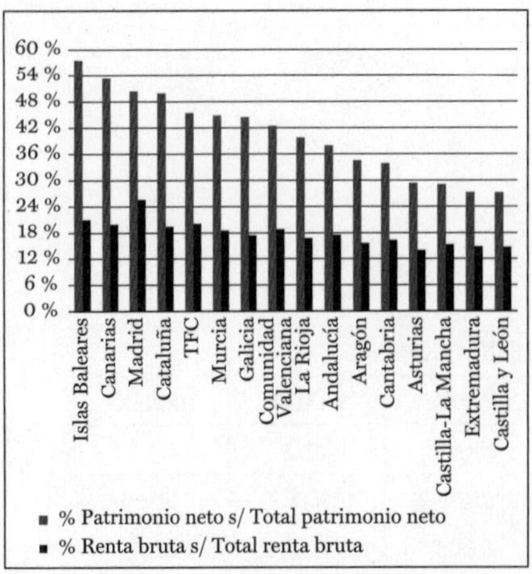

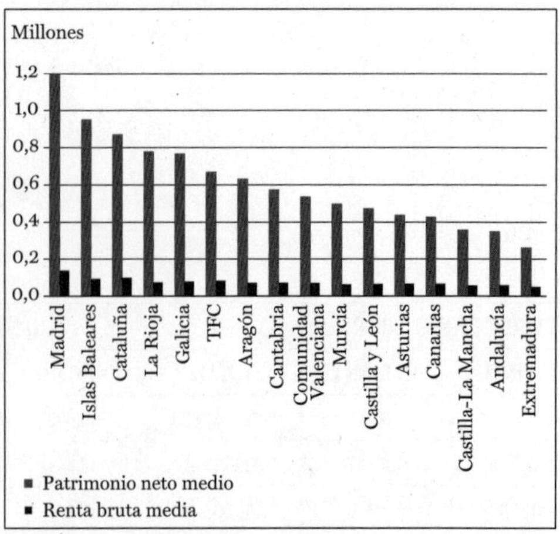

Fuente: Elaboración propia a partir de datos del Panel de Hogares-2019.

PATRIMONIO NETO PERSONAL		RENTA BRUTA PERSONAL				
MÁXIMO	MEDIANA	TOTAL	MÍNIMO	MEDIA	MÁXIMO	MEDIANA
359.868.156	167.459	5.635.370.165	31.943	66.517	16.946.251	45.804
128.410.182	288.245	1.464.673.754	36.762	71.891	2.685.392	51.566
238.048.053	284.379	5.313.054.624	35.632	65.870	63.025.307	47.328
100.772.252	215.913	3.979.426.621	31.616	58.006	6.854.198	44.483
1.357.028.987	308.759	26.572.008.968	39.494	99.424	111.292.170	60.735
639.771.890	228.590	12.869.293.467	33.026	70.963	84.853.500	47.400
181.740.058	175.720	1.838.649.278	28.444	51.027	2.353.740	40.718
17.258.407.932	214.828	6.908.483.746	33.526	78.451	193.142.860	46.014
7.583.379.392	377.120	34.965.201.981	44.540	137.678	199.263.769	71.713
457.657.279	197.716	3.414.252.263	30.816	62.265	15.100.683	44.844
83.716.456	314.143	830.670.093	36.112	74.334	13.399.658	50.499
17.820.215	155.201	228.914.912	38.678	69.617	1.341.655	55.383
17.002.472	149.908	253.813.591	37.525	71.097	1.774.819	54.302
17.258.407.932	**260.410**	**136.073.567.648**	**36.183**	**83.690**	**199.263.769**	**52.335**

Para el total del TFC, se tiene que poco más de 1,6 millones de personas se encuentran en esta intersección, lo que representa menos del 3,7 % de la población total que capta el PH-2019. Y, tal como ya se ha indicado antes, este exiguo porcentaje de población dispone de 1,086 billones de euros (45,4 % del total de patrimonio neto) y de 136.000 millones de euros (20,1 % del total de la renta bruta).

El gráfico 7.2 muestra, respectivamente, la participación de las comunidades autónomas en el patrimonio neto y en la renta bruta totales del 5-percentil superior y de sus valores medios.[158] En la parte izquierda del gráfico, se observa que en las comunidades autónomas de Islas Baleares, Canarias, Madrid y Cataluña esa partición de la distribución dispone de un patrimonio neto

158. Hay que señalar, para una mejor interpretación del gráfico, que la población del 5-percentil superior de todas las comunidades autónomas es muy parecida al 3,7 % indicado, hasta el punto de que la desviación estándar es tan sólo del 0,24 %.

que supera el 50 % del total y una renta bruta mayor al 20 % del total, aunque en el caso de la renta bruta es de destacar que Madrid se sitúa más de cinco puntos porcentuales por encima. Entre estas cuatro comunidades autónomas alcanzan el 57 % del total.

En la parte derecha del gráfico, donde se reproducen los valores medios, se tiene que las comunidades autónomas de Madrid, Islas Baleares, Cataluña, La Rioja y Galicia se sitúan por encima del valor medio del TFC, aunque, a mucha distancia de las otras cuatro, Madrid tiene un patrimonio medio que se aproxima al doble del valor medio global. En la parte inferior, Extremadura, Andalucía, Castilla-La Mancha, Canarias y Asturias tienen un patrimonio medio entre el 40 y el 70 % del global.

En términos reales, para el período 2016-2019 el gráfico 7.3 reproduce, respectivamente, la variación del 5-percentil superior para las distintas comunidades autónomas del patrimonio neto y de la renta bruta, y de la media de ambas variables, para los cuatro años analizados.

Gráfico 7.3. Variación 2016-2019 del 5-percentil superior del patrimonio neto y de la renta bruta

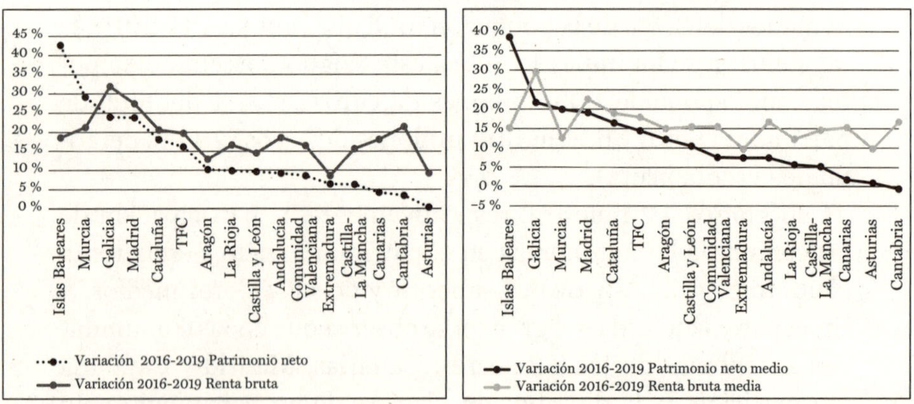

Fuente: Elaboración propia a partir de datos del Panel de Hogares-2019.

En ambos gráficos destaca la marcada diferencia en la evolución en las tres primeras comunidades autónomas (Islas Baleares, Murcia y Galicia), así como en las cuatro últimas (Castilla-La

Mancha, Canarias, Cantabria y Asturias) del patrimonio neto respecto a la renta bruta.

Por último, la definición de un impuesto sobre la riqueza requiere disponer de información respecto a los tramos que pueden obtenerse con los datos pertenecientes a la intersección del 5-percentil superior, esto es, lo que reproduce precisamente la tabla 7.9.

La determinación de los catorce tramos considerados se ha decidido por varias razones: 1) en función de la tarifa vigente del actual IP (que data de 1991), que consta de ocho tramos, 2) del impuesto temporal de solidaridad de las grandes fortunas (con fecha de implantación muy reciente, de 2022), que consta de cuatro tramos, 3) de la propuesta de Piketty (2019), que propone siete tramos[159] y, fundamentalmente, 4) por la propia distribución del patrimonio neto del PH, en la que se detectan patrimonios claramente superiores a los 50, 100, 500, 1.000, 5.000 y más millones de euros.[160] Por esta última cuestión no es razonable tratar dentro de un mismo tramo a los patrimonios superiores a 10 millones de euros, tal como se hace en los dos impuestos actualmente vigentes y citados un poco más atrás.

Una visión interesante del contenido de la tabla 7.9 la proporciona el gráfico 7.4, en cuya parte izquierda se expresan los porcentajes de población, patrimonio neto y renta bruta de los catorce tramos considerados, mientras que en la parte derecha se ha omitido el primer tramo que contiene los valores de patrimonio neto inferiores a 500.000 euros.

159. La referencia indicada es la «tabla 17.1» de la página 1145, y no son estrictamente tramos, sino cortes que se generan estableciendo múltiplos de 0,5, 2, 5, 10, 100, 1.000 y 10.000 sobre el patrimonio medio.

160. Siguiendo las «Normas para la recepción y utilización de muestras de microdatos anonimizados de información tributaria» del Instituto de Estudios Fiscales —organismo que gestiona la cesión de datos a los investigadores—, cuando el número de registros en la muestra de una de las celdas calculadas sea inferior a 49, en la misma debe consignarse secreto estadístico. Nosotros hemos sido todavía más cautos, aumentando a 100 esa regla, debido a que en algunas comunidades autónomas podría llegarse a identificar el valor real de dicho secreto estadístico.

Tabla 7.9. Tramos de patrimonio neto del 5-percentil superior, TFC

TRAMOS DEL PATRIMONIO NETO (millones de euros)	PERSONAS		PATRIMONIO NETO PERSONAL (millones de euros)		
	MUESTRA	POBLACIÓN	TOTAL	MÍNIMO	MEDIA
Inferior a 0,5	84.597	1.282.675	314.723,41	0,128	0,245
0,5 a 0,75	14.885	143.758	86.948,69	0,500	0,605
0,75 a 1,0	8.147	61.253	52.675,29	0,750	0,860
1,0 a 1,5	8.970	55.242	66.679,96	1,000	1,207
1,5 a 2,0	4.910	24.476	42.391,26	1,500	1,732
2,0 a 3,0	5.426	20.302	49.542,36	2,000	2,440
3,0 a 5,0	5.065	17.132	65.726,87	3,001	3,836
5,0 a 10,0	4.235	12.394	84.670,33	5,001	6,831
10,0 a 50,0	3.704	7.568	140.525,89	10,000	18,569
50,0 a 100,0	378	714	48.234,05	50,021	67,534
100,0 a 500,0	214	364	62.202,56	100,295	170,841
500,0 a 1.000,0	*s.e.*	*s.e.*	13.730,68	*s.e.*	*s.e.*
1.000,0 a 5.000,0	*s.e.*	*s.e.*	20.813,67	*s.e.*	*s.e.*
Mayor de 5.000,0	*s.e.*	*s.e.*	37.200,58	*s.e.*	*s.e.*
Total	**140.564**	**1.625.915**	**1.086.065,60**	**0,128**	**0,668**

Nota: *s.e.* = secreto estadístico (menos de cien observaciones en la muestra).
Fuente: Elaboración propia a partir de datos del Panel de Hogares-2019.

Gráfico 7.4. Población, patrimonio neto y renta bruta sobre los tramos de patrimonio neto

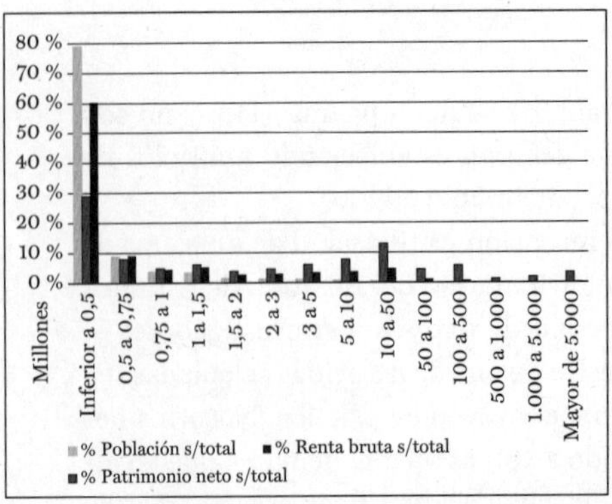

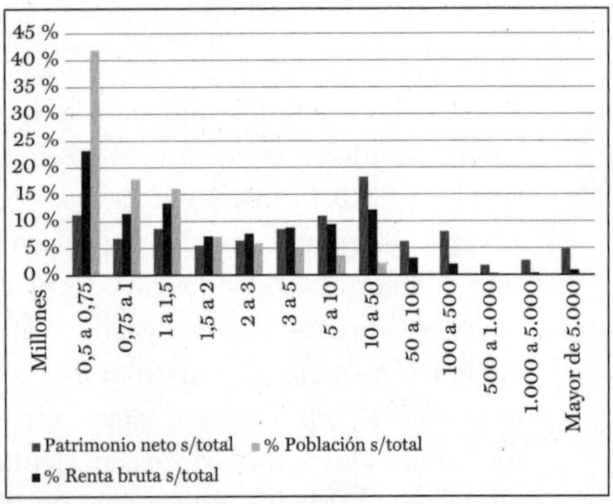

Fuente: Elaboración propia a partir de datos del Panel de Hogares-2019.

PATRIMONIO NETO PERSONAL (millones de euros)		RENTA BRUTA PERSONAL (millones de euros)				
MÁXIMO	MEDIANA	TOTAL	MÍNIMO	MEDIA	MÁXIMO	MEDIANA
0,500	0,220	82.143,46	0,036	0,064	17,043	0,049
0,750	0,594	12.494,70	0,036	0,087	5,159	0,059
1,000	0,853	6.182,95	0,036	0,101	13,400	0,064
1,500	1,182	7.213,14	0,036	0,131	6,847	0,074
2,000	1,724	3.891,93	0,036	0,159	10,291	0,089
3,000	2,421	4.169,48	0,036	0,205	14,900	0,105
5,000	3,743	4.754,60	0,036	0,278	16,946	0,127
9,992	6,524	5.081,68	0,036	0,410	29,555	0,160
49,987	15,183	6.528,48	0,036	0,863	76,003	0,243
99,787	64,719	1.691,94	0,055	2,369	146,943	0,838
488,958	144,383	1.085,42	0,049	2,981	111,292	0,808
s.e.	s.e.	142,89	s.e.	s.e.	s.e.	s.e.
s.e.	s.e.	192,43	s.e.	s.e.	s.e.	s.e.
s.e.	s.e.	500,49	s.e.	s.e.	s.e.	s.e.
s.e.	**0,260**	**136.073,57**	**0,036**	**0,084**	**s.e.**	**0,052**

No hay ninguna duda sobre que eliminar el primer tramo tiene consecuencias muy importantes en la representatividad de las tres variables consideradas, tal como se refleja en la parte derecha del gráfico. No obstante, la consecuencia más relevante es que permite excluir una parte importante de la población que será gravada con el impuesto sobre la riqueza que proponemos un poco más adelante y que sería equivalente a establecer un mínimo exento de 500.000 euros para dicho impuesto.[161]

161. Aunque ya se ha mencionado en el capítulo 5, cabe recordar que el actual IP establece en términos generales un mínimo exento de 700.000 euros, aunque algunas comunidades autónomas, al tener capacidad normativa, han podido variarlo; son los casos de Aragón (400.000), Cataluña y Extremadura (500.000) y Comunidad Valenciana (600.000).

Respecto a los 1,6 millones de personas verdaderamente ricas que hemos determinado anteriormente, eliminar ese primer tramo la reduciría a poco menos de 350.000, que representa el 0,78 % de la población total detectada en el PH-2019. Este escaso porcentaje de personas seguiría acumulando más de 770.000 millones de euros de patrimonio neto —más del 32 % del total— y respecto a la renta bruta continuaría concentrando cerca de 54.000 millones de euros —aproximadamente el 8 % del total.

Nuestra propuesta es gravar con un impuesto sobre la riqueza[162] a las 350.000 personas aludidas a través de la tarifa escalonada y progresiva que se propone en la tabla 7.10.

Tabla 7.10. Tarifa del impuesto sobre la riqueza

TRAMOS DE RIQUEZA NETA PERSONAL	TIPOS MARGINALES
500.000 euros a 750.000 de euros	0,20 %
750.000 euros a 1.000.000 de euros	0,50 %
1.000.000 de euros a 1.500.000 de euros	1,5 %
1.500.000 de euros a 2.000.000 de euros	2 %
2.000.000 de euros a 3.000.000 de euros	3 %
3.000.000 de euros a 5.000.000 de euros	4 %
5.000.000 de euros a 10.000.000 de euros	5 %
10.000.000 de euros a 50.000.000 de euros	6 %
50.000.000 de euros a 100.000.000 de euros	7 %
100.000.000 de euros a 500.000.000 de euros	8 %
500.000.000 de euros a 1.000.000.000 de euros	9 %
1.000.000.000 de euros en adelante	10 %

Fuente: Elaboración propia.

Se introducirían, además, las siguientes condiciones:

162. Eliminando, obviamente, el actual IP.

- La renta bruta personal debe superar el límite en el que se establece la intersección del 5-percentil superior (para el TFC, según la fila del 95 % de la tabla 7.7.2, serían 36.183 euros).
- El patrimonio neto personal debe superar el límite de 500.000 euros fijado como mínimo exento.
- El impuesto sobre la riqueza no podrá exceder del 60 % de la renta bruta personal.[163,164]

Si utilizamos la muestra del PH-2019, la aplicación de la anterior tarifa y sus condiciones permitiría recaudar una cifra en torno a los 7.600 millones de euros; si en lugar de esta tarifa se utilizara la propuesta de Piketty (2019), añadiendo también las tres condiciones enumeradas, la recaudación que se obtendría rondaría los 9.100 millones de euros. Puede considerarse que la nuestra es una propuesta muy moderada, aunque a buen seguro habrá quien la considere muy radical, como siempre que se hacen propuestas sobre recaudación impositiva. Sin duda pueden hacerse otras propuestas, pero nosotros, de momento, aportamos a la investigación ésta.

163. Se trata de evitar situaciones en las que el patrimonio personal genere un impuesto sobre la riqueza inasumible con la renta bruta personal, extremo que, obviamente, va a suceder a partir del tramo entre 3 y 5 millones de patrimonio neto, lo que en consecuencia deriva en tipos efectivos muy inferiores a los tipos marginales que aparecen en la tabla 7.10.

164. Para cuantificar cómo gravaría el impuesto sobre la riqueza propuesto a determinados patrimonios, hemos seleccionado estos ejemplos:

Patrimonio neto personal: 850.000 euros, impuesto sobre la riqueza = 2.000 euros.

Patrimonio neto personal: 1.495.000 euros, impuesto sobre la riqueza = 10.175 euros.

Patrimonio neto personal: 2.865.000 euros, impuesto sobre la riqueza = 46.200 euros.

Patrimonio neto personal: 3.750.000 euros, impuesto sobre la riqueza = 80.250 euros.

Siempre debemos tener en cuenta que el impuesto está limitado al 60 % de la renta bruta personal. En el último ejemplo, esto significa que si la renta bruta personal fuera de 75.000 euros, el impuesto sobre la riqueza se vería reducido a 45.000 euros.

Recordemos que el IP en 2019 recaudó 1.150 millones de euros, mientras que las previsiones del nuevo impuesto temporal de solidaridad sobre las grandes fortunas prevén recaudar 3.000 millones en los dos años en que está programada su ejecución, aunque de ellos debería descontarse una parte de la recaudación obtenida con el IP, dado que este último puede deducirse en el nuevo impuesto.

Renta máxima

Por razones sociales, económicas, filosóficas y políticas, desde distintos ámbitos se propone últimamente lo que se conoce como renta máxima, cuya definición estricta sería una tasa marginal impositiva del cien por cien a partir de determinada cantidad de renta ganada en un período de tiempo, normalmente un año. Como está generosamente documentado (por ejemplo, Piketty, 2019, cap. 10), la riqueza está mucho más desigualmente repartida que la renta. Así, por ejemplo, el decil superior, tanto en Europa como en Estados Unidos, acumula en la actualidad más del 55 y del 70 %, respectivamente, de los activos inmobiliarios y financieros. Y el centil superior, más del 20 y del 40 %, respectivamente. Estos datos encajan con los mencionados en este capítulo para el TFC. Cuando se habla de renta máxima, normalmente nos referimos a lo ganado como ingreso en un año. La propiedad formaría parte de impuestos relacionados con el patrimonio o la riqueza, definida como toda propiedad inmobiliaria, mobiliaria, financiera y de cualquier otra modalidad, excepto la vivienda habitual. Esto quiere decir varias cosas. Puede defenderse una renta máxima y también un impuesto a la riqueza, que recibe distintos nombres, como impuesto a las «grandes fortunas», por ejemplo. Pero conceptualmente son diferentes. La renta máxima se refiere a lo que una persona gana en un período de tiempo, las rentas obtenidas. Adicionalmente, puede defenderse por razones democráticas republicanas, como las que hemos ofrecido en el primer capítulo, que las grandes concentraciones de propiedades tengan un límite. Grandes concentraciones de riqueza y grandes rentas van relacionadas; obviamente, la riqueza ayuda a incrementar la renta, y la renta ayuda a incrementar la riqueza. No creemos que haya que justificar una obviedad trivial como ésta.

¿De qué hablamos concretamente? Pongamos el caso de España. Según datos ofrecidos por *Forbes*, 9.554 personas tienen una riqueza neta sin deudas superior a 10 millones de euros. Evidentemente, en este grupo de casi diez mil privilegiados en riqueza comparativa hay diferencias notables. Tener 10 millones de euros es una fortuna impensable para la inmensa mayoría de la población. 9.554 personas es un porcentaje insignificante de los poco más de 47 millones oficiales de la población del reino, un insignificante 0,02 %. Pero tener 56.600 millones está muy por encima del «pobre» que tiene solamente 10 millones. 56.600 es lo que, según *Forbes*, tiene Amancio Ortega (estas fortunas varían rápido, pero en algún punto hemos de parar para poder hacer alguna comparación). La décima fortuna según esta revista era María del Pino, con 2.500 millones, cifra que está aún muy por encima de los «miserables» 10 millones.

El problema de las grandes fortunas no es solamente la gran desigualdad que suponen respecto a una gran mayoría de la población. El problema es más grave. Las grandes fortunas, las grandes concentraciones de propiedad, son una amenaza para la democracia, y desgraciadamente más que una amenaza. ¿Cuánto debería ser el máximo de fortuna personal que una sociedad democrática puede permitirse? ¿Un millón de euros, dos, tres, cuatro? Una persona que innova, que trabaja duro para aportar a la sociedad un montón de ventajas, que sabe adelantarse a los negocios, que tiene una gran capacidad de iniciativa y todas esas virtudes que los *chearleaders* de las grandes fortunas acostumbran a ofrecer, ¿necesita más de un millón, dos, tres, cuatro como recompensa? Se trata de una discusión democrática que aún no se ha iniciado[165] y que no puede resolver ninguna persona supuestamente experta (¿experta en qué en realidad?).

165. Aunque ya empieza a discutirse o a proponerse desde ámbitos políticos. Para concretarlo en España, véase esta nota de Europa Press de mediados de febrero de 2023: <https://www.europapress.es/nacional/noticia-errejon-lle

Una renta máxima, recordemos que ésta se refiere a la renta, no a la riqueza, puede incluso ligarse a la suerte parcial de los que están muy por debajo de la distribución de la renta. Por ejemplo, una renta máxima podría ser un múltiplo del salario mínimo interprofesional, como propone Sam Pizzigati (2018). ¿Cien veces? Aquí no importa tanto el múltiplo como la idea. Si soy una persona ganadora de renta de las más elevadas y sé que lo que gane a partir de cien (o cincuenta o doscientas) veces el salario mínimo interprofesional tendrá una tasa marginal impositiva del cien por cien, estaré interesado en que la cantidad a partir de la cual se multiplica por cien (o cincuenta o doscientas) sea mayor. No es lo mismo ganar cien (o cincuenta o doscientas) veces sobre 700 euros que sobre 1.200, claro. Otra aproximación distinta, pero con la misma intención, podría ser el salario medio.

La cantidad de riqueza máxima que puede permitirse, desde la perspectiva de la libertad republicana que hemos explicado en el capítulo 1, no es algo que pueda ser fijado al margen del debate público y del momento histórico al que nos refiramos. Desde el punto de vista republicano no puede admitirse la acumulación de grandes riquezas por la posibilidad de que disponen estas fortunas de interferir en la existencia material de la gran mayoría de la población, por la capacidad de estas grandes fortunas de comprar gobiernos (solamente las grandes fortunas disponen de posibilidad material para sobornar a políticos o para influirles decididamente para favorecer sus intereses) y, ligado con lo anterior, por la corrupción que supone para las democracias. «[H]ay un argumento republicano contundente para justificar una renta máxima, a saber: puesto que la riqueza y la propiedad privada son un producto esencialmente político y social, una república democrática debe ser capaz de diseñar algunos instrumentos —como una renta máxima— que eviten que ésta quede concentrada en unas pocas y confiscatorias manos, y debe impedir también que estas manos puedan disputarle a la república su capacidad

---

vara-congreso-debate-salarios-maximos-ya-va-siendo-hora-abrir-discusion-20230218130014.html>.

para definir el bien común y para garantizar una vida republicana y democrática normal, para todos» (Bertomeu y Raventós, 2020, p. 210). «La gran concentración de riqueza socava la democracia, como muchos pensadores han argumentado desde hace mucho tiempo. Entre estos pensadores: los americanos que fundaron la primera república moderna en 1776» (Pizzigati, 2018). Efectivamente, como muchos autores han insistido (por ejemplo, Domènech, 2004; Sitaraman, 2017), los *Fundadores* temían que si las grandes desigualdades se hacían inmensas, el experimento republicano democrático fracasaría. Y fracasó. Louis Brandeis, juez de la Corte Suprema de Estados Unidos de 1916 a 1939, lo expresó de forma difícilmente superable hace un siglo: «Podemos tener democracia o riqueza concentrada en pocas manos, pero no ambas».

Otro aspecto básico de la renta máxima es que no está pensada especialmente para recaudar. Sin menospreciar las posibilidades recaudatorias, está pensada principalmente para reducir la desigualdad. En Estados Unidos, debido a impuestos del 90 % a las grandes rentas,[166] «desde finales de los años treinta hasta principios de los setenta, disminuyó la desigualdad de la renta» (Saez y Zucman, 2021). Pero también en el Reino Unido, que llegó a tener desde 1941 a 1952 tasas marginales máximas que llegaban al 98 %, «la concentración de renta y riqueza cayó en picado en los años cuarenta y permaneció históricamente baja hasta finales de los setenta» (Saez y Zucman, 2021). Aristóteles, muy benevolente con los ricos y muy crítico con la democracia ática en la que vivió, ya era de la opinión de que la riqueza debe estar limitada a lo que permita una existencia digna («hay un límite [a la riqueza] aquí como a las demás artes») (*Política*, 1256b).

166. F. D. Roosevelt no consiguió su propósito inicial de establecer una renta máxima, pero sí logró implantar una tasa marginal del 94 % para rentas por encima de los 200.000 dólares anuales. Para hacernos una idea, 200.000 dólares en 1956 serían unos 2,3 millones actualmente. Estas tasas marginales máximas se mantuvieron durante décadas, alcanzando un promedio del 81 % desde 1944 hasta 1981 y excediendo, entre 1951 y 1963, el 90 % (Bollain, 2021b).

8

Un modelo de financiación de una renta básica para el reino de España: la reforma necesaria del impuesto sobre la renta y la imprescindible introducción de un impuesto sobre la riqueza

El modelo de financiación de la renta básica[167]

Toda propuesta que pasa a formar parte activa del debate público y político suele tener que lidiar con múltiples críticas de todo tipo. Como ya hemos visto en capítulos anteriores, la renta básica no es una excepción. A riesgo de simplificar, estas críticas se pueden dividir en dos grandes grupos: las críticas normativas y las críticas técnicas. A lo largo de este artículo nos centraremos en las críticas técnicas.

Las críticas técnicas que ha recibido y aún hoy recibe la renta básica se refieren básicamente a la imposibilidad de financiarla. Más allá de que ésta sea una de las críticas más recurrentes, de-

167. Hay diversos estudios previos en los que se fundamenta este capítulo: Arcarons, Domènech, Raventós y Torrens (2014) y Arcarons, Raventós y Torrens (2014, 2016, 2017 y 2020); en todos los casos se trata de modelos aplicados al conjunto del reino de España o particularizados al territorio de Cataluña. En los cuatro primeros, la información utilizada es administrativa, basada en declaraciones del impuesto sobre la renta, en el último se trabaja con datos de la ECV de 2019 para el conjunto de España y, aunque hay diferencias importantes con los datos que ahora utilizamos —tal como se ha puesto de manifiesto en el capítulo 6—, la estructura del modelo de financiación es muy similar a la que ahora se propone.

mostrar la viabilidad económica de una renta básica en un área geográfica determinada donde se pretenda implantar es indispensable y no se puede dejar de tener en consideración.

Por esta razón, a lo largo de este capítulo, mostraremos de forma sencilla y visual cómo puede financiarse. Los datos que utilizaremos, como se irá especificando, provienen de fuentes oficiales.

No obstante, antes de pasar a los datos, las cantidades y los modelos, es imprescindible explicar las principales características del modelo que proponemos para financiar la renta básica:

1. La renta básica es una prestación individual, incondicional y universal. La definición de renta básica que hace la Basic Income Earth Network deja bien claro el concepto: «Una renta básica es una asignación monetaria pública incondicional a toda la población, estable en cantidad y frecuencia, y suficientemente alta para ser, en combinación con otros servicios sociales, parte de una estrategia política para eliminar la pobreza material y posibilitar la participación social y cultural de cada individuo. Nos oponemos a la sustitución de derechos o servicios sociales si esta sustitución empeora la situación de personas relativamente desfavorecidas, vulnerables o de bajos ingresos». Y la de la Red Renta Básica es todavía más contundente: «Una renta básica es una asignación monetaria pública incondicional a toda la población».
2. La renta básica sustituye a cualquier otra prestación monetaria que se perciba del Estado, siempre que esta cantidad sea inferior a la renta básica; cuando es superior, la parte que la supera se seguirá percibiendo en las mismas condiciones. Esto genera un ahorro al Estado y, como se verá, es un elemento importante de la financiación. Particularizándolo a las diferentes fuentes de renta que se han analizado en el capítulo 5 para definir la renta bruta individual (ver tabla 5.18), se trata de las prestaciones por desempleo, las pensiones de jubilación y las prestaciones exentas. Si consideramos A la suma de todas estas prestaciones percibidas individualmente y R la cantidad de renta

básica transferida, entonces si $A \leq R$, A pasa a percibirse como renta básica y supone un ahorro para el Estado. En cambio, si $A > R$, la parte R de A se percibirá como renta básica y supondrá también un ahorro para el Estado; y paralelamente $A - R$ seguirá percibiéndose en las mismas condiciones en las que se hacía en la situación *ex ante*.[168]

3. La renta básica no está gravada por el impuesto sobre la renta (IRPF).
4. La financiación de la renta básica se consigue fundamentalmente con una reforma del IRPF, con la introducción de un impuesto sobre la riqueza y un impuesto sobre las emisiones de CO_2. También contribuyen, pero en menor intensidad, algunas medidas de ahorro administrativo.
5. La financiación de la renta básica no detrae ninguna cantidad de lo que recauda el Estado a través de su actual IRPF, que se supone que es el impuesto base para mantener los pilares fundamentales de su inversión y gasto social: sanidad y educación —en la línea de lo que se ha apuntado en el punto 1—. Ello significa que la recaudación necesaria para financiar la renta básica deberá tener en cuenta también la recaudación previa que se obtenía con el IRPF en la situación *ex ante*.
6. La cantidad que define la renta básica —también en la línea de lo que se ha apuntado en el punto 1— deberá estar relacionada con algún indicador de pobreza relativa, y los que utilizan generalmente todas las agencias, institutos estadísticos, investigadores, etcétera, son el URP o el umbral de riesgo de pobreza severa (URPs).
7. El modelo garantiza que ningún hogar, por debajo de una determinada posición en la distribución de la renta, empeorará nunca sus ingresos netos respecto a la situación *ex ante*, es decir, previa. Esta garantía es lo que denomi-

168. Veremos también en este mismo capítulo un ejemplo de financiación en el que el ahorro sólo incluye la parte no contributiva de las prestaciones por desempleo y de las pensiones de jubilación y todas las prestaciones exentas.

namos «cláusula de compensación». Su razón es la de limitar los posibles hogares perdedores en la situación *ex post*, es decir, posterior a la reforma. Como se verá más adelante, la propuesta en nuestros cálculos es situar este límite en el 80 percentil de renta bruta equivalente de cada comunidad autónoma. Así, pues, ningún hogar situado por debajo del 20 % más rico perdería respecto a la situación anterior a la reforma con esta propuesta de financiación de la renta básica.

8. El modelo garantiza que, una vez implementada la renta básica, ningún hogar será relativamente pobre en la situación *ex post*. Esta garantía es lo que denominamos «cláusula de eliminación de la pobreza»: ningún hogar obtendrá una renta neta *ex post* que lo sitúe por debajo del URP que le corresponda según su composición.
9. Se prevé una moratoria de tres años de residencia para poder percibir la renta básica. Ésta es una condición controvertida desde un punto de vista ideológico, jurídico y político —en el sentido de la subjetividad que comporta la definición de residencia—. También es compleja desde el punto de vista de su cuantificación, puesto que a pesar de que el INE publica diversas estadísticas de inmigración, no es posible conocer la incidencia según la distribución de renta de esta inmigración. En nuestro modelo, como veremos más adelante, empleamos algunas hipótesis para determinar esta cuantificación. Por supuesto, en futuras propuestas pueden plantearse escenarios en los que la moratoria de residencia pueda ser un período de tiempo inferior.

Una apostilla sobre los impuestos ambientales y el decrecimiento

En el punto 4 del apartado anterior decíamos que la financiación de la renta básica se consigue fundamentalmente con una reforma del IRPF, con la introducción de un impuesto sobre la riqueza y un impuesto sobre las emisiones de CO_2. Queremos aquí dedicar unas pocas líneas a la crisis ecológica y, más concretamente, al decrecimiento, ambos conceptos evidentemente relacionados con los impuestos ambientales, entre ellos, el de las emisiones de CO_2. Creemos que algunas palabras sobre la cuestión, dado el gran deterioro de las condiciones ambientales al que hemos llegado en el año 2023, resultan muy pertinentes.

En los modelos o escenarios que ofrecemos a continuación nos limitamos a aplicar un impuesto sobre las emisiones de CO_2, pero sin entrar a analizar otros aspectos sobre las emisiones de este compuesto —y de otros—, como las causas fundamentales que las motivan, los grupos sociales que son sus principales causantes, los países más responsables de estas emisiones, el tiempo que tenemos (si es que lo tenemos) para frenar esta situación, etcétera. Sin embargo, no podemos dejar de apuntar algunas ideas que nos parecen básicas a la hora de enfocar el decrecimiento. Al fin y al cabo, como tantas otras cuestiones tratadas en este libro, no es un problema exclusivamente técnico, sino más bien económico y político.

Somos plenamente conscientes de que el impuesto sobre las emisiones de CO_2 no es la solución en lo que al cambio climático se refiere, de la misma manera que la propuesta que hemos formulado en el capítulo anterior tampoco supone por sí sola ninguna solución al peligro a la libertad de la gran mayoría no rica que comportan las inmensas fortunas. En otro lugar de este mismo libro explicamos que una política económica supone muchas medidas, y la renta básica es sólo una de ellas. Aun así, queremos tratar, igual que lo hacemos en la apostilla sobre la renta máxima, algunas cuestiones sobre el actual debate acerca del decrecimiento que algún autor (Godin, 2023) ha llegado a calificar como «el enemigo número uno del poder». Aunque también haya quien ha llegado a proclamar, el liberal Alexander de Croo, de forma completamente opuesta, que el decrecimiento es «completamente contrario a la naturaleza humana» (sic). Se entiende por decrecimiento un conjunto de aspectos que pueden resumirse (D'Alisa, Demaria y Kallis, 2015: 39) como sigue:

> El primero es la crítica al crecimiento. Luego está la crítica al capitalismo, un sistema de organización que exige perpetuar el crecimiento. Otras dos corrientes de peso en la literatura sobre el decrecimiento son, primero, la crítica al PIB, y segundo, la crítica a la mercantilización, el proceso de convertir los productos sociales y los servicios y relaciones socioecológicas en mercancías con un valor monetario. No obstante, el decrecimiento no se limita a la crítica. En su aspecto constructivo, el imaginario decrecentista se centra en torno a la economía reproductiva de la atención, y en la recuperación de antiguos —y en la creación de nuevos— comunes (procomún). Cuidar en común estaría representado por nuevas formas de vivir y de producir, como las ecocomunidades y las cooperativas, o en conceptos como la renta básica y el techo de ingresos, instituciones estas que liberarían tiempo de trabajo remunerado y permitirían disponer de él para actividades comunitarias y de cuidado.

Es común escuchar mensajes desde las instituciones acerca de que es necesario reciclar, ahorrar agua, comprar bolsas reutilizables, cambiar los hábitos de consumo y similares. En definitiva, avanzar hacia el cumplimiento de los más o menos famosos ODS de la ONU. Hay quien, con buenas razones, viene a decir que estos objetivos son el «opio del pueblo» (Saito, 2022) de forma provocativa.[169] No obstante, más que a las palabras chocantes, vayamos al contenido. Con la actividad humana hemos aumentado especialmente el CO_2 que, como casi todo el mundo sabe, es uno

169. Kaul *et al.* (2022) lo dicen de forma muy precisa: «La contradicción entre crecimiento y sostenibilidad es evidente en los ODS de las Naciones Unidas. Por un lado, los ODS exigen que los seres humanos alcancen la "armonía con la naturaleza" y protejan los ecosistemas, con metas específicas establecidas en los objetivos 6, 12, 13, 14 y 15. Por otro lado, el objetivo 8 de los ODS exige un crecimiento económico mundial continuo equivalente al 3 % anual. La fe en el crecimiento económico mundial agregado como la mejor manera de alcanzar los objetivos de desarrollo humano se encuentra en la raíz de todo el edificio de los ODS, como lo demuestra su encuadre del crecimiento económico como un objetivo en sí mismo, en lugar de, a lo sumo, un medio para alcanzar los otros objetivos».

de los gases de efecto invernadero. La concentración de este gas en la atmósfera era de 280 partes por millón (ppm) de concentración media en la época anterior a la llamada Revolución Industrial. Hace pocos años, en 2016, superó las 400 ppm. Ahora ya hemos superado las 420 ppm, un nivel jamás antes alcanzado desde hace 4,5 millones de años. No hay discrepancias científicas sobre el hecho de que a niveles superiores a 350 ppm de dióxido de carbono, cifra alcanzada en la década de 1990, el clima se inestabiliza.

Si mantenemos el ritmo de emisiones actuales, en el año 2030 —efectivamente: de aquí a poco más de 6 años— habremos superado el límite de los críticos 1,5 °C de aumento de temperatura media. Esto significa que en el próximo cambio de siglo llegaríamos a sobrepasar los 4 °C. Un desastre absoluto. Pero, como en todo, no todos contribuyen por igual a dicho desastre. Unos lo provocan más y otros lo padecen más. No nos detengamos en las diferencias de responsabilidad entre países: es algo tan obvio que no queremos ofender la inteligencia de quien lea estas páginas recordando muchos datos conocidos, sólo uno: Estados Unidos y China emiten el 43 % del CO_2 mundial (datos de 2020). Los ricos son los principales responsables de la emisión de este gas, lo demás son fantasías.[170] El 0,1 % de las personas más ricas son las que más contaminan: los aviones privados que utilizan tienen un efecto desproporcionado. El 10 % más rico de todo el mundo, ciudadanos de distintas naciones, provoca el 50 % de las emisiones totales de CO_2.

Lo cierto es que hablar de crisis ecológica implica hablar de cambio climático, pero también de calentamiento global, de la degradación del suelo, que afecta sobre todo a la seguridad alimentaria e hídrica de las personas —particularmente de quie-

170. La llamada «falacia de los Países Bajos» ilustra bien lo que queremos decir. Contamina menos este país que algunos países pobres. La mejora de las condiciones medioambientales en los países del primer mundo es parcialmente debido a la transferencia de cargas y costos a la periferia. En otras palabras, la mencionada mejora «es el resultado de haber impuesto al Sur global una buena parte de los efectos negativos del desarrollo económico, como la extracción de recursos y la eliminación de residuos» (Saito, 2022, p. 31).

nes viven en las regiones más pobres y dependientes de la agricultura—, de desplazamientos forzosos y migraciones, o de una mayor polarización entre países ricos y pobres, lo que, a su vez, al intensificarse la competencia por recursos limitados como la tierra, los alimentos o el agua, supone una amenaza para la paz y la seguridad internacional.

Uno de los retos que tenemos, tanto política como racionalmente, es entender que la crisis ecológica no se soluciona solamente tratando de detener el cambio climático, sino que existen diversas dimensiones en el uso de los recursos finitos que también debemos abordar. El decrecentismo ha puesto un debate sobre la mesa (hay quien considera que el decrecentismo es poco menos que una locura, los liberales y acompañantes), entre los que creen posible que la sostenibilidad es compatible con la forma de producir capitalista y los que consideran que el capitalismo y la sostenibilidad del planeta son algo así como la cuadratura del círculo: lógicamente imposible. No por mala voluntad de nadie, sino por las reglas de funcionamiento de una manera determinada de producir. No se trata de maldades personales, que puede haberlas, claro está, se trata de reglas del juego que, una vez aceptadas, tienen su lógica implacable. En palabras de Godin (2023):

> Los economistas dominantes [...] proponen una avalancha de «reformas» para volver a un ritmo de crecimiento «aceptable»: reducción de la protección de los trabajadores, bajada de impuestos, ilusión de solucionismo tecnológico o inversión pública. Pero la crisis es la crisis del modelo de crecimiento global y de la forma de medirlo. El crecimiento no sólo produce desastres ecológicos, sino que ya no puede cumplir sus promesas en la lógica capitalista.

Con las propuestas del impuesto al dióxido de carbono que describimos más adelante, volvamos a decirlo, no pretendemos abordar los temas aquí mencionados de la crisis ecológica y, especialmente, lo relacionado con el decrecimiento. Aunque creemos que son algunas de las múltiples medidas necesarias en el combate que debe darse contra la actual situación de crisis ecológica.

¿Qué renta básica se percibe y cómo se percibe?

Hemos diseñado cuatro escenarios para determinar qué cantidad se transfiere y cómo. Es muy importante subrayar que en ninguno de ellos existe una única persona —sea hombre, mujer, cabeza de familia, etcétera—, exceptuando obviamente los casos de hogares unipersonales y monoparentales con menores, que perciba la totalidad de la transferencia asignada al hogar. Ésta se reparte equitativamente entre todos los miembros del hogar, en cumplimiento del principio de individualidad de la renta básica. Los resultados de los cuatro escenarios siempre se basan en el valor del URP o del URPs particular de cada comunidad autónoma por las razones en las que hemos insistido extensamente en capítulos anteriores.

Sin embargo, en los ejemplos que vienen a continuación se utiliza el URP o URPs único del TFC,[171] puesto que se trata de ilustrar y reproducir las transferencias asignadas a diferentes tipos de hogares, dada una cantidad fijada de renta básica. De esta forma, en los tres primeros escenarios, la referencia es 9.422 euros anuales (URP), mientras que en el último es 6.281 euros anuales (URPs), tal como se estableció en la tabla 5.16.

En las tablas 8.1 a 8.4, que corresponden a los escenarios 1, 2, 3 y 4, se reproducen los resultados de catorce tipos de hogares. Las cantidades que se reflejan son las transferencias que percibe el hogar en su conjunto y las transferencias individuales para cada persona que forma parte de él.

171. Sólo por motivos meramente ilustrativos, aunque también por razones obvias de espacio, puesto que se necesitarían diecisiete tablas, que deberían multiplicarse por cada tipo de escenario considerado si se utilizaran los valores particulares de cada comunidad autónoma. No obstante, en el anexo estadístico, siguiendo la misma enumeración establecida en este capítulo, se reproducen los resultados particulares de cada comunidad autónoma.

En el escenario 1, la cantidad transferida se determina según las características del hogar; consecuentemente, el URP multiplicado por la escala de equivalencia de la OCDE modificada es la cantidad percibida por el hogar. Ahora bien, puesto que la transferencia debe ser individual, esta cantidad se divide por el número de personas que integran el hogar, dando lugar a la cantidad percibida individualmente. Además, en el caso de los hijos menores, su percepción queda asignada a las personas adultas que se consideran sus padres o tutores legales. El tipo de hogares con más de tres adultos y algún menor —las últimas cuatro columnas de las tablas 8.1 a 8.4— representan casos especiales, porque las transferencias a los adultos son distintas: los dos primeros adultos se consideran padres o tutores legales de los menores y se reparten las transferencias de los menores, mientras que el tercer adulto percibe la transferencia proporcional al número de personas del hogar. Ejemplos: en este escenario 1, un hogar con dos personas adultas y un menor, percibirían 8.480 euros cada una de las personas adultas; un hogar con tres adultos, percibirían 6.281 euros cada una; un hogar con dos adultos y cuatro menores, percibirían 12.720 cada una de las personas adultas; tal como se refleja en la tabla 8.1.

Tabla 8.1. Escenario 1: renta básica al hogar individualizada

Percepción (1) = al hogar
(2) = a las personas del hogar
(3) = a las personas mayores de 18 años del hogar

	1A	1A + 1M	1A + 2M	1A + 3M	2A	2A + 1M	2A + 2M	2A + 3M	2A + 4M	3A	3A + 1M	3A + 2M	3A + 3M	3A + 4M
(1)	9.422	12.249	15.075	17.902	14.133	16.960	19.786	22.613	25.439	18.844	21.671	24.497	27.324	30.150
(2)	*9.422*	*6.124*	*5.025*	*4.475*	*7.067*	*5.653*	*4.947*	*4.523*	*4.240*	*6.281*	*5.418*	*4.899*	*4.554*	*4.307*
(3)	*9.422*	*12.249*	*15.075*	*17.902*	*7.067*	*8.480*	*9.893*	*11.306*	*12.720*	*6.281*	*8.126*	*9.799*	*11.385*	*12.922*
											5.418	*4.899*	*4.554*	*4.307*

A = Adulto, M = Menor

Fuente: Elaboración propia.

En el escenario 2, la transferencia al hogar se determina en función de sus integrantes:

- Adultos = 95 % del URP cuando el hogar es monoparental o unipersonal.
- Adultos = 75 % del URP cuando es otro tipo de hogar.
- Menores = 33 % del URP.

Una vez obtenida la cantidad asignada al hogar, ésta se individualiza siguiendo los mismos criterios apuntados en el escenario 1. Los porcentajes del 95 %, 75 % y 33 % son los que se han utilizado en el diseño del *Pla pilot de renda bàsica universal a Catalunya* (GENCAT, 2022). Nos ha parecido un criterio interesante dado que ha sido el resultado de muchas discusiones entre especialistas.

Tabla 8.2. Escenario 2: renta básica individual

Percepción (1) = al hogar
(2) = a las personas del hogar
(3) = a las personas mayores de 18 años del hogar

	1A	1A + 1M	1A + 2M	1A + 3M	2A	2A + 1M	2A + 2M	2A + 3M	2A + 4M	3A	3A + 1M	3A + 2M	3A + 3M	3A + 4M
(1)	8.951	12.092	15.233	18.374	14.134	17.275	20.416	23.557	26.698	21.201	24.342	27.483	30.624	33.765
(2)	*8.951*	*6.046*	*5.078*	*4.594*	*7.067*	*5.758*	*5.104*	*4.711*	*4.450*	*7.067*	*6.086*	*5.497*	*5.104*	*4.824*
(3)	*8.951*	*12.092*	*15.233*	*18.374*	*7.067*	*8.638*	*10.208*	*11.779*	*13.349*	*7.067*	*9.128*	*10.993*	*12.760*	*14.471*
											6.086	*5.497*	*5.104*	*4.824*

A = Adulto, M = Menor

Fuente: Elaboración propia.

El escenario 3 consiste en una pequeña variante del escenario 2:

- Adultos = 95 % del URP cuando el hogar es monoparental o unipersonal.
- Adultos = 70 % del URP cuando es otro tipo de hogar.
- Menores = 33 % del URP.

Se rebaja del 75 % al 70 % el cómputo a las personas adultas en hogares que no son unipersonales ni monoparentales.

Tabla 8.3. Escenario 3: renta básica individual

Percepción (1) = al hogar
(2) = a las personas del hogar
(3) = a las personas mayores de 18 años del hogar

	1A	1A + 1M	1A + 2M	1A + 3M	2A	2A + 1M	2A + 2M	2A + 3M	2A + 4M	3A	3A + 1M	3A + 2M	3A + 3M	3A + 4M
(1)	8.951	12.092	15.233	18.374	13.192	16.333	19.474	22.615	25.756	19.788	22.929	26.070	29.211	32.352
(2)	*8.951*	*6.046*	*5.078*	*4.594*	*6.596*	*5.444*	*4.869*	*4.523*	*4.293*	*6.596*	*5.732*	*5.214*	*4.869*	*4.622*
(3)	*8.951*	*12.092*	*15.233*	*18.374*	*6.596*	*8.167*	*9.737*	*11.308*	*12.878*	*6.596*	*8.598*	*10.428*	*12.171*	*13.865*
											5.732	*5.214*	*4.869*	*4.622*

A = Adulto, M = Menor

Fuente: Elaboración propia.

En el escenario 4, la transferencia al hogar se determina en función de sus integrantes:

- Adultos = 100 % del URPs.
- Menores = 50 % del URPs.

El escenario 4 utiliza como referencia el URPs y podría parecer que incumple la característica 1 del modelo de financiación. Sin embargo, la aplicación en él de la cláusula de eliminación de la pobreza —característica 5 del modelo de financiación, que toma como referencia para su cálculo el URP y no el URPs— la garantiza sobradamente. Su funcionamiento, salvo por las cantidades, es exactamente el mismo que sus dos predecesores.

Tabla 8.4. Escenario 4: renta básica individual

Percepción (1) = al hogar
(2) = a las personas del hogar
(3) = a las personas mayores de 18 años del hogar

	1A	1A + 1M	1A + 2M	1A + 3M	2A	2A + 1M	2A + 2M	2A + 3M	2A + 4M	3A	3A + 1M	3A + 2M	3A + 3M	3A + 4M
(1)	6.282	9.423	12.564	15.705	12.564	15.705	18.846	21.987	25.128	18.846	21.987	25.128	28.269	31.410
(2)	*6.282*	*4.712*	*4.188*	*3.926*	*6.282*	*5.235*	*4.712*	*4.397*	*4.188*	*6.282*	*5.497*	*5.026*	*4.712*	*4.487*
(3)	*6.282*	*9.423*	*12.564*	*15.705*	*6.282*	*7.853*	*9.423*	*10.994*	*12.564*	*6.282*	*8.245*	*10.051*	*11.779*	*13.461*
											5.497	*5.026*	*4.712*	*4.487*

A = Adulto, M = Menor

Fuente: Elaboración propia.

Por último, la tabla 8.5 permite una comparación de los cuatro escenarios atendiendo a la transferencia de renta básica que percibe cada tipo de hogar.

Tabla 8.5. Renta básica transferida según tipo de hogar y escenario

TIPO DE HOGAR	ESCENARIO			
	1	2	3	4
1 adulto (1A)	9.422	8.951	8.951	6.282
1 adulto y 1 menor (1A + 1M)	12.249	12.092	12.092	9.423
1 adulto y 2 menores (1A + 2M)	15.075	15.233	15.233	12.564
1 adulto y 3 menores (1A + 3M)	17.902	18.374	18.374	15.705
2 adultos (2A)	14.133	14.134	13.192	12.564
2 adultos y 1 menor (2A + 1M)	16.960	17.275	16.333	15.705
2 adultos y 2 menores (2A + 2M)	19.786	20.416	19.474	18.846
2 adultos y 3 menores (2A + 3M)	22.613	23.557	22.615	21.987
2 adultos y 4 menores (2A + 4M)	25.439	26.698	25.756	25.128
3 adultos (3A)	18.844	21.201	19.788	18.846

.../...

.../...

TIPO DE HOGAR	ESCENARIO			
	1	2	3	4
3 adultos y 1 menor (3A + 1M)	21.671	24.342	22.929	21.987
3 adultos y 2 menores (3A + 2M)	24.497	27.483	26.070	25.128
3 adultos y 3 menores (3A + 3M)	27.324	30.624	29.211	28.269
3 adultos y 4 menores (3A + 4M)	30.150	33.765	32.352	31.410

Fuente: Elaboración propia.

Las principales conclusiones son:

- En el escenario 1, a medida que aumenta el tamaño del hogar, se transfiere menor renta básica[172] en comparación con el escenario 2 y el escenario 3.
- El escenario 2 y el escenario 3 son muy similares, aunque el aumento de adultos lógicamente penaliza al escenario 3.
- En el escenario 4, el tamaño del hogar tiene la incidencia contraria que en el escenario 1.[173]

172. Por ejemplo, si se compara directamente con el escenario 2, para un hogar unipersonal la diferencia a favor del escenario 1 es superior al 5 %, y en un hogar monoparental con tan sólo un menor sigue siendo favorable, pero tan sólo del 1 %. A partir de aquí, siempre es desfavorable; en un hogar con tres adultos, con una diferencia superior al 11 %, es en el que es más elevada. No obstante, la presencia de menores tiende a atenuar las diferencias entre ambos escenarios.

173. El punto de inflexión se encuentra en hogares de cinco o más miembros: a partir de este tamaño, la transferencia de renta básica del escenario 4 tiende a igualarse a la del resto de los escenarios, pero por debajo del mismo es claramente menor. Si se compara con el escenario 1, en un hogar unipersonal se percibe el 33 % menos, hasta llegar a un hogar con dos adultos y dos menores en el que supone el 5 % menos; a partir de ahí, las diferencias son menos significativas, hasta los hogares con tres adultos y más de un menor, en los que además de volver a distanciarse, pasan a ser favorables al escenario 4, de forma que en el hogar de mayor tamaño considerado se sitúa un 4 % por encima.

La reforma del impuesto sobre la renta (IRPF *ex post*)

La característica 4 del modelo que hemos apuntado al principio del capítulo señala que la financiación de la renta básica debe conseguirse, además de con otras posibilidades, a través de una reforma del IRPF actual o *ex ante*. Veamos las seis líneas principales:

1. Eliminación de todas las reducciones en los rendimientos.
2. Eliminación de todas las reducciones de la actual base imponible.
3. Integración de la base general y del ahorro actuales.
4. Eliminación de los mínimos personales y familiares.
5. Eliminación de todas las deducciones de la cuota actual.
6. Reforma de la tarifa actual.

Se trata, por tanto, de una simplificación radical en el cálculo del impuesto, dado que la base imponible pasa a ser directamente la renta bruta en virtud de los puntos 1, 2 y 3 anteriores.

El punto 3, además, rompe con el impuesto dual imperante en el IRPF *ex ante*.

El punto 4, por su parte, se justifica por la implantación de la renta básica, dado que la definición de la renta básica cubre ampliamente el papel asignado a los conceptos de los mínimos personales. En este sentido, conviene tener en cuenta que en el IRPF *ex ante*, el concepto de mínimo personal y familiar se utiliza simplemente para adecuar la liquidación a la situación personal del contribuyente, pero en ningún caso opera como un impuesto negativo. Es decir, la cuota íntegra (previa a las deducciones) no puede resultar nunca negativa.

El punto 5, finalmente, atañe directamente a una parte muy importante de las deducciones sobre la cuota. Respecto a éstas, para las menos importantes en cantidad (donativos, inversión y estímulos empresariales, inversión y alquiler de vivienda, autonómicas, etcétera), sucede lo mismo que lo señalado para los mínimos personales: no tienen carácter de impuesto negativo; es decir, si no ha habido retención previa, aunque se tenga derecho a la deducción, ésta no tiene efecto. Para el caso de las deducciones que derivan de la situación familiar (maternidad, familia numerosa, etcétera), sí tienen carácter de impuesto negativo, pero por su propia definición estarían también integradas en la renta básica, tal como señala la característica 2 del modelo de financiación.

En el IRPF *ex ante* se considera una base imponible general que está compuesta por las rentas del trabajo, una porción mínima de las rentas financieras (capital mobiliario), las rentas inmobiliarias, las rentas de actividades económicas y también una porción mínima de las ganancias patrimoniales. Todas estas rentas pueden minorarse a través de determinadas reducciones —que desaparecerían con el punto 1 de la reforma— y la agregación de todas ellas ya reducidas da lugar a esta base imponible general.

Por otro lado, la mayoría de las rentas financieras —intereses, dividendos, fondos de inversión, acciones y participaciones, etcétera— y de las ganancias patrimoniales, que no forman parte de la anterior base imponible general, definen la base imponible del ahorro. La suma final de estas rentas, una vez aplicadas las reducciones, ya que también pueden ser minoradas con las reducciones establecidas en la normativa del impuesto, y que igualmente desaparecerían con el punto 1 de la reforma, constituyen esta base imponible del ahorro.

Efectuada esta anterior diferenciación y, tras aplicar otro conjunto de reducciones a ambas bases[174] —que también desaparecerían ahora con el punto 2 de la reforma—, se obtienen las bases liquidables general y del ahorro respectivas. Sobre estas dos bases se aplica una tarifa progresiva distinta a cada una.

174. Fundamentalmente, las derivadas de los planes de pensiones y previsión social, que se han analizado en el apartado del capítulo 5 destinado a la progresividad del IRPF *ex ante*, y han sido clasificadas como claramente regresivas.

En el caso de la tarifa general, además, se contempla una parte estatal y una parte autonómica y, dada la capacidad normativa de las comunidades autónomas, ambas tienen tramos y tipos marginales distintos. La tarifa estatal en la normativa del IRPF *ex ante* de 2019 consta de cinco tramos, que van desde los 12.450 euros hasta superar los 60.000 euros, y con tipos marginales que oscilan entre el 9,5 % en el primer tramo y el 22,5 % en el último. Para la tarifa autonómica de las distintas comunidades autónomas existe un abanico que va desde los cinco hasta los diez tramos (en un intervalo de 12.450 a 175.000 euros), con tipos marginales que oscilan entre el 9 y el 25,5 %.

Por tanto, si se unificaran la tarifa estatal y las distintas tarifas autonómicas, se obtendría un resultado en que los tramos irían desde los 12.450 hasta los 175.000 euros y en que los tipos marginales se situarían en un abanico entre el 18,5 y el 48 %. Ahora bien, en la última declaración que se ha efectuado, correspondiente al ejercicio de 2022,[175] en la tarifa estatal se ha introducido un nuevo tramo hasta los 300.000 euros, por encima del cual se aplica un tipo marginal del 24,5 %, y asimismo, las comunidades de Canarias, La Rioja y la Comunidad Valenciana han aumentado sus tipos marginales máximos hasta el 26, el 27,5 y el 29,5 %, respectivamente. Ello supone que en algunos casos el tipo marginal máximo, en una tarifa unificada, alcanzaría el 54 %.

En lo que respecta a la tarifa del ahorro, dado que las comunidades autónomas no tienen capacidad normativa sobre ella, puede considerarse una tarifa única, ya que está repartida a partes iguales, aunque en la liquidación se distingue entre la cuota de la parte estatal y de la parte autonómica. El motivo de diferenciar en el impuesto estas dos tarifas obedece al hecho de que los mínimos personales y familiares pueden ser distintos para la parte estatal y la parte autonómica, y ello comporta que puedan generar una cuota íntegra estatal y autonómica del ahorro también distinta. Pero a los efectos que aquí interesan, la tarifa única

175. Al menos hasta cuando se redactaba el presente capítulo, y por supuesto refiriéndose a la renta de 2021.

de la base del ahorro en la normativa del IRPF *ex ante* 2019 consta de tres tramos, desde los 6.000 euros hasta superar los 50.000 euros, y con tipos marginales del 19, el 21 y el 23 % para cada uno de ellos. También debemos advertir que en la declaración correspondiente al ejercicio de 2022 se ha añadido un nuevo tramo a partir de 200.000 euros, al que se aplica un tipo marginal del 26 %.

Por eso la justificación del punto 3 de la reforma que proponemos para el IRPF *ex post* —integración de las dos bases imponibles— tiene como razón fundamental que el gravamen al que se somete toda la renta no tenga ninguna diferencia fundamentada por su origen. Y como se ha puesto de manifiesto en el párrafo precedente, si utilizamos la normativa del IRPF *ex ante* de 2019, la diferencia puede alcanzar los quince puntos porcentuales, y con la normativa de 2021, los dieciocho puntos porcentuales, lo que favorece, de forma flagrante, a las rentas gravadas en la base del ahorro, de un cariz mucho más especulativo que las contenidas en la base general.

La tarifa del IRPF *ex post* que proponemos se resume en la tabla 8.6, en donde debe advertirse:

- Que es distinta para cada uno de los cuatro escenarios analizados, dado el diferente coste que supone la cantidad de renta básica transferida en cada uno de ellos.
- Los tramos se construyen por la diferencia entre la renta bruta personal y el ahorro personal.[176]

176. Debido a que el ahorro, que se considera una cantidad que beneficia al Estado, en el sentido de que la renta básica absorbe prestaciones que pueden desaparecer en parte (característica 2 del modelo de financiación), debe eliminarse de la renta que sí debe tributar.

Tabla 8.6. Tarifa del IRPF según escenario

TRAMOS DE RENTA BRUTA PERSONAL	TIPOS MARGINALES			
	ESCENARIO 1	ESCENARIO 2	ESCENARIO 3	ESCENARIO 4
0 euros a 3.000 euros	30,00 %	30,00 %	30,00 %	25,00 %
3.000 euros a 12.000 euros	44,00 %	46,00 %	45,00 %	43,00 %
12.000 euros a 25.000 euros	48,00 %	50,00 %	48,00 %	46,00 %
25.000 euros a 50.000 euros	49,00 %	52,00 %	49,00 %	48,00 %
50.000 euros a 100.000 euros	53,00 %	56,00 %	53,00 %	52,00 %
100.000 euros a 200.000 euros	55,00 %	58,00 %	55,00 %	54,00 %
200.000 euros a 300.000 euros	57,00 %	62,00 %	57,00 %	56,00 %
300.000 euros en adelante	60,00 %	65,00 %	62,00 %	60,00 %

Fuente: Elaboración propia.

El impuesto sobre la riqueza (IR *ex post*)

Tal como se ha justificado en el capítulo 5, el PH-2019 permite integrar la variable riqueza en el modelo de financiación de forma endógena. Esto es muy importante, puesto que uno de los pilares en los que se sustenta el modelo es precisamente la creación de un impuesto sobre la riqueza. Además, en el capítulo 7 se ha discutido extensamente una propuesta para este impuesto, que es precisamente la que utilizamos en este apartado de explicación de resultados del modelo de financiación.

Sin embargo, creemos interesante insistir un poco más en la más que necesaria introducción de este impuesto, dado que existen razones muy claras que lo justifican:

- El modelo fiscal actual no es suficientemente redistributivo para impedir la creciente acumulación de riqueza por los más ricos.
- Esta acumulación viene acompañada de una pauperización de los más pobres, especialmente entre los hogares y personas más jóvenes.
- La acumulación de riqueza se está produciendo en la última década en un entorno de difícil acceso a la propiedad de la vivienda por parte de las clases más desfavorecidas; el resultado es que se incrementa la transferencia de rentas de las clases bajas a las clases altas por la vía de los alquileres, impidiendo la capacidad de ahorro de los más pobres y de menor edad para acceder a la propiedad.
- Los impuestos actuales sobre las rentas que genera la riqueza acumulada son muy poco progresivos o directamente regresivos, ya que los más ricos disponen de múltiples mecanismos para no tributar por sus incrementos de riqueza.[177]

Lo cierto es que la redistribución de riqueza que se había conseguido en las décadas de 1980 y 1990 con la modernización fiscal posdictadura se está revirtiendo, con cierto retraso, pero siguiendo la estela de las corrientes neoliberales y desfiscalizadoras introducidas en Estados Unidos y el Reino Unido, impulsadas por las administraciones de Reagan y Thatcher y acentuadas por administraciones posteriores.

En resumen, si se quiere revertir esta tendencia, proponemos que exista una transferencia de riqueza de los segmentos crecientemente ricos en términos relativos hacia los menos ricos

177. En general, sólo se tributa por las ganancias realizadas, no por las acumuladas en los activos en el patrimonio de las familias o en el balance de las sociedades que poseen, o bien tienen importantes descuentos en función del tiempo en el que se han generado o por su propia naturaleza —como, por ejemplo, el caso del 60 % de reducción de los ingresos por alquileres de vivienda en la tributación del IRPF *ex ante*.

mediante la captura fiscal de los incrementos de riqueza, que hagan que ésta se acumule en el segmento más opulento. La forma eficiente de implementarla es de manera continua —mediante un impuesto sobre la riqueza— o durante las transmisiones de las masas patrimoniales —a través de los impuestos de donaciones y sucesiones—. Creemos que es más equitativa la primera forma, ya que no depende de las vicisitudes vitales de cada contribuyente. Esta transferencia debería financiar parcialmente la renta básica. Por lo tanto, tiene, al igual que la reforma del IRPF *ex ante* propuesta en el apartado anterior, un doble componente predistributivo y redistributivo.

Retomando lo apuntado en el capítulo 7, en la tabla 7.10 se introdujo una propuesta de tarifa para el impuesto sobre la riqueza, que es la que ahora vamos a utilizar en el modelo de financiación, junto a tres condiciones para su aplicación, que también allí quedaron sobradamente justificadas.

La moratoria para percibir la renta básica

Ya hemos comentado, al principio del capítulo, en la característica 9 del modelo de financiación, que tenemos dudas sobre si debería existir una moratoria para percibir la renta básica en función del tiempo de residencia. Es obvio que algunos defensores de la universalidad e incondicionalidad de la renta básica nos pueden acusar de introducir supuestamente un condicionante —como también lo puede ser la edad o considerar el hogar, aunque se individualiza como hemos explicado para determinar la cantidad de renta básica—. Pero también es cierto que no podemos ser ajenos a que estamos proponiendo una renta básica «en un solo país» y que políticamente tenemos que aceptar algunas limitaciones para que no se nos acuse, supuestamente y con o sin razón, de fomentar un efecto llamada que provocaría una afluencia masiva de inmigrantes de países pobres que serían beneficiarios netos del nuevo modelo. Por ello proponemos que la renta básica se aplique a partir del cuarto año de residencia permanente, entendiendo por tiempo de residencia el que la persona haya estado empadronada desde su entrada en el territorio o bien por nacimiento —ya que consideramos que los nacidos aquí no tendrían esta moratoria si sus progenitores ya percibieran la renta básica—. Es decir, una moratoria de tres años, que coincide con la legislación actual de extranjería para conceder en general permisos de residencia permanente por arraigo. Obviamente, la moratoria podría ser de dos años o de uno. Como tantas otras cuestiones, solamente un debate democrático puede dilucidar la cuestión. Si hemos elegido los tres años es simplemente por la coincidencia con la legislación actual de extranjería, lo que no supone que consideremos que sea justa o que no nos parezca que no debería ser tan restrictiva. Debe quedar claro que nosotros estamos confeccionando aquí una posible propuesta de financiación, no un programa de gobierno.

Esta moratoria implica una reducción de costes brutos de la renta básica, así como de ingresos, puesto que las personas bajo la moratoria deberán seguir tributando a los tipos del IRPF *ex ante*, más bajos que los propuestos en su reforma, a la que antes hemos hecho referencia.

La primera cuestión que dilucidar es la cantidad de personas que podrían verse afectadas. Según los datos del INE,[178] en el trienio 2017-2019 entraron en el TFC procedentes del extranjero poco más de 1,83 millones de inmigrantes —el equivalente al 4,1 % de la población—, de los cuales el 80 % procedían de países con ingresos medios o bajos y tan sólo 104.000 eran nacidos en el TFC que retornaban.

Para simular el impacto de esta reducción de beneficiarios temporales de la renta básica hemos utilizado información de anteriores estudios realizados con datos de la muestra de resi-

178. La Estadística de Migraciones cuantifica el número de inmigraciones procedentes del extranjero, emigraciones con destino al extranjero, migraciones interautonómicas y migraciones interprovinciales desagregadas por sexo, año de nacimiento, edad, nacionalidad y país de nacimiento del migrante, y origen y destino de la migración. Puede consultarse en: <https://www.ine.es/jaxiT3/Tabla.htm?t=24413&L=0>.

dentes en Barcelona ciudad, que la AEAT elaboró para el Ayuntamiento de Barcelona.[179]

Los resultados del análisis de esta información, circunscrita a la ciudad de Barcelona, indican que los nuevos residentes se acumulan en los tramos de renta inferiores (con una cuota del 40 % de las familias en los tramos más bajos) y su participación en los tramos de ingresos es decreciente. Se pueden argüir dos razones para una explicación de tales resultados:

- Residentes inmigrantes con antigüedad de un solo año, porque aun teniendo capacidad de generar ingresos, en promedio, sólo los declaran durante medio año.
- Residentes inmigrantes con mayor antigüedad de un año, cuya gran mayoría proceden de países con menores ingresos (el 89 %), tienen un nivel de estudios claramente inferior a la media y acceden por primera vez a un empleo, porque dadas estas características es razonable pensar que sus salarios se sitúen en la parte inferior de la distribución de ingresos de los hogares.

Dado que la Estadística de Migraciones del INE indica que la distribución por países ricos y pobres de los inmigrantes en el TFC y en la ciudad de Barcelona no son excesivamente dispares y, sobre todo, porque no existen datos fiscales de los inmigrantes según su tiempo de permanencia, hemos utilizado la misma ratio de corrección obtenida en esta última. Así conseguimos, para

179. Concretamente, para el año 2018 dicha muestra proporcionaba información con una estructura muy similar a la que se ha descrito en el capítulo 5 del PH, en lo concerniente a los apartados de las fuentes de renta y del IRPF. Junto a esa muestra, la AEAT también facilitó datos censales agregados —según se llevaran uno, dos, tres y más de tres años residiendo en la ciudad— correspondientes a 185 tramos de base imponible con intervalos de 250 euros (para bases imponibles entre 0 y 32.000 euros), de 1.000 euros (para bases imponibles entre 32.000 y 50.000 euros), de 5.000 euros (para bases imponibles entre 50.000 y 150.000 euros), de 10.000 euros (para bases imponibles entre 150.000 y 300.000 euros) y un último estrato por encima de los 300.000 euros. En total, se dispone de información relativa a 184 tramos de renta.

el conjunto del TFC, repartir los hogares de inmigrantes sujetos a moratoria entre los diversos tramos de renta.

Para estas personas excluidas temporalmente de la renta básica, se mantendrían las reglas fiscales existentes hasta ahora, ya sea la denominada Ley Beckham (impuesto sobre la renta de no residentes) o el IRPF *ex ante*. Esto implica que seguirían tributando y pagando a la Hacienda Pública lo mismo que antes de la implantación de la renta básica y no con la reforma que hemos detallado con anterioridad.

Como corolario a este apartado, queremos señalar que, aun cuando este libro se refiere concretamente a la financiación de la renta básica en el reino de España o a una parte muy extensa de su territorio, somos firmes partidarios de la creación de una renta básica mundial,[180] priorizando su implementación en los países de bajos ingresos y financiada por transferencias de los países ricos que evite el llamado efecto patada, por el que millones de inmigrantes económicos deben marchar de sus lugares de origen para poder subsistir y que, desde un punto de vista de justicia social, resulta mucho peor que el antes referido efecto llamada. Una renta básica en estos países pobres, junto con procesos ordenados de migraciones que no drenen constantemente de ellos el talento, sería una formidable estrategia de desarrollo mundial equitativo y sostenible. Debemos recordar que, con datos del Banco Mundial, la tasa de crecimiento demográfico de los países más pobres (mayoritariamente en África) es mucho mayor que la de los países de mayores ingresos y con sistemas de protección social más desarrollados. En esos países pobres —un buen ejemplo es el caso de Nigeria que, con más de cinco hijos por mujer, tiene una previsión para 2050 de casi 380 millones de habitantes, más de 1,7 veces la actual—, tener hijos se considera un seguro de vida para la vejez, lo que provoca el efecto infernal de que a mayor pobreza, mayor crecimiento demográfico, lo que, a su vez, genera mayor pobreza.

180. Aunque no se trata de una renta básica mundial, ya que sus posibilidades de financiación son muy distintas, en el capítulo 9 se describe el caso de una renta básica para la Unión Europea, haciendo hincapié en sus costes y formas de financiación.

Principales características y funcionamiento del modelo de financiación

Es conveniente introducir un conjunto de definiciones para poder describir cómo funciona el modelo de financiación que proponemos, ya que serán imprescindibles para la comprensión de los resultados que se exponen en el apartado siguiente. A continuación, además de los conceptos utilizados por el modelo, también queda establecida la secuencia de cálculo dentro de él. Debe tenerse en cuenta que cuando se introduce un concepto, que se deriva de los anteriores en la secuencia de cálculo, su formulación queda señalada por un recuadro.

- Rbruta = Renta bruta.
- CSS = Cotizaciones sociales.
- IRPF_a = Impuesto sobre la renta *ex ante*.
- IP_a = Impuesto sobre el patrimonio *ex ante*.
- Rneta_a = Renta neta *ex ante*.

Rneta_a = Rbruta – CSS – IRPF_a – IP_a

- TRB = Transferencia de renta básica según escenario.
- Ahorro = Cantidad ahorrada que la TRB absorbe. Característica 2 del modelo.

Ahorro = mín (TRB, Prest. desempleo + Pensiones jubilación + Prest. exentas)

- IRPF_p = Impuesto sobre la renta *ex post*.
- IR_p = Impuesto sobre la riqueza *ex post*.

IRPF_p = Tarifa sobre (Rbruta – Ahorro) (ver tabla 8.6) IR_p = Tarifa sobre (RiqNeta) (ver tabla 7.10)

- Déficit IRPF_p = Déficit de financiación para garantizar la característica 5 del modelo.

$$\text{Déficit IRPF\_p} = \text{IRPF\_p} - (\text{TRB} + \text{IRPF\_a} - \text{Ahorro})$$

- Rneta_pa = Renta neta *ex post* (antes de la compensación).

$$\text{Rneta\_pa} = \text{Rbruta} - (\text{CSS} + \text{Ahorro}) + \text{TRB} - (\text{IRPF\_p} + \text{IR\_p})$$

- C_Compens. = Coste de compensar a los hogares cuya Rneta_pa es inferior a su Rneta_a y están por debajo del 80 percentil de Rbruta equivalente. Característica 7 del modelo.
- Rneta_pc = Renta neta *ex post* (compensada).

$$\text{Si } \left.\frac{\text{Rneta\_pa}}{\text{OCDE}} \leq 80 \text{ percentil} \quad \text{y} \quad \text{Rneta\_pa} < \text{Rneta\_a}\right\} \rightarrow \begin{cases} \text{C\_Compens.} = \text{Rneta\_a} - \text{Rneta\_pa} \\ \text{Rneta\_pc} = \text{Rneta\_a} \end{cases}$$

$$\text{En caso contrario: Rneta\_pc} = \text{Rneta\_pa}$$

- C_Pobreza = Coste de igualar la renta neta *ex post* (ya compensada) con el URP. Característica 8 del modelo.
- Rneta_p = Renta neta *ex post*.

$$\text{Si Rneta\_pc} < (\text{URP} \times \text{OCDE}) \rightarrow \begin{cases} \text{C\_Pobreza} = \text{Rneta\_pc} - (\text{URP} \times \text{OCDE}) \\ \text{Rneta\_p} = \text{URP} \times \text{OC DE} \end{cases}$$

$$\text{En caso contrario: Rneta\_p} = \text{Rneta\_pc}$$

- qH = Diferencia entre renta neta del hogar *ex post* y renta neta del hogar *ex ante*.
- G_H = Ganancias en el hogar.
- P_H = Pérdidas en el hogar.
- HG = Hogar ganador.
- HP = Hogar perdedor.

$$qH = Rneta\_p - Rneta\_a$$

$$\text{si } qH \geq 0 \rightarrow \begin{cases} G\_H = qH;\ P\_H = 0 \\ y \\ HG = 1;\ HP = 0 \end{cases} \qquad \text{si } qH < 0 \rightarrow \begin{cases} HP = 1;\ HG = 0 = 0 \\ y \\ HG = 1;\ HP = 0 \end{cases}$$

- qP = Diferencia entre renta neta *ex post* y renta neta *ex ante* (mayores de 18 años).
- G_P = Ganancias en las personas mayores de 18 años.
- P_P = Pérdidas en las personas mayores de 18 años.
- PG = Personas mayores de 18 años ganadoras.
- PP = Persona mayores de 18 años perdedoras.

$$qP = \sum_{i=1}^{n} (Rneta\_p_i - Rneta\_a_i)$$

$$\text{si } qP \geq 0 \rightarrow \begin{cases} G\_P = qP;\ P\_P = 0 \\ y \\ PG = 1;\ PP = 0 \end{cases} \qquad \text{si } qP < 0 \rightarrow \begin{cases} P\_P = qP;\ G\_P = 0 \\ y \\ PP = 1;\ PG = 0 \end{cases}$$

n = personas mayores de 18 años

Coste_NF = Coste resultante del déficit generado por el IRPF_p y el IR_p, por la compensación y por la eliminación de la pobreza de los hogares.

$$Coste\_NF = \text{Déficit } IRPF\_p + C\_Compens. + C\_Pobreza$$

Resultados

Tabla 8.7. Resumen de resultados (importes monetarios en millones de euros)

INFORMACIÓN SOBRE LA POBLACIÓN UTILIZADA					
	INCLUIDOS	EXCLUIDOS	TOTAL	MUESTRA	
Hogares	16.243.786	887.536	17.131.322	Hogares	947.876
Personas	42.409.526	1.821.168	44.230.694	Personas	2.710.152
Personas entre 0 y 13 años	5.688.771				
Personas entre 14 y 17 años	1.728.836				
Personas de 18 y más años	34.991.920				

Renta bruta	666.052,52	
IRPF	87.969,90	
Cotizaciones sociales de asalariados y desempleados (CSS)	24.735,59	
Impuesto sobre el patrimonio (IPPF)	1.132,94	
Renta neta *ex ante* (renta bruta - CSS - IRPF - IPPF)	552.214,09	
Riqueza bruta	2.940.293,61	
Riqueza neta	2.347.531,71	
Hogares en riesgo de pobreza, renta neta *ex ante* del hogar < URP	3.242.210	(19,96 %)
Hogares en riesgo de pobreza severa, renta neta *ex ante* del hogar < URPs	1.620.608	(9,98 %)
Personas < 18 años en riesgo de pobreza, renta neta *ex ante* del hogar < URP	2.031.402	(27,39 %)
Personas < 18 años en riesgo de pobreza severa, renta neta *ex ante* del hogar < URPs	1.075.137	(14,49 %)
Personas ≥ 18 años en riesgo de pobreza, renta neta *ex ante* del hogar < URP	6.708.994	(19,17 %)
Personas ≥ 18 años en riesgo de pobreza severa, renta neta *ex ante* del hogar < URPs	3.255.305	(9,30 %)
Índice de Gini sobre renta bruta	0,4024	
Índice de Gini sobre renta neta *ex ante*	0,3647	
Índice de Suits sobre IRPF *ex ante* (renta neta *ex ante*)	0,3614	
Índice de Suits sobre IPPF (renta neta *ex ante*)	0,6906	
Efecto redistributivo *ex ante*	0,0376	
Índice de Gini sobre riqueza bruta	0,6618	
Índice de Gini sobre riqueza neta	0,8516	

Escenario 1. Renta básica al hogar individualizada: URP x escala OCDE modificada
Escenario 2. Renta básica: adultos = 95 %/75 % URP (monoparental, unipersonal/resto), menores = URP/3
Escenario 3. Renta básica: adultos = 95 %/70 % URP (monoparental, unipersonal/resto), menores = URP/3
Escenario 4. Renta básica: adultos = URPs, menores = 50 % URPs

... / ...

.../...

	Escenario 1	Escenario 2	Escenario 3	Escenario 4
Ahorro por implantación de la RB	84.111,74	86.123,19	83.187,40	76.072,34
Renta básica según supuesto	269.603,68	284.060,66	269.667,79	246.774,84
IRPF *ex post*	265.407,18	276.870,45	268.036,03	258.471,75
Tipo impositivo medio resultante	45,61 %	47,74 %	45,99 %	43,81 %
Impuesto sobre la riqueza *ex post*	7.690,21	7.690,21	7.690,21	7.690,21
Renta Neta *ex post* (antes compensación)	553.711,48	554.693,74	552.071,08	545.857,47
Coste compensación (Hogares compensados hasta el percentil 80 de Renta Bruta equivalente)	10.592,21	10.605,25	11.379,40	13.100,41
Coste de eliminar la pobreza (renta neta *ex post* del hogar = URP)	1.347,31	1.997,36	2.016,44	3.907,72
Renta neta *ex post*	565.650,78	567.296,12	565.466,70	562.865,38
% Hogares ganadores	56,80 %	55,90 %	54,88 %	50,69 %
% Hogares compensados	23,24 %	23,83 %	24,97 %	29,22 %
% Hogares ganadores + compensados	80,05 %	79,73 %	79,85 %	79,91 %
% Hogares perdedores	19,95 %	20,27 %	20,15 %	20,09 %
% Personas ≥ 18 años ganadoras	54,60 %	55,54 %	54,25 %	52,54 %
% Personas ≥ 18 años compensadas	3,42 %	3,31 %	3,70 %	4,36 %
% Personas ganadoras + compensadas	58,02 %	58,85 %	57,95 %	56,90 %
% Personas ≥ 18 años perdedoras	41,93 %	41,10 %	41,98 %	42,99 %
Déficit(+)/Superávit(-) del impuesto sobre la riqueza *ex post*	-4.249,31	-4.912,40	-5.705,63	-9.317,92
Déficit(+)/Superávit(-) del IRFF *ex post*	-8.054,66	-9.036,92	-6.414,26	-200,65
Déficit(-)/Superávit(+) de financiación	-12.303,97	-13.949,31	-12.119,89	-9.518,56
% sobre el PIB	0,99 %	1,12 %	0,97 %	0,76 %
Índice de Gini sobre renta neta *ex post*	0,2296	0,2214	0,2297	0,2362
Índice de Suits sobre IRPF *ex post* (renta neta *ex post*)	0,2694	0,2774	0,2642	0,2521
Índice de Suits sobre renta básica (renta neta *ex post*)	−0,2295	−0,2125	−0,2247	−0,2183
Efecto redistributivo *ex post*	0,1728	0,1810	0,1727	0,1662

Nota: URP y URPs indican el umbral de riesgo de pobreza y pobreza severa de cada CA.
Fuente: Elaboración propia.

La tabla 8.7 reproduce los resultados más relevantes de los cuatro escenarios que se han indicado anteriormente. Debe advertirse que se trata del resumen obtenido para el total de las diecisiete comunidades autónomas analizadas, ya que como se ha apuntado en apartados previos, el modelo se aplica por separado utilizando en sus cálculos el URP particular de cada comunidad autónoma.[181]

La situación *ex ante*

El primer apartado se destina a resumir la población de referencia en tres tramos de edad —población menor, población entre 14 y 17 años, y población adulta—. Aquí también se hace referencia a la población que se excluye de los cálculos del modelo de financiación, debido a la moratoria para tener acceso a la renta básica, cuyo funcionamiento también se ha explicado detalladamente. La repercusión de esta moratoria es que aproximadamente un 5,2 % de los hogares y un 4,1 % de las personas quedan excluidas del cálculo.

El segundo apartado recoge los valores de las principales magnitudes agregadas de lo que denominamos situación *ex ante*, que permiten determinar las diferencias entre renta bruta y renta neta debidas a los impuestos y cotizaciones sociales (se incluyen igualmente la riqueza bruta y la riqueza neta). También en este caso hay algunas repercusiones generadas por la exclusión del conjunto de personas que incumplen la moratoria, que pueden cifrarse en disminuciones que oscilan entre el 1,5 y el 2 % para las cuatro magnitudes mencionadas.

El tercer apartado reproduce los indicadores de pobreza a los que se ha hecho referencia en el capítulo 5. Muy resumidamente, la renta básica debe solucionar la existencia de casi un 20 % de hogares en riesgo de pobreza (más de 3,2 millones, de los que la mitad se encuentran en pobreza severa). En términos de las personas menores de 18 años, casi 2 millones (27,4 %) son pobres, y más de la mitad se encuentran en situación de pobreza severa. Y, finalmente, para las personas mayores de 18 años, la situación no mejora especialmente, puesto que hay 6,7 millones (19,2 %) y también casi la mitad de ellas son pobres severas.

181. En el anexo estadístico se pueden consultar por separado los resultados para cada comunidad autónoma.

El cuarto apartado proporciona indicadores de desigualdad y redistribución. Como ya se ha avanzado también en el capítulo 5, el índice de Gini, ya sea sobre la renta bruta (0,40) o neta (0,36), alcanza valores excesivamente elevados si los comparamos con los Estados miembros de la Unión Europea más cercanos a nuestro entorno económico. El efecto redistributivo alcanzado con el impuesto sobre la renta —por excelencia la figura que debería ayudar a poner remedio al elevado grado de desigualdad observado— tan sólo consigue transferencias de ricos a pobres que no van más allá del 4 %, poniendo de manifiesto que las políticas sociales que deberían revertir esa situación no son actualmente en absoluto eficaces, aun a pesar de que el impuesto sobre la renta es claramente progresivo según lo que demuestra el índice de Suits. Finalmente, otro dato relevante, que también se ha comentado en el capítulo 7, es la elevada concentración que se observa en la riqueza bruta (0,66) y neta (0,85) personal, que añade un elemento adicional de justificación del impuesto sobre la riqueza propuesto en el modelo de financiación.

La situación *ex post*

La última parte de la tabla plantea los cuatro posibles escenarios de implementación de la renta básica mediante una reforma del IRPF *ex ante* y la introducción de un IR, tal como se han definido con anterioridad. En esta última parte de la tabla es imprescindible recordar las definiciones que aparecen en el apartado anterior, en el que se ha detallado el funcionamiento del modelo de financiación.

Según la posición que ocupan en este último apartado de la tabla 8.7, tenemos la siguiente descripción:

- Ahorro en las prestaciones monetarias que van a quedar sustituidas total o parcialmente por la renta básica, tal como se establece en la característica 5 del modelo; la mayor parte de este ahorro se produce en pensiones —parte de las contributivas más bajas y casi la totalidad de las no contributivas—, prestaciones y subsidios de desempleo, rentas mínimas autonómicas y posibles devoluciones en el IRPF *ex ante* por deducciones de características familiares —las que actúan como impuesto negativo.

- Renta básica transferida.[182]
- Recaudación del IRPF *ex post*: la que se obtendría con la reforma del IRPF *ex ante*.
- Tipo impositivo efectivo medio:

IRPF_p / (Rbruta - Ahorro).

- Recaudación del IR *ex post*: la que se obtendría con la introducción del IR.
- Renta neta *ex post* antes de la compensación: la renta bruta de la que se detraen las cotizaciones sociales y el ahorro, a la que se añade la renta básica transferida, y de la que también se descuentan el IRPF *ex post* y el IR *ex post*, esto es:

Rneta_pa = Rbruta - (CSS + Ahorro) + TRB - (IRPF_p + IR_p).

- La suma total de los importes que transferir o descontar del IRPF *ex post* a cada persona cuya renta neta *ex post* antes de la compensación es inferior a su renta neta *ex ante*, y siempre que su hogar se sitúe por debajo del percentil 80 en renta bruta equivalente —la cláusula de compensación según la característica 7 del modelo.
- La suma total de transferencias o reducciones en el IRPF *ex post* a las personas que forman parte de un hogar cuya renta neta *ex post* es inferior al URP que le corresponde según sus características —la cláusula de eliminación de la pobreza, según la característica 8 del modelo.

182. Aunque es algo más complejo, tal como se ha discutido en uno de los apartados anteriores, puede decirse que una buena aproximación sería multiplicar el importe de cada renta básica por el total de las personas que la van a percibir.

- La renta neta *ex post*: la renta neta *ex post* antes de la compensación, a la que se añaden, si corresponde, las dos anteriores transferencias.
- Los hogares ganadores antes de la compensación (cuya renta neta *ex post* antes de la compensación supera su renta neta *ex ante*); los hogares compensados (bien sea por la cláusula de compensación o por la de eliminación de la pobreza), la suma de los dos anteriores y los hogares perdedores (cuya renta neta *ex post* es inferior a su renta neta *ex ante*).
- Los mismos cuatro conceptos anteriores, pero referidos a las personas mayores de 18 años.
- El déficit en el IRPF *ex post*:

  $$\text{Déficit IRPF\_p} = \text{IRPF\_p} - (\text{TRB} + \text{IRPF\_a-Ahorro}),$$

  que se interpreta como la insuficiente capacidad recaudatoria para conseguir la renta básica transferida (TRB), a la que debe añadirse el IRPF *ex ante* (según la característica 5 del modelo de financiación), aunque descontando el ahorro por la implantación de la renta básica (puesto que se detrae de la renta bruta sobre la que opera la tarifa del IRPF *ex post*).
- El déficit en el IR *ex post*: se trata de la diferencia entre la recaudación obtenida por dicho impuesto y la suma del coste de compensación y de eliminación de la pobreza, y, por ello, su significado es la insuficiente capacidad recaudatoria del IR *ex post* para cubrir dichos costes.
- El déficit de financiación total de la renta básica (la suma de los dos anteriores), junto con el porcentaje que representa sobre el PIB.
- Los índices de desigualdad (Gini), de progresividad (Suits) y de redistribución que son consecuencia de la nueva situación.

A continuación, se reproduce un resumen de los resultados de cada escenario, a modo de titular, en el que se tiene en cuenta, fundamentalmente: cómo se ven beneficiados o perjudicados los hogares y las personas, cuáles son los efectos sobre la redistribución y cuál es el coste generado en la situación *ex post*.

Escenario 1:

- Desaparecen los hogares en riesgo de pobreza.
- Todos los hogares por debajo del 80 percentil de renta bruta equivalente mantienen o mejoran su posición respecto a la situación *ex ante*.
- El 56,8 % de los hogares son ganadores netos, el 23,2 % son compensados y el 20,0 % son perdedores netos.
- El 58,0 % de las personas adultas son ganadoras y el 42,0 % de las personas adultas son perdedoras.
- El coste de las cláusulas de compensación y de eliminación de la pobreza asciende a 11.939,51 millones de euros.
- Efecto redistributivo del 17,3 %, frente al 3,8 % que se obtenía en la situación *ex ante*.
- El coste total no financiado, déficit de recaudación *ex post* + compensación + eliminación de la pobreza, se eleva a 12.303,97 millones de euros, lo que supone el 0,99 % sobre el PIB del TFC.

Escenario 2:

- Desaparecen los hogares en riesgo de pobreza.
- Todos los hogares por debajo del 80 percentil de renta bruta equivalente mantienen o mejoran su posición respecto a la situación *ex ante*.
- El 55,9 % de los hogares son ganadores netos, el 23,8 % son compensados y el 20,3 % son perdedores netos.
- El 58,9 % de las personas adultas son ganadoras y el 41,1 % de las personas adultas son perdedoras.
- El coste de las cláusulas de compensación y de eliminación de la pobreza asciende a 12.602,60 millones de euros.
- Efecto redistributivo del 18,1 %, frente al 3,8 % que se obtenía en la situación *ex ante*.
- El coste total no financiado, déficit recaudación *ex post* + compensación + eliminación de la pobreza, se eleva a 13.949,31 millones de euros, lo que supone el 1,12 % sobre el PIB del TFC.

Escenario 3:

- Desaparecen los hogares en riesgo de pobreza.
- Todos los hogares por debajo del 80 percentil de renta bruta equivalente mantienen o mejoran su posición respecto a la situación *ex ante*.
- El 54,9 % de los hogares son ganadores netos, el 25,0 % son compensados y el 20,2 % son perdedores netos.
- El 58,0 % de las personas adultas son ganadoras y el 42,0 % de las personas adultas son perdedoras.
- El coste de las cláusulas de compensación y de eliminación de la pobreza asciende a 13.395,93 millones de euros.
- Efecto redistributivo del 17,3 %, frente al 3,8 % que se obtenía en la situación *ex ante*.
- El coste total no financiado, déficit recaudación *ex post* + compensación + eliminación de la pobreza, se eleva a 12.119,89 millones de euros, lo que supone el 0,97 % sobre el PIB del TFC.

Escenario 4:

- Desaparecen los hogares en riesgo de pobreza.
- Todos los hogares por debajo del 80 percentil de renta bruta equivalente mantienen o mejoran su posición respecto a la situación *ex ante*.
- El 50,7 % de los hogares son ganadores netos, el 29,2 % son compensados y el 20,1 % son perdedores netos.
- El 57,0 % de las personas adultas son ganadoras y el 43,0 % de las personas adultas son perdedoras.
- El coste de las cláusulas de compensación y de eliminación de la pobreza asciende a 17.008,12 millones de euros.
- Efecto redistributivo del 16,6 %, frente al 3,8 % que se obtenía en la situación *ex ante*.
- El coste total no financiado, déficit recaudación *ex post* + compensación + eliminación de la pobreza, se eleva a 9.518,56 millones de euros, lo que supone el 0,76 % sobre el PIB del TFC.

La primera cuestión que cabe señalar es la coincidencia en todos los escenarios de los dos primeros puntos, puesto que en los cuatro casos se obtienen las mismas conclusiones en esos dos apartados. Ante la coincidencia, hubiéramos podido no considerarlos en el resumen, pero dada la significación de ambos —eliminar la pobreza relativa y que los hogares perjudicados en el modelo de financiación sean únicamente los que se sitúan entre el 20 % superior de los más ricos— nos ha parecido que eran razones suficientemente relevantes para incluirlos como resumen.

En lo concerniente a los hogares, los valores oscilan entre el 50,7 y el 56,8 % para los ganadores netos, entre el 23,2 y el 29,2 % para los compensados y entre el 20,0 y el 20,3 % para los perdedores netos. Si se atiende a las personas adultas, los valores van del 52,5 al 54,6 % para las ganadoras netas, entre el 3,4 y el 4,4 % para las compensadas, y del 41,9 al 43 % para las perdedoras. Hay que advertir que en su inmensa mayoría las personas menores de 18 años son ganadoras netas.

En lo relativo al coste total de las cláusulas de compensación y de eliminación de la pobreza (características 7 y 8 del modelo de financiación) la cantidad es, respectivamente para cada escenario: 11.939,51 millones de euros, 12.602,60 millones de euros, 13.395,93 millones de euros y 17.008,12 millones de euros. Para entendernos, esas cantidades son el coste conjunto de los dos primeros titulares de los resúmenes anteriores y enlazan con los dos impuestos que contempla el modelo de financiación. El IRPF *ex post* por el que se recauda, respectivamente en cada escenario: 265.407,18 millones de euros, 276.870,45 millones de euros, 268.036,03 millones de euros y 258.471,75 millones de euros,[183] y el IR *ex post*, cuya recaudación es de 7.690,21 millones de euros, la misma en todos los escenarios (estos últimos valores sí figuran en la tabla 8.7, pero no en los resúmenes de los escenarios).

183. Las elevadas cantidades de las recaudaciones del IRPF *ex post* son producto de la característica 5 del modelo de financiación, ya que debe garantizarse la renta básica total transferida y además la recaudación del IRPF *ex ante*.

El efecto redistributivo oscila entre el 16,6 y el 18,1 %, lo que significa multiplicar por 4,5 el que se obtiene en la situación *ex ante*.[184] ¿Qué traducción tiene este resultado en la situación *ex post*? No es más que el efecto de las transferencias que se dan entre hogares ricos y pobres como consecuencia del IRPF *ex post*, del IR *ex post* y de la aplicación de las cláusulas de compensación y de eliminación de la pobreza, o, dicho de otro modo, la diferencia entre lo que ganan el 80 % de los hogares ganadores y compensados, y lo que pierden el 20 % de los hogares perdedores. Siguiendo el orden de los cuatro escenarios, estas transferencias ascienden a 12.089,60 millones de euros, 13.084,89 millones de euros, 11.236,39 millones de euros y 6.743,48 millones de euros.

Tabla 8.8. Redistribución

TRANSFERENCIAS			
ESCENARIO	**PÉRDIDAS**	**GANANCIAS**	**SALDO**
1	–48.958,70	61.048,30	12.089,60
2	–53.792,92	66.877,81	13.084,89
3	–49.917,59	61.153,97	11.236,39
4	–48.565,44	55.309,23	6.743,78

Fuente: Elaboración propia.

La tabla 8.8 recoge esquemáticamente las cifras de estas transferencias (y debe señalarse que no aparecen en la tabla 8.7

184. Otro resultado muy significativo tiene que ver con la reducción de la desigualdad. El índice de Gini sobre la renta neta *ex post*, que aparece en la tabla 8.7, oscila entre 0,22 y 0,24. Según datos de Eurostat, de 36 Estados analizados en los años 2018, 2019 y 2020, tan sólo a siete les correspondía un índice de Gini en el intervalo 0,22 a 0,27, entre los que obviamente no se encontraba el reino de España, que en promedio se situó en ese trienio en el 0,33 (<https://ec.europa.eu/eurostat/databrowser/view/tessi190/default/table?lang=en>). Por otra parte, según el Banco Mundial, los valores del índice de Gini obtenidos en los cuatro escenarios estarían en el primer lugar de una lista que contiene 215 Estados (<https://datos.bancomundial.org/indicator/SI.POV.GINI>).

del resumen global de resultados). En la tabla ahora reproducida, el concepto «Pérdidas» se refiere a lo que el 20 % de los hogares más ricos transfiere y por ello se contabiliza en negativo. Por su parte, el concepto «Ganancias» es lo que el 80 % de los restantes hogares percibe. El concepto «Saldo» es la suma de los dos anteriores, y es la cantidad sobre la que se basa el cálculo del efecto redistributivo al que nos hemos referido un poco más atrás, cuyas cifras también se han adelantado.

Llegamos al titular final, en el que se establece cuál es el coste final no financiado de implementación de una renta básica universal, que es la suma de los dos déficits que hemos explicado anteriormente y que son los dos primeros que aparecen con esta denominación en la tabla 8.7. Tal cantidad es, respectivamente por escenario: 12.303,97 millones de euros, 13.949,31 millones de euros, 12.119,89 millones de euros y 9.518,56 millones de euros. Comparándolas en términos porcentuales con el PIB del TFC, resultan ser: 0,99, 1,12, 0,97 y 0,76 %, lo que da una idea aproximada de la carga que suponen. Este coste final será clave un poco más adelante, cuando señalemos cómo se consigue hacer frente a él, es decir, cómo se resuelve el problema de autofinanciación que esto plantea.

Después de todos los comentarios anteriores, creemos oportuno hacer una reflexión sobre el coste de una renta básica universal. A menudo, los detractores de la renta básica afirman que su coste es inadmisible, y las razones que aducen son la simple aritmética de que se trata de multiplicar el número de perceptores por la cantidad transferida.[185] A continuación sostienen, sin ningún tipo de rubor, que al ser una cantidad monstruosa y representar un porcentaje del PIB muy elevado, la renta básica no se puede financiar. Creemos que todos los resultados y co-

185. Nosotros no hemos incluido ese producto como titular destacable en los resúmenes de los distintos escenarios porque no lo consideramos un dato relevante, aunque por descontado sí está recogido en la tabla 8.7, y también hemos dado una breve explicación de su cálculo en la nota 182 a pie de página.

mentarios que hemos aportado en este apartado son más que suficientes para rebatir tales afirmaciones.[186] La redistribución generada, a la que acabamos de referirnos un poco más atrás, supone una transferencia desde los segmentos de población más rica a los de población más pobre y esto es lo que garantiza su viabilidad financiera. El que sí puede considerarse coste real es el que hemos señalado en el párrafo anterior y hemos denominado «coste final de financiación».

Unos comentarios más sobre la comparación efectuada hasta el momento. En primer lugar, dejando aparte el escenario 4, puede hablarse, atendiendo a los grandes números, de equivalencia de resultados entre los tres primeros escenarios, a pesar de las diferencias que se establecen en la forma de determinar la renta básica transferida. En segundo lugar, y ahora retomando ya el escenario 4, debe recordarse que su base es el URPs, esto quiere decir que la renta básica que se transfiere es claramente inferior a la de sus precedentes,[187] razón por la cual es el escenario más extremo en cuanto a cifras.[188] Las diferencias más importantes entre dicho escenario y el resto son el significativo aumento del coste, tanto de compensación como de eliminación de la pobreza, y tienen una clara justificación: en ambos, la referencia para su cálculo es la renta neta *ex post*, la cual depende de la renta bruta y, por supuesto, de la renta básica transferida, la que a

186. En cualquier caso, por si hubiera alguna duda el artículo de Santens (2022) resulta demoledor al respecto.

187. Tal como se ha indicado anteriormente, las diferencias en renta básica transferida en los distintos escenarios son importantes en los hogares unipersonales y monoparentales, pero disminuyen paulatinamente a medida que aumenta el tamaño del hogar hasta prácticamente equipararse.

188. Al comparar sus resultados con el valor promedio de los otros tres escenarios, se pueden destacar cuatro cuestiones: 1) en términos de ganadores netos, está 5,2 puntos porcentuales por debajo; 2) los costes de compensación y de eliminación de la pobreza son un 34,5 % superiores; 3) el déficit de recaudación por el IR *ex post* aumenta en un 46,8 %, y 4) el déficit de recaudación en el IRPF *ex post* se reduce prácticamente cuarenta veces, a pesar de que se está aplicando una tarifa con tipos marginales que, según tramos, pueden ser entre dos y cinco puntos porcentuales inferiores.

su vez es función directa del URPs. En el caso de la compensación, recordemos que se trata de que ningún hogar resulte perjudicado —su renta neta *ex post* se compensa hasta igualar la renta neta *ex ante*—, siempre que el hogar posea una renta bruta equivalente inferior o igual al 80 percentil. En cuanto a la eliminación de la pobreza, el criterio es que la renta neta *ex post* no puede ser inferior al URP.

Por último, mostramos tres gráficos distintos que permiten una visión de conjunto de los resultados obtenidos en los cuatro escenarios.[189] El gráfico 8.1 reproduce los tipos efectivos medios que afectan a los distintos percentiles de renta bruta; las distintas áreas que encierran las curvas de cada escenario en particular y la curva común *ex ante* representan el porcentaje de hogares ganadores. En el eje vertical, los valores negativos, que se prolongan hasta el último valor, indican que los percentiles representados en el eje horizontal son perceptores netos (ganadores) en la situación *ex post*. Cuando las curvas particulares de cada escenario superan la curva común *ex ante*, entonces se trata de perdedores.

Por su parte, el gráfico 8.2 reproduce una situación parecida a la anterior, pero ahora relacionando los tramos de renta con los tipos efectivos medios que se aplican para obtener la recaudación *ex post* (ver tabla 8.6); aquí el mayor interés es el de mostrar que en los cuatro escenarios sigue manteniéndose la progresividad en el IRPF *ex post*, a diferencia de lo que se observa en la curva *ex ante*, en la que a partir del penúltimo tramo de rentas elevadas es patente su aplanamiento e incluso su regresividad.

189. Debe advertirse que en el primer y tercer gráficos citados la distribución por percentiles es la del conjunto del TFC, cuando estrictamente debería haberse utilizado la de cada comunidad autónoma. Esta última condición requeriría la construcción de un gráfico para cada comunidad autónoma, lo que nos ha parecido innecesario dado su interés meramente ilustrativo. Sin embargo, en el anexo estadístico, al que nos hemos referido ya varias veces, se pueden consultar dichos gráficos para cada una de las comunidades autónomas.

Gráfico 8.1. Tipos efectivos por percentiles de renta bruta

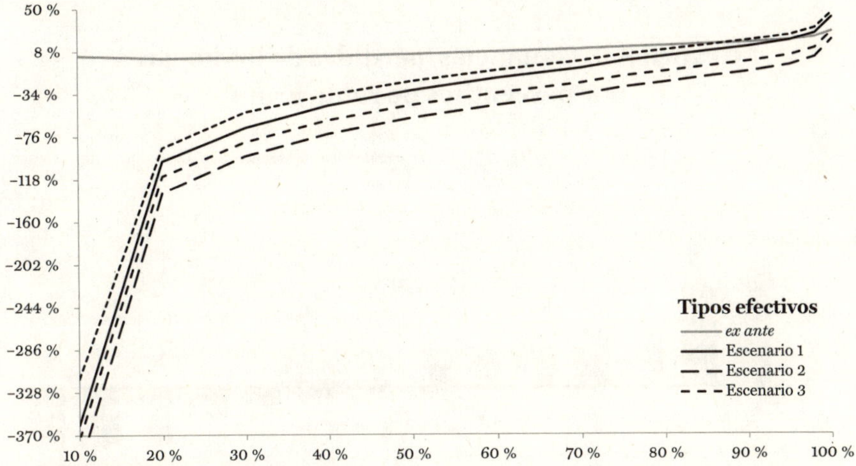

Fuente: Elaboración propia.

Gráfico 8.2. Tipos efectivos por tramos de renta bruta

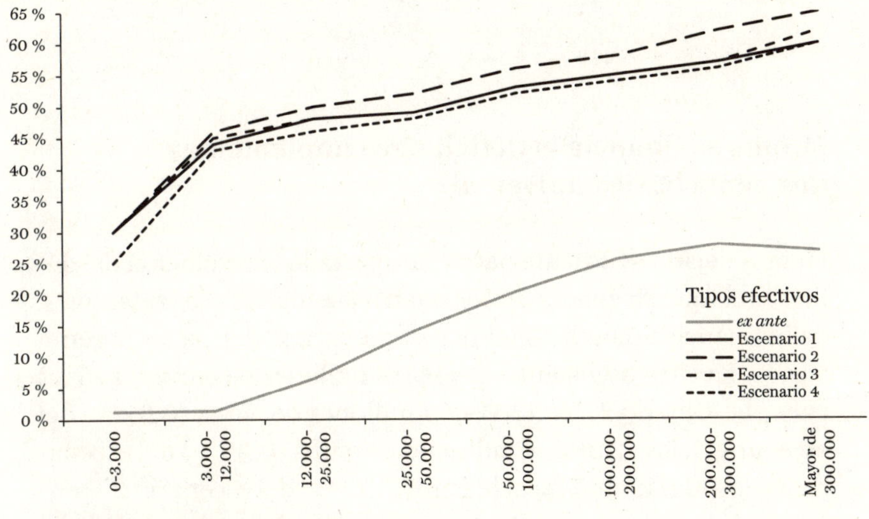

Fuente: Elaboración propia.

Por último, el gráfico 8.3 permite visualizar de forma conjunta las ganancias y/o pérdidas que se producen en los hogares, en función del percentil de renta bruta en que aquellos se encuentran, y muestra de forma desagregada las cifras que se han reproducido en la tabla 8.8.

Gráfico 8.3. Ganancias/pérdidas de los hogares por percentiles de renta bruta

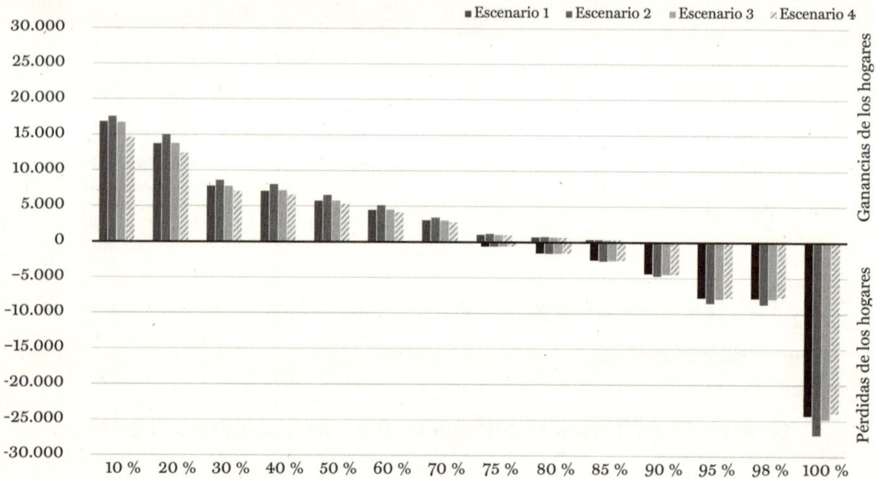

Fuente: Elaboración propia.

¿Cómo se financia el déficit para implementar una renta básica universal?

Hemos dejado pendiente para este apartado la resolución del déficit final que se genera en los cuatro escenarios. Se trata, pues, de la financiación adicional necesaria para poder pagar la renta básica. La cifra oscila entre los 9.518 millones de euros (0,76 %) para el escenario 4, los 12.119,89 millones de euros (0,97 %) del escenario 3, los 12.303,97 millones de euros (0,99 %) del escenario 1 y los 13.949 millones de euros (1,12 %) del escenario 2 —entre paréntesis los porcentajes que representan sobre el PIB del TFC.

Vamos a proponer un conjunto de medidas que permitan hacer frente a dichos déficits. Excepto la última, todas ellas coinciden con situaciones particulares de los potenciales perceptores de la renta básica, por ello deberemos detallar con precisión y aportar toda la información disponible para justificarlas.

En primer lugar (y más que una medida, es una simple consecuencia del modelo de financiación descrito), debemos mencionar aquello que afecta al conjunto de las personas que están sujetas a la moratoria por llevar menos de tres años residiendo en el territorio. Como se ha apuntado con anterioridad, los afectados son el 4,1 % del TFC, con los que se obtiene una recaudación del IRPF *ex ante* de 469,2 millones de euros, que lógicamente debe detraerse de cualquiera de los déficits señalados.

Un segundo caso es el que puede analizarse con la información que proporciona la Conferencia Episcopal,[190] que nos ha permitido obtener las cifras para 2019 que se reproducen a continuación.

Tabla 8.9. Ahorro por la Iglesia católica

	PERSONAS	RB TRANSFERIDA (millones de euros)			
		ESCENARIO 1	ESCENARIO 2	ESCENARIO 3	ESCENARIO 4
Seminaristas	1.061	5,00	4,75	4,75	3,33
Sacerdotes	15.942	150,21	142,70	142,70	100,15
Total	17.004	155,21	147,45	147,45	103,48

Fuente: Elaboración propia a partir de datos de la Conferencia Episcopal.

De la misma fuente, se tiene que los sueldos de los sacerdotes y costes de los seminaristas ascendieron a 173,95 millones de euros, mientras que la aportación de la Administración al sostenimiento de la Iglesia católica a través de la casilla del IRPF (0,7 % de la cuota íntegra de los contribuyentes que la señalan)

190. Véase: <http://www.transparenciaconferenciaepiscopal.es/pdf/FolletoIglesiaCatolica2021.pdf> (pp. 5 y 29). Puesto que la información no está desagregada por comunidades autónomas, la hipótesis ha sido descontar el 6 % —la representación en la población del País Vasco y Navarra— del cómputo de sacerdotes y seminaristas, de sus sueldos y de la asignación obtenida con el IRPF.

fue de 214,88 millones de euros.[191] ¿Es equitativo que sacerdotes y seminaristas cobren su retribución y además la renta básica, como sucede con el resto de los perceptores de rentas privadas? Nuestra opinión es, dadas las especiales características del colectivo, que no perciban la renta básica al estar sobradamente financiada por el erario —puesto que en todos los escenarios su coste se sitúa por debajo de la cantidad destinada mediante el IRPF—. En consecuencia, también supone un nuevo ahorro que debe ser descontado de los déficits apuntados.

El tercer grupo es el de la población reclusa. A partir de la Estadística Penitenciaria[192] que elabora el Consejo General del Poder Judicial hemos obtenido estas cifras.

Tabla 8.10. Ahorro por la población reclusa

	PERSONAS	**RB TRANSFERIDA (millones de euros)**			
		ESCENARIO 1	**ESCENARIO 2**	**ESCENARIO 3**	**ESCENARIO 4**
Población reclusa	56.928	536,38	509,56	509,56	357,62

Fuente: Elaboración propia a partir de datos de la Estadística Penitenciaria.

Aquí se plantea de nuevo una situación similar desde el punto de vista del ahorro. ¿Deben los reclusos percibir la renta básica? En nuestra opinión, por tratarse de personas que tienen sus derechos civiles suspendidos y, además, están mantenidos con recursos públicos —con un coste promedio[193] muy superior a la

191. Sin embargo, en la Memoria de la AEAT (p. 687), esta cifra, contabilizada únicamente para el TFC, fue de 273 millones de euros —un 27 % superior— (<https://www.hacienda.gob.es/es-ES/GobiernoAbierto/Transparencia/Paginas/Memorias %20de %20la %20Administracion %20Tributaria.aspx>).

192. Véase: <https://www.poderjudicial.es/cgpj/es/Temas/Estadistica-Judicial/Estadistica-por-temas/Datos-penales--civiles-y-laborales/Cumplimiento-de-penas/Estadistica-de-la-Poblacion-Reclusa/>.

193. En los presupuestos de 2019, que estaban prorrogados, se destinaron 1.160,43 millones de euros a centros e instituciones penitenciarias, cantidad de la que hay que descontar la parte proporcional correspondiente al País Vasco y

renta básica—, es razonable justificar que no la perciban, o que si lo hacen sea íntegramente abonada a las instituciones penitenciarias en la que están recluidos. Sea cual sea la opción, su importe también deberá detraerse de los déficits obtenidos en cualquiera de los escenarios.

Finalmente, existe otro colectivo que tener en cuenta: el formado por el personal funcionario, en segunda actividad en el Cuerpo Nacional de Policía (CNP) y en la reserva en la Guardia Civil (GC) y en las Fuerzas Armadas (FF. AA.). A partir de la información de los presupuestos de 2018,[194] ya que en 2019 estaban prorrogados, hemos obtenido los siguientes valores:

Tabla 8.11. Ahorro por el personal funcionario del CNP, de la GC y de las FF. AA.

	PERSONAS	RB TRANSFERIDA (millones de euros)			
		ESCENARIO 1	ESCENARIO 2	ESCENARIO 3	ESCENARIO 4
CNP y GC	15.205	143,27	136,10	136,10	95,52
FF. AA.	13.189	124,27	118,06	118,06	82,85
Total	28.395	267,53	254,16	254,16	178,37

Fuente: Elaboración propia a partir de los presupuestos del 2018.

Este otro colectivo está retribuido (CNP: Ley 26/1994, art. 4; GC: Ley 29/2014, art. 93; FF. AA.: Ley 39/2007, art. 113).

Navarra, lo que nos da 1.090,80 millones de euros y un coste promedio algo superior a los 19.000 euros.

194. Para CPN y GC, véase: <https://www.sepg.pap.hacienda.gob.es/Presup/PGE2018Ley/MaestroTomos/PGE-ROM/doc/L_18_E_G6.PDF> (pp. 17 y 127). Para las FF. AA., véase: <https://www.sepg.pap.hacienda.gob.es/Presup/PGE2018Ley/MaestroTomos/PGE-ROM/doc/L_18_E_G4.PDF> (pp. 61 y 161). Según la anterior información, el coste medio anual para el CPN y la GC fue de 25.152 euros, y para las FF. AA., de 37.503 euros, que superan ampliamente los que percibirían con la renta básica (se ha aplicado, para determinar ambas cantidades, la reducción proporcional del País Vasco y Navarra).

Además, cuando no tiene destino específico, puede compaginar dicho sueldo público, o parte de él, con otras actividades remuneradas de carácter privado. Dadas estas circunstancias, creemos que la pregunta formulada anteriormente para los otros colectivos tiene una clara respuesta. Tampoco deberían percibir la renta básica y su importe también debería consignarse como un nuevo ahorro mediante el que reducir los déficits señalados.

Por último, también debe tenerse en cuenta la simplificación en las ayudas y prestaciones de protección social, lo que puede comportar un ahorro en los gastos administrativos que ocasiona su gestión. No olvidemos que la renta básica significa la desaparición de muchas de esas ayudas y prestaciones, dado que en su inmensa mayoría son de un importe inferior, pues con mayor lógica debería eliminarse una parte de sus costes de gestión. Según datos de Eurostat,[195] la cantidad destinada por el TFC en 2019 a esta finalidad fue de 4.619,89 millones de euros. Nuestra propuesta, que puede considerarse totalmente subjetiva, pero consecuencia directa de los conceptos de universalidad e incondicionalidad de la renta básica y también como ejemplo de la reducción de burocracia que ésta conllevaría, es aplicar una reducción del 50 % en esos gastos administrativos, lo que nos sitúa en un nuevo ahorro de 2.309,95 millones de euros.

El resumen de los ahorros enumerados y cómo quedaría el déficit todavía persistente sería el siguiente:

195. Véase: <https://ec.europa.eu/eurostat/databrowser/view/SPR_EXP_SUM/default/table?lang=en>. Ahí se obtiene la información relativa a los gastos de administración de las ayudas de protección social según la estadística ESSPROS (European System of integrated Social PROtection Statistics) de cada Estado miembro. Para España, la cifra es de 4.914,78 millones de euros, de la que debe descontarse también la parte proporcional correspondiente a las comunidades forales del País Vasco y Navarra; por tanto, estamos hablando de 4.619,89 millones de euros.

Tabla 8.12. Resumen de la reducción del déficit

CONCEPTO AHORRO	ESCENARIO 1	ESCENARIO 2	ESCENARIO 3	ESCENARIO 4
Residentes menos de 3 años	469,20	469,20	469,20	469,20
Iglesia católica	155,21	147,45	147,45	103,48
Población reclusa	536,38	509,56	509,56	357,62
CNP, GC y FF. AA.	267,53	254,16	254,16	178,37
Costes administrativos	2.309,95	2.309,95	2.309,95	2.309,95
Total ahorro	3.738,27	3.690,32	3.690,32	3.418,63
Déficit inicial	−12.303,97	−13.949,31	−12.119,89	−9.518,56
% sobre el PIB del TFC	0,99 %	1,12 %	0,97 %	0,76 %
Déficit reducido	−8.565,70	−10.258,99	−8.429,57	−6.099,93
% sobre el PIB del TFC	0,69 %	0,82 %	0,68 %	0,49 %

Fuente: Elaboración propia.

La necesidad adicional para costear el pago de la renta básica universal ascendería (siempre en millones de euros) a los 6.099,93 (0,49 %) del escenario 4, los −8.429,57 (0,68 %) del escenario 3, los 8.565,70 (0,69 %) del escenario 1 y los 10.258,99 (0,82 %) del escenario 2 (entre paréntesis los nuevos porcentajes sobre el PIB del TFC, que se genera con cada déficit reducido). ¿De dónde podemos obtenerlos?

La respuesta se encuentra en nuevas reformas fiscales en la línea de las defendidas en el trabajo del Comité de Personas Expertas (2022). En este extenso y pormenorizado estudio se detallan los potenciales impuestos que se podrían reformar, eliminar o introducir para incrementar sustancialmente la recaudación. Ahora nos centraremos únicamente en las propuestas que inciden sobre el medioambiente, en donde los citados expertos propugnan la eliminación de algunos impuestos distorsionantes, como los de la electricidad, a la vez que proponen incrementar los relacionados sobre todo con los combustibles fósiles y las emisiones de gases de efecto invernadero. Debemos recordar que el reino de

España es uno de los Estados miembros de la Unión Europea que se sitúa en el tercio inferior de la imposición medioambiental.[196]

El potencial recaudatorio de estos impuestos se resume en la tabla 8.13, en una franja entre 5.941 millones de euros y 15.024 millones de euros, suficientes para cubrir las necesidades de financiación de la renta básica, que se han reproducido en la tabla 8.11.

Tabla 8.13. Financiación vía impuestos ambientales

CONCEPTO	RECAUDACIÓN (millones de euros)	
	MÍNIMA	**MÁXIMA**
Supresión del impuesto sobre el valor de la producción energía eléctrica (IVPEE)	−1.230,2	−1.230,2
Reducción del impuesto especial sobre la electricidad (IEE)	−1.486,8	−1.486,8
Tributación por el combustible de aviación, marítimos y agrarios	206,3	1.701,0
Fiscalidad del diésel y la gasolina	2.621,3	6.850,2
Incremento del impuesto especial (accisa) al gas natural	634,1	1.960,6
Modificación del impuesto especial sobre determinados medios de transporte (IEDMT)	862,6	2.335,1
Modificacion del impuesto sobre vehículos de tracción mecánica (IVTM)	276,0	610,8
Pago por el uso de infraestructuras viarias	1.172,8	1.397,9
Impuesto sobre los billetes de avión	951,8	951,8
Reforma de la tributación municipal de residuos	294,6	294,6
Impuesto por la extracción de áridos	426,4	426,4
Impuesto sobre fertilizantes nitrogenados	279,9	279,9
Extensión de la fiscalidad por las emisiones	932,3	932,3
Media	**5.941,1**	**15.023,6**
	10.482,4	

Fuente: Comité de Personas Expertas (2022), tabla II.25, p. 315.

196. En el capítulo siguiente se ofrece una amplia documentación al respecto, pero valga la pena dar dos datos significativos: 1) si comparamos con la media de la UE, se recauda un 25 % menos, 2) lo que le otorga la posición 19 en la ordenación de mayor a menor recaudación de los veintisiete Estados miembros.

La media de previsión de recaudación de la propuesta de estos expertos —10.482,4 millones de euros— es suficiente para cubrir el déficit persistente del que hablábamos un poco más atrás en todos los escenarios. En el escenario 2, el más elevado, sería necesario este valor medio, en el escenario 4 prácticamente se alcanzaría con la previsión mínima, y en los otros dos escenarios, la previsión de recaudación podría rebajarse hasta un 43 % de su valor máximo y seguiría absorbiendo este déficit persistente de la renta básica universal.

¿Qué sucede cuando el ahorro sólo proviene de las prestaciones no contributivas?

Cuando al inicio del capítulo se ha definido la característica 2 del modelo de financiación de la renta básica, también hemos avanzado que cabía la posibilidad de efectuar otras hipótesis sobre el ahorro obtenido por la absorción de determinadas cuantías monetarias que actualmente sufraga el Estado. En síntesis, esto es lo que vamos a intentar explicar en este apartado. Otro motivo para esta explicación es que claros partidarios del concepto de renta básica que nosotros defendemos objetan inconvenientes para que las pensiones de jubilación y las prestaciones por desempleo contributivas —mejor dicho, el importe por debajo de la renta básica de esas pensiones y prestaciones— se conviertan en renta básica.

En la tabla 8.14 se reproducen cuatro nuevos escenarios (5, 6, 7 y 8) cuya definición, por el orden en que aparecen, coincide totalmente con los anteriormente descritos (por lo tanto, 5↔1, 6↔2, 7↔3 y 8↔4 son las parejas de escenarios que se pueden comparar). Aunque hay dos diferencias importantes en la aplicación del modelo de financiación. La primera tiene que ver, por supuesto, con el ahorro, ya que ahora sólo se tienen en cuenta las prestaciones y las pensiones no contributivas y las rentas exentas que en su inmensa mayoría se perciben por una cuantía sustancialmente inferior a la transferencia de renta básica propuesta. La segunda concierne a la tarifa progresiva del IRPF *ex post* (véase tabla 8.6), que sigue teniendo el mismo número de tramos, pero ahora sus tipos marginales aumentan cuatro puntos porcentuales en cada uno de ellos con la finalidad de generar un déficit sostenible en la recaudación *ex post.*

Tabla 8.14. Resumen de los escenarios en los que el ahorro de la renta neta básica depende únicamente de las pensiones y prestaciones no contributivas y de las rentas exentas (importes en millones de euros)

Escenario 5. Renta básica al hogar individualizada: URP × escala OCDE modificada **Escenario 6. Renta básica: adultos = 95 %/75 % URP (monoparental, unipersonal/resto), menores = URP/3** **Escenario 7. Renta básica: adultos = 95 %/70 % URP (monoparental, unipersonal/resto), menores = URP/3** **Escenario 8. Renta básica: adultos = URPs, menores = 50 % URPs**	ESCENARIO 5	ESCENARIO 6	ESCENARIO 7	ESCENARIO 8
Ahorro por implantación de la RB	18.565,19	18.951,60	18.562,83	17.801,04
Renta básica según supuesto	269.603,68	284.060,66	269.667,79	246.774,84
IRPF *ex post*	321.519,44	334.461,27	323.441,70	309.983,17
Tipo impositivo medio resultante	49,66 %	51,69 %	49,95 %	47,82 %
Impuesto sobre la riqueza *ex post*	7.690,21	7.690,21	7.690,21	7.690,21
Renta neta *ex post* (antes de compensación)	563.145,77	564.274,51	561.289,98	552.617,35
Coste de compensación (hogares compensados hasta el percentil 80 de renta bruta equivalente)	5.515,92	5.715,82	6.120,09	7.659,88
Coste de eliminar la pobreza (renta neta *ex post* del hogar = URP)	1.548,02	2.039,26	1.982,94	3.336,27
Renta neta *ex post*	570.209,49	572.029,36	569.392,80	563.613,29
% Hogares ganadores	66,71 %	65,62 %	64,78 %	59,65 %
% Hogares compensados	12,48 %	13,62 %	14,45 %	19,62 %
% Hogares ganadores + compensados	79,19 %	79,25 %	79,23 %	79,27 %
% Hogares perdedores	20,81 %	20,75 %	20,77 %	20,72 %
% Personas ≥ 18 años ganadoras	62,53 %	63,49 %	62,06 %	59,98 %
% Personas ≥ 18 años compensadas	1,46 %	1,30 %	1,62 %	1,64 %
% Personas ganadoras + compensadas	63,99 %	64,79 %	63,68 %	61,63 %
% Personas ≥ 18 años perdedoras	35,98 %	35,18 %	36,28 %	38,32 %

... / ...

.../...

	ESCENARIO 5	ESCENARIO 6	ESCENARIO 7	ESCENARIO 8
Déficit(+)/Superávit(-) del impuesto sobre la riqueza *ex post*	7.063,94	7.755,07	8.103,04	10.996,15
Déficit(+)/Superávit(-) del IRFF *ex post*	626,27	-64,87	-412,83	-3.305,95
Déficit(-)/Superávit(+) de financiación	-16.862,68	-18.682,55	-16.045,99	-10.266,48
% sobre el PIB	1,36 %	1,50 %	1,29 %	0,83 %
Índice de Gini sobre renta neta *ex post*	0,2029	0,1968	0,2055	0,2184
Índice de Suits sobre IRPF *ex post* (renta neta *ex post*)	0,2276	0,2319	0,2211	0,2123
Índice de Suits sobre renta básica (renta neta *ex post*)	-0,2027	-0,1877	-0,2005	-0,1990
Efecto redistributivo *ex post*	0,1995	0,2056	0,1969	0,1840

Nota: URP y URPs indican el umbral de riesgo de pobreza y pobreza severa de cada CA.
Fuente: Elaboración propia.

Sin ánimo de entrar en muchos más detalles, ya que las explicaciones realizadas anteriormente sobre la tabla 8.7 —muy parecida en su contenido a la que ahora nos ocupa— resuelven todas las posibles dudas, sí es conveniente apuntar dónde están las diferencias más importantes en uno y otro caso.

Por supuesto, la incidencia fundamental se encuentra en el cálculo del ahorro, que ahora se rebaja respecto a la situación previa un −78 %, prácticamente en los cuatro casos comparables, lo que comporta un efecto también importante en la recaudación *ex post*, aunque ahora de signo contrario.[197] También en el coste de compensación, que se rebaja entre el −41,5 y el −47,9 % (según la pareja de escenarios comparada). Y, en último término, pero el de mayor repercusión, en el déficit de financiación, que supone incrementos que se sitúan en los 747,90 millones de euros (7,9 %) del escenario 8 frente al escenario 4,

197. La explicación es: IRPF_p = Tarifa sobre (Rbruta – Ahorro). Por tanto, una reducción tan drástica como la señalada, en el término *Ahorro* de la ecuación, tiene una clara repercusión en el aumento recaudatorio. El más importante se da en el escenario 8 respecto al 4, que es un 25 % superior; en los otros tres casos comparables, se sitúa entre el 17,7 y el 19,9 %. Debe recordarse, además, lo señalado respecto a los tipos marginales de la tarifa del IRPF *ex post*, que es la otra razón de peso que contribuye a dicho aumento recaudatorio.

los 3.926,10 millones de euros (32,4 %) del escenario 7 frente al escenario 3, los 4.558,71 millones de euros (37,1 %) del escenario 1 frente al escenario 5 y, por último, los 4.733,24 millones de euros (33,9 %) del escenario 2 frente al escenario 6.

Los mayores déficits generados en la nueva situación siguen siendo asumibles a partir de la financiación adicional descrita en el apartado anterior, aunque modificando algunas de las hipótesis que allí se barajan. Obviamente, siempre en lo que concierne a los impuestos medioambientales que se recogen en la tabla 8.12, puesto que, para lo que se denomina «ahorros adicionales», consecuencia de situaciones particulares de potenciales perceptores de la renta básica, o por la rebaja en gastos de gestión y administración, no hay margen de variación. Por lo tanto, estamos hablando de qué hipótesis utilizar sobre el potencial recaudatorio de los impuestos medioambientales, por ejemplo, modificando el valor medio entre la previsión mínima y la máxima a un valor que permita enjuagar el aumento surgido en esos mayores déficits.

Para terminar este apartado, creemos necesarias dos puntualizaciones. En primer lugar, somos de la opinión de que la característica 2 del modelo de financiación es uno de sus pilares más importantes, puesto que no entendemos la existencia de la renta básica sin que ésta sustituya en parte a las prestaciones por desempleo y las pensiones de jubilación contributivas. Lo explicamos antes y volvemos a hacerlo ahora, pero en sentido inverso. Con una renta básica funcionando, cualquier pensionista o desempleado sigue percibiendo su misma prestación monetaria y por la misma cuantía y con los mismos derechos como cuando no hay renta básica —lo que por supuesto incluye cualquier posibilidad de mejora que el Estado decida sobre todo lo anterior—, ahora bien, con la diferencia de que una parte de esa cuantía, en lugar de ser (o llamarse) pensión de jubilación o prestación por desempleo, pasa a ser (o llamarse) renta básica y el resto que no queda absorbido sigue siendo lo que era (que puede mejorarse con el tiempo). En segundo lugar, ante los argumentos (y/o prejuicios) relativos a que las personas jubiladas resultarían perjudicadas con el modelo de financiación de la renta básica propuesto, para ello está la característica 7 —la cláusula de compensación— que los rebate con claridad.[198]

Conclusiones al capítulo

Hemos explicado cómo se puede financiar una renta básica a partir de distintos supuestos para el TFC. Lo hemos dicho, pero preferimos repetirlo: son solamente algunas de las posibilidades. Efectivamente, con los datos que tenemos pueden proponerse otras propuestas. Con mayores (o menores) tipos impositivos en el IRPF *ex post*, con mayores (o menores) tipos del impuesto a la riqueza o con mayores (o menores) tipos impositivos ambientales. En lo que respecta a los impuestos, siempre es posible encontrar dos grupos, no solamente de economistas, sino de la ciudadanía en general: los que prefieren que sean lo más bajos posible y los que los prefieren altos y bien utilizados. Más literariamente: hay un grupo que considera que los impuestos son un robo y otro que los califica de condición para la libertad, como se ha explicado en el primer capítulo. Y, como siempre, hay personas que se sitúan en algún punto intermedio de estos dos casos tan nítidamente definidos. En consecuencia, habrá quien considere que los modelos propuestos están sujetos a tipos «muy altos», otros «muy bajos» y otros lo considerarán de forma más o menos intermedia.

Somos perfectamente conscientes de que lo que planteamos es polémico. En realidad, se hace difícil pensar que una propuesta como la renta básica, que afecta de forma más o menos directa a tantos aspectos sociales, no solamente a los impuestos, no sea polémica. Y lo es también si nos ceñimos solamente a la financiación, como se ha hecho en este capítulo. Creemos que el debate

198. Podríamos añadir también la característica 5, por la cual se garantiza toda la recaudación por el IRPF *ex ante*, con la que el Estado debe financiar su gasto social en sanidad y educación. No en vano, una parte importante de ese primer gasto tiene como destino a las personas jubiladas y a las de mayor edad.

racional es lo único que puede hacer ver las virtudes, los efectos y los errores de cualquier propuesta social. Nosotros hemos especificado las propuestas que nos parecen virtuosas. A buen seguro que no todas las personas que lo lean estarán de acuerdo con nosotros y verán defectos y errores. Estamos deseando que nos hagan llegar esos defectos y errores para rectificarlos.

Anexo. Ejemplos particulares de hogares ganadores y/o perdedores

En este anexo se recogen los resultados que se obtienen en cada uno de los cuatro escenarios propuestos anteriormente cuando se aplican las condiciones del modelo de financiación. El objetivo es poder ofrecer una traducción individual, resumida y, ante todo, sencilla de los resultados agregados que se reprodujeron en la tabla 8.7. La misión no es sencilla, ya que se necesitarían bastantes más páginas de las que hemos empleado aquí para poder incluir todos los casos de posible interés, pues ello requiere considerar como mínimo estas tres dimensiones: a) tipología del hogar, b) situación del hogar en la distribución de la renta y c) cantidad de renta básica transferida. Las opciones que hemos adoptado, para reducir el extenso volumen de información que todo ello generaría y hacerlo conciso y práctico, han sido las que se enumeran a continuación.

En primer lugar, ver cuáles son los tipos de hogares más representativos que aparecen en el PH-2019 y escoger esos casos, que han resultado ser cinco y que cubren prácticamente el 70 % de la tipología de hogares que puede obtenerse utilizando la escala de equivalencia modificada de la OCDE, a la que ya nos hemos referido reiteradamente en este mismo capítulo y en anteriores. Estos cinco casos son: 1) hogar unipersonal, 2) hogar monoparental con una persona menor de edad, 3) hogar con dos personas adultas sin menores de edad, 4) hogar con dos personas adultas y una menor de edad y 5) hogar con dos personas adultas y dos menores de edad. Además de su elevada representación dentro del conjunto de hogares del TFC, creemos que tienen también una significación oportuna para la aplicación de la renta básica dadas sus características de composición.

En la segunda de las dimensiones —la distribución de la renta— con la que puede determinarse con claridad cuáles serían los hogares que resultarían beneficiados o perjudicados con la implantación de una renta básica, hemos optado por elegir tres situaciones: el percentil 10, el percentil 60 y el percentil 90. Los dos primeros, como ya hemos señalado en momentos anteriores del libro, son exponentes de pobreza (primero) y precariedad (segundo), y con la expectativa de resultar ganadores con la propuesta, mientras que el tercero, situado ya en la parte más alta de la distribución, es donde deben observarse los casos de hogares y personas perdedoras.

La última de las dimensiones apuntadas se refiere obviamente a los escenarios que hemos propuesto en el desarrollo del modelo de financiación, puesto que en cada uno de ellos funciona una transferencia de renta básica distinta, que depende del URP utilizado como referencia para definir aquélla y que, a su vez, se determina a través de la comunidad autónoma a la que pertenecen el hogar y sus integrantes. En este caso, la opción adoptada ha sido elegir el territorio de Galicia, dado que su URP coincide con la mediana del resto de las comunidades que conforman el TFC.

Todo lo anterior lleva a la confección de las tablas 8.15.1 a 8.15.4, en las que la última cifra de su numeración nos indica a qué escenario se refiere y cuya información se deriva de la selección aleatoria de veintisiete personas de la muestra del PH-2019 que componen cada uno de los cinco tipos de hogares establecidos. En dichas tablas aparecen los siguientes elementos:

- Persona (en hogares unipersonales o monoparentales un único adulto, en el resto los dos adultos integrantes del hogar).
- Edad.
- Género.
- Percentil (construido a partir de la renta bruta equivalente).

- Renta bruta.
- Impuestos *ex ante* (suma del IRPF *ex ante*, cotizaciones sociales e impuesto del patrimonio).
- Renta neta *ex ante*.
- Riqueza neta.
- Renta básica.
- IRPF *ex post*.
- IR *ex post* (impuesto sobre la riqueza).
- Renta neta *ex post*.
- Ganancia o pérdida (diferencia entre renta neta *ex ante* y renta neta *ex post*).
- Renta básica del hogar (en hogares unipersonales o monoparentales coincide con la renta básica personal; en el resto, es la suma de las rentas básicas de cada adulto del hogar).

Para una mejor comprensión del contenido de estas cuatro tablas, debe tenerse en cuenta lo siguiente:

1. Las personas que aparecen en las cuatro tablas son siempre las mismas, por lo que sus valores *ex ante* coinciden en todas las tablas y únicamente varían en cada escenario sus valores *ex post*.
2. En los tres primeros tipos de hogares considerados —unipersonales, monoparentales y con dos personas adultas sin menores de edad, pero únicamente en el caso del percentil 10— se utilizan dos ejemplos para permitir diferenciar la edad de los integrantes del hogar, de forma que el primero de los ejemplos es para personas de edad avanzada, mientras que el segundo ejemplo es para personas jóvenes.
3. Se ha incluido el concepto de riqueza neta y del impuesto sobre la riqueza *ex post* a título meramente ilustrativo, puesto que en ninguno de los ejemplos seleccionados se obtiene ninguna recaudación por él, ya que para que eso suceda la persona o personas escogidas deberían formar parte simultáneamente del 5 % superior de renta y riqueza.

Un ejemplo de interpretación de la tabla 8.15.1: hogar con dos personas adultas (hombre de 28 años y mujer de 32) y un menor.

- Renta bruta personal: 15.835 euros y 17.894 euros de cada persona adulta.
- Situación en la distribución de la renta bruta equivalente: 90 percentil.
- Impuestos *ex ante* (que incluyen IRPF, SS y IP): 833 y 2.392 euros de cada persona adulta.
- Renta neta *ex ante*: 15.202 euros y 15.502 euros de cada persona adulta.
- Riqueza neta personal: 465 euros y 0 euros de cada persona adulta.
- Percibirían cada una de las dos una renta básica de 8.573 euros (17.145 euros al hogar).
- Pagarían respectivamente un IRPF *ex post* de 6.141 euros y 7.689 euros.
- Su renta neta *ex post* sería respectivamente de 16.267 euros y 17.666 euros.
- Les supondría una ganancia respectiva de 1.265 euros y 2.164 euros.
- Se trata siempre de cantidades anuales.

Tabla 8.15.1. Ejemplos de perfiles de hogar: escenario 1

PERSONA	EDAD	GÉNERO	PERCENTIL	RENTA BRUTA	IMPUESTOS *EX ANTE*	RENTA NETA *EX ANTE*	RIQUEZA NETA
Hogar unipersonal							
Adulto 1	80	Mujer	10	5.494	0	5.494	23.746
Adulto 1	22	Hombre	10	4.700	301	4.399	176
Adulto 1	23	Mujer	60	17.722	736	16.986	-7.101
Adulto 1	45	Hombre	90	37.632	8.555	29.077	95.131
Hogar monoparental con una persona menor de edad							
Adulto 1	24	Hombre	10	4.482	252	4.230	0
Adulto 1	35	Hombre	60	22.906	3.565	19.342	0
Adulto 1	44	Mujer	90	47.492	10.704	36.787	-6.810
Hogar con dos personas adultas y sin menores de edad							
Adulto 1	82	Mujer	10	0	0	0	43.816
Adulto 2	88	Hombre		6.075	0	6.075	44.854
Adulto 1	20	Mujer	10	0	0	0	0
Adulto 2	20	Hombre		2.783	190	2.593	0
Adulto 1	67	Mujer	60	600	0	600	4.712
Adulto 2	70	Hombre		25.919	2.078	23.841	55.918
Adulto 1	39	Mujer	90	28.614	6.337	22.277	87.146
Adulto 2	43	Hombre		23.221	4.533	18.689	79.189
Hogar con dos personas adultas y con una menor de edad							
Adulto 1	45	Hombre	10	70	0	70	23.614
Adulto 2	49	Mujer		3.674	196	3.478	62.571
Adulto 1	28	Hombre	60	15.835	833	15.002	465
Adulto 2	32	Mujer		17.894	2.392	15.502	0
Adulto 1	31	Hombre	90	30.952	3.328	27.623	13.601
Adulto 2	38	Mujer		32.250	5.351	26.899	13.870
Hogar con dos personas adultas y dos menores de edad							
Adulto 1	35	Mujer	10	7.735	178	7.557	213
Adulto 2	27	Hombre		719	65	654	0
Adulto 1	35	Mujer	60	18.508	1.091	17.417	-26.121
Adulto 2	39	Mujer		21.130	2.170	18.960	-23.506
Adulto 1	37	Mujer	90	25.350	3.955	21.395	25.692
Adulto 2	37	Mujer		45.415	9.935	35.480	82.866

Fuente: Elaboración propia.

RENTA BÁSICA	IRPF *EX POST*	IMPUESTO RIQUEZA *EX POST*	RENTA NETA *EX POST*	GANANCIA O PÉRDIDA	RB HOGAR
9.525	0	0	9.525	4.031	9.525
9.525	1.648	0	12.276	7.877	9.525
9.525	6.649	0	17.867	881	9.525
9.525	17.290	0	28.073	-1.004	9.525
12.383	1.326	0	14.773	10.543	12.383
12.383	10.095	0	23.665	4.323	12.383
12.383	22.121	0	35.359	-1.428	12.383
7.144	0	0	7.144	7.147	14.288
7.144	0	0	7.144	1.069	
7.144	0	0	7.144	7.144	14.288
7.144	835	0	8.947	6.355	
7.144	0	0	7.144	6.544	14.288
7.144	8.112	0	17.807	-6.034	
7.144	12.871	0	21.080	-1.198	14.288
7.144	10.246	0	18.634	-54	
8.573	21	0	8.621	8.552	17.145
8.573	971	0	10.566	7.088	
8.573	6.141	0	16.267	1.265	17.145
8.573	7.689	0	17.666	2.164	
8.573	9.842	0	19.811	-7.812	17.145
8.573	12.631	0	22.600	-4.300	
10.001	628	0	11.331	3.774	20.003
10.001	216	0	10.454	9.800	
10.001	6.928	0	18.298	881	20.003
10.001	9.242	0	20.547	1.587	
10.001	10.692	0	21.184	-211	20.003
10.001	21.103	0	31.418	-4.063	

Tabla 8.15.2. Ejemplos de perfiles de hogar: escenario 2

PERSONA	EDAD	GÉNERO	PERCENTIL	RENTA BRUTA	IMPUESTOS *EX ANTE*	RENTA NETA *EX ANTE*	RIQUEZA NETA
Hogar unipersonal							
Adulto 1	80	Mujer	10	5.494	0	5.494	23.746
Adulto 1	22	Hombre	10	4.700	301	4.399	176
Adulto 1	23	Mujer	60	17.722	736	16.986	-7.101
Adulto 1	45	Hombre	90	37.632	8.555	29.077	95.131
Hogar monoparental con una persona menor de edad							
Adulto 1	24	Hombre	10	4.482	252	4.230	0
Adulto 1	35	Hombre	60	22.906	3.565	19.342	0
Adulto 1	44	Mujer	90	47.492	10.704	36.787	-6.810
Hogar con dos personas adultas y sin menores de edad							
Adulto 1	82	Mujer	10	0	0	0	43.816
Adulto 2	88	Hombre		6.075	0	6.075	44.854
Adulto 1	20	Mujer	10	0	0	0	0
Adulto 2	20	Hombre		2.783	190	2.593	0
Adulto 1	67	Mujer	60	600	0	600	4.712
Adulto 2	70	Hombre		25.919	2.078	23.841	55.918
Adulto 1	39	Mujer	90	28.614	6.337	22.277	87.146
Adulto 2	43	Hombre		23.221	4.533	18.689	79.189
Hogar con dos personas adultas y con una menor de edad							
Adulto 1	45	Hombre	10	70	0	70	23.614
Adulto 2	49	Mujer		3.674	196	3.478	62.571
Adulto 1	28	Hombre	60	15.835	833	15.002	465
Adulto 2	32	Mujer		17.894	2.392	15.502	0
Adulto 1	31	Hombre	90	30.952	3.328	27.623	13.601
Adulto 2	38	Mujer		32.250	5.351	26.899	13.870
Hogar con dos personas adultas y dos menores de edad							
Adulto 1	35	Mujer	10	7.735	178	7.557	213
Adulto 2	27	Hombre		719	65	654	0
Adulto 1	35	Mujer	60	18.508	1.091	17.417	-26.121
Adulto 2	39	Mujer		21.130	2.170	18.960	-23.506
Adulto 1	37	Mujer	90	25.350	3.955	21.395	25.692
Adulto 2	37	Mujer		45.415	9.935	35.480	82.866

Fuente: Elaboración propia.

RENTA BÁSICA	IRPF *EX POST*	IMPUESTO RIQUEZA *EX POST*	RENTA NETA *EX POST*	GANANCIA O PÉRDIDA	RB HOGAR
9.049	0	0	9.525	4.031	9.049
9.049	1.682	0	11.766	7.367	9.049
9.049	6.904	0	17.136	150	9.049
9.049	18.109	0	26.778	-2.299	9.049
12.224	1.345	0	14.595	10.365	12.224
12.224	10.493	0	23.108	3.766	12.224
12.224	23.236	0	34.086	-2.701	12.224
7.144	0	0	7.144	7.147	14.288
7.144	0	0	7.144	1.069	
7.144	0	0	7.144	7.144	14.288
7.144	835	0	8.948	6.355	
7.144	0	0	7.144	6.544	14.288
7.144	8.428	0	17.492	-6.350	
7.144	13.419	0	20.532	-1.746	14.288
7.144	10.651	0	18.230	-458	
8.732	21	0	8.780	8.711	17.463
8.732	974	0	10.722	7.244	
8.732	6.374	0	16.193	1.190	17.463
8.732	7.987	0	17.528	2.026	
8.732	10.150	0	19.503	-8.120	17.463
8.732	13.165	0	22.225	-4.674	
10.319	628	0	11.648	4.091	20.638
10.319	216	0	10.772	10.118	
10.319	7.194	0	18.349	932	20.638
10.319	9.605	0	20.502	1.542	
10.319	11.115	0	21.079	-316	20.638
10.319	22.156	0	30.683	-4.797	

Un ejemplo de interpretación de la tabla 8.15.2: hogar con dos personas adultas (ambas mujeres de 37 años) y dos menores

- Renta bruta personal: 25.350 euros y 45.415 euros de cada persona adulta.
- Situación en la distribución de la renta bruta equivalente: 90 percentil.
- Impuestos *ex ante* (que incluyen IRPF, SS y IP): 3.955 euros y 9.935 euros cada persona adulta.
- Renta neta *ex ante*: 21.395 euros y 35.480 euros de cada persona adulta.
- Riqueza neta: 25.692 euros y 82.866 euros de cada persona adulta.
- Percibirían cada una de las dos una renta básica de 10.319 euros (20.638 euros al hogar).
- Pagarían respectivamente un IRPF *ex post* de 11.115 euros y 22.156 euros.
- Su renta neta *ex post* sería respectivamente de 21.079 euros y 30.683 euros.
- Les supondría una pérdida respectiva de 316 euros y 4.797 euros.
- Se trata siempre de cantidades anuales.

Un ejemplo de interpretación de la tabla 8.15.3: hogar unipersonal (mujer de 80 años)

- Renta bruta personal: 5.494 euros.
- Situación en la distribución de la renta bruta equivalente: 10 percentil.
- Impuestos *ex ante* (que incluyen IRPF, SS y IP): 0 euros.
- Renta neta *ex ante*: 5.494 euros.
- Riqueza neta personal: 23.746 euros.
- Percibiría una renta básica de 9.049 euros.
- Pagaría un IRPF *ex post* de 0 euros.

- Su renta neta *ex post* sería de 9.525 euros.
- Le supondría una ganancia de 4.031 euros.
- Se trata siempre de cantidades anuales.

Un ejemplo de interpretación de la tabla 8.15.4: hogar monoparental (hombre de 35 años) con un menor

- Renta bruta personal: 22.906 euros.
- Situación en la distribución de la renta bruta equivalente: 60 percentil.
- Impuestos *ex ante* (que incluyen IRPF, SS y IP): 3.565 euros.
- Renta neta *ex ante*: 19.342 euros.
- Riqueza neta personal: 0 euros.
- Percibiría una renta básica de 9.525 euros.
- Pagaría un IRPF *ex post* de 9.637 euros.
- Su renta neta *ex post* sería de 21.265 euros.
- Le supondría una ganancia de 1.924 euros.
- Se trata siempre de cantidades anuales.

Tabla 8.15.3. Ejemplos de perfiles de hogar: escenario 3

PERSONA	EDAD	GÉNERO	PERCENTIL	RENTA BRUTA	IMPUESTOS *EX ANTE*	RENTA NETA *EX ANTE*	RIQUEZA NETA
Hogar unipersonal							
Adulto 1	80	Mujer	10	5.494	0	5.494	23.746
Adulto 1	22	Hombre	10	4.700	301	4.399	176
Adulto 1	23	Mujer	60	17.722	736	16.986	-7.101
Adulto 1	45	Hombre	90	37.632	8.555	29.077	95.131
Hogar monoparental con una persona menor de edad							
Adulto 1	24	Hombre	10	4.482	252	4.230	0
Adulto 1	35	Hombre	60	22.906	3.565	19.342	0
Adulto 1	44	Mujer	90	47.492	10.704	36.787	-6.810
Hogar con dos personas adultas y sin menores de edad							
Adulto 1	82	Mujer	10	0	0	0	43.816
Adulto 2	88	Hombre		6.075	0	6.075	44.854
Adulto 1	20	Mujer	10	0	0	0	0
Adulto 2	20	Hombre		2.783	190	2.593	0
Adulto 1	67	Mujer	60	600	0	600	4.712
Adulto 2	70	Hombre		25.919	2.078	23.841	55.918
Adulto 1	39	Mujer	90	28.614	6.337	22.277	87.146
Adulto 2	43	Hombre		23.221	4.533	18.689	79.189
Hogar con dos personas adultas y con una menor de edad							
Adulto 1	45	Hombre	10	70	0	70	23.614
Adulto 2	49	Mujer		3.674	196	3.478	62.571
Adulto 1	28	Hombre	60	15.835	833	15.002	465
Adulto 2	32	Mujer		17.894	2.392	15.502	0
Adulto 1	31	Hombre	90	30.952	3.328	27.623	13.601
Adulto 2	38	Mujer		32.250	5.351	26.899	13.870
Hogar con dos personas adultas y dos menores de edad							
Adulto 1	35	Mujer	10	7.735	178	7.557	213
Adulto 2	27	Hombre		719	65	654	0
Adulto 1	35	Mujer	60	18.508	1.091	17.417	-26.121
Adulto 2	39	Mujer		21.130	2.170	18.960	-23.506
Adulto 1	37	Mujer	90	25.350	3.955	21.395	25.692
Adulto 2	37	Mujer		45.415	9.935	35.480	82.866

Fuente: Elaboración propia.

RENTA BÁSICA	IRPF *EX POST*	IMPUESTO RIQUEZA *EX POST*	RENTA NETA *EX POST*	GANANCIA O PÉRDIDA	RB HOGAR
9.049	0	0	9.525	4.031	9.049
9.049	1.665	0	11.783	7.384	9.049
9.049	6.739	0	17.301	315	9.049
9.049	17.380	0	27.507	-1.570	9.049
12.224	1.336	0	14.605	10.375	12.224
12.224	10.185	0	23.416	4.074	12.224
12.224	22.211	0	35.111	-1.677	12.224
6.668	0	0	7.144	7.147	13.336
6.668	0	0	7.144	1.069	
6.668	0	0	6.668	6.668	13.336
6.668	835	0	8.472	5.879	
6.668	0	0	6.810	6.210	13.336
6.668	8.431	0	17.631	-6.210	
6.668	12.961	0	20.514	-1.763	13.336
6.668	10.336	0	18.069	-620	
8.256	21	0	8.304	8.235	16.511
8.256	972	0	10.248	6.770	
8.256	6.231	0	15.860	858	16.511
8.256	7.779	0	17.259	1.757	
8.256	10.084	0	19.569	-8.054	16.511
8.256	12.721	0	22.193	-4.707	
9.843	628	0	11.172	3.615	19.686
9.843	216	0	10.296	9.642	
9.843	7.018	0	18.050	632	19.686
9.843	9.332	0	20.299	1.339	
9.843	10.782	0	20.936	-459	19.686
9.843	21.193	0	31.169	-4.311	

Tabla 8.15.4. Ejemplos de perfiles de hogar: escenario 4

PERSONA	EDAD	GÉNERO	PERCENTIL	RENTA BRUTA	IMPUESTOS *EX ANTE*	RENTA NETA *EX ANTE*	RIQUEZA NETA
Hogar unipersonal							
Adulto 1	80	Mujer	10	5.494	0	5.494	23.746
Adulto 1	22	Hombre	10	4.700	301	4.399	176
Adulto 1	23	Mujer	60	17.722	736	16.986	-7.101
Adulto 1	45	Hombre	90	37.632	8.555	29.077	95.131
Hogar monoparental con una persona menor de edad							
Adulto 1	24	Hombre	10	4.482	252	4.230	0
Adulto 1	35	Hombre	60	22.906	3.565	19.342	0
Adulto 1	44	Mujer	90	47.492	10.704	36.787	-6.810
Hogar con dos personas adultas y sin menores de edad							
Adulto 1	82	Mujer	10	0	0	0	43.816
Adulto 2	88	Hombre		6.075	0	6.075	44.854
Adulto 1	20	Mujer	10	0	0	0	0
Adulto 2	20	Hombre		2.783	190	2.593	0
Adulto 1	67	Mujer	60	600	0	600	4.712
Adulto 2	70	Hombre		25.919	2.078	23.841	55.918
Adulto 1	39	Mujer	90	28.614	6.337	22.277	87.146
Adulto 2	43	Hombre		23.221	4.533	18.689	79.189
Hogar con dos personas adultas y con una menor de edad							
Adulto 1	45	Hombre	10	70	0	70	23.614
Adulto 2	49	Mujer		3.674	196	3.478	62.571
Adulto 1	28	Hombre	60	15.835	833	15.002	465
Adulto 2	32	Mujer		17.894	2.392	15.502	0
Adulto 1	31	Hombre	90	30.952	3.328	27.623	13.601
Adulto 2	38	Mujer		32.250	5.351	26.899	13.870
Hogar con dos personas adultas y dos menores de edad							
Adulto 1	35	Mujer	10	7.735	178	7.557	213
Adulto 2	27	Hombre		719	65	654	0
Adulto 1	35	Mujer	60	18.508	1.091	17.417	-26.121
Adulto 2	39	Mujer		21.130	2.170	18.960	-23.506
Adulto 1	37	Mujer	90	25.350	3.955	21.395	25.692
Adulto 2	37	Mujer		45.415	9.935	35.480	82.866

Fuente: Elaboración propia.

RENTA BÁSICA	IRPF *EX POST*	IMPUESTO RIQUEZA *EX POST*	RENTA NETA *EX POST*	GANANCIA O PÉRDIDA	RB HOGAR
6.350	0	0	9.525	4.031	6.350
6.350	1.481	0	9.525	5.126	6.350
6.350	6.335	0	16.986	0	6.350
6.350	16.663	0	25.524	-3.552	6.350
9.525	1.166	0	12.383	8.152	9.525
9.525	9.637	0	21.265	1.924	9.525
9.525	21.396	0	33.227	-3.561	9.525
6.350	0	0	7.144	7.147	12.700
6.350	0	0	7.144	1.069	
6.350	0	0	6.350	6.350	12.700
6.350	696	0	8.293	5.700	
6.350	0	0	6.487	5.887	12.700
6.350	8.102	0	17.954	-5.887	
6.350	12.335	0	20.822	-1.455	12.700
6.350	9.782	0	18.305	-384	
7.938	17	0	7.990	7.920	15.875
7.938	819	0	10.083	6.605	
7.938	5.848	0	15.926	923	15.875
7.938	7.331	0	17.389	1.887	
7.938	9.686	0	19.967	-7.656	15.875
7.938	12.100	0	22.496	-4.403	
9.525	523	0	10.959	3.402	19.050
9.525	180	0	10.014	9.360	
9.525	6.602	0	18.148	730	19.050
9.525	8.820	0	20.493	1.533	
9.525	10.209	0	21.191	-204	19.050
9.525	20.399	0	31.646	-3.835	

9

Financiación de una renta básica en la Unión Europea a partir de tres impuestos: sobre la renta, la riqueza y el CO_2

A finales de 2021, las fundaciones Irla[199] y Copietters[200] pidieron a tres autores de este libro una investigación sobre las posibilidades de financiación de una renta básica para el conjunto de la Unión Europea. La parte fundamental de la mencionada investigación respondía en consecuencia a la pregunta de si era posible, y cómo, financiar una renta básica para la UE. La investigación (Arcarons, Raventós y Torrens, 2023) respondía a la cuestión planteada a partir de tres impuestos: sobre la renta, la riqueza y el CO_2. Este capítulo es un resumen en algunos aspectos y una ampliación en otros de los resultados de la investigación.

¿Por qué estos tres impuestos? La propuesta se fundamenta en motivos de simplificación y porque cada uno de ellos cumple una doble función: la primera es que los tres son una fuente de financiación fiable, recurrente, con potencial elevado de recaudación y con dificultades para ser eludidos o deslocalizados,[201] en tanto que la mayor parte del patrimonio en cada país se compo-

199. Véase: <https://irla.cat/>.

200. Véase: <https://ideasforeurope.eu/>.

201. Mientras existan y se permitan los paraísos fiscales, la fuga de capitales será siempre una opción para quien dispone de ellos. Hemos soltado una

ne de activos inmobiliarios en el propio país o de acciones de empresas nacionales. La segunda es que son impuestos con fines de progresividad fiscal, aunque en determinados aspectos a menudo se quedan muy lejos de este objetivo, que pueden ser muy mejorados mediante las oportunas reformas. Así, el impuesto sobre la renta suele tener deducciones regresivas, como hemos explicado en el caso del IRPF, o tasar menos los rendimientos del capital que los del trabajo; el impuesto del patrimonio permite capturar los incrementos de riqueza que escapan a la imposición sobre la renta, pero hasta ahora su poca fuerza está favoreciendo una concentración de la riqueza en manos del 10 % más rico de la población, y en especial del 1 o 2 % situado en el vértice de la pirámide. Lo hemos explicado anteriormente: la riqueza está repartida mucho más desigualmente que la renta. Y en lo que se refiere a los impuestos ambientales, son impuestos pigouvianos, es decir, impuestos que buscan corregir las externalidades negativas de la generación de emisiones ambientales, ya sean gases de efecto invernadero, residuos radiactivos u otros materiales. Obviamente, se trata de gravar las emisiones territorializadas, si bien también podrían imponerse las emisiones implícitas en las importaciones. Estas medidas enlazan con la agenda contra el cambio climático y evidencian que no está en discusión la necesidad de realizar más esfuerzos para acelerar la transición ecológica y reducir las emisiones.

Bueno será, antes de entrar en el contenido estricto del capítulo, exponer las siguientes consideraciones:

- La información que se ha utilizado es equivalente, en cuanto a estructura, a la que se ha descrito en el capítulo 4[202] y, por esta razón, en buena parte de lo que sigue nos remitimos a él.
- Sí hemos creído necesario realizar un breve resumen sobre los microdatos utilizados, como también una exposi-

liebre que no vamos a seguir porque el tratamiento de los paraísos fiscales es algo que se aparta de nuestro objetivo.

202. En particular, la parte correspondiente al reino de España.

ción, ésta ya más extensa, de los principales resultados sobre la pobreza, exclusión social y desigualdad que de ellos se deriva.

- Nos hemos extendido en un apartado que es importante para entender una de las principales diferencias entre la información que se ha descrito en el capítulo 5 y la que se utiliza aquí: la «individualización de rentas», que es un aspecto clave en el modelo de financiación de la RB.
- En cuanto a la descripción formal del modelo de financiación, creemos que todo el detalle aportado en el capítulo 8 es más que suficiente y sería redundante ahora referirse a él. Aun cuando se dan algunas diferencias, pueden considerarse equivalentes en cuanto a funcionamiento.
- Sobre los escenarios de simulación, a pesar de que en el trabajo original de la Fundación Irla al que nos hemos referido se utilizaron también cuatro —que son idénticos en cuanto a metodología a los descritos en el capítulo 8—, ahora sólo vamos a reproducir los resultados de los dos primeros, básicamente para no resultar reiterativos ni alargar en exceso el contenido de este capítulo.

La información utilizada

La base de datos utilizada ha sido cedida por Eurostat y se refiere básicamente a los microdatos transversales del año 2020 de la EU-SILC (European Union Statistics on Income and Living Conditions). Esta información está armonizada para los veintisiete Estados miembros que actualmente forman la Unión Europea (UE) —para el caso del reino de España se conoce como Encuesta de Condiciones de Vida—. La información[203] se divide en cuatro apartados, cuyos elementos más relevantes son:

203. En los documentos de la Comisión Europea —«Directorate F: Social statistics; Unit F-4: Income and living conditions; Quality of life, SILC disclosure control rules, year 2020, cross-sectional data; Differences between original database (as described in the guidelines) and the anonymised user

1. Características del hogar: identificador del hogar encuestado, país, región (NUTS2),[204] factor de elevación.
2. Características personales de los miembros del hogar: identificador de la persona, edad, género, estado civil, actividad básica, posición en el hogar, nivel educativo, factor de elevación personal.
3. Datos del hogar:

    - Rentas percibidas de forma agregada por el hogar: renta bruta y disponible, renta por alquileres de propiedades, intereses, dividendos y ganancias de capital, ayudas por familia y/o hijos, ayudas por asistencia social, ayudas por vivienda, transferencias percibidas de otros hogares, rentas de los menores de 16 años, impuesto sobre la riqueza, transferencias abonadas a otros hogares, impuesto sobre la renta y cotizaciones sociales.
    - Características de la vivienda: tenencia, espacio, costes de alquiler o hipoteca.
    - Características de exclusión social y de carencia material.

4. Datos de los miembros mayores de 16 años:

    - Rentas percibidas: trabajo (monetarias y en especie), desempleo, por cuenta propia, pensiones.
    - Características personales: edad, género, parentesco, estado civil, posición en el hogar, país de nacimiento.
    - Nivel educativo (ISCED; International Standard Clas-

data base» y «Methodological guidelines and description of EU-SILC target variables, 2020 operation» (versión de abril de 2020)— se puede consultar la descripción exhaustiva del conjunto de variables que contienen los microdatos.

204. NUTS (Nomenclature des Unités Territoriales Statistiques) es un sistema jerárquico para dividir el territorio económico de la Unión Europea con fines estadísticos, así como para decidir el reparto de los fondos de cohesión europea. NUTS2 se refiere a un territorio entre 800.000 y 3.000.000 de habitantes.

sification of Education), actividad en formación continua.
- Salud.
- Situación laboral: situación en el trabajo, ocupación (ISCO-08; International Standard Classification of Occupations), actividad (NACE; Nomenclature Statistique des Activités Économiques dans la Communauté Européenne), horas trabajadas.

Con esta información es posible efectuar un análisis detallado de la distribución de la renta y de la situación de desigualdad, pobreza y exclusión social en la que se encuentran los hogares de los distintos Estados miembros de la UE.

Una primera descripción

En primer lugar, veamos algunas cifras que permiten evaluar la situación de partida. En la tabla 9.1 se reproduce, para los veintiséis Estados miembros considerados,[205] la representación en la muestra y en la población —por hogares y personas—, la mediana de renta equivalente y el URP.[206] Se han calculado también todos estos valores para el total de la Unión Europea para tener una referencia de la gran variabilidad existente entre los diferentes Estados miembros.

205. Se ha excluido Lituania porque en su información EU-SILC, a pesar de que se pueden obtener los agregados más importantes, hay considerables carencias en un buen número de las variables relevantes. Además, para los casos de Alemania e Italia, la base de datos utilizada es la de 2019, dado que cuando se dispuso de ella, aún no habían facilitado a Eurostat los valores de 2020. Por último, hay que señalar que los valores de los ingresos monetarios corresponden al año anterior a la encuesta; esto es, en las de 2020 son de 2019, y en las de 2019 son de 2018.

206. Los anteriores conceptos se han definido y comentado detalladamente en el capítulo 4.

Tabla 9.1. Población y umbrales de riesgo de pobreza (URP) (datos relativos a 2020, importes en euros)

ESTADO MIEMBRO	HOGARES MUESTRA	PERSONAS MUESTRA	HOGARES REPRESENTADOS	PERSONAS REPRESENTADAS	MEDIANA DE LA RENTA NETA EQUIVALENTE	UMBRAL DE RIESGO DE POBREZA (URP)
Austria	6.021	12.274	3.990.132	8.757.572	26.555,43	15.933,26
Bélgica	7.088	16.105	4.993.966	11.363.821	25.671,98	15.403,19
Bulgaria	7.313	16.625	2.931.327	6.962.424	4.611,92	2.767,15
Chipre	4.192	10.952	334.000	884.233	16.704,00	10.022,40
República Checa	8.618	18.758	4.464.505	10.458.507	10.627,19	6.376,31
Alemania*	12.350	23.925	40.780.161	80.988.833	23.638,67	14.183,20
Dinamarca	6.562	13.521	2.920.885	5.774.377	30.680,90	18.408,54
Estonia	6.434	15.143	626.028	1.315.941	12.228,03	7.336,82
Grecia	15.086	32.962	4.115.678	10.514.769	8.780,95	5.268,57
España	15.043	38.011	18.773.903	46.874.430	16.043,38	9.626,03
Finlandia	9.474	22.701	2.787.200	5.441.980	25.490,00	15.294,00
Francia	10.899	24.758	28.421.366	63.976.918	21.730,00	13.038,00
Croacia	7.716	18.865	1.435.193	3.935.638	7.891,71	4.735,03
Hungría	6.530	14.363	4.120.011	9.578.774	6.478,28	3.886,97
Irlanda	4.243	10.683	1.913.716	4.980.329	26.250,00	15.750,00
Italia*	20.831	43.400	26.042.644	60.127.687	17.165,38	10.299,23
Luxemburgo	2.783	7.461	266.728	598.541	37.844,04	22.706,42
Letonia	6.095	13.215	825.448	1.884.981	8.826,92	5.296,15
Malta	3.826	9.555	206.868	505.014	16.240,35	9.744,21
Países Bajos	13.211	28.573	7.997.800	17.148.722	25.800,56	15.480,33
Polonia	15.281	38.835	13.327.898	37.067.779	8.021,85	4.813,11
Portugal	11.367	27.698	4.099.052	10.295.909	10.800,00	6.480,00
Rumanía	7.356	16.966	7.518.227	19.348.575	4.267,38	2.560,43
Suecia	5.781	14.102	5.131.782	10.327.589	24.700,37	14.820,22
Eslovenia	8.539	24.794	834.520	2.055.303	14.766,67	8.860,00
Eslovaquia	5.542	13.800	1.852.059	5.389.916	8.703,03	5.221,82
UE-26**	**228.181**	**528.045**	**190.711.098**	**436.558.564**	**17.144,00**	**10.286,40**

Nota: *Con datos relativos a 2019. **Excluida Lituania por falta de datos.
Fuente: Elaboración propia a partir de datos de Eurostat.

Respecto al URP, pieza clave del modelo de financiación, sus diferencias se advierten aún mejor en el siguiente gráfico.

Gráfico 9.1. Umbrales de riesgo de pobreza

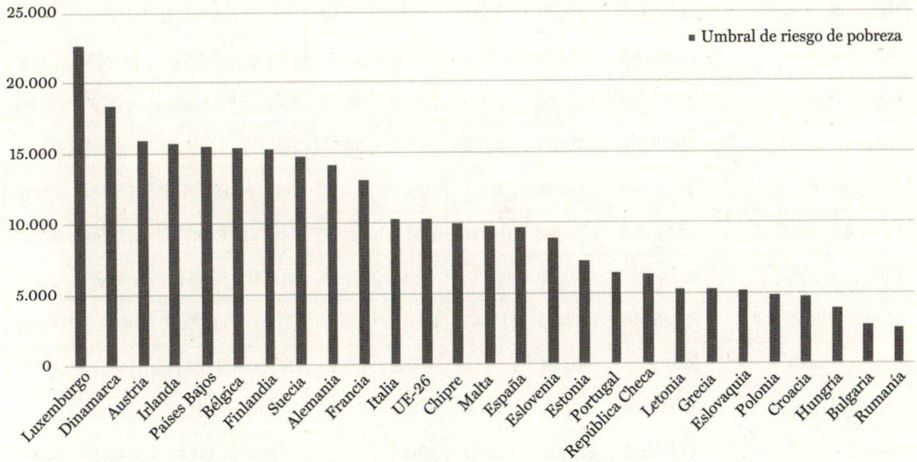

Fuente: Elaboración propia a partir de datos de Eurostat.

En la tabla 9.2 se muestra la representación por edad y género de los Estados miembros y también los conceptos de pobreza y exclusión social —las siete últimas filas— directamente relacionados con el URP particular, que se pueden calcular a partir de los microdatos disponibles.

Tabla 9.2. Población, pobreza y exclusión social

CONCEPTO	ESTADO MIEMBRO								
	UE-26	AUSTRIA	BÉLGICA	BULGARIA	CHIPRE	REPÚBLICA CHECA	ALEMANIA	DINAMARCA	ESTONIA
Menores de 3 años	**10.558.665**	217.896	320.231	133.464	26.818	298.811	2.338.721	173. 237	41.154
Entre 0 y 13 años	**59.464.063**	1.149.579	1.847.177	905.049	132.792	1.581.997	10.207.746	883.615	199.729
Entre 0 y 16 años	**72.966.430**	1.429.781	2.232.342	1.121.353	158.881	1.881.678	12.303.598	1.056.788	239.195
Menores de 18 años	**77.600.761**	1.536.716	2.352.500	1.181.741	169.456	1.996.689	13.121.571	1.118.969	252.288
De 16 y más años	**368.181.346**	7.422.126	9.250.119	5.919.086	734.871	8.692.834	69.344.919	4.775.205	1.088.821
De 18 y más años	**358.957.802**	7.220.856	9.011.321	5.780.683	714.777	8.461.818	67.867.262	4.655.408	1.063.653
Entre 18 y 25 años	**36.519.048**	724.374	969.636	484.522	97.129	714.625	6.846.077	599.562	98.912
Entre 26 y 40 años	**82.185.446**	1.812.435	2.245.672	1.360.143	221.860	2.122.003	15.570.021	1.059.499	281.060
Entre 41 y 50 años	**62.170.354**	1.168.814	1.451.322	1.058.222	109.888	1.665.900	10.535.217	744.025	181.125
Entre 51 y 55 años	**32.457.618**	711.078	836.991	471.980	54.609	693.165	6.815.857	424.883	83.952
Entre 56 y 60 años	**30.154.131**	687.055	765.076	474.172	54.815	622.017	6.138.449	384.142	86.799
Entre 61 y 65 años	**29.523.276**	640.366	733.908	484.790	48.062	645.889	5.999.685	333.587	86.668
Entre 66 y 75 años	**54.695.959**	816.716	1.117.478	862.177	75.496	1.256.532	15.961.957	665.045	128.977
Entre 76 y 80 años	**10.876.835**	272.063	310.696	234.121	19.848	314.811	*sd*	201.088	39.291
Mayores de 80 años	**20.375.135**	387.955	580.543	350.557	33.070	426.875	*sd*	243.578	76.871
Hombres	**213.491.950**	4.314.729	5.619.246	3.375.364	432.791	5.155.932	39.946.345	2.871.580	622.903
Mujeres	**223.066.613**	4.442.843	5.744.574	3.587.060	451.442	5.302.575	41.042.488	2.902.797	693.038
Hogares en riesgo de pobreza	**34.970.421**	622.851	800.211	824.191	54.137	567.099	8.023.838	469.423	181.904
Hogares en riesgo de pobreza severa	**12.825.147**	201.200	165.554	296.875	10.394	78.751	2.802.999	150.843	54.184
Hogares en carencia material severa*	**11.100.804**	107.019	232.225	665.937	24.769	113.751	1.482.827	93.893	21.469
Personas sin ocupación o de baja intensidad1	**25.883.219**	464.711	1.020.512	423.938	38.855	339.455	4.407.795	377.046	45.149
Personas en riesgo de pobreza	**71.672.911**	1.221.539	1.602.223	1.660.197	126.535	992.635	12.184.646	695.851	272.712
Personas en riesgo de pobreza severa	**26.079.338**	411.809	344.485	696.127	22.745	176.912	3.681.575	207.513	83.196
Personas en riesgo de pobreza y exclusión social*	**90.562.528**	1.529.224	2.151.904	2.231.762	187.996	1.243.083	14.234.702	919.506	306.132

... / ...

... / ...

ESTADO MIEMBRO									
GRECIA	ESPAÑA	FINLANDIA	FRANCIA	CROACIA	HUNGRÍA	IRLANDA	ITALIA	LUXEMBURGO	LETONIA
163.868	1.005.120	137.162	1.915.754	83.390	241.174	169.035	717.402	19.325	53.898
1.293.012	5.961.337	790.559	10.113.535	514.101	1.251.026	940.667	6.943.845	92.689	272.507
1.620.686	7.395.112	971.725	12.610.311	630.675	1.539.885	1.137.880	8.597.310	113.923	337.439
1.738.522	7.821.578	1.037.392	13.476.079	669.538	1.631.139	1.202.025	9.167.343	119.293	359.480
8.999.150	39.985.581	4.531.268	52.319.452	3.342.551	8.144.918	3.908.550	52.078.930	490.105	1.569.773
8.776.247	39.052.852	4.404.588	50.500.839	3.266.100	7.947.635	3.778.304	50.960.345	479.248	1.525.501
805.032	3.820.665	485.562	5.628.321	354.175	904.149	495.341	4.693.240	55.653	124.369
1.849.372	8.459.349	1.040.491	11.270.580	761.840	1.555.898	1.024.434	10.202.560	134.956	347.533
1.587.907	7.969.150	643.023	7.979.555	532.803	1.523.117	735.693	9.178.082	94.702	293.401
809.879	3.663.697	364.600	4.262.513	282.148	769.261	297.760	4.894.097	42.141	125.446
783.032	3.354.058	366.599	4.143.280	284.601	724.669	289.165	4.402.078	41.300	137.130
652.704	2.896.894	351.296	4.365.627	281.677	798.247	251.754	3.837.856	32.959	128.701
1.221.900	4.642.660	676.341	7.107.812	431.815	1.043.899	403.534	6.688.979	47.624	205.712
317.306	1.504.507	168.083	1.867.442	123.277	286.184	109.276	2.163.467	13.566	59.591
749.115	2.741.872	308.593	3.875.709	213.764	342.211	171.347	4.899.985	16.346	103.619
5.130.780	23.003.544	2.680.087	31.038.123	1.914.040	4.584.095	2.465.274	29.267.525	301.262	867.683
5.383.989	23.870.886	2.761.893	32.938.796	2.021.598	4.994.679	2.515.055	30.860.162	297.279	1.017.298
701.405	3.852.987	447.278	4.113.429	339.790	602.730	342.175	5.291.391	43.597	237.514
276.011	1.727.335	74.861	1.420.155	142.538	274.439	49.398	2.464.900	13.819	99.530
680.171	1.223.632	93.756	1.419.681	132.761	336.813	101.734	2.075.812	4.602	74.310
940.034	3.464.740	376.007	4.041.309	243.918	351.412	496.784	4.231.311	38.475	107.754
1.856.081	9.829.260	666.229	8.811.073	720.091	1.174.489	694.781	12.060.137	103.929	406.961
768.302	4.463.144	94.394	2.680.882	286.622	541.438	104.410	5.514.298	29.490	169.184
3.033.097	12.384.480	870.333	11.666.252	913.722	1.700.778	1.037.488	15.387.634	125.091	489.316

... / ...

.../...

CONCEPTO	ESTADO MIEMBRO							
	MALTA	PAÍSES BAJOS	POLONIA	PORTUGAL	RUMANÍA	SUECIA	ESLOVENIA	ESLOVAQUIA
Menores de 3 años	19.321	503.213	1.036.492	212.528	181.240	329.535	55.160	164.716
Entre 0 y 13 años	64.670	2.499.230	5.257.236	1.231.777	2.562.429	1.659.065	309.470	799.221
Entre 0 y 16 años	90.369	3.054.120	6.192.334	1.550.961	3.322.882	2.064.947	363.955	948.300
Menores de 18 años	90.369	3.281.353	6.513.235	1.661.974	3.534.999	2.191.604	383.597	991.314
De 16 y más años	414.645	14.296.008	31.182.108	8.842.234	16.242.822	8.407.664	1.709.357	4.488.249
De 18 y más años	414.645	13.867.369	30.554.544	8.633.935	15.813.576	8.135.985	1.671.706	4.398.602
Entre 18 y 25 años	77.810	1.697.346	2.869.607	877.861	1.632.173	898.880	158.324	405.703
Entre 26 y 40 años	125.638	3.240.140	8.165.407	1.800.989	3.787.841	2.128.835	410.948	1.205.945
Entre 41 y 50 años	60.010	2.224.403	5.380.062	1.572.847	3.121.835	1.243.681	297.962	817.607
Entre 51 y 55 años	30.632	1.276.427	2.208.434	750.855	1.348.501	717.879	147.898	372.937
Entre 56 y 60 años	30.758	1.208.619	2.325.695	738.468	980.695	618.131	157.032	356.297
Entre 61 y 65 años	28.011	1.097.932	2.731.309	664.146	1.406.230	542.423	135.352	347.206
Entre 66 y 75 años	43.498	1.889.370	4.199.884	1.176.974	2.115.133	1.098.190	220.600	597.654
Entre 76 y 80 años	*sd*	511.753	904.424	390.682	521.739	343.904	58.311	141.407
Mayores de 80 años	18.288	721.381	1.769.721	661.115	899.430	544.063	85.280	153.847
Hombres	261.433	8.528.354	17.925.524	4.859.977	9.463.630	5.195.814	1.033.816	2.632.098
Mujeres	243.581	8.620.368	19.142.255	5.435.932	9.884.945	5.131.775	1.021.487	2.757.818
Hogares en riesgo de pobreza	41.417	1.265.560	2.317.140	704.103	1.809.088	949.279	148.996	218.888
Hogares en riesgo de pobreza severa	10.055	384.110	677.508	248.525	796.901	304.629	30.683	68.949
Hogares en carencia material severa*	8.165	214.276	431.403	218.233	1.097.312	89.821	35.084	121.348
Personas sin ocupación o de baja intensidad	20.877	1.123.928	1.164.368	372.567	902.494	640.368	73.622	175.789
Personas en riesgo de pobreza	85.369	2.291.016	5.498.172	1.665.279	4.524.184	1.662.155	252.792	614.574
Personas en riesgo de pobreza severa	19.305	579.411	1.632.173	597.276	2.175.105	529.760	48.003	221.780
Personas en riesgo de pobreza y exclusión social*	95.834	2.761.188	6.430.871	2.036.478	5.873.022	1.846.374	308.177	798.084

Nota: *Estrategia Europa-2020.
Fuente: Elaboración propia a partir de datos de Eurostat.

En la tabla 9.3 se muestran los valores de la renta bruta y de la disponible de los hogares. En el caso de la renta bruta, se proporciona el conjunto de rentas percibidas por el hogar,[207] mientras que el valor de la renta disponible se obtiene al sustraer de la anterior el impuesto sobre la riqueza, las transferencias brutas periódicas abonadas a otros hogares y los impuestos y cotizaciones sociales.

Los valores destacables para el total de la Unión Europea son una renta bruta de 8,40 billones de euros, un agregado de impuestos y cotizaciones sociales por encima de los 2,25 billones de euros y una renta disponible de 6,04 billones de euros.

La situación *ex ante*

La tabla 9.4 proporciona cuatro agrupaciones de conceptos para los veintiséis Estados miembros: 1) agregados de rentas bruta y neta, y de impuestos, 2) rentas bruta y neta media y equivalente —por hogar y personal—, 3) indicadores de pobreza y exclusión también por hogares y personas, y 4) indicadores de desigualdad, progresividad y redistribución.[208]

Éste es un primer paso imprescindible para la construcción de un modelo de financiación de una renta básica para la UE, dado que determina uno de los objetivos más importantes —si bien no el único, como esperamos que haya quedado claro a estas alturas— que debe afrontar la renta básica: erradicar la pobreza.

207. La renta bruta del hogar es la suma de las diferentes rentas agregadas percibidas por el total del hogar (código que empieza por H) y de las rentas individuales de cada miembro del hogar (código que empieza por P).

208. En el capítulo 4 se han definido y comentado detalladamente todos ellos.

Tabla 9.3. Composición de la renta bruta y neta de los hogares

CÓDIGO EU-SILC	CONCEPTO (importes monetarios en millones de euros)	ESTADO MIEMBRO												
		UE-26	AUSTRIA	BÉLGICA	BULGARIA	CHIPRE	REPÚBLICA CHECA	ALEMANIA	DINAMARCA	ESTONIA	GRECIA	ESPAÑA	FINLANDIA	FRANCIA
HY010	**Renta bruta total del hogar**	**8.402.799,61**	248.342,32	288.039,28	33.569,51	13.440,50	102.687,01	2.169.656,26	233.258,73	14.677,91	110.547,80	696.638,63	148.839,43	1.682.129,52
HY040G	*Renta bruta del alquiler de una propiedad*	**134.537,63**	4.689,66	4.143,03	412,87	232,22	932,68	28.437,19	146,57	96,11	2.949,65	11.045,74	1.770,83	36.920,47
HY050G	*Ayuda bruta para familia/hijos*	**148.197,18**	6.439,98	6.362,60	729,86	186,33	1.443,22	58.687,96	2.712,11	620,67	1.064,98	1.213,81	2.640,95	25.528,40
HY060G	*Ingresos brutos por asistencia social*	**41.789,51**	1.259,86	1.549,44	96,62	56,63	88,55	2.875,86	395,76	19,62	553,11	3.493,47	617,51	17.684,45
HY070G	*Ayuda bruta a la vivienda*	**36.572,13**	252,95	47,36	0,07	31,48	244,90	10.762,66	1.625,84	10,60	6,66	823,86	1.738,51	13.789,58
HY080G	*Transferencias brutas periód. monetarias de otros hogares*	**42.775,93**	1.435,01	970,24	349,73	264,89	1.483,06	14.530,13	519,89	56,26	1.458,32	3.248,48	315,17	7.778,80
HY090G	*Intereses, dividendos, ganancias brutas inversiones capital*	**164.826,15**	2.359,94	2.758,35	581,82	96,61	172,64	25.211,31	5.478,54	347,31	358,78	9.780,70	6.472,85	71.516,22
HY110G	*Renta bruta de los menores de 16 años*	**2.317,52**	116,12	62,25	25,27	0,00	0,00	264,69	466,86	5,81	2,46	368,06	143,64	213,07
HY145N	*Devoluciones de impuestos*	**-14.384,45**	-116,14	0,00	0,00	*s.d.*	0,00	*s.d.*	*s.d.*	*s.d.*	1.988,31	-3.878,08	*s.d.*	*s.d.*
PY010G	*Renta bruta monetaria del asalariado*	**5.174.178,90**	149.540,47	180.901,19	22.628,90	8.755,28	64.814,19	1.424.571,86	154.526,11	10.731,87	45.784,25	437.770,61	90.004,09	1.069.670,55
PY021G	*Renta bruta no monetaria del asalariado (coche empresa)*	**27.860,13**	0,00	857,15	19,91	8,48	419,18	13.047,12	884,94	159,61	58,72	751,28	596,51	4.146,57

... / ...

.../...

CÓDIGO EU-SILC	CONCEPTO (importes monetarios en millones de euros)	ESTADO MIEMBRO												
		UE-26	AUSTRIA	BÉLGICA	BULGARIA	CHIPRE	REPÚBLICA CHECA	ALEMANIA	DINAMARCA	ESTONIA	GRECIA	ESPAÑA	FINLANDIA	FRANCIA
PY050G	*Beneficios o pérdidas brutas, trabajadores por cuenta propia*	**671.826,27**	21.222,92	19.945,20	2.884,04	1.012,48	13.852,00	133.804,86	14.357,33	138,30	24.225,87	42.477,35	6.160,76	77.147,46
PY080G	*Rentas brutas percibidas por pensiones priv. (no ESSPROS)*	**23.129,41**	1.405,62	428,21	3,71	44,79	106,45	7.813,02	399,60	43,18	6,82	6.609,51	1.659,44	617,90
PY090G	*Prestaciones brutas por desempleo*	**137.631,05**	3.797,95	9.181,27	182,64	211,73	373,96	22.660,87	6.830,82	113,62	435,81	18.748,31	3.691,84	31.887,69
PY100G	*Prestaciones brutas de jubilación*	**1.459.094,02**	45.401,92	48.953,28	4.549,46	1.999,40	14.933,36	341.490,23	34.686,77	1.777,71	28.600,55	113.875,09	26.613,80	278.484,38
PY110G	*Prestaciones brutas de supervivencia*	**144.870,42**	5.633,91	910,39	122,49	284,66	1.014,48	26.913,07	0,00	3,37	4.122,23	25.955,47	1.486,73	25.599,31
PY120G	*Prestaciones brutas por enfermedad*	**26.772,39**	1.255,08	2.209,38	335,20	40,31	545,63	6.312,66	847,21	116,30	24,74	3.715,89	559,89	3.176,57
PY130G	*Prestaciones brutas de invalidez*	**119.236,18**	3.154,65	8.612,52	642,98	153,12	2.246,01	21.596,57	5.611,79	399,26	871,87	15.370,90	3.653,17	16.231,02
PY140G	*Ayuda bruta para estudios*	**20.872,23**	376,27	147,42	3,92	63,09	16,70	4.425,24	3.768,60	38,29	22,97	1.390,11	713,74	1.737,44
HY120G	*Impuesto sobre la riqueza*	**45.725,01**	0,00	0,00	98,62	18,19	157,04	6.893,43	4.151,62	15,10	1.739,14	563,46	533,26	18.333,25
HY130G	*Transferencias brutas periód. abonadas a otros hogares*	**63.827,03**	2.097,61	1.272,37	84,42	250,10	1.778,61	24.539,40	1.014,38	255,20	903,95	5.407,37	708,81	14.246,71
HY140G	*Impuestos y cotizaciones sociales*	**2.252.784,01**	64.318,40	73.031,24	5.603,84	1.862,36	16.809,67	608.498,44	87.658,96	2.001,02	36.857,59	114.494,77	36.203,72	553.290,14
HY020	**Renta disponible total del hogar**	**6.040.463,54**	181.926,32	213.735,66	27.782,62	11.309,85	83.941,70	1.529.725,00	140.433,77	12.406,58	71.047,12	576.173,02	111.393,63	1.096.259,41

.../...

…/…

CÓDIGO EU-SILC	CONCEPTO (importes monetarios en millones de euros)	ESTADO MIEMBRO													
		CROACIA	HUNGRÍA	IRLANDA	ITALIA	LUXEMBURGO	LETONIA	MALTA	PAÍSES BAJOS	POLONIA	PORTUGAL	RUMANÍA	SUECIA	ESLOVENIA	ESLOVAQUIA
HY010	**Renta bruta total del hogar**	28.253,66	59.277,15	127.492,68	1.091.313,04	24.732,76	16.132,54	7.904,16	494.213,54	274.601,79	116.842,88	89.015,81	264.032,05	28.064,13	39.096,53
HY040G	*Renta bruta del alquiler de una propiedad*	349,13	352,90	2.175,62	31.464,89	685,32	131,43	125,04	3.629,58	949,98	2.009,47	46,91	576,96	228,32	35,06
HY050G	*Ayuda bruta para familia/hijos*	360,64	2.014,50	5.057,86	6.622,23	569,59	473,52	88,49	4.891,02	10.750,92	759,29	1.535,25	5.985,14	594,52	863,30
HY060G	*Ingresos brutos por asistencia social*	53,96	125,91	1.400,38	1.574,30	210,20	14,77	89,49	6.966,00	169,08	310,14	101,99	1.723,00	279,36	80,04
HY070G	*Ayuda bruta a la vivienda*	9,98	36,25	1.683,11	211,03	39,00	13,56	9,02	3.504,83	74,78	17,58	0,00	1.620,08	18,40	0,00
HY080G	*Transferencias brutas periód. monetarias de otros hogares*	144,86	527,84	276,32	3.962,35	49,80	184,34	23,44	2.450,52	991,61	817,45	72,90	636,01	74,29	154,22
HY090G	*Intereses, dividendos, ganancias brutas inversiones capital*	26,17	282,69	847,22	4.683,72	179,05	129,49	143,52	17.985,70	296,22	820,04	24,96	13.683,90	569,67	18,71
HY110G	*Renta bruta de los menores de 16 años*	30,96	3,46	4,18	93,27	0,00	7,33	0,02	148,36	90,25	4,02	151,69	105,47	9,46	0,83
HY145N	*Devoluciones de impuestos*	15,72	*s.d.*	-344,44	-12.103,12	89,83	*s.d.*	*s.d.*	*s.d.*	-1.456,13	1.657,14	5,74	0,00	-243,27	*s.d.*
PY010G	*Renta bruta monetaria del asalariado*	18.558,60	38.984,99	80.034,93	511.238,42	16.166,54	11.968,76	5.499,57	303.454,08	172.108,39	72.961,55	66.493,64	172.762,72	18.854,19	25.393,16
PY021G	*Renta bruta no monetaria del asalariado (coche empresa)*	74,31	50,01	130,70	482,01	71,63	13,07	7,77	3.784,76	175,02	283,94	286,82	1.433,60	69,74	47,31
PY050G	*Beneficios o pérdidas brutas, trabajadores por cuenta propia*	2.731,24	4.973,68	12.025,59	198.856,94	545,56	510,82	763,23	45.077,81	27.003,30	8.337,41	4.009,70	4.132,52	1.309,82	4.320,08
PY080G	*Rentas brutas percibidas por pensiones priv. (no ESSPROS)*	0,87	*s.d.*	467,70	135,04	9,71	24,62	28,82	44,67	13,21	231,11	1,02	2.996,20	25,91	12,26

…/…

.../...

CÓDIGO EU-SILC	CONCEPTO (importes monetarios en millones de euros)	ESTADO MIEMBRO													
		CROACIA	HUNGRÍA	IRLANDA	ITALIA	LUXEMBURGO	LETONIA	MALTA	PAÍSES BAJOS	POLONIA	PORTUGAL	RUMANÍA	SUECIA	ESLOVENIA	ESLOVAQUIA
PY090G	*Prestaciones brutas por desempleo*	81,24	260,67	3.125,93	26.867,00	315,97	174,75	9,97	4.538,43	516,77	1.122,48	18,80	2.228,70	153,71	100,13
PY100G	*Prestaciones brutas de jubilación*	4.324,97	10.464,57	15.839,03	246.185,01	5.210,64	1.995,87	972,64	85.008,94	52.639,56	24.561,10	14.912,48	45.113,06	4.171,56	6.328,63
PY110G	*Prestaciones brutas de supervivencia*	673,16	161,52	454,89	42.980,39	102,07	38,45	32,30	407,43	3.668,47	2.732,89	480,43	153,70	374,16	564,45
PY120G	*Prestaciones brutas por enfermedad*	65,67	83,92	504,14	*s.d.*	205,16	209,23	29,56	1.107,40	262,90	540,97	1,76	3.916,86	549,03	156,92
PY130G	*Prestaciones brutas de invalidez*	725,40	783,75	2.799,97	14.307,74	262,87	226,95	49,51	9.999,72	4.674,54	1.187,95	849,23	3.131,32	676,44	1.016,93
PY140G	*Ayuda bruta para estudios*	42,51	108,00	664,80	1.648,69	109,63	15,59	31,79	1.214,29	216,61	145,47	28,22	3.832,80	105,54	4,51
HY120G	*Impuesto sobre la riqueza*	28,01	211,92	379,80	7.353,75	0,00	66,92	0,00	0,00	845,50	1.028,43	437,92	2.730,41	77,33	61,91
HY130G	*Transferencias brutas periód. abonadas a otros hogares*	100,35	221,75	471,07	4.740,43	370,10	108,00	33,18	3.165,85	787,33	664,73	15,53	358,71	148,76	82,32
HY140G	*Impuestos y cotitzaciones sociales*	6.162,94	11.121,39	27.220,28	262.321,07	6.067,66	2.774,31	1.403,09	143.604,42	59.407,12	26.868,72	26.160,59	65.022,88	6.304,17	7.715,23
HY020	**Renta disponible total del hogar**	21.962,36	47.722,09	99.421,54	816.897,79	18.295,00	13.183,31	6.467,88	347.443,27	213.561,84	88.281,00	62.401,77	195.920,04	21.533,87	31.237,07

Fuente: Elaboración propia a partir de datos de Eurostat.

Tabla 9.4. Renta, riesgo de pobreza, exclusión, desigualdad y redistribución

	ESTADO MIEMBRO						
CONCEPTO	AUSTRIA	BÉLGICA	BULGARIA	CHIPRE	REPÚBLICA CHECA	ALEMANIA	DINAMARCA
Renta bruta de los hogares (millones de euros)	248.342,32	288.039,28	33.569,51	13.440,50	102.687,01	2.169.656,26	233.258,73
Impuestos y cotiz. sociales (millones de euros)	64.318,40	73.031,24	5.603,84	1.862,36	16.809,67	608.498,44	87.658,96
Impuesto sobre la riqueza (millones de euros)	0,00	0,00	98,62	18,19	157,04	6.893,43	4.151,62
Renta neta de los hogares (millones de euros)	181.926,32	213.735,66	27.782,62	11.309,85	83.941,70	1.529.725,00	140.433,77
Renta Bruta media de los hogares (miles de euros)	62.239,12	57.677,46	11.451,98	40.241,03	23.001	53.204	79.859
Renta Neta media de los hogares (miles de euros)	45.594	42.799	9.478	33.862	18.802	37.512	48.079
Renta Bruta media personal (miles de euros)	28.357	25.347	4.822	15.200	9.819	26.790	40.395
Renta Neta media personal (miles de euros)	20.774	18.808	3.990	12.791	8.026	18.888	24.320
Renta Bruta media equivalente (miles de euros)	40.479	36.962	7.053	23.099	14.386	36.911	55.965
Renta Neta media equivalente (miles de euros)	29.653	27.427	5.837	19.437	11.760	26.024	33.694
% Hogares en riesgo de pobreza	15,61 %	16,02 %	28,12 %	16,21 %	12,70 %	19,68 %	16,07 %
% Hogares en riesgo de pobreza severa	5,04 %	3,32 %	10,13 %	3,11 %	1,76 %	6,87 %	5,16 %
% Hogares en carencia material severa	2,68 %	4,65 %	22,72 %	7,42 %	2,55 %	3,64 %	3,21 %
% Personas en riesgo de pobreza	13,95 %	14,10 %	23,85 %	14,31 %	9,49 %	15,04 %	12,05 %
% Personas en riesgo de pobreza severa	4,70 %	3,03 %	10,00 %	2,57 %	1,69 %	4,55 %	3,59 %
% Personas sin ocupación o de baja intensidad	9,11 %	16,28 %	11,01 %	7,22 %	5,83 %	9,60 %	11,74 %
Tasa AROPE	17,46 %	18,94 %	32,05 %	21,26 %	11,89 %	17,58 %	15,92 %
Índice de Gini renta bruta	0,3193	0,3189	0,4148	0,3271	0,2795	0,3256	0,3206
Índice de Gini renta neta	0,2699	0,2537	0,4004	0,2932	0,2415	0,2877	0,2733
Índice de Suits impuestos y CC. SS. sobre la renta bruta	0,1655	0,2127	0,0702	0,2304	0,2098	0,1340	0,0826
Índice de Suits impuestos y CC. SS. sobre la renta neta	0,1640	0,2284	0,0548	0,2159	0,2198	0,0893	0,1122
Índice de Suits impuesto sobre la riqueza sobre la renta bruta	*s.d.*	*s.d.*	-0,2667	-0,0462	-0,1792	-0,0640	-0,0108
Índice de Suits impuesto sobre la riqueza sobre la renta neta	*s.d.*	*s.d.*	-0,2490	-0,0245	-0,1346	-0,0301	-0,0053
Efecto redistributivo	0,0494	0,0653	0,0144	0,0338	0,0379	0,0380	0,0473

ESTADO MIEMBRO										
ESTONIA	GRECIA	ESPAÑA	FINLANDIA	FRANCIA	CROACIA	HUNGRÍA	IRLANDA	ITALIA	LUXEMBURGO	LETONIA
14.677,91	110.547,80	696.638,63	148.839,43	1.682.129,52	28.253,66	59.277,15	127.492,68	1.091.313,04	24.732,76	16.132,54
2.001,02	36.857,59	114.494,77	36.203,72	553.290,14	6.162,94	11.121,39	27.220,28	262.321,07	6.067,66	2.774,31
15,10	1.739,14	563,46	533,26	18.333,25	28,01	211,92	379,80	7.353,75	0,00	66,92
12.406,58	71.047,12	576.173,02	111.393,63	1.096.259,41	21.962,36	47.722,09	99.421,54	816.897,79	18.295,00	13.183,31
23.446	26.860	37.107	53.401	59.185	19.686	14.388	66.620	41.905	92.726	19.544
19.818	17.263	30.690	39.966	38.572	15.303	11.583	51.952	31.368	68.590	15.971
11.154	10.514	14.862	27.350	26.293	7.179	6.188	25.599	18.150	41.322	8.558
9.428	6.757	12.292	20.469	17.135	5.580	4.982	19.963	13.586	30.566	6.994
15.779	15.700	22.082	37.640	38.110	10.951	8.989	39.122	26.249	59.901	12.418
13.337	10.090	18.263	28.170	24.837	8.513	7.237	30.508	19.649	44.310	10.148
29,06 %	17,04 %	20,52 %	16,05 %	14,47 %	23,68 %	14,63 %	17,88 %	20,32 %	16,35 %	28,77 %
8,66 %	6,71 %	9,20 %	2,69 %	5,00 %	9,93 %	6,66 %	2,58 %	9,46 %	5,18 %	12,06 %
3,43 %	16,53 %	6,52 %	3,36 %	5,00 %	9,25 %	8,18 %	5,32 %	7,97 %	1,73 %	9,00 %
20,72 %	17,65 %	20,97 %	12,24 %	13,77 %	18,30 %	12,26 %	13,95 %	20,06 %	17,36 %	21,59 %
6,32 %	7,31 %	9,52 %	1,73 %	4,19 %	7,28 %	5,65 %	2,10 %	9,17 %	4,93 %	8,98 %
6,17 %	16,11 %	12,71 %	12,96 %	12,14 %	11,01 %	6,42 %	17,48 %	12,68 %	10,43 %	10,48 %
23,26 %	28,85 %	26,42 %	15,99 %	18,24 %	23,22 %	17,76 %	20,83 %	25,59 %	20,90 %	25,96 %
0,3447	0,3370	0,3580	0,3137	0,3615	0,3238	0,3238	0,3547	0,3710	0,3338	0,3733
0,3052	0,3141	0,3209	0,2650	0,2927	0,2835	0,2802	0,2867	0,3284	0,3117	0,3451
0,3376	0,0639	0,2380	0,1571	0,1708	0,1642	0,2538	0,2758	0,1629	0,1034	0,1620
0,3629	0,0668	0,2456	0,1899	0,1885	0,1796	0,0851	0,2731	0,1787	0,0453	0,1574
-0,0675	-0,0342	-0,1020	-0,0654	-0,1243	0,0802	-0,1772	-0,0948	0,0847	*s.d.*	-0,2022
-0,0325	-0,0882	-0,2285	-0,0198	-0,0417	0,1028	-0,1264	-0,0283	0,0807	*s.d.*	-0,1869
0,0395	0,0229	0,0371	0,0487	0,0688	0,0404	0,0437	0,0680	0,0426	0,0221	0,0282

.../...

.../...

CONCEPTO	ESTADO MIEMBRO							
	MALTA	PAÍSES BAJOS	POLONIA	PORTUGAL	RUMANÍA	SUECIA	ESLOVENIA	ESLOVAQUIA
Renta bruta de los hogares (millones de euros)	7.904,16	494.213,54	274.601,79	116.842,88	89.015,81	264.032,05	28.064,13	39.096,53
Impuestos y cotiz. sociales (millones de euros)	1.403,09	143.604,42	59.407,12	26.868,72	26.160,59	65.022,88	6.304,17	7.715,23
Impuesto sobre la riqueza (millones de euros)	0,00	0,00	845,50	1.028,43	437,92	2.730,41	77,33	61,91
Renta neta de los hogares (millones de euros)	6.467,88	347.443,27	213.561,84	88.281,00	62.401,77	195.920,04	21.533,87	31.237,07
Renta Bruta media de los hogares (miles de euros)	38.209	61.794	20.604	28.505	11.840	51.450	33.629	21.110
Renta Neta media de los hogares (miles de euros)	31.266	43.442	16.024	21.537	8.300	38.178	25.804	16.866
Renta Bruta media personal (miles de euros)	15.716	28.819	7.408	11.348	4.601	25.566	13.654	7.254
Renta Neta media personal (miles de euros)	12.860	20.261	5.761	8.574	3.225	18.971	10.477	5.795
Renta Bruta media equivalente (miles de euros)	23.044	40.966	11.399	16.834	6.900	35.733	20.311	11.297
Renta Neta media equivalente (miles de euros)	18.856	28.800	8.865	12.719	4.837	26.515	15.585	9.026
% Hogares en riesgo de pobreza	20,02 %	15,82 %	17,39 %	17,18 %	24,06 %	18,50 %	17,85 %	11,82 %
% Hogares en riesgo de pobreza severa	4,86 %	4,80 %	5,08 %	6,06 %	10,60 %	5,94 %	3,68 %	3,72 %
% Hogares en carencia material severa	3,95 %	2,68 %	3,24 %	5,32 %	14,60 %	1,75 %	4,20 %	6,55 %
% Personas en riesgo de pobreza	16,97 %	13,36 %	14,83 %	16,17 %	23,38 %	16,09 %	12,30 %	11,40 %
% Personas en riesgo de pobreza severa	3,84 %	3,38 %	4,40 %	5,80 %	11,24 %	5,13 %	2,34 %	4,11 %
% Personas sin ocupación o de baja intensidad	6,43 %	11,65 %	5,56 %	6,49 %	8,30 %	11,42 %	6,28 %	5,57 %
Tasa AROPE	19,05 %	16,10 %	17,35 %	19,78 %	30,35 %	17,88 %	14,99 %	14,81 %
Índice de Gini renta bruta	0,3391	0,3304	0,2842	0,3731	0,3887	0,3064	0,2874	0,2389
Índice de Gini renta neta	0,3033	0,2824	0,2717	0,3119	0,3379	0,2694	0,2350	0,2095
Índice de Suits impuestos y CC. SS. sobre la renta bruta	0,1853	0,1284	0,0607	0,2328	0,1595	0,1317	0,2045	0,1502
Índice de Suits impuestos y CC. SS. sobre la renta neta	0,2116	0,1475	0,0479	0,2695	0,1421	0,1575	0,2122	0,1233
Índice de Suits impuesto sobre la riqueza sobre la renta bruta	*s.d.*	*s.d.*	-0,2300	-0,0610	-0,2789	-0,0469	-0,2353	-0,1994
Índice de Suits impuesto sobre la riqueza sobre la renta neta	*s.d.*	*s.d.*	-0,2313	-0,0091	-0,2173	-0,0280	-0,1745	-0,1636
Efecto redistributivo	0,0358	0,0480	0,0125	0,0612	0,0508	0,0370	0,0524	0,0294

Fuente: Elaboración propia a partir de datos de Eurostat.

Un resultado interesante es la comparación ordenada, de menor a más elevada, de la renta media bruta y neta, tal como se reproduce en el gráfico 9.2.

Gráfico 9.2. Renta media bruta y neta

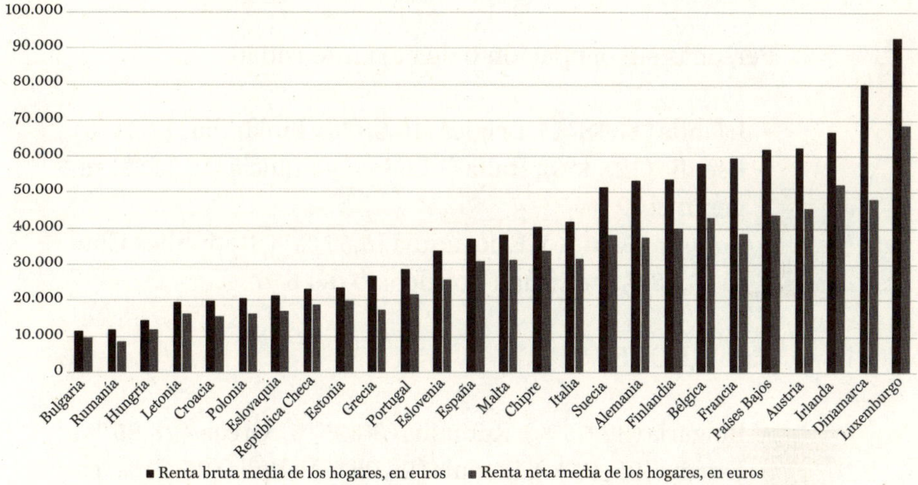

Fuente: Elaboración propia a partir de datos de Eurostat.

Otros resultados destacables de la tabla 9.4 son:[209]

1. Hogares en riesgo de pobreza:

   - Estonia (29,06 %), Bulgaria (28,12 %), Rumanía (24,06 %), Croacia (23,68 %), España (20,52 %), Italia (23,52 %) y Malta (20,02 %) son los que superan el 20 %.
   - Eslovaquia (11,82 %), República Checa (12,70 %), Francia (14,47 %) y Hungría (14,63 %) son inferiores al 15 %.

2. Hogares en carencia material severa:

209. Todos los conceptos utilizados aquí, como riesgo de pobreza, carencia material severa, sin ocupación o de baja intensidad, la tasa AROPE y la interpretación de la desigualdad y redistribución, también han sido definidos y comentados detalladamente en el capítulo 4.

- Bulgaria (22,72 %), Grecia (16,73 %), Rumanía (14,60 %), Croacia (9,25 %), Letonia (9,00 %), Hungría (8,18 %) e Italia (7,97 %) rozan el 8 % o están por encima de esa cifra.
- Suecia (1,75 %), República Checa (2,55 %), Austria y Países Bajos (2,68 %) están claramente por debajo del 3 %.

3. Personas sin ocupación o de baja intensidad:

- Irlanda (17,48 %), Bélgica (16,28 %), Finlandia (12,91 %), España (12,71 %), Italia (12,68 %) y Francia (12,14 %) superan el 12 %.
- Polonia (5,56 %), Eslovaquia (5,57 %) y República Checa (5,83 %) se sitúan por debajo del 6 %.

4. Tasa AROPE:

- Bulgaria (32,05 %), Rumanía (30,35 %), Grecia (28,85 %), España (26,42 %), Letonia (25,96 %) e Italia (25,59 %) están por encima del 25 %.
- República Checa (11,89 %), Eslovaquia (14,81 %), Eslovenia (14,99 %), Dinamarca (15,92 %), Finlandia (15,99 %) y Países Bajos (16,10 %) están por debajo del 16 % o rozando esa cifra.

5. Desigualdad (renta bruta):

- Bulgaria (0,4148), Rumanía (0,3837), Letonia (0,3733), Italia (0,3710), Francia (0,3615), España (0,3580) e Irlanda (0,3547) muestran una elevada desigualdad, con un índice de Gini superior al 0,35.
- Eslovaquia (0,2389), República Checa (0,2795) y Eslovenia (0,2874) parten de una situación bastante más igualitaria, con un índice de Gini inferior al 0,29.

6. Desigualdad (renta neta):

- Bulgaria (0,4004), Letonia (0,3451), Rumanía (0,3379), Italia (0,3284) y España (0,3205) siguen con una fuerte desigualdad, por encima del 0,32.
- Eslovaquia (0,2095), Eslovenia (0,2350), República Checa (0,2415), Bélgica (0,2537), Finlandia (0,2650), Suecia (0,2694) y Austria (0,2699) consiguen reducir su desigualdad por debajo del 0,27.

7. Redistribución:

- Francia, Irlanda, Bélgica y Portugal, por ese orden, son los que más reducen su desigualdad mediante su sistema impositivo y se sitúan por encima del 6 % en la transferencia de ricos a pobres.
- Bulgaria, Polonia, Luxemburgo, Grecia, Letonia y Eslovaquia, también por ese orden, son los que disponen de un sistema impositivo menos redistributivo; las transferencias de ricos a pobres se sitúan por debajo del 3 %.

Los gráficos 9.3, 9.4 y 9.5 dan una mejor idea del conjunto de las anteriores afirmaciones.

Gráfico 9.3. Hogares en riesgo de pobreza y en carencia material severa

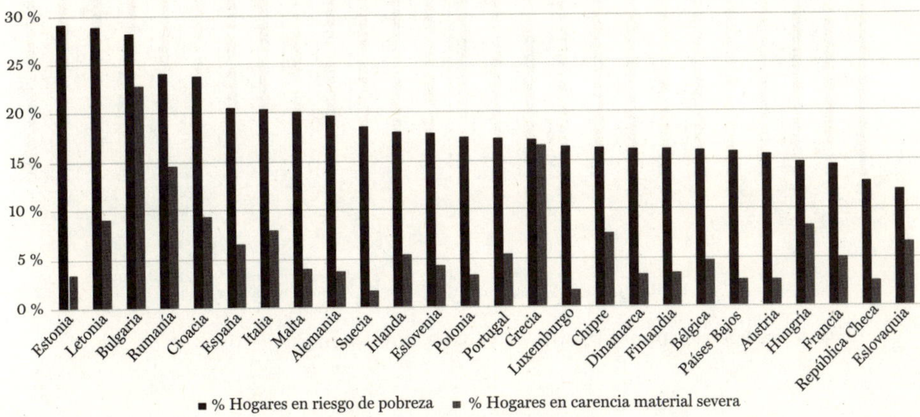

Fuente: Elaboración propia a partir de datos de Eurostat.

Gráfico 9.4. Tasa AROPE y personas sin ocupación o de baja intensidad

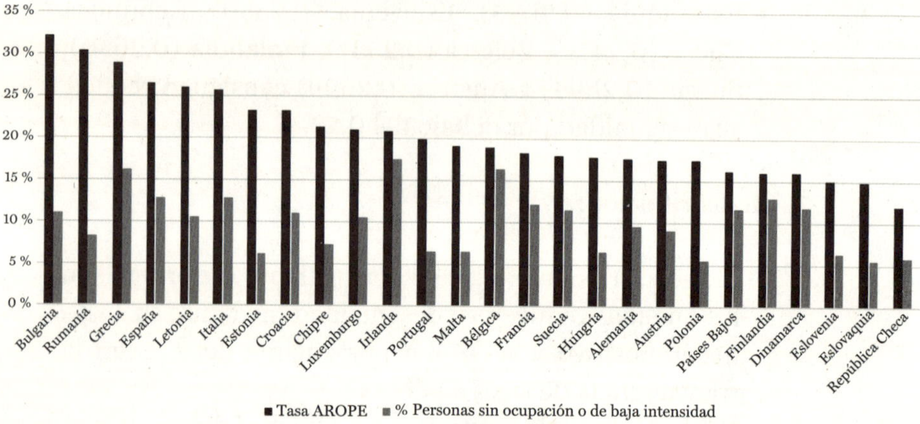

Fuente: Elaboración propia a partir de datos de Eurostat.

Gráfico 9.5. Índice de Gini sobre la renta bruta y neta

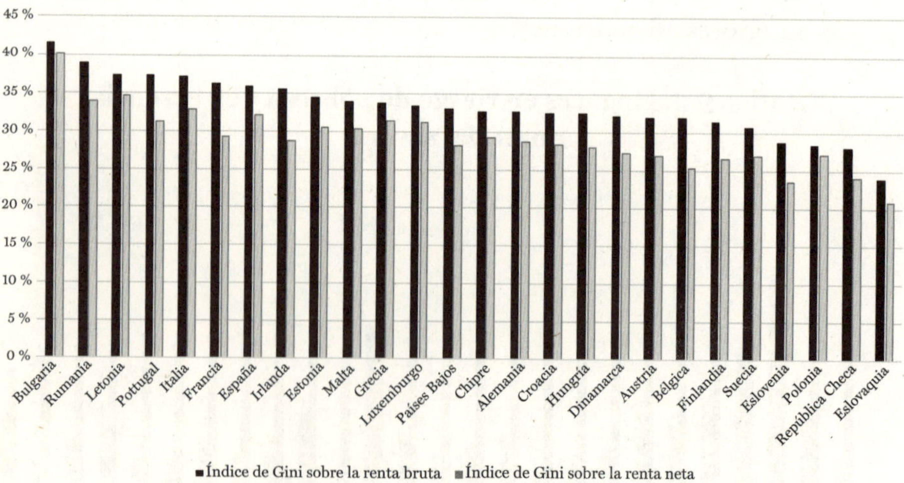

Fuente: Elaboración propia a partir de datos de Eurostat.

Reparto/imputación de las rentas agregadas y depuración de datos

Tal como se ha señalado en el apartado anterior, algunos de los componentes de la renta bruta y neta no están individualizados entre los miembros del hogar:

1. [HY040G] Renta bruta del alquiler de una propiedad.
2. [HY050G] Ayuda bruta por familia/hijos.
3. [HY060G] Ingresos brutos por asistencia social.
4. [HY070G] Ayuda bruta a la vivienda.
5. [HY080G] Transferencias brutas periódicas monetarias de otros hogares.
6. [HY090G] Intereses, dividendos, ganancias brutas por inversiones de capital.
7. [HY110G] Renta bruta de los menores de 16 años.
8. [HY145N] Devoluciones de impuestos.
9. [HY120G] Impuesto sobre la riqueza.
10. [HY130G] Transferencias brutas periódicas abonadas a otros hogares.
11. [HY140G] Impuestos y cotizaciones sociales.
12. Por otro lado, hay un conjunto de componentes que sí son individuales:
13. [PY010G] Renta bruta monetaria del asalariado.
14. [PY021G] Renta bruta no monetaria del asalariado (coche empresa).
15. [PY050G] Beneficios o pérdidas brutas, trabajadores por cuenta propia.
16. [PY080G] Rentas brutas percibidas de planes de pensiones privados (no ESSPROS).
17. [PY090G] Prestaciones brutas de desempleo.
18. [PY100G] Prestaciones brutas de jubilación.
19. [PY110G] Prestaciones brutas de supervivencia.
20. [PY120G] Prestaciones brutas por enfermedad.
21. [PY130G] Prestaciones brutas de invalidez.
22. [PY140G] Ayuda bruta para estudios.

Puesto que el modelo de renta básica que queremos desarrollar es individual, el primer objetivo es disponer de la renta bruta personal —porque es el valor que indica la situación de la persona en la distribución de la renta— y la renta neta personal —porque es la referencia para determinar quién resulta beneficiado o perjudicado con la implementación de una renta básica—. Por tanto, es imprescindible un reparto/imputación entre las diferentes personas del hogar de los componentes agregados que antes hemos enumerado, para lo que se requiere fijar unos criterios objetivos.

El primer criterio que hemos aplicado (que afecta a los seis primeros componentes agregados, y también al noveno y el décimo) consiste en realizar ese proceso sólo entre las personas adultas —mayores de 18 años— del hogar.[210] Hay tres variables en los microdatos utilizados que permiten identificar quién es el padre, la madre y la pareja;[211] tales identificadores resuelven buena parte de las posibilidades en cuanto a efectuar dicho reparto/imputación.

- En hogares unipersonales (33,2 % de representación), la imputación es a la persona.
- En hogares monoparentales (3,7 %), la imputación es a la madre o al padre.
- En hogares de dos o más personas adultas sin hijos a cargo (37,2 %), si existe la pareja, la imputación es equitativa entre las personas adultas que la conforman; en caso contrario, es equitativa entre todas las personas del hogar.
- En hogares con dos o más adultos e hijos a cargo (25,9 %), la imputación es equitativa entre madre y padre.

210. Sin embargo, puesto que en los microdatos utilizados existen hogares que únicamente están formados por personas menores de 18 años, en tales casos, si se da la circunstancia de requerir la imputación, se han considerado todos como personas adultas a los efectos del reparto/imputación.

211. Identificador del padre: RB220-PB160; de la madre: RB230-PB170, y de la pareja: RB240-PB180. En los dos primeros, en el sentido amplio de biológico, adoptivo o de acogida; en el último, también en el sentido amplio de matrimonio legal, pareja de hecho, etcétera. En adelante, los términos *padre, madre* y *pareja* se refieren a ese sentido amplio.

El séptimo componente ([HY110G] Renta bruta de los menores de 16 años) requiere un nuevo criterio, dado que el reparto/imputación afecta a las personas de esa edad que conviven en el hogar, de forma que a cada una de ellas se le imputa la parte correspondiente de la cantidad agregada.

En el undécimo componente ([HY140G] Impuestos y cotizaciones sociales), no disponer de los dos conceptos de forma separada genera un problema adicional, porque en el modelo de financiación que proponemos es imprescindible conocer la cuota individual del impuesto sobre la renta, por separado de las cotizaciones sociales. Pero si utilizamos la información que proporciona Eurostat,[212] que permite determinar la participación de ambos conceptos sobre el valor agregado de cada Estado miembro, se pueden obtener las dos cantidades segregadas. A continuación, debe efectuarse el correspondiente reparto/imputación —entre los distintos integrantes del hogar— de esas dos variables. El criterio, ahora, consiste en calcular la participación de la renta bruta personal de cada uno de ellos —utilizando la suma de los componentes individuales 12 a 21 antes señalados— sobre el total de la renta bruta que percibe el hogar, para finalmente trasladarlo al impuesto sobre la renta y a las cotizaciones sociales, que han sido segregadas según el procedimiento anterior.

Por último, para el octavo componente ([HY145G] Devoluciones de impuestos), hemos utilizado este mismo criterio anterior para el reparto-imputación, dada la coincidencia de concepto con el del impuesto sobre la renta.

Una vez obtenido el objetivo del reparto-imputación, esto es, la determinación del total de renta bruta y neta de cada miembro del hogar, hemos realizado un calibrado de los resultados, es decir, hemos verificado la coincidencia de ambas rentas personales

212. Véase: <https://ec.europa.eu/eurostat/databrowser/view/gov_10a_taxag/default/table?lang=en> a partir de los epígrafes:

[D51A_C1] Taxes on individual or household income including holding gains.

[D613CE] Compulsory employees actual social contributions.

[D613CN] Compulsory actual social contributions by the non-employed.

[D613CS] Compulsory actual social contributions by the self-employed.

atribuidas al hogar con las variables originales que constan en los microdatos utilizados —en la tabla 9.3, [HY010] y [HY020].

La tabla 9.5 reproduce este resultado, señalando para cada Estado miembro las consecuencias del reparto/imputación efectuado.

Tabla 9.5. Reparto/imputación de las rentas agregadas del hogar

ESTADO MIEMBRO	PERSONAS ELIMINADAS			HOGARES ELIMINADOS		
	MUESTRA	POBLACIÓN	%	MUESTRA	POBLACIÓN	%
Austria	60	39.959	0,150 %	23	15.714	0,146 %
Bélgica	12	10.337	0,116 %	1	861	0,116 %
Bulgaria	153	54.609	0,280 %	16	5.322	0,301 %
Chipre	17	1.646	1,033 %	2	176	1,138 %
República Checa	0	0	–	0	0	–
Alemania	0	0	–	0	0	–
Dinamarca	0	0	–	0	0	–
Estonia	6	368	1,629 %	1	61	1,629 %
Grecia	0	0	–	0	0	–
España	0	0	–	0	0	–
Finlandia	0	0	–	0	0	–
Francia	3	7.613	0,039 %	2	5.446	0,037 %
Croacia	20	5.753	0,348 %	2	575	0,348 %
Hungría	14	11.982	0,117 %	2	1.609	0,124 %
Irlanda	1	7.028	0,014 %	1	7.000	0,014 %
Italia	15	45.957	0,033 %	2	6.334	0,032 %
Luxemburgo	0	0	–	0	0	–
Letonia	6	816	0,735 %	1	136	0,735 %
Malta	0	0	–	0	0	–
Países Bajos	0	0	–	0	0	–
Polonia	95	179.768	0,053 %	11	20.377	0,054 %
Portugal	0	0	–	0	0	–
Rumanía	79	124.048	0,064 %	12	17.526	0,068 %
Suecia	0	0	–	0	0	–
Eslovenia	63	1.531	4,116 %	7	168	4,155 %
Eslovaquia	49	33.156	0,148 %	5	3.526	0,142 %
UE-26	**593**	**524.570**	**0,113 %**	**88**	**84.832**	**0,104 %**

Fuente: Elaboración propia a partir de datos de Eurostat.

En el global de la UE, se elimina un 0,12 % de personas, que representan a su vez un 0,04 % del total de los hogares; destacan en particular: Bulgaria (0,78 % y 0,39 %), Rumanía (0,64 % y 0,23 %), Polonia (0,48 % y 0,15 %), Austria (0,46 % y 0,39 %) e Irlanda (0,14 % y 0,37 %). En cualquier caso, la eliminación[213] de información que se deriva es poco relevante, mientras que para el modelo de financiación de la renta básica, la ventaja de disponer de las rentas individualizadas la compensa sobradamente. Para el total de la UE, los efectos de reducción en términos de renta bruta son de 3.983,09 millones de euros (0,05 %) y en renta neta de 3.065,16 millones de euros (0,05 %), cantidades notablemente reducidas e irrelevantes en relación con el volumen total.

El modelo de financiación

Como hemos adelantado al inicio, el modelo de financiación que vamos a utilizar ahora es básicamente el mismo que se formalizó en el capítulo anterior para el reino de España. Por ello, las nueve características de la renta básica y del modelo de financiación, que se enunciaron al principio de aquél, siguen siendo la referencia. Sin embargo, debemos mencionar dos diferencias. La primera: la imposibilidad de introducir de forma endógena la riqueza como elemento de financiación,[214] que, como se verá más adelan-

213. La razón fundamental de la discrepancia generada con el criterio de reparto/imputación viene dada por una incorrecta transcripción en los microdatos originales, de los códigos identificativos RB220-PB160, RB230-PB170, RB230-PB170 a los que se ha hecho referencia en la anterior nota 211, que constituyen la base principal para efectuar la individualización de rentas. Algunos otros casos, mucho menos significativos, los provoca la no concordancia entre los datos originales de las variables [HY010] y [HY020] con la suma de todos los componentes agregados e individuales que las determinan.

214. En el apartado donde se han descrito las variables que constan en los microdatos se hace referencia al impuesto sobre la riqueza, aunque es un impuesto que sólo algunos Estados miembros tienen incorporado en sus haciendas; por ejemplo, en el reino de España es el impuesto sobre el patrimonio. Por supuesto, en ninguno de los casos tiene nada que ver en absoluto, salvo el nom-

te, ahora forma parte del conjunto de medidas de financiación externa. La segunda: el concepto de moratoria —al que sí se destinó un apartado en el capítulo 8—, dado que no se dispone de información relativa al período de permanencia de los inmigrantes llegados a la UE, lo que impide cualquier cuantificación al respecto que no sea una mera especulación, ahora no se ha podido considerar su efecto.

En la tabla 9.6 se reproducen los resultados de siete tipos de hogares, los más representados en los microdatos utilizados; las cantidades que se reflejan son la transferencia que percibe el hogar en su conjunto y para cada persona que lo integra.[215]

Tabla 9.6. Renta básica transferida según escenario

Escenario 1
Percepción (1) = al hogar
(2) = a las personas del hogar
(3) = a las personas mayores de 18 años del hogar

	1A	1A + 1M	2A	2A + 1M	2A + 2M	3A	3A + 1M
(1)	10.286	13.372	15.429	18.515	21.601	20.572	23.658
(2)	*10.286*	*6.686*	*7.715*	*6.172*	*5.400*	*6.857*	*5.914*
(3)	*10.286*	*13.372*	*7.715*	*9.257*	*10.800*	*6.857*	*8.872* / *5.914*

A = Adulto, M = Menor

Escenario 2
Percepción (1) = al hogar
(2) = a las personas del hogar
(3) = a las personas mayores de 18 años del hogar

	1A	1A + 1M	2A	2A + 1M	2A + 2M	3A	3A + 1M
(1)	9.771	12.856	15.428	18.513	21.598	23.142	26.227
(2)	*9.771*	*6.428*	*7.714*	*6.171*	*5.400*	*7.714*	*6.557*
(3)	*9.771*	*12.856*	*7.714*	*9.257*	*10.799*	*7.714*	*9.835* / *6.557*

A = Adulto, M = Menor

Fuente: Elaboración propia.

En el escenario 1, la cantidad transferida al hogar es el URP multiplicado por la escala de equivalencia de la OCDE

bre, con el tipo de imposición sobre la riqueza que se utiliza de forma endógena en el modelo de financiación del capítulo 8.

215. La interpretación la tabla 9.6 está extensamente detallada en el capítulo 8 (apartado «¿Qué renta básica se percibe y cómo se percibe?»), aquí se ha simplificado a la mitad la tipología de hogares escogida, pero para los siete que se utilizan la definición es totalmente equivalente. También hay que indicar que se toma como referencia el URP del total de la UE-26 que aparece en la tabla 9.1 (10.286 euros), puesto que si no serían necesarias 26 tablas, una para cada Estado miembro.

modificada que corresponde al hogar. Ahora bien, puesto que la transferencia debe ser individual, esta cantidad se divide por el número de personas que integran el hogar, lo que da lugar a la cantidad percibida individualmente. Además, en el caso de los hijos menores, su percepción queda asignada a las personas adultas que se consideran sus madres, padres o tutores legales.

En el escenario 2, la transferencia al hogar se determina en función de sus integrantes: para los adultos el 95 % o el 75 % del URP —según que el hogar sea monoparental/unipersonal o de otro tipo—, y para los menores, la tercera parte del URP. Una vez obtenida la cantidad asignada al hogar, ésta se individualiza siguiendo los mismos criterios anteriores. El escenario 2 lo hemos elegido porque son los porcentajes que se han utilizado en el diseño del Plan Piloto de Renta Básica Universal en Cataluña, que se debía haber puesto en marcha en 2023. Nos ha parecido un criterio interesante porque, como ya se ha comentado en el capítulo anterior, el diseño de este importante plan piloto fue producto de muchas discusiones entre especialistas. No obstante, una vez más debe decirse que son criterios que evidentemente pueden ser cambiados o revisados.

Sí es importante recordar, en los dos escenarios, con las excepciones obvias de los hogares unipersonales y monoparentales con hijos menores, que nunca es una única persona —sea hombre, mujer, cabeza de familia, etcétera— la que percibe la totalidad de la renta básica transferida al hogar, puesto que siempre se reparte de forma igual entre todos sus integrantes.

Resultados

La tabla 9.7 reproduce los resultados obtenidos en los dos escenarios diseñados. La primera parte recoge la radiografía de la situación *ex ante*: población analizada, rentas con sus componentes, indicadores de pobreza, situaciones de exclusión y grado de desigualdad.

Tabla 9.7. Resultados de los escenarios de simulación para la UE-26 (importes monetarios expresados en millones de euros)

INFORMACIÓN SOBRE LA POBLACIÓN	
	Total
Hogares (muestra)	228.093
Hogares	**190.626.266**
Personas (muestra)	527.452
Personas menores de 18 años	77.487.958
Personas mayores de 18 años	358.546.186
Personas entre 18 y 59 años	320.645.450
Personas	**436.034.143**

INFORMACIÓN SOBRE RENTAS	
Rentas del trabajo (incluyen desempleo)	5.389.310,38
Rentas de actividades económicas	671.429,68
Otras rentas (incluyen ayudas y subvenciones)	615.730,59
Pensiones (jubilación, supervivencia, invalidez)	1.722.345,86
Renta bruta	**8.398.816,52**
Transferencias a otros hogares	63.788,67
Cotizaciones sociales	845.803,09
Impuesto sobre la renta	1.406.112,08
Impuesto sobre la riqueza	45.714,30
Renta neta *ex ante*	**6.037.398,38**

INFORMACIÓN SOBRE POBREZA, EXCLUSIÓN SOCIAL Y DESIGUALDAD		
Riesgo de pobreza (hogares)	34.956.553	**(18,34 %)**
Riesgo de pobreza severa (hogares)	12.820.755	**(6,73 %)**
Carencia material severa (hogares)	11.100.336	**(5,82 %)**
Riesgo de pobreza (personas < 18 años)	14.080.047	**(18,17 %)**
Riesgo de pobreza severa (personas < 18 años)	5.094.428	**(6,57 %)**
Riesgo de pobreza (personas ≥ 18 años)	57.501.684	**(16,04 %)**
Riesgo de pobreza severa (personas ≥ 18 años)	20.956.254	**(5,84 %)**
Sin trabajo o de baja intensidad (personas 0-59 años)	25.865.626	**(8,07 %)**
Riesgo de pobreza y exclusión social (personas)	90.469.417	**(20,75 %)**
Índice de Gini renta bruta	**0,4236**	
Índice de Gini renta neta *ex ante*	**0,3756**	
Índice de Suits impuesto sobre la renta *ex ante*	**0,2114**	
Efecto redistributivo *ex ante*	**0,0481**	

Escenario 1. Renta básica al hogar individualizada (URP)
Escenario 2. Renta básica: adultos = 95 %/75 % (monoparental, unipersonal/resto), Menores = 30 % (% sobre URP)

	Escenario 1	**Escenario 2**
Renta básica	3.230.454,71	3.262.906,91
Ahorro	1.193.776,21	1.192.069,93
Impuesto sobre la renta *ex post*	3.184.932,99	3.185.786,80
Tipo impositivo medio resultante	44,20 %	44,21 %

.../...

…/…

	Escenario 1	Escenario 2
Tipo impositivo medio necesario	47,78 %	48,25 %
Déficit(-)/Superávit(+) impuesto sobre la renta *ex post* para a financiar la RB [1]	-257.857,59	-291.162,26
Renta neta *ex post*	6.340.970,26	6.374.274,94
% Ganadores (hogares)	63,22 %	62,96 %
% Perdedores (hogares)	36,78 %	37,04 %
% Ganadores (personas ≥ 18 años)	60,68 %	61,60 %
% Perdedores (personas ≥ 18 años)	39,32 %	38,40 %
Coste de compensación (hasta el percentil 80 de renta bruta equivalente) [2]	-112.836,67	-113.647,38
Coste de eliminar la pobreza [3]	-7.952,69	-13.755,20
Coste no financiado [1] + [2] + [3]	-378.646,94	-418.564,85
% sobre el PIB UE-26	-2,71 %	-3,00 %
Índice de Gini renta neta *ex post*	0,3000	0,2993
Índice de Suits impuesto sobre la renta *ex post* sobre la renta neta *ex post*	0,2499	0,2485
Índice de Suits renta básica sobre la renta neta *ex post*	-0,1596	-0,1571
Efecto redistributivo *ex post*	0,1237	0,1244

Fuente: Elaboración propia.

A pesar de que ya se han comentado los resultados de esta primera parte (aunque de forma más descriptiva y particularizando para cada Estado miembro), queremos insistir en algunos de ellos dada su contundencia.

Si utilizamos como referencia los más de 190 millones de hogares contabilizados en 2020:

- Más de un 18 % están en riesgo de pobreza.
- Casi el 7 % se sitúan en riesgo de pobreza severa.
- Prácticamente el 6 % de esos hogares manifiestan privaciones consideradas en las estadísticas sociales como carencias materiales severas.

En términos individuales y para una población analizada superior a los 436 millones de personas:

- Más de un 18 % (menores) y más de un 16 % (adultos) se sitúan en riesgo de pobreza.

- Por encima del 6,5 % (menores) y casi el 6 % (adultos) están en riesgo de pobreza severa.
- Más de un 8 % de las personas susceptibles de ser contabilizadas como fuerza de trabajo manifiestan no tenerlo o, si lo tienen, su trabajo es de baja intensidad.
- Prácticamente un 21 % (tasa AROPE) se hallan en riesgo de pobreza y exclusión social.

Por lo que respecta a la desigualdad, ésta es notable en términos de la renta bruta (Gini = 0,4236), pero sigue persistiendo cuando se utiliza la renta neta (Gini = 0,3756). Todo ello indica que la imposición sobre la renta y sobre la riqueza —en este último caso, mucho menos importante o incluso no presente en algunos de los Estados miembros— no consiguen sus esperados efectos redistributivos.[216]

En la última parte de la tabla 9.7 se recogen los resultados correspondientes a la situación *ex post*, esto es, una vez incorporada la renta básica. Hemos resumido, a continuación, la parte más relevante de dichos resultados para los dos escenarios diseñados y, tal como se refleja, hay una gran similitud entre ambos.

Escenario 1:

- Desaparecen los hogares en riesgo de pobreza.
- Todos los hogares por debajo del 80 percentil de renta bruta equivalente (de cada Estado miembro) mejoran su posición respecto a la situación *ex ante*.
- El 63,2 % de hogares son ganadores y el 36,8 %, perdedores.
- El 60,7 % de personas adultas son ganadoras y el 39,3 % de personas adultas son perdedoras.
- Efecto redistributivo del 12,4 %, frente al 4,8 % obtenido en la situación *ex ante*.

216. Debe indicarse que aquí el índice de Gini se calcula de forma agregada para todos los Estados miembros, esto es, sin distinguir entre ellos, a diferencia de los resultados anteriores, que sí son la suma de cada uno en particular. La variabilidad observada entres los Estados miembros podría matizar en parte el valor indicado más arriba de este índice de Gini.

- El coste de compensación y de eliminación de la pobreza se eleva a 120.000 millones de euros.
- El coste final supone el 2,7 % sobre el PIB de la UE-26.

Escenario 2:

- Desaparecen los hogares en riesgo de pobreza.
- Todos los hogares por debajo del 80 percentil de renta bruta equivalente (de cada Estado miembro) mejoran su posición respecto a la situación *ex ante.*
- El 63 % de hogares son ganadores y el 37 %, perdedores.
- El 52,8 % de personas adultas son ganadoras y el 47,3 % de personas adultas son perdedoras.
- Efecto redistributivo del 12,4 %, frente al 4,8 % obtenido en la situación *ex ante.*
- El coste de compensación y de eliminación de la pobreza se eleva a 127.000 millones de euros.
- El coste final supone el 3,0 % sobre el PIB de la UE-26.

La financiación adicional necesaria: ¿cómo conseguirla?

Las estimaciones de los dos escenarios de renta básica y su financiación mediante un impuesto sobre la renta comportan unas necesidades adicionales de financiación. Según la tabla 9.7 son 378.646,94 millones de euros o 418.564,85 millones de euros, según el orden de los dos escenarios, esto es: el 2,7 y el 3 % del PIB de la UE-26.

También hemos justificado extensamente en el capítulo 8 cómo conseguir ahorros en la transferencia total de renta básica, que pueden aplicarse ahora también en las mismas condiciones: la población reclusa y los gastos en que se incurre en la administración de las ayudas de protección social que desaparecerían con la renta básica.[217]

217. Aunque ahora no consideramos el ahorro correspondiente al personal

Con datos de Eurostat,[218] hemos aplicado las dos modalidades de renta básica por adulto y según cada Estado miembro al total de reclusos adultos; además, también suponemos que puede obtenerse una reducción del 50 % de los gastos administrativos y de gestión en determinadas ayudas de protección social que desaparecerían con la renta básica. La tabla 9.8 reproduce el resultado de las hipótesis señaladas y determina qué ahorro se obtendría por ambos conceptos: 64.997,38 millones de euros y 64.638,69 millones de euros, según escenario.

Tabla 9.8. Necesidad de financiación y ahorros

CONCEPTO (millones de euros)	ESCENARIO 1	ESCENARIO 2
Coste no financiado	-378.646,90	-418.564,90
% sobre el PIB	-2,71 %	-3,00 %
Ahorro en población reclusa	4.973,86	4.725,17
Ahorro en administración	59.913,53	59.913,53
Ahorro obtenido	64.887,38	64.638,69
Financiación pendiente	-313.759,52	-353.926,21
% sobre el PIB	-2,25 %	-2,53 %

Fuente: Elaboración propia a partir de datos de Eurostat.

¿Cómo cubrir el déficit pendiente de financiación después de los ahorros adicionales? Planteamos dos fuentes fiscales añadidas al impuesto sobre la renta *ex post*. Por un lado, impuestos indirectos ambientales que graven consumos considerados contaminan-

de la Iglesia católica o de los funcionarios de la policía (o asimilables) y militares en situación de disponibilidad sin destino o en la reserva, porque cada Estado miembro tiene características específicas que requerirían para ello de un estudio *ad hoc*.

218. 490.337 presos y 119.827,06 millones de euros en administración para la UE-26 en 2019; según, respectivamente, <https://ec.europa.eu/eurostat/databrowser/view/crim_pris_age/default/table?lang=en> y <https://ec.europa.eu/eurostat/databrowser/view/TPS00104/default/table?lang=en&category=spr.spr_expendç>.

tes y, por otro lado, un impuesto sobre la riqueza financiera y no financiera neta de los hogares que sustituya al actual impuesto sobre la riqueza recogido en los microdatos de la EU-SILC.

Las dos fuentes están totalmente justificadas porque responden a dos de los problemas más graves del actual modelo socioeconómico de los territorios desarrollados: la necesidad de gravar las emisiones de gases de efecto invernadero (GEI) y la creciente concentración de la riqueza en los estratos más ricos de la población que, en este último caso, el resto de los impuestos directos existentes (impuesto sobre la renta, sobre las propiedades o sobre las herencias, etcétera) son incapaces de frenar.

La imposición ambiental es, como ya se ha afirmado anteriormente, un impuesto pigouviano —sirve para reducir el consumo de determinados productos y favorecer el de otros que son sustitutivos más favorables al medio ambiente—, mientras que la imposición sobre la riqueza es un impuesto redistributivo que intenta capturar los incrementos patrimoniales protegidos del resto del sistema impositivo, como son las ganancias implícitas, que tan sólo tributan cuando se realizan las transacciones de compraventa y surgen las plusvalías.[219]

¿Cuál es la base imponible sobre la que aplicar las dos fuentes fiscales antes señaladas? Para los impuestos ambientales, se puede simplificar en las emisiones de GEI, estimadas en toneladas métricas de CO_2 equivalente.[220] Con la información de la imposición ambiental de cada Estado miembro, hemos calculado

219. La base de datos utilizada para estimar los impuestos *ex ante* es la de Eurostat, que informa de cada uno de ellos y para cada Estado miembro sobre la recaudación anual (siempre relativa a 2019). En ella, los impuestos se clasifican por su función económica (sobre la renta, el capital, el trabajo o el consumo) y por su tipología (alcohol, tabaco, transporte, energía, contaminación y recursos, y propiedad). Para los ambientales, hemos utilizado: transporte (T), energía (E) y contaminación y recursos (P/RS), mientras que para la riqueza, son los que su función económica es KS (impuestos sobre el stock de riqueza, que incluye la riqueza, las herencias, las transacciones de activos, etcétera), pero descontando los impuestos ambientales afectados por esa misma función.

220. Según la base de datos EDGAR-JRC (Emissions Database for Global Atmospheric Research, Joint Research Center) de la Comisión Europea

lo que cada uno paga por emisiones de CO_2 entre 42,5 euros y 331,2 euros por tonelada métrica de CO_2 emitida, tal como se refleja en la tabla 9.9 (Malta y Dinamarca, muy por encima del resto, son los territorios donde más se paga).

Tabla 9.9. Impuestos ambientales y recaudación

ESTADO MIEMBRO	RECAUDACIÓN E,P,RS,T (millones de euros)	EMISIONES (millones de Tm de CO_2 equiv.)	TM CO_2 (por habitante)	RECAUDACIÓN (euro/Tm CO_2)
Austria	9.058,30	72,36	8,25	125,18
Bélgica	12.627,60	104,41	9,03	120,94
Bulgaria	1.839,10	43,31	6,2	42,46
Chipre	583,7	7,41	6,19	78,74
República Checa	4.594,90	105,69	9,94	43,47
Alemania	61.119,00	702,6	8,52	86,99
Dinamarca	10.221,30	31,12	5,39	328,46
Estonia	889,6	18,5	14,19	48,08
Grecia	7.086,00	65,57	5,89	108,07
España	22.018,00	259,31	5,58	84,91
Finlandia	6.730,00	43,41	7,81	155,02
Francia	56.327,00	314,74	4,81	178,97
Croacia	1.921,60	19,12	4,62	100,51
Hungría	3.307,90	53,18	5,51	62,2
Irlanda	5.027,50	36,55	7,54	137,56
Italia	58.304,00	331,56	5,6	175,85
Luxemburgo	1.094,40	9,74	16,31	112,36
Letonia	899,7	8,38	4,38	107,37
Malta	345,7	1,04	2,41	331,23
Países Bajos	27.570,00	156,41	9,13	176,26
Polonia	13.545,50	317,65	8,35	42,64
Portugal	5.418,10	48,47	4,73	111,78
Rumanía	4.731,70	78,63	4,04	60,18
Suecia	9.779,30	44,75	4,45	218,54

... / ...

(<https://edgar.jrc.ec.europa.eu/>) que estima anualmente las emisiones mundiales de los Estados del planeta.

.../...

ESTADO MIEMBRO	RECAUDACIÓN E,P,RS,T (millones de euros)	EMISIONES (millones de Tm de CO_2 equiv.)	TM CO_2 (por habitante)	RECAUDACIÓN (euro/Tm CO_2)
Eslovenia	1.614,80	15,37	7,38	105,1
Eslovaquia	2.246,00	35,99	6,6	62,41
UE-26	**328.900,60**	**2.925,30**	**6,6**	**112,43**

Fuente: Elaboración propia a partir de datos de Eurostat y EDGAR-JRC.

Para los impuestos sobre el stock de riqueza, la información sobre la imposición al capital de cada Estado miembro permite calcular cuánto pagan por esos impuestos, pero si se pretende focalizar en la riqueza más elevada, una alternativa consiste en estimar la base imponible como el exceso en el incremento de riqueza del 2 % más rico de la población (el percentil 98) en el período 2010-2019, que supera el impuesto abonado en el año 2010, esto es, la cantidad de dinero que debería detraerse de la riqueza del percentil 98 para que su cuota de riqueza sobre el total de los hogares fuera equivalente, como máximo, a la que tenían en el año 2010. Esta segunda posibilidad[221] es la que se reproduce en la tabla 9.10.

Tabla 9.10. Imposición sobre la riqueza

ESTADO MIEMBRO	RIQUEZA P-98 2010 (millones de euros)	% P-98 SOBRE EL TOTAL 2010	RIQUEZA P-98 2019 (millones de euros)	% P-98 SOBRE EL TOTAL 2019	VARIACIÓN DE LA CUOTA P-98 2010-2019
Austria	355.037,8	32,3 %	495.162,9	36,4 %	4,09 %
Bélgica	469.452,9	26,0 %	507.488,4	24,0 %	-1,90 %
Bulgaria	42.365,7	30,4 %	47.148,2	32,8 %	2,38 %
Chipre	15.637,5	27,7 %	25.746,7	41,8 %	14,14 %
República Checa	128.000,3	30,6 %	178.367,2	33,1 %	2,45 %
Alemania	2.976.337,8	34,7 %	4.090.530,4	35,5 %	0,86 %

.../...

221. Para la que hemos utilizado la base de datos WID (World Inequality Database) del World Inequality Lab, que proporciona predicciones anuales de la riqueza de los hogares y de las entidades sin ánimo de lucro de los Estados miembros. Véase: <https://wid.world/>.

.../...

ESTADO MIEMBRO	RIQUEZA P-98 2010 (millones de euros)	% P-98 SOBRE EL TOTAL 2010	RIQUEZA P-98 2019 (millones de euros)	% P-98 SOBRE EL TOTAL 2019	VARIACIÓN DE LA CUOTA P-98 2010-2019
Dinamarca	233.074,0	26,4 %	315.141,6	26,7 %	0,23 %
Estonia	18.624,6	39,4 %	31.865,4	41,9 %	2,53 %
Grecia	1.992.051,7	30,2 %	2.075.522,6	31,9 %	1,78 %
España	143.445,1	25,9 %	168.044,7	25,5 %	-0,39 %
Finlandia	3.334.270,2	31,9 %	4.110.755,4	33,3 %	1,40 %
Francia	116.185,1	21,7 %	150.249,7	31,5 %	9,84 %
Croacia	28.969,2	29,7 %	38.384,8	29,6 %	-0,10 %
Hungría	131.346,2	33,2 %	216.820,5	42,2 %	8,96 %
Irlanda	231.483,1	34,5 %	273.756,7	33,2 %	-1,33 %
Italia	2.866.972,1	29,5 %	2.620.507,1	29,7 %	0,22 %
Luxemburgo	17.050,7	34,8 %	38.382,3	35,2 %	0,42 %
Letonia	21.757,3	36,6 %	32.732,1	35,9 %	-0,70 %
Malta	4.507,3	20,3 %	9.173,3	29,5 %	9,20 %
Países Bajos	595.298,3	23,7 %	778.870,9	31,92 %	-1,26 %
Polonia	180.606,2	32,5 %	321.968,0	37,7 %	5,17 %
Portugal	306.730,1	31,4 %	361.098,2	33,5 %	2,13 %
Rumanía	131.057,6	31,8 %	185.315,4	31,5 %	-0,34 %
Suecia	370.320,4	35,1 %	570.403,6	33,6 %	-1,49 %
Eslovenia	22.010,6	18,4 %	36.593,0	30,5 %	12,16 %
Eslovaquia	35.727,0	18,8 %	57.574,6	24,4 %	5,59 %
UE-26	**14.768.318,7**	**30,7 %**	**17.737.603,5**	**31,9 %**	**1,19 %**

Nota: p-98 = percentil 98.
Fuente: Elaboración propia a partir de datos de la WID.

¿Cuál es el potencial recaudatorio sobre las bases imponibles estimadas? Para la imposición ambiental, puesto que las emisiones de GEI están directamente relacionadas con el consumo de combustibles fósiles sometidos a precios mundiales, proponemos una convergencia de tipos impositivos (euro/Tm CO_2) hacia el valor máximo o, como alternativa, utilizar la media entre el valor mínimo y máximo de la UE-26; de esta forma, los Estados miembros con valores impositivos de partida superiores a esa media no pagarían ningún impuesto adicional. Esto es lo que recoge la tabla 9.11.

Tabla 9.11. Potencial recaudatorio con impuestos ambientales

ESTADO MIEMBRO	DIFERENCIA RESPECTO AL VALOR MÁXIMO RECAUDADO*	POTENCIAL MÁXIMO* (millones de euros)	SOBRE EL PIB	DIFERENCIA RESPECTO A LA MEDIA**	POTENCIAL RESPECTO A LA MEDIA** (millones de euros)	SOBRE EL PIB
Austria	206,05	14.910,9	3,75 %	96,65	6.994,3	1,76 %
Bélgica	210,29	21.958,2	4,59 %	100,89	10.535,2	2,20 %
Bulgaria	288,77	12.508,0	20,32 %	179,37	7.769,4	12,62 %
Chipre	252,49	1.871,8	8,13 %	143,09	1.060,8	4,61 %
República Checa	287,76	30.414,4	13,48 %	178,36	18.851,5	8,36 %
Alemania	244,24	171.606,3	4,94 %	134,84	94.741,5	2,73 %
Dinamarca	2,77	86,2	0,03 %	-106,63	0,0	0,00 %
Estonia	283,15	5.239,3	18,89 %	173,75	3.215,0	11,59 %
Grecia	223,16	14.632,5	7,98 %	113,76	7.459,3	4,07 %
España	246,32	63.874,5	5,13 %	136,92	35.505,8	2,85 %
Finlandia	176,21	7.650,5	3,19 %	66,81	2.900,9	1,21 %
Francia	152,26	47.924,3	1,97 %	42,86	13.492,1	0,55 %
Croacia	230,72	4.411,3	7,94 %	121,32	2.319,7	4,17 %
Hungría	269,03	14.308,0	9,79 %	159,63	8.489,8	5,81 %
Irlanda	193,67	7.078,4	1,98 %	84,27	3.080,1	0,86 %
Italia	155,38	51.521,1	2,87 %	45,98	15.247,9	0,85 %
Luxemburgo	218,87	2.131,8	3,40 %	109,47	1.066,3	1,70 %
Letonia	223,86	1.875,8	6,12 %	114,46	959,1	3,13 %
Malta	0,00	0,0	0,00 %	-109,40	0,0	0,00 %
Países Bajos	154,97	24.240,0	2,98 %	45,57	7.128,1	0,88 %
Polonia	288,59	91.672,6	17,18 %	179,19	56.921,0	10,67 %
Portugal	219,45	10.637,5	4,96 %	110,05	5.334,6	2,49 %
Rumanía	271,05	21.313,7	9,55 %	161,65	12.711,4	5,70 %
Suecia	112,69	5.043,0	1,06 %	3,29	147,5	0,03 %
Eslovenia	226,13	3.474,7	7,18 %	116,73	1.793,7	3,71 %
Eslovaquia	268,82	9.673,5	10,29 %	159,42	5.736,7	6,10 %
UE-26		640.058,4	4,58 %		323.461,6	2,32 %

Nota: *Tipo máximo: euro/Tm CO_2 (Malta): 331,23 (según los valores de la tabla 9.9).
**Media valor máximo y media UE-26:221,83 (ver tabla 9.9).
Fuente: Elaboración propia a partir de datos de la WID.

Tabla 9.12. Potencial recaudatorio con impuesto sobre la riqueza

ESTADO MIEMBRO	RIQUEZA NETA P-98 2019 (millones de euros)	% P-98 SOBRE EL TOTAL	DIFERENCIA RESPECTO AL VALOR MÍNIMO*
Austria	495.162,9	36,41 %	12,68 %
Bélgica	507.488,4	24,04 %	0,32 %
Bulgaria	47.148,2	32,76 %	9,03 %
Chipre	25.746,7	41,80 %	18,08 %
República Checa	178.367,2	33,06 %	9,33 %
Alemania	4.090.530,4	35,52 %	11,80 %
Dinamarca	315.141,6	26,68 %	2,95 %
Estonia	31.865,4	41,92 %	18,19 %
Grecia	2.075.522,6	31,93 %	8,20 %
España	168.044,7	25,54 %	1,81 %
Finlandia	4.110.755,4	33,25 %	9,52 %
Francia	150.249,7	31,54 %	7,82 %
Croacia	38.384,8	29,61 %	5,89 %
Hungría	216.820,5	42,18 %	18,45 %
Irlanda	273.756,7	33,18 %	9,45 %
Italia	2.620.507,1	29,67 %	5,95 %
Luxemburgo	38.382,3	35,20 %	11,47 %
Letonia	32.732,1	35,88 %	12,15 %
Malta	9.173,3	29,48 %	5,76 %
Países Bajos	778.870,9	23,73 %	0,00 %
Polonia	321.968,0	37,66 %	13,93 %
Portugal	361.098,2	33,53 %	9,80 %
Rumanía	185.315,4	31,46 %	7,74 %
Suecia	570.403,6	33,59 %	9,86 %
Eslovenia	36.593,0	30,53 %	6,80 %
Eslovaquia	57.574,6	24,36 %	0,63 %
UE-26	**17.737.603,5**	**31,92 %**	

Nota: *Valor mínimo (Países Bajos): 23,73 % (ver tabla 9.10). **2011-2019. ***Media valor mínimo y media UE-26: 15,96 % (según los valores de la tabla 9.10).
Fuente: Elaboración propia a partir de datos de la WID.

POTENCIAL ANUAL** MÍNIMO* (millones de euros)	IMPUESTO SOBRE P-98 2019	DIFERENCIA RESPECTO A LA MEDIA***	POTENCIAL ANUAL** MEDIA*** (millones de euros)	IMPUESTO SOBRE P-98 2019
6.976,0	1,41 %	8,580 %	4.720,6	0,95 %
179,2	0,04 %	0,000 %	0,0	0,00 %
473,3	1,00 %	4,935 %	258,5	0,55 %
517,2	2,01 %	13,979 %	399,9	1,55 %
1.849,4	1,04 %	5,232 %	1.037,0	0,58 %
53.613,8	1,31 %	7,697 %	34.982,5	0,86 %
1.032,7	0,33 %	0,000 %	0,0	0,00 %
644,1	2,02 %	14,092 %	499,0	1,57 %
18.919,9	0,91 %	4,105 %	9.466,4	0,46 %
338,0	0,20 %	0,000 %	0,0	0,00 %
43.486,9	1,06 %	5,422 %	24.763,4	0,60 %
1.305,0	0,87 %	3,718 %	620,7	0,41 %
251,2	0,65 %	1,790 %	76,3	0,20 %
4.445,3	2,05 %	14,353 %	3.457,7	1,59 %
2.874,6	1,05 %	5,351 %	1.627,7	0,59 %
17.320,3	0,66 %	1,849 %	5.384,5	0,21 %
489,4	1,27 %	7,375 %	314,5	0,82 %
442,0	1,35 %	8,054 %	292,9	0,89 %
58,7	0,64 %	1,658 %	16,9	0,18 %
0,0	0,00 %	0,000 %	0,0	0,00 %
4.985,1	1,55 %	9,836 %	3.518,6	1,09 %
3.932,8	1,09 %	5,703 %	2.288,1	0,63 %
1.593,3	0,86 %	3,639 %	749,2	0,40 %
6.249,9	1,10 %	5,762 %	3.651,9	0,64 %
276,6	0,76 %	2,703 %	109,9	0,30 %
40,5	0,07 %	0,000 %	0,0	0,00 %
172.295,0	**0,97 %**		**98.236,3**	**0,55 %**

Resumiendo, por imposición ambiental (euro/Tm CO_2) podrían obtenerse entre 323.000 y 640.000 millones de euros de recaudación potencial.

Para calcular el potencial recaudatorio de la imposición sobre la riqueza partiendo de los resultados de la tabla 9.10, se pueden utilizar dos variantes: la primera consiste en estimar el impuesto de manera que sea la diferencia entre lo que representa el 2 % más rico en cada Estado miembro y la menor de esas participaciones; la segunda emplea un criterio similar al de los impuestos ambientales, la media entre el valor mínimo (aunque allí era el máximo) de cada Estado miembro y la media de la UE-26. Los resultados se reproducen en la tabla 9.12.

Las dos variantes descritas de imposición sobre la riqueza tienen un potencial recaudatorio de 172.295,0 millones de euros o 98.236,3 millones de euros, bajo el supuesto de que todos los Estados miembros converjan nueve años.

Tabla 9.13. Financiación pendiente/potencial recaudatorio

CONCEPTO (importes en millones de euros)		ESCENARIO 1	ESCENARIO 2
	Coste no financiado	*-378.646,9*	*-418.564,9*
	% sobre el PIB	-2,71 %	-3,00 %
Ahorro en población reclusa		*4.973,9*	*4.725,2*
Ahorro en administración		*59.913,5*	*59.913,5*
	Financiación pendiente	*-313.759,5*	*-353.926,2*
	% sobre el PIB	-2,25 %	-2,53 %
Potencial recaudatorio			
Impuestos ambientales	Opción (1) tabla 9.11	*640.058,4*	*640.058,4*
	Opción (2) tabla 9.11	*323.461,6*	*323.461,6*
Impuestos sobre la riqueza	Opción (1) tabla 9.12	*172.295,0*	*172.295,0*
	Opción (2) tabla 9.12	*98.236,3*	*98.236,3*
Propuesta para la financiación pendiente			
	35 % impuestos ambientales	109.815,8	123.874,2
	% sobre el PIB	0,79 %	0,89 %
	65 % impuesto sobre la riqueza	203.943,7	230.052,0
	% sobre el PIB	1,46 %	1,65 %

Fuente: Elaboración propia a partir de datos de Eurostat y de la WID.

Con los potenciales recaudatorios de imposición ambiental y sobre la riqueza se cubre sobradamente la financiación pendiente de la tabla 9.8. Como ejemplo, proponemos que el 35 % se cubra a través de impuestos ambientales y el 65 % mediante el impuesto sobre la riqueza. Debe tenerse en cuenta que los primeros son, desde el punto de vista fiscal, menos progresivos, ya que repercuten sobre todas las personas, mientras que el segundo afecta a la población particularmente rica —el 2 % más rico—. La tabla 9.13 reproduce, a modo de resumen, los principales resultados obtenidos en este último apartado, junto a esta última propuesta.

Una recapitulación

Nos preguntábamos por la forma de financiar una renta básica en la Unión Europea y la respuesta es mediante tres impuestos: sobre la renta, sobre la riqueza y sobre el CO_2. Hemos explicado con detenimiento en este capítulo la manera de hacerlo. Pero como estamos llegando al final de este libro y hemos tenido que exponer con detalle algunos impuestos que son la base de financiación de la renta básica, bueno será recordar algunos aspectos fundamentales sobre los impuestos que mencionamos en el primer capítulo. A veces los cálculos concretos pueden desdibujar la perspectiva fundamental o, dicho con otras palabras, la base doctrinal sobre la que reposan los mencionados cálculos. Recordemos que los impuestos son valorados de forma muy diferente según los juzgue una persona próxima al liberalismo ortodoxo u otra cercana al republicanismo socialista. Mientras para los primeros es poco menos que un robo, para los segundos es una condición de libertad. Lo hemos explicado con algún detalle. Y esta manera, quizá un poco antipática de decirlo, a modo de «justificación doctrinal» hemos explicado cuál es en nuestro caso. Es posible que a más de un lector o lectora le parezca que tantos números como los expuestos hasta aquí quizá sean innecesarios para justificar lo que consideramos justo, a saber, que todas las personas tengan el derecho a la existencia garantizado, el derecho a existir socialmente que les permita las condiciones materiales para ser libres. La libertad no puede desligarse, como sí hace el liberalismo, de estas condiciones materiales de existencia. Nosotros hemos creído que es necesario, además de exponer la susodicha «base doctrinal», aportar razones y justificaciones de cómo se podría conseguir esta existencia material, aunque no solamente con la renta básica. En definitiva, a la justificación normativa le hemos añadido las razones técnicas, utilizando fórmulas matemáticas, números, tablas y gráficos.

Epílogo

Estamos tocando ya el final de una larga carrera de fondo, así que ha llegado la hora de despedirnos. Queremos dedicar unas últimas palabras para dejar claras algunas de las investigaciones que ha abordado este libro y algunas que no ha hecho, pero que están relacionadas.

A lo largo de los debates, congresos y discusiones formales e informales que hemos tenido durante al menos tres décadas, han surgido muchas cuestiones que se relacionan con la renta básica. Algunas de las más importantes son el feminismo, la inmigración, los incentivos al trabajo remunerado, el decrecimiento, los puestos de trabajo en peligro por la mecanización y la inteligencia artificial o los problemas que no soluciona. En este libro hemos abordado a fondo solamente dos: la fundamentación normativa y la financiación. Otras de las mencionadas han sido tratadas solamente de forma tangencial. La fundamentación normativa y la financiación creemos que son imprescindibles. ¿Es justa la renta básica? ¿Se puede financiar? Son las cuestiones que surgen con mayor frecuencia en los foros en los que se discute la renta básica. Sobre la primera cuestión hemos escrito mucho en este libro, sobre la segunda mucho más. Aun así, no hemos abordado aspectos relacionados con la financiación, como algunas reformas de las partidas de los actuales presupuestos generales del estado (PGE) que podrían cambiarse de orientación.

Una indicación: si los PGE destinasen un porcentaje (¿10, 20, 40, 70, 100 %?) de los gastos militares[222] a la financiación de la renta básica, ¿cómo se facilitaría su financiación? Mucho, por supuesto. Está claro que es una decisión política. Hay quien considerará que deben incrementarse más los gastos militares, lo que es una condición para la defensa del reino ante cualquier «enemigo» que se ponga en la imaginación de cualquier militarista. Otros consideramos que esto no es así y que, por decirlo con muy pocas palabras, se trata en realidad de una opción habitual de la cultura bélica. No es algo específico y original de la época que vivimos, podemos recordar lo que ocurrió hace poco más de un siglo con la Primera Guerra Mundial, y dos décadas después con la Segunda. No es algo nuevo. Dedicar una inmensa cantidad directa e indirecta de los PGE a gastos militares es una opción política; dedicar esa cantidad a garantizar la existencia material de toda la población es otra opción política muy diferente.

Otra indicación: quien quiera seguir un culto religioso que se lo pague. Que el Estado no dedicara la menor aportación pública a ninguna confesión religiosa (aunque la Iglesia católica es la campeona en recibir aportaciones públicas de forma indiscutible) como sería de desear en un Estado que mereciera la calificación de democráticamente laico, también podría suponer cantidades nada despreciables para financiar la renta básica. Además de una dosis de higiene pública fantástica.[223]

También hay otras partidas de todos los PGE que tienen un aumento, un decremento o un cambio según que quien gobierne sea de derecha extrema o de centro-izquierda moderado, que

222. El gasto militar total para 2023 en el reino de España alcanzará «la colosal cifra de 27.617,45 millones; cosa que equivale a 75,7 millones diarios o a 582 euros anuales por habitante» (Ortega, 2022), lo que representa nada más ni nada menos que ¡el 2,17 % del PIB!

223. Algo completamente opuesto a las exenciones fiscales para otras religiones que el gobierno español acordó a principios de 2023.

son las opciones políticas que han venido gobernando alternativamente el reino de España después de la muerte del dictador Francisco Franco. Si gobernase un partido o coalición de partidos de izquierda clara o radical, cabe suponer que los cambios en los PGE serían más pronunciados. Lo dicho, las partidas de los PGE son una decisión política. Que unas partidas que ahora van a determinados fines sirviesen para ayudar a financiar la renta básica, también lo sería. En este libro no hemos abordado lo que esto podría significar. No podíamos abarcar más, pero lo tenemos en la cabeza. Hemos preferido optar por el realismo en un sentido casi vulgar: tocar lo menos posible. Pero realismo no equivale a hiperrealismo. Concretemos. El realismo en filosofía y política tiene indiscutibles virtudes, muchas de las cuales podemos suscribir, pero adaptarse a la realidad y no tener una perspectiva mínimamente ambiciosa por temor a ser tachados de irrealistas puede conducir al inane hiperrealismo. Lo decía con inigualable contundencia Antoni Domènech cuando en una entrevista de principios de siglo XXI afirmaba:

> Una izquierda no filistea, es decir, una izquierda que quiera ser realista, sensata y radical a la vez (de otro de mis maestros, Manuel Sacristán, aprendí la inolvidable lección de que en la política, como en la vida cotidiana, contra toda apariencia filistea, quien no sabe ser suficientemente radical acaba siempre en la penosa insensatez del hiperrealismo mequetréfico), tiene hoy que aspirar a desarrollar políticas que sean más ambiciosas en el medio y en el largo plazo y, a la vez, más adaptadas a las presentes circunstancias (Domènech y Suárez, 2005).

En este libro hemos pretendido ser realistas, sensatos, ambiciosos, adaptados a las presentes circunstancias, pero no hiperrealistas anonadados.

Lo que nos lleva a otra cuestión que queremos mencionar en este epílogo y que no hemos abordado en el libro: la renta básica no puede solucionar «tal o cual problema». Este «tal o cual problema» puede ser de muy diverso tipo: la división sexual del trabajo, la estructura del actual sistema económico capitalista, la evasión de capitales o el poder inmenso de las grandes multinacionales, entre otros. Es verdad, la renta básica no puede solucionar cualquier problema político, económico, social y filosófico que tengamos en la cabeza. La renta básica no puede solucionar ni decidir aspectos de política económica, como qué política monetaria debe ponerse en funcionamiento, si la banca debe ser pública o no, si se debe permitir que las grandes fortunas campen a sus anchas, si debe tolerarse además que haya grandes fortunas que crezcan sin límite, si deben abordarse con mayor profundidad las medidas para hacer frente a la crisis ecológica, si las políticas contra las agresiones machistas son o no del todo adecuadas, si las políticas de inmigración son las más justas, entre otros muchos problemas sociales que podamos tener en la cabeza. Digámoslo de forma muy escueta: la renta básica es una medida de política económica, pero no es el conjunto de las medidas que conforman toda una política económica. Una política económica abarca medidas de política fiscal, de política monetaria, de política laboral, de política de comercio exterior, etcétera. La renta básica sería una medida importante, por supuesto, o muy importante para los autores de este libro sin la menor duda, pero solamente se trata de una medida. No tiene sentido pedir a la renta básica que dé respuesta a problemas que no puede solucionar porque no está diseñada para estos fines. Parece de sentido común no pedir a una política de sensibilización sobre las enfermedades minoritarias que solucione los problemas derivados del machismo en el deporte, o a una política de salario mínimo interprofesional, exigirle que solucione algunos problemas ligados al consumo de los combustibles fósiles. A cualquiera le parecería que semejantes perspectivas están fuera de lugar. Pero a la renta básica parece que se le puede pedir todo o, quizá con algo de mala intención, se le exige que solucione problemas que no puede ni pretende resolver. La renta básica tiene, parece ser, las espaldas muy anchas. Hemos escuchado críticas a la renta básica del tipo «no acaba con la división sexual del trabajo» o «no ataca las estructuras económicas fundamentales de nuestras sociedades» (aunque si se nos permite, añadiremos: bueno quizá no las ataca del todo, pero algo diferente sería el mundo,

¿verdad?). Y tienen razón, la renta básica no es la varita mágica que soluciona cualquier problema que nos podamos plantear. Parece extraño tener que apuntar algo tan elemental, pero hemos presenciado objeciones a la renta básica de este tenor. Repetimos que la renta básica es tan sólo una medida de política económica, pero no toda una política económica, que debe constar de muchas otras medidas. Y mucho menos aún es la renta básica toda la política. Creemos que no debería ser necesario apuntar una trivialidad como ésta, pero por lo que hemos escuchado muchas veces, nos vemos en la obligación de hacerlo.

Otra cuestión diferente es prestar atención a algunas de las críticas pertinentes que con mayor o menor intensidad ha recibido la renta básica a lo largo de los últimos lustros. Lo de mayor o menor intensidad tiene una relación directa con la coyuntura. Vamos a referirnos solamente a una de estas críticas: la renta básica sería una medida inflacionista. Muchas de las críticas contra la renta básica habituales, como que fomentará el parasitismo, aumentará el efecto llamada de la inmigración pobre, desviará la atención sobre lo importante que es el pleno empleo o que se trata de una medida utópica que distrae de otras cuestiones más urgentes, ya han sido tantas veces respondidas, y bien resueltas, que no creemos que valga la pena volver una vez más a hacerlo. Pero hay una crítica que, por razones si se quiere coyunturales, no queremos dejar de contestar. Cuando estamos acabando de escribir este libro todavía las trompetas del apocalipsis de la inflación siguen retumbando. La inflación vuelve a estar en primer plano y parece que no va a desvanecerse en breve. Y creemos que vale la pena dedicarle unas palabras a su relación con la renta básica.

Teóricamente, la renta básica puede financiarse de formas distintas. No de muchas, pero sí de algunas diferentes. Pongamos tres principales ejemplos: mediante la creación de masa monetaria, mediante el desmantelamiento del estado de bienestar, mediante una reforma fiscal que redistribuya parcialmente la riqueza de los más ricos al resto de la población. Nosotros hemos explicado en este libro con detalle esta última opción. En la primera se produce la creación de masa monetaria, en la segunda se trata de beneficiar a los ricos en perjuicio del resto de la población. Pero de las tres opciones, creemos que solamente hay ciertas sospechas para calificar de medida inflacionaria a la primera, la que crea masa monetaria.[224] La segunda y la tercera de las opciones son política y económicamente antitéticas, pero no nos parece que haya el menor problema inflacionario en ninguna de las dos. La que nos interesa, y a la que hemos dedicado nuestra investigación, la tercera de las opciones apuntadas, no es una medida que sea sospechosa de producir inflación. Se trata de una medida financiada sin la creación de masa monetaria. Se trata de una financiación que, como ha quedado detenidamente especificado, comporta una cierta distribución de la renta de los más ricos al resto de la población mediante una reforma fiscal. Y no todo el mundo gana, no todo el mundo tiene más capacidad de consumo. Por cierto, en Alaska, que es el lugar del mundo donde tienen una renta básica desde hace cuatro décadas, nunca ha provocado el menor problema relacionado con la inflación. Es cierto, Alaska no es nuestro modelo de financiación, pero precisamente más a nuestro favor en el punto en el que estamos. La forma de financiar la renta básica en Alaska es *a priori* más inflacionaria que la nuestra: todo el mundo recibe una cantidad modesta, pero no se detrae mediante impuestos a nadie. Y en coyunturas económicas muy distintas a lo largo de cuarenta años no ha provocado la menor inflación.

Cuando una medida social beneficia a los que no son ricos a menudo recibe como crítica (entre otras muchas, pues depende-

224. Aunque se produjese un aumento de dinero circulante que, repetimos, no es el caso en nuestro modelo de financiación, no debería traducirse en inflación necesariamente. Sólo se produciría inflación si las empresas y la ciudadanía lo gastasen en consumo e inversión (y no, por ejemplo, en ahorro o disminución de deuda), y además no hubiera oferta suficiente de bienes y servicios. En Torres (2023), se resumen algunos estudios donde se muestra empíricamente que la explicación monetarista de la inflación, la que impera hoy cuando estamos acabando este libro, con sus recetas de subida de los tipos de interés para reducir la inflación, es errónea, además de perjudicial para gran parte de la población, especialmente la no rica. Otros autores (por ejemplo, Roberts, 2023) abundan en lo mismo.

rá de la medida concreta) que producirá inflación. «La renta básica no es más o menos inflacionista que cualquier otra medida que aumente los ingresos»; si estos argumentos fueran ciertos, «no habría que intentar en absoluto crear nuevos puestos de trabajo o aumentar los salarios, ya que ambas cosas aumentan el poder adquisitivo. Si la inflación es nuestra única preocupación, los gobiernos deberían recortar los salarios y aumentar masivamente los impuestos» (Reed, Johnson y Stark, 2023). Una perspectiva que, para qué vamos a disimularlo, nos parece desvergonzadamente interesada.

¿Recuerdan lo de que aumentar los salarios no debe hacerse porque fomentará la inflación? Se repite como si se tratara de una evidencia tan confirmada como el decrecimiento constante de la masa de hielo del glaciar del macizo del Aneto. No son los beneficios, son los salarios los culpables. Alguien tan poco sospechoso de ser un defensor intransigente de los salarios como el FMI decía a finales de 2022:

> La espiral salarios-precios, al menos definida como una aceleración sostenida de los precios y los salarios, es difícil de encontrar en la historia reciente. De los setenta y nueve episodios identificados de aceleración de precios y salarios que se remontan a la década de 1960, sólo una minoría de ellos vio una mayor aceleración después de ocho trimestres. Además, la aceleración sostenida de los salarios-precios es aún más difícil de encontrar cuando se buscan episodios similares a los de hoy, cuando los salarios reales han caído significativamente. En esos casos, los salarios nominales tendían a ponerse al día con la inflación para recuperar parcialmente las pérdidas salariales reales, y las tasas de crecimiento tendían a estabilizarse a un nivel más alto que antes de que ocurriera la aceleración inicial. Las tasas de crecimiento salarial fueron finalmente consistentes con la inflación y la rigidez del mercado laboral evidente. Este mecanismo no parecía conducir a una dinámica de aceleración persistente que pueda caracterizarse como una espiral salarios-precios (Fondo Monetario Internacional, 2022).

Pero no importa, lo diga quien lo diga. En cualquier nueva coyuntura se volverá a decir lo mismo: incrementar los salarios provoca inflación.[225] ¡Qué decir de la renta básica! Dogma inamovible: seguro que provocará inflación. Sin más.

Mención aparte merece quien ha dicho que un plan piloto puede ser inflacionario. Ése fue el caso, entre otros, de alguna destacada militante del Partit dels Socialistes de Catalunya refiriéndose al ya mencionado Plan Piloto de Renta Básica en Cataluña. Que un plan piloto con un presupuesto que representa el 0,1 % del conjunto de los presupuestos de Cataluña pueda llegar a ser acusado de inflacionario no precisa de más comentarios. Lo mencionamos no por su interés intelectual, que está bajo mínimos, sino como ejemplo de hasta dónde puede llegar en algunas ocasiones la demagogia contra la renta básica.

Otra cuestión que no podemos dejar de plantear en este epílogo es algo que también ha sido mencionado en algunos de los capítulos del libro. Nos referimos a dos preguntas. La primera es: ¿cuánto cuesta la renta básica? La respuesta ha ocupado ya suficiente espacio y, por supuesto, no vamos a insistir en ella, pero sí vamos a decirlo claro y alto. La renta básica es más o menos cara —lo que no significa que no se pueda financiar— y lo es porque pretende, además de aumentar la libertad de las personas, erradicar males que se están haciendo persistentes en nuestra sociedad: la pobreza y la desigualdad; basta con consultar el capítulo 4, donde se repasan los diversos indicadores para el reino de España, y también el capítulo 9, en el que se hace lo mismo para toda la UE, para concluir que se trata de cifras realmente dramáticas y con un coste social muy elevado. La renta básica es quizá extremadamente cara para algunas formas de entender el mundo. La afirmación anterior permite introducir la segunda pregunta, la otra cara de la moneda: ¿cuánto cuesta no tener la renta básica? Esta cuestión no se formula tantas veces cómo se debería y, en cualquier caso, muchas menos veces que la primera. El coste de no tener la renta básica está claramente relacionado con la pobreza, la salud mental, la precariedad, las caren-

225. Una refutación más entre mil: Roberts (2022b).

cias materiales, la vulnerabilidad, cierto tipo de delincuencia... Una parte importante del coste de los anteriores conceptos, en una primera aproximación a la respuesta de la segunda pregunta, es fácil de contabilizar, tal como se muestra parcialmente en los resultados del modelo de financiación de la renta básica que hemos propuesto. Sin embargo, hay otros costes asociados cuya cuantificación resulta más difícil y es mucho más sutil, porque hay muchos efectos indirectos. Y en algunos casos podrían parecer muy especulativos. Por mencionar un ejemplo, el no menospreciable gasto sanitario en salud mental en el que se incurre por encontrarse en algunas de las situaciones apuntadas, y sobre el que diversos estudios advierten de un espectacular aumento en la última década. Hay evidencia de cómo la falta de seguridad básica perjudica la salud mental y física, agrava los problemas psicológicos y reduce la inteligencia a corto plazo, el llamado «ancho de banda mental» (Mullainathan y Shafir, 2016). Según cálculos de la revista *European Journal of Neurology*, el coste económico que suponen los problemas de salud mental superaría en Europa los 798.000 millones de euros. El informe constituye una investigación que abarca un total de treinta países y diecinueve patologías analizadas. Los resultados de otro informe, realizado por el Foro Económico Mundial junto con la Facultad de Salud Pública de Harvard en 2011, sobre el impacto de las enfermedades previsto durante el período comprendido entre 2011 y 2030, eran realmente muy a tener en cuenta. Se estimó que los trastornos mentales supondrían un coste de 6 billones de dólares en las próximas décadas, equivalente al 1,3 % del PIB mundial (Gamero y González, 2013). Se trata de costes parciales de no disponer de una renta básica.[226]

Disponer de la renta básica contribuiría, por un lado, a un significativo ahorro monetario relacionado con la salud mental, y, por otro, probablemente más importante aún, a una mejora de las repercusiones y de los efectos que ese deterioro de la salud

226. Otro coste parcial y cuantificado: 63.079 millones es lo que cuesta anualmente la pobreza infantil en el reino de España, el 5,1 % del PIB, según un informe del Alto Comisionado contra la Pobreza Infantil (Núñez, 2023).

mental provoca en muchas personas. Cuando estábamos entregando este libro, se publicó el informe *Precariedad laboral y salud mental* (Benach, 2023), redactado por una comisión de personas expertas en el tema y coordinado por Joan Benach. Entre los muchos datos, en este caso referidos al reino de España, el informe insiste en el constante incremento de la degradación de la salud mental, citando como algunas de las principales causas la precariedad laboral y la falta de las condiciones de existencia material garantizadas. Una de las recomendaciones del informe sugiere: «La renta básica universal es un mecanismo de redistribución de la renta que proporciona, por derecho de ciudadanía e independientemente de cualquier otro ingreso que se perciba por otras vías, un pago monetario regular e individual a toda la población. Su instauración no debe ser utilizada para reemplazar el estado de bienestar y mercantilizar los servicios sociales. Entre sus ventajas destacan: reducir la pobreza y la desigualdad, empoderar a trabajadores/as, reducir la precarización laboral, aumentar la seguridad, la libertad y el tiempo libre de las personas, todo lo cual reduce la ansiedad, el estrés y el miedo, mejorando la salud mental». Y más adelante: «La renta básica universal podría tener importantes efectos beneficiosos para la salud mental de toda la población y aumentar la equidad, ya que reduciría la incertidumbre vital y el desgaste psíquico causado por el estrés que sufren las personas desempleadas y quienes están en situaciones de precariedad laboral y temen perder su empleo». No nos parece necesario añadir nada más al respecto.

Y acabamos, pero antes queremos contestar a una pregunta recurrente: ¿cómo se llega a la renta básica? Esta pregunta se puede concretar con muchas modalidades diferentes. Vamos a referirnos especialmente a una, no de las más minoritarias, que puede formularse de esta manera: ¿qué pasos o medidas previas hay que dar con los subsidios condicionados para llegar o aproximarnos a la renta básica? Empezaremos contestando de forma muy escueta y después ya desarrollaremos la respuesta: ningún paso. La renta básica no necesita pasos desde los subsidios condicionados. No se trata de un problema del tipo de cómo se llega contando de 4 en 4 a 816, o cómo se asciende el

Mont Blanc desde el refugio de las Cósmicas de la forma más directa posible, o cómo se acaba sabiendo el desenlace leyendo desde el principio la magistral narración de H. P. Lovecraft *El horror de Dunwich*, o cómo el feto se acaba convirtiendo en un ser que nace saliendo al mundo desde el interior de su madre entre los vertebrados vivíparos. No es así en el caso de la renta básica. Ésta se acabará logrando a través de un conjunto de factores, como son la combinación reivindicativa proveniente de la ciudadanía, la defensa de parte de movimientos sociales y de algunos partidos políticos, los cambios en la realidad política y social, etcétera. Pensar que hay pasos graduales hacia la renta básica a partir del punto A (vaya usted a saber cuál es o quién decide dónde está, pero pongamos que es en el momento «ahora») pasando por los puntos B, C y D (en los que cualquier aficionado a la especulación futurista puede aportar sus candidatos) hasta llegar al punto R (*et voilà*, ¡ya tenemos la renta básica!) es pura especulación, conjetura o visión alucinante, sin más contenido que la pura imaginación que, como es sabido, no acostumbra a estar embridada.

Una renta condicionada, como las muchas que tenemos en la Unión Europea, para no ir más lejos no es un paso hacia la renta básica. Una renta condicionada que se vaya «mejorando» progresivamente, que se vaya haciendo cada vez menos condicionada, más generosa... no desemboca un día en una renta básica. Puede desembocar en un subsidio aún más condicionado. Tenemos ejemplos de rentas condicionadas en determinadas zonas geográficas que han desembocado en subsidios más condicionados; tenemos ejemplos de zonas en donde han desembocado en subsidios menos condicionados; y tenemos ejemplos de zonas en donde han ido en una dirección, luego en otra, y luego en la contraria. Efectivamente: depende de quién gobierna y de las fuerzas sociales que reivindican en determinada dirección. Y de los cambios que la propia realidad va estableciendo. Entre nosotros, el caso de la comunidad autónoma vasca, una de las zonas donde existe un subsidio para pobres que se cuenta entre los más generosos de Europa, que hemos tenido ocasión de analizar con detalle en el capítulo 3, es un ejemplo de subidas y bajadas de condicionalidades, de generosidad, de restricciones. Lleva más de tres décadas de experiencia. A mediados de 2023 se puso en funcionamiento la nueva Ley del sistema vasco de garantía de ingresos y para la inclusión, que es la quinta que se aplica en aquella zona desde que en 1989 el gobierno vasco puso en marcha su política de pobres con el Plan Integral de Lucha contra la Pobreza. Desde 1989 ha habido cambios en distintas direcciones y en sus contrarias.

Por lo que, resumiendo, podemos afirmar que la lógica de la condicionalidad de los subsidios condicionados va por un lado, mientras que la lógica de la incondicionalidad de la renta básica va por otro. Quede claro que todo lo apuntado no debe interpretarse como que no seamos partidarios de cualquier mejora —eso sí, que realmente sea una mejora— que pueda aplicarse a los distintos tipos de rentas mínimas condicionadas que existan. Lo que decimos es que esos retoques no conducirán a avanzar hacia la renta básica. Pero ser partidarios de una mejora de algo, claro está, es fácil. ¿Quién no está a favor de mejorar lo que sea? La cuestión de fondo, tal y como hemos intentado dejarlo claro, es otra.

¿Qué pasos hay que dar para poner en funcionamiento la renta básica? Uno solo: ponerla en funcionamiento. ¿Qué pasos hubo que dar para abolir la esclavitud? Uno: abolirla. ¿Qué pasos hubo que dar para implantar la jornada de ocho horas? Uno: implantarla. ¿Qué pasos hubo que dar para acabar en determinados países con la pena de muerte? Uno: suprimirla. ¿Qué pasos hubo que dar para prohibir fumar en restaurantes y otros locales? Uno: prohibirlo.

Hay quien puede alegar, con razón, que antes de conseguir estos objetivos hubo sensibilizaciones, luchas, momentos de retrocesos. Sin duda. Es evidente que no nos referimos, por si se debe volver a repetir de forma explícita, a la necesaria sensibilidad social, a la reivindicación por parte de una mayoría que los ejemplos históricos apuntados fueron acumulando con el paso de los años, a los trámites que toda ley debe cumplir en función de la normativa que una legislación establece. Eso es trivial. Nos estamos refiriendo a que eran medidas con un objetivo claro que conseguir. No pedían otras cosas para llegar a ellas de forma indirecta, rodeándolas o vaya usted a saber cómo. Toda realización de una propuesta política y social de importancia ha debido pasar por muchas luchas y fases de altibajos para poder llegar a verla hecha realidad. ¿Hace falta recordar las luchas por el derecho al sufragio universal de hombres y mujeres? ¿O las luchas que hicieron finalmente posible el derecho a la sindicación por parte de la clase trabajadora?

Pero ahora y aquí nos referimos a algo muy diferente. Estamos hablando de si deben darse pasos desde los subsidios condicionados «hacia» la renta básica. Nuestra respuesta es clara: los subsidios condicionados no conducen a la renta básica, salvo que estuviéramos tratando de un programa de gobierno que estableciera claramente un proyecto legislativo, un proyecto que especificara que en un año (o dos) se llega hasta allá, en dos (o tres) años se llega hasta acullá y en tres (o cuatro) años se llega a la renta básica. Pero no es sobre esta posibilidad de un programa de gobierno sobre la que escriben al respecto las personas que con mayores o menores luces redactan acerca de fantasías como el «camino transitable» hacia la renta básica, con ésta u otras expresiones. Por tanto, volvemos a remitirnos a nuestra afirmación: cuando una mayoría social exija poner en práctica una renta básica, los pasos que hay que dar son implantarla y ya está.

Este libro ha sido escrito en medio de distintas dificultades personales de algunos de los autores. Nos ha costado mucho y nos hemos retrasado más de lo previsto. Finalmente, aquí está. Esperamos que pueda contribuir al debate racional de ideas y propuestas sociales. La de la renta básica no es una idea menor. No dudamos que hay quien ya tiene *parti pris* antes de cualquier debate sobre la renta básica. Con ese grupo no podemos hacer nada. Pero para las personas que quieren aprender, discrepar o profundizar sobre la renta básica, esperamos haber aportado un buen puñado de razones, de datos, de propuestas. Y lo suficientemente claros y bien fundamentados para que quien discrepe de nosotros pueda tener diáfanamente transparente de qué discrepa. Las equivocaciones que podamos haber cometido agradeceremos que nos sean mostradas y aclaradas. Siempre con razones, argumentos y datos. Lo que se aparta de este conjunto venerable y entra en el campo de los prejuicios y los dogmas no nos interesa lo más mínimo. Y ojalá tampoco interese a nadie que confíe en la razón.

Agradecimientos

Los cuatro autores tenemos un largo historial de colaboración, que se ha producido con varias combinaciones de los cuatro sujetos. Por razones de edad, algunas de las colaboraciones son más antiguas que otras y ya provienen de finales del siglo pasado. Además, los cuatro somos miembros de la Red Renta Básica, sección oficial de la Basic Income Earth Network, y alguno es miembro fundador allá en el año 2001. Son muchos los compañeros y compañeras de la Red Renta Básica que a lo largo de estos años han influido en nuestros trabajos. Mediante simposios, conferencias compartidas y colaboraciones académicas se han producido muchas relaciones entre distintos miembros de la asociación que han ido modelando, afinando y mejorando nuestros análisis previos.

Como no podía ser de otra manera, las influencias no se han limitado a las personas de la Red Renta Básica (<www.redrentabasica.org>). A lo largo de al menos tres décadas son muchas las personas del ámbito académico o procedentes de distintos movimientos sociales que, en muy diversos países, han debatido y reflexionado con nosotros en multitud de ocasiones. Como profesores universitarios que somos todos, hemos participado en sesiones y clases de grados, de posgrados y doctorados en las que se han tratado distintos aspectos filosófico-políticos y económicos como los que desarrollamos en este libro. Los cuatro somos también editores o colaboradores de la revista de pensamiento político internacional *Sin Permiso* (<www.sinpermiso.info>), la cual dispone actualmente de un depósito de más de seiscientos artículos, entrevistas y dosieres dedicados a la renta básica. Hemos publicado juntos o por separado una multitud de artículos y trabajos sobre distintos aspectos de esta propuesta. Y muchos redactores y redactoras de *Sin Permiso* también han contribuido en uno u otro momento a discutir, investigar y difundir esta propuesta.

Se comprenderá que intentar destacar a sólo unas cuantas personas a las que de una u otra forma debemos alguna aportación supondría un cierto agravio inmerecido para el resto de las que no fueran incluidas. En cualquier caso, algunas de las citas realizadas a lo largo de este libro ya son un reconocimiento. Indudablemente, no son ésas las únicas a las que debemos algún (o mucho más de un) agradecimiento en buena justicia.

Y para finalizar, queremos exponer unos breves comentarios y agradecimientos, éstos ya más personales de cada uno de los autores.

Daniel pertenece desde su fundación al grupo de investigación Ética Económico-social y Epistemología de las Ciencias Sociales (GREECS) y quiere también mostrar su agradecimiento a las personas que lo han formado a lo largo del tiempo,[227] con especial énfasis al que fue su principal inspirador intelectual, Antoni Domènech (1952-2017).

Jordi no puede dejar de pensar por la situación personal que ha atravesado a lo largo de la elaboración y redacción de este libro, que ha sido causa de que la entrega final haya debido de postergarse algunos meses e incluso, en algunos momentos, le haya hecho dudar sobre su participación. Por tanto, le es más que obligado mencionar a quienes han estado al pie del cañón en esta dura etapa: Maria Rosa, por su gran amor, paciencia,

227. Este libro también forma parte parcialmente de una larga investigación comprendida en el proyecto PID2021-123885NB-I00, financiado por el Ministerio de Ciencia e Innovación.

apoyo y comprensión, y por supuesto también a Marta, Laura y Jordi.

Julen, por su parte, quiere agradecer a los compañeros y las compañeras de viaje académico, político y social por su apoyo personal, intelectual y, sobre todo, humano. Todo trabajo es fruto de ideas, proyectos y esfuerzos previos, pero también es fruto del reconocimiento y del apoyo vital que nos ofrecen las personas que nos quieren y nos cuidan. Gracias a quienes, ante las adversidades, decidisteis abrir camino. Gracias a quienes, ante los tropiezos, decidisteis sostenernos.

Finalmente, queremos agradecer a Juan Torres López la rapidez y amabilidad con la que nos puso en contacto con Roger Domingo, de la Editorial Deusto, así como a esta misma editorial la generosa comprensión con los retrasos que hemos tenido en el envío del libro.

Bibliografía

Arcarons, J.; Domènech, A.; Raventós D.; y Torrens L., «Un modelo de financiación de la renta básica para el conjunto del Reino de España: sí, se puede y es racional», *Sin Permiso*, 7 de diciembre de 2014, <https://www.sinpermiso.info/textos/un-modelo-de-financiacin-de-la-renta-bsica-para-el-conjunto-del-reino-de-espaa-s-se-puede-y-es>.

Arcarons, J.; Raventós, D.; y Torrens, L., «Feasibility of financing a basic income», *Basic Income Studies*, 9 (2014).

—, «La renda bàsica incondicional: una proposta racional per al segle XXI», *Nota d'Economia*, 103 (2016).

—, *Renta básica incondicional. Una propuesta de financiación racional y justa*, Ediciones del Serbal, Barcelona, 2017.

—, «Modelos de financiación para una renta básica», *Revista Internacional de Pensamiento Político*, 15 (2020), pp. 23-36.

—, «La pauperización de la población del Reino de España y el impuesto sobre la riqueza», *Sin Permiso*, 20 de junio de 2021, <https://www.sinpermiso.info/textos/la-pauperizacion-de-la-poblacion-del-reino-de-espana-y-el-impuesto-sobre-la-riqueza>.

—, «Una renda bàsica europea», Fundació Irla y Coppieters Foundation, 2023, <https://irla.cat/publicacions/una-renda-basica-europea/>.

Arce, O., *Presentación de los principales resultados de la Encuesta Financiera de las Familias (EFF) 2017*, 2019, <https://www.bde.es/f/webbde/GAP/Secciones/SalaPrensa/IntervencionesPublicas/DirectoresGenerales/economia/Arc/Fic/arce191219.pdf>.

Aristóteles, *Política*, Centro de Estudios Políticos y Constitucionales, Madrid, 1997.

Atkinson, A. B., «The case for a participation income», *The Political Quarterly*, 67, 1 (1996), pp. 67-70.

Aust, A.; y Arriba, A., «Towards activation? Social assistance reforms and discourses», en Taylor-Gooby, P., ed., *Ideas and welfare state reform in Western Europe*, Palgrave Macmillan, Estados Unidos, 2005.

Baker, D., «El mito del fundamentalismo del mercado libre», *Sin Permiso*, 11 de abril de 2010, <https://www.sinpermiso.info/textos/el-mito-del-fundamentalismo-del-mercado-libre>.

Banco de España, «Encuesta Financiera de las Familias (EFF) 2020: Métodos, resultados y cambios desde 2017», Artículos Analíticos, 3/2022, 2022, <https://www.bde.es/f/webbde/SES/Secciones/Publicaciones/InformesBoletinesRevistas/ArticulosAnaliticos/22/T3/Fich/be2203-art21.pdf>.

—, «The Spanish Survey of Household Finances (EFF): Description and methods of the 2017 wave», Documentos Ocasionales, n.º 2033, 2020, <https://www.bde.es/f/webbde/SES/Secciones/Publicaciones/PublicacionesSeriadas/DocumentosOcasionales/20/Files/do2033e.pdf>.

—, «The Spanish Survey of Household Finances (EFF) 2017, User Guide», Microeconomics Analysis Division, 2021, <https://www.bde.es/f/webbde/SES/estadis/eff/ficheros/en/UserGuide_2017.pdf>.

Banco Mundial, *La pobreza y la prosperidad compartida 2022: Corregir el rumbo*», Banco Internacional de Reconstrucción y Fomento/Banco Mundial, Estados Unidos, 2022, <https://openknowledge.worldbank.org/server/api/core/bitstreams/972eca5c-861c-5e4c-9962-717f4cd22e58/content>.

Bauer, J. M., «The internet and income inequality: Socio-economic challenges in a hyperconnected society», *Telecommunications Policy*, 42, 4 (2018), pp. 333-343.

Benach, J. (coord.), *et al.*, *Precariedad laboral y salud mental*, Ministerio de Trabajo y Economía Social, Madrid, 2023.

Benfield, W., «Indicator targeting: The Jamaica Food Stamp Programme», SALISES, VIII conferencia anual, The University of the West Indies, Trinidad y Tobago, 2007.

Bertomeu, M. J.; y Raventós, D., «Renta básica y renta máxima: una concepción republicano-democrática», *Daimon Revista Internacional de Filosofía*, 81 (2020).

Blackstone, W., *Commentaries on the Laws of England*, libro II, 1769, edición electrónica de la Yale Law School, <http://avalon.law.yale.edu/18th_century/blackstone_bk2ch1.asp>.

Blanchard, O.; y Wolfers, J., «Shocks and institutions in the rise of European unemployment: The aggregate evidence», *Economic Journal*, 110, 1 (2000), pp. 1-33.

Blanco, I., *et al.*, *Resultados finales del proyecto piloto B-MINCOME (2017-2019)*, Área de Derechos Sociales, Justicia Global, Feminismos y LGTBI, Ayuntamiento de Barcelona, Barcelona, 2021, <https://ivalua.cat/sites/default/files/2021-02/informe-integracion-resultados-bmincome-es_0.pdf>.

Blasi, J. R.; Freeman, R. B.; y Kruse, D. L., *The citizen's share: Putting ownership back into democracy*, Yale University Press, Estados Unidos, 2013.

Bollain, J., *La viabilidad económica de una renta básica en la comunidad autónoma de Euskadi*, tesis doctoral, Universidad del País Vasco/Euskal Herriko Unibertsitatea, Bilbao, 2021b.

—, *Renta básica: Una herramienta de futuro*, Editorial Milenio, Lleida, 2021a.

Casassas, D., *La ciudad en llamas. La vigencia del republicanismo comercial de Adam Smith*, Montesinos, Barcelona, 2010.

—, *Libertad incondicional*, Paidós, Madrid, 2018.

Casassas, D.; Martínez-Cava, J.; y Raventós, D., «Socialismo y renta básica. Razones republicanas de la propuesta», *Revista Internacional de Pensamiento Político*, 15 (2021).

Cicerón, *Los oficios*, Espasa Calpe, Madrid, 1943.

Chancel, L., *Desigualdades insostenibles*, Catarata, Madrid, 2022.

Charlier, J., *Solution du problème social ou constitution humanitaire, basée sur la loi naturelle, et précédée de l'exposé des motifs*, Greuse, Bélgica, 1848.

Cohen, W. J.; y Friedman, M., *Social Security: Universal or selective*, American Enterprise Institute, Estados Unidos, 1972.

Collins, C., *Los acumuladores de riqueza*, Alianza, Madrid, 2022.

Comisión Europea, «EUROPE 2020: A strategy for smart, sustainable and inclusive growth», Documento de trabajo, Bélgica, 2010.

Comité de Personas Expertas, *Libro blanco sobre la reforma tributaria*, Instituto de Estudios Fiscales, Ministerio de Hacienda y Función Pública, Madrid, 2022.

Consejo General del Trabajo Social, *Trabajo social ante la garantía de rentas*, Madrid, 2020.

Cournot, A., *Researches in the mathematical principles of the Theory of Wealth*, Haffner, Reino Unido, 1960.

Crouch, C., *Social change in Western Europe*, Oxford University Press, Reino Unido, 1999.

D'Alisa, G.; Demaria, F.; y Kallis, G., eds., *Decrecimiento*, Icaria, Barcelona, 2015.

Davala, S., «El Plan piloto de renta básica: una oportunidad para Cataluña», *Sin Permiso*, 21 de marzo de 2023, <https://sinpermiso.info/textos/el-plan-piloto-de-renta-basica-una-oportunidad-para-cataluna>.

Davala, S., *et al.*, *Basic income: A transformative policy for India*, Bloomsbury Publishing, India, 2015.

De la Cal, M. L., «La garantía de rentas mínimas en el Estado español. Especial referencia al caso de la RGI vasca», *Trabajo*, 30 (2014), pp. 103-135.

Devereux, S., *et al.*, «The targeting effectiveness of social transfers», *Journal of Development Effectiveness*, 9, 2 (2017), pp. 162-211.

De Wispelaere, J., *et al.* (2023): «Carta abierta en apoyo al Proyecto Piloto de Renta Básica en Catalunya», *elDiarios.es*, 7 de marzo de 2023, <https://www.eldiario.es/catalunya/carta-abierta-apoyo-proyecto-piloto-renta-basica-catalunya_129_10007881.html>.

Dobzhansky, T., «Genetics and equality: Equality of opportunity makes the genetic diversity among men meaningful», *Science*, 137, 3524 (1962), pp. 112-115.

Domènech, A., *De la ética a la política*, Crítica, Barcelona, 1989.

—, «Dominación, derecho, propiedad y economía política popular (Un ejercicio de historia de los conceptos)», *Sin Permiso*, noviembre de 2009, <https://www.sinpermiso.info/sites/default/files/textos//dominacion.pdf>.

—, *El eclipse de la fraternidad. Una revisión republicana de la tradición socialista*, Crítica, Barcelona, 2004.

Domènech, A.; y Suárez, C., «Entrevista política a Antoni Domènech», *Sin Permiso*, 7 de julio de 2005, <https://www.sinpermiso.info/textos/entrevista-poltica-a-antoni-domnech>.

Doménech, R., *et al.*, *¿Cuán vulnerable es el empleo en España a la revolución digital?*, BBVA Research, Madrid, 2018.

Embajada de Finlandia en España, «El experimento de la renta básica en Finlandia sigue hasta finales de 2018», Madrid, 2018, <https://finlandabroad.fi/web/esp/actualidad/-/asset_publisher/TV8iYvdcF3tq/content/el-experimento-de-la-renta-basica-en-finlandia-sigue-hasta-finales-de-20-1/384951>.

European Comission, «The European pillar of Social Rights Action Plan», 2021, <https://op.europa.eu/webpub/empl/european-pillar-of-social-rights/en/>.

European Trade Union Institute, «Benchmarking working Europe 2020. Covid-19 and the world of work: the impact of a pandemic», ETUI, Bélgica, 2020, <https://www.etui.org/sites/default/files/2020-12/13 %20ETU %20BM2020 %20FULL.pdf>.

Eurostat, «EU statistics on income and living conditions (EU-SILC) methodology», Eurostat, Statistics Explained, 2019, <https://ec.europa.eu/eurostat/statistics-explained/index.php?title=EU_statistics_on_income_and_living_conditions_(EU-SILC)_methodology>.

Euzeby, C., *Le revenu minimum garanti*, La Découverte, Francia, 1991.

Federici, S., *Calibán y la bruja*, Traficantes de Sueños, Madrid, 2010.

Fondo Monetario Internacional, *Fiscal monitor. Tackling inequality*, Fondo Monetario Internacional, Estados Unidos, 2017.

—, *Special series on fiscal policies to respond to COVID-19*, Fondo Monetario Internacional, Estados Unidos, 2020.

—, «Wage-price spirals: What is the historical evidence?», *Working Paper*, 22/221, Fondo Monetario Internacional, Estados Unidos, 2022.

Fontana, J., *Capitalisme i democràcia 1756-1848. Com va començar aquest engany*, Edicions 62, Barcelona, 2019.

Forget, E. L., «The town with no poverty: The health effects of a Canadian guaranteed annual income field experiment», *Canadian Public Policy*, 37, 3 (2011), pp. 283-305.

Frazer, H.; y Marlier, E., *Minimum income schemes in Europe. A study of national policies, European Social Policy Network (ESPN)*, Comisión Europea, Bégica, 2016.

Frey, C. B.; y Osborne, M. A., «The future of employment: how susceptible are jobs to computerisation?», *Technological Forecasting and Social Change*, 114 (2017), pp. 254-280.

Friedman, M., *Capitalismo y libertad*, Ediciones Deusto, Barcelona, 2022.

Gamero, C.; y González, M. L., *Costes socioeconómicos de los riesgos psicosociales*, Secretaría de Salud Laboral y Medio Ambiente UGT-CEC, Madrid, 2013.

Gavilán, A., *Principales resultados de la Encuesta Financiera de las Familias (EFF) 2020*, Dirección General de Economía y Estadística, Banco de España, Madrid, 2022, <https://www.bde.es/f/webbde/GAP/Secciones/SalaPrensa/IntervencionesPublicas/Directores Generales/economia/Arc/Fic/IIPP-2022-07-27-gavilan.pdf>.

GENCAT, «Preproposta de disseny del Pla Pilot de Renda Bàsica Universal de Catalunya», Oficina del Pla Pilot per a Implementar la Renda Bàsica Universal de Catalunya, Barcelona, 2022, <https://presidencia.gencat.cat/web/.content/ambits_actuacio/renda_basica_universal/contingut/documents/preproposta-disseny-pla-pilot-cat.pdf>.

Gini, C., *Variabilità e mutuabilità. Contributo allo studio delle distribuzioni e delle relazioni statistiche*, C. Cuppini, Italia, 1912.

Gobierno Vasco, *Encuesta de pobreza y desigualdades sociales 2020*, Departamento de Igualdad, Justicia y Políticas Sociales, Vitoria-Gasteiz, 2021, <https://www.euskadi.eus/documentacion/2020/informe-epds-2020/web01-s2enple/es/>.

Godin, R., «Por qué el decrecimiento se ha convertido en el enemigo número uno del poder», *Sin Permiso*, 28 de mayo de 2023, <https://www.sinpermiso.info/textos/por-que-el-decrecimiento-se-ha-convertido-en-el-enemigo-publico-numero-uno-del-poder>.

Gnutti, R., *En el mismo barco* [documental], Films 59, España, 2016.
Gourevitch, A., «Labor republicanism and the transformation of work», *Political Theory*, 41, 4 (2013), pp. 591-617.
Graeber, D., *Trabajos de mierda. Una teoría*, Ariel, Barcelona, 2018.
Grosh, M., *Administering targeted social programmes in Latin America: From platitudes to practice*, World Bank, Estados Unidos, 1994.
Guanche, T.; y Bollain J., «No es un debate sencillo, pero el miedo y la contención no son el camino», *Sin Permiso*, 30 de mayo de 2020, <https://www.sinpermiso.info/textos/no-es-un-debate-sencillo-pero-el-miedo-y-la-contencion-no-son-el-camino>.
Haagh, L., «El papel radical de la renta básica», *Sin Permiso*, 7 de marzo de 2017, <https://sinpermiso.info/textos/el-papel-radical-de-la-renta-basica>.
Haarmann, C., *et al.*, *Making the difference! The BIG in Namibia*, Desk for Social Development (DfSD) of the Evangelical Lutheran Church in the Republic of Namibia (ELCRN), Namibia, 2009.
Harvey, P. L., «The relative cost of a universal basic income and a negative income tax», *Basic Income Studies*, 1, 2 (2006), pp. 1-24.
Haushofer, J.; y Shapiro, J., «The short-term impact of unconditional cash transfers to the poor: experimental evidence from Kenya», *The Quarterly Journal of Economics*, 131, 4 (2016), pp. 1973-2042.
Hernanz, V.; Malherbet, F.; y Pellizzari, M., «Take-up of welfare benefits in OECD countries: A review of evidence», *Social, Employment, and Migration Working Paper*, 17, Organisation for Economic Co-operation and Development, Francia, 2004.
Holmes, H.; y Sunstein, C., *El costo de los derechos. Por qué la libertad depende de los impuestos*, Siglo XXI, Argentina, 2000.
Howard, M. W., *Self-Management and the crisis of socialism. The rose in the fist of the present*, Rowman & Littlefield, Estados Unidos, 2000.
INE, *Aprovechamiento de los ficheros administrativos en la Encuesta de Condiciones de Vida*, Instituto Nacional de Estadística, Madrid, 2014.
—, *La Encuesta de Condiciones de Vida. Metodología*, Instituto Nacional de Estadística, Madrid, 2005, edición revisada 2019.
Kakwani, N. C., «Measurement of tax progressivity: An international comparison», *Economic Journal*, 87 (1977), pp. 71-80.
Kahneman, D.; Sibony O.; y Sunstein, C., *Ruido. Un fallo en el juicio humano*, Penguin, Barcelona, 2021.
Kangas, O., *et al.*, *Suomen perustulokokeilun arviointi*, Ministerio de Asuntos Sociales y Salud, Finlandia, 2020.
Kaul, S., *et al.*, «Alternatives to sustainable development: What can we learn from the pluriverse in practice?», *Sustain Sci*, 17 (2022), pp. 1149-1158.

KELA, «Contrary to reports, the basic income experiment in Finland will continue until the end of 2018», *Business Wire*, 25 de abril de 2018, <https://www.sttinfo.fi/tiedote/kela-contrary-to-reports-the-basic-income-experiment-in-finland-will-continue-until-the-end-of-2018?publisherId=58763726&releaseId=67559249>.

Laín, B., «Between epistemic necessity and political utility: The role of basic income experiments», *Journal of Policy Analysis and Management*, 41, 2 (2022), pp. 633-639.

Lamb, R., *La propiedad*, Alianza Editorial, Madrid, 2021.

Leipold, B.; Nabulsi, K.; y White, S., *Radical republicanism*, Oxford University Press, Reino Unido, 2020.

Machan, T., «Anarchism and minarchism: A rapprochement», *Journal des Économistes et des Études Humaines*, 12, 4 (2002).

Mankiw, N. G., «Defending the one percent», *Journal of Economic Perspectives*, 27, 3 (2013), pp. 21-34.

Matsaganis, M.; Levy, H.; y Flevotomou, M., «Non-take up of social benefits in Greece and Spain», *Social Policy & Administration*, 44, 7 (2010), pp. 827-844.

Milner, E. M.; y Milner, D., *Scheme for a state bonus: A rational method of solving the social problem*, North of England Newspaper Company, Reino Unido, 1918.

Mises, L. von, *Human action*, Liberty Fund, Estados Unidos, 2007.

Monbiot, G., «Romnesia», *George Monbiot* (blog), 24 de septiembre de 2012, <https://www.monbiot.com/2012/09/24/romnesia/>.

Mullainathan, S.; y Shafir, E., *Escasez. ¿Por qué tener poco significa tanto?*, Fondo de Cultura Económica, México, 2016.

Mundó, J., «De la retórica absolutista de la propiedad al sentido común de la propiedad limitada», *Sin Permiso*, 16 (2018), pp. 35-63.

—, «La constitución fiduciaria de la libertad política (Por qué son importantes las coyunturas interpretativas en la filosofía política), *Isegoría*, 57 (2017), <https://isegoria.revistas.csic.es/index.php/isegoria/article/view/990/986>.

—, «Locke y Aristóteles: Isomorfismos en la tradición filosófico-política republicana», en Bertomeu, M. J.; Di Castro, E.; y Velasco, A., eds., *La vigencia del republicanismo*, UNAM, México, 2006.

Nelson, K., «Social assistance and minimum income benefits in old and new EU democracies», *International Journal of Social Welfare*, 19, 4 (2010), pp. 367-378.

Niño-Becerra, S., «La renta básica no es la salvación, es la respuesta a las personas que no serán necesarias en el modelo productivo», *eldiario.es*, 6 de abril de 2019, <https://www.eldiario.es/economia/respuesta-realidad-personas-necesarias-productivo_128_1613203.html>.

Núñez, J., «La pobreza infantil cuesta más de 63.000 millones de euros al año en España», *El País,* 6 de marzo de 2023, <https://elpais.com/sociedad/2023-03-06/la-pobreza-infantil-cuesta-a-espana-mas-de-63000-millones-de-euros-al-ano.html>.

OCDE, *Pensions at a glance 2015: OCDE and G20 indicators*, OCDE Publishing, Francia, 2015.

Ortega, P. (coord.), *et al., Informe 58: El colosal aumento del presupuesto militar del Estado de 2023. El mito del 2 % de gasto en Defensa queda superado*, Centre Delàs, Barcelona, 2022, <https://centredelas.org/publicacions/despesamilitarreal2023/?lang=es>.

Ortiz, I., *et al., Universal Basic Income proposals in light of ILO standards: Key issues and global costing*, Organización Internacional del Trabajo, Suiza, 2018.

Oxford Economics, *How robots change the world*, Reino Unido, 2019.

Paine T., «Agrarian Justice», en Cunliffe, J; y Erreygers, G., eds. *The origins of universal grants*, Palgrave Macmillan, Reino Unido, 1797/2004.

Papa Francisco, *Soñemos juntos*, Plaza & Janés, Madrid, 2020.

Pérez López, C., *et al.*, «Panel de Hogares: Ejercicios 2016 a 2019», documentos de trabajo 4/2022, IEF, 2022, <https://www.ief.es/docs/destacados/publicaciones/documentos_trabajo/2022_04.pdf>.

Pickard, B., *A reasonable revolution*, Palgrave Macmillan, Reino Unido, 1919.

Piketty, T., *Capital i ideologia*, Edicions 62, Barcelona, 2019.

—, *Una breve historia de la igualdad*, Ediciones Deusto, Barcelona, 2021.

Pistor, K., *El código del capital*, Capitán Swing, Madrid, 2022.

Pizzigati, S., *Los ricos no siempre ganan*, Capitán Swing, Madrid, 2015.

—., *The case for a Maximum Wage*, Polity Press, Reino Unido, 2018.

Popkova, E. G.; Ragulina, Y. V.; y Bogoviz, A. V., «Fundamental differences of transition to industry 4.0 from previous industrial revolutions», *Studies in Systems, Decision and Control*, 169 (2018), pp. 21-29.

Rainwater, L., «Stigma in income-tested programs», en Garfinkle, I., ed., *Income-tested programs: The case for and against*, Academic Press, Estados Unidos, 1982.

Rallo, J. R., *Liberalismo*, Ediciones Deusto, Barcelona, 2019.

Raventós, D., «El salario de toda la ciudadanía», *Claves de Razón Práctica*, 106 (2000), pp. 43-48.

—, *La renta básica, ¿por qué y para qué?*, Catarata, Madrid, 2021.

—, «Renta básica y sesgos cognitivos», *Sin Permiso*, 13 de diciembre de 2018, <https://www.sinpermiso.info/textos/renta-basica-y-sesgos-cognitivos>.

Raventós, D.; y Casassas, D., «La renta básica y el poder de negociación de "los que viven con permiso de otros"», *Revista Internacional de Sociología*, 61, 34 (2003).

Raventós, D.; y Wark, J., *Contra la caridad. En defensa de la renta básica*, Icaria, Barcelona, 2019.

Reynolds, M.; y Smolensky, E., *Public expenditures, taxes and the distribution of income: The United States, 1950, 1961, 1970*, Academic Press, Estados Unidos, 1977.

Reed, H.; Johnson, E.; y Stark, G., «Universal basic income does not cause inflation», *Newsroom*, 9 de abril de 2023, <https://www.newsroom.co.nz/universal-basic-income-does-not-cause-inflation>.

Riphahn, R. T., «Rational poverty or poor rationality? The take-up of social assistance benefits», *Review of Income and Wealth*, 47, 3 (2001), pp. 379-398.

Roberts, M. (2023): «Endurecimiento monetario, inflación y quiebras bancarias», *Sin Permiso*, 14 de marzo de 2023, <https://sinpermiso.info/textos/endurecimiento-monetario-inflacion-y-quiebras-bancarias>.

—, «The wage price spiral refuted», *Michael Roberts* (blog), 20 de noviembre de 2022b, <https://thenextrecession.wordpress.com/2022/11/20/the-wage-price-spiral-refuted/>.

—, «Trickle down economics», *Michael Roberts* (blog), 30 de septiembre de 2022a, <https://thenextrecession.wordpress.com/2022/09/30/trickle-down-economics/>.

Sabine, G., *Historia de la teoría política*, FCE, México, 1945.

Saez, E.; y Zucman, G., *El triunfo de la injusticia*, Penguin Random House, Barcelona, 2021.

Saito, K., *Una nova manera de viure. El capital a l'era de l'antropocè*, Tigre de Paper, Manresa, 2022.

Sancho, L., *El nacimiento de la democracia*, Ático de los Libros, Barcelona, 2021.

Sante Croix, G. E. M. de, *La lucha de clases en el mundo griego antiguo*, Crítica, Barcelona, 1988.

Santens, S., «Cómo calcular el coste de la Renta Básica Universal (pista: no es tan fácil como puede parecer)», *Sin Permiso*, 10 de mayo de 2022, <https://www.sinpermiso.info/textos/como-calcular-el-coste-de-la-renta-basica-universal-pista-no-es-tan-facil-como-puede-parecer>.

Scotto, P., «El arrendamiento de obra e industria en el Código Civil francés», *Revista de Estudios Histórico-Jurídicos*, 42 (2020), <https://www.scielo.cl/scielo.php?script=sci_arttext&pid=S0716-54552020000100377>.

Sitaraman, G., «Divide we fall», *The New Republic*, 10 de abril de 2017, <https://newrepublic.com/article/141644/divided-fall-trump-symptom-constitutional-crisis-inequality>.

Skidelsky, R., *Politicians and the slump: The Labour Government of 1929-1931*, Macmillan, Reino Unido, 1967.

Son, H., *Conditional cash transfer programs: An effective tool for poverty alleviation?* Asian Development Bank, Filipinas, 2008.

Spence, T., «Property in land every one's right!», en Bonnett, A.; y Armstrong, K., eds., *Thomas Spence: The poor man's revolutionary*, Breviary, Reino Unido, 1795/2004.

—, «The rights of infants», en Gallop, G. I., ed., *Pigs' meat: The selected writings of Thomas Spence, radical and pioneer land reformer*, Spokesman, Reino Unido, 1797/1982.

Suits, D. B., «Measurement of tax progressivity», *American Economic Review*, 67, 4 (1977), pp. 747-752.

Sunstein, C., «Los impuestos, lejos de ser una obstrucción a la libertad, son una condición necesaria de su existencia», entrevista, *Sin Permiso*, 9 de abril de 2007, <https://www.sinpermiso.info/textos/los-impuestos-lejos-de-ser-una-obstruccin-a-la-libertad-son-una-condicin-necesaria-de-su-existencia>.

Tena, A., *Los orígenes revolucionarios de la renta básica. Textos de Thomas Paine y Thomas Spence del último tercio del siglo XVIII*, Postmetrópolis Editorial, Madrid, 2021.

Therborn, G., *European modernity and beyond: the trajectory of European societies, 1945-2000*, SAGE, Londres, 1995. Thompson, E. P., *Costumbres en común*, Crítica, Barcelona, 1995.

Tobin, J.; Pechman, J. A.; y Mieszkowski, P. M., «Is a negative income tax practical?», *The Yale Law Journal*, 77, 1 (1967), pp. 1-27.

Tondani, D., «Universal basic income and negative income tax: Two different ways of thinking redistribution», *The Journal of Socio-Economics*, 38, 2 (2009), pp. 246-255.

Torres, J., *La renta básica*, Ediciones Deusto, Barcelona, 2019.

—, *Más difícil todavía*, Ediciones Deusto, Barcelona, 2023.

Uribarri, I., «Historia y futuro de las rentas mínimas en Euskadi», *Cuadernos de Trabajo Social*, 25, 1 (2012), pp. 75-85.

Van der Berg, S.; Siebrits, F.; y Lekezwa, B., «Efficiency and equity effects of social grants in South Africa», *Stellenbosch Economic Working Papers*, 15/10, Stellenbosch University, Sudáfrica, 2010.

Van Oorschot, W., «Non-take-up of social security benefits in Europe», *Journal of European Social Policy*, 1, 1 (1991), pp. 15-30.

Van Parijs, P., «Basic income: A simple and powerful idea for the 21st century», en Wright, E. O., ed., *Redesigning distribution. Basic income and stakeholder grants as cornerstones for an egalitarian capitalism*, Verso, Reino Unido, 2006.

Van Parijs, P.; y Vanderborght, Y., *Basic income: A radical proposal for a free society and a sane economy*, Harvard University Press, Estados Unidos, 2017.

Waldman, P., «Arthur Laffer: El hombre que liberó al Partido Republicano en EE. UU.», *Sin Permiso*, 19 de junio de 2019, <http://www.sinpermiso.info/textos/arthur-laffer-el-hombre-que-libero-al-partido-republicano-en-eeuu>.

Williamson, V., «Radical taxation», *Dissent*, 2022, <https://www.dissentmagazine.org/article/radical-taxation>.

Wollstonecraft, M., *Vindicación de los derechos de la mujer*, Crítica, Madrid, 1977.

World Economic Forum, *The future of jobs report 2020*, WEF, Suiza, 2020.

Wright, E. O., «Basic income as a socialist project», *Basic Income Studies*, 1, 1 (2006), pp. 1-11.

Índice analítico